SAP 大数据完全解决方案

陈永杰 编著

机械工业出版社

本书以企业传统数据仓库的改造和全新的大数据平台建设为出发点，讨论了内存计算技术带来的根本性变革及其对企业传统数据仓库架构设计的改变，并详细介绍了在应用 Hadoop 等数据湖技术条件下的数据获取、数据建模、数据服务应用及管理方法。全新的大数据平台架构超越单个系统的物理界限，更多地采用虚拟建模与逻辑建模的方法，对企业内外、本地云端的全体数据进行统一的管理和应用调度，并使用机器学习技术进行各类创新应用的开发。

本书涵盖了 SAP HANA、SAP BW/4HANA、SAP 数据智能等 SAP 产品的具体功能和系统操作。书中探讨了内存计算、数据湖、数据仓库、云存储、大数据架构下的元数据及数据资产管理、数据质量管理、数据智能应用、机器学习模型开发等内容。

本书可供 SAP 用户阅读和参考。

图书在版编目（CIP）数据

SAP 大数据完全解决方案 / 陈永杰编著. —北京：机械工业出版社，2020.11
ISBN 978-7-111-66752-0

Ⅰ.①S… Ⅱ.①陈… Ⅲ.①企业管理-数据处理-应用软件 Ⅳ.①F272.7

中国版本图书馆 CIP 数据核字（2020）第 190147 号

机械工业出版社（北京市百万庄大街 22 号　邮政编码 100037）
策划编辑：车　忱　　　责任编辑：车　忱
责任校对：张艳霞　　　责任印制：郜　敏

北京圣夫亚美印刷有限公司印刷

2021 年 1 月·第 1 版第 1 次印刷
184mm×260mm·26.25 印张·646 千字
0001—1500 册
标准书号：ISBN 978-7-111-66752-0
定价：168.00 元

电话服务　　　　　　　　　　　网络服务

客服电话：010-88361066　　　机　工　官　网：www.cmpbook.com
　　　　　010-88379833　　　机　工　官　博：weibo.com/cmp1952
　　　　　010-68326294　　　金　书　网：www.golden-book.com
封底无防伪标均为盗版　　　　　机工教育服务网：www.cmpedu.com

序

随着大数据时代的到来，数据的获取、管理、存储、消费都发生了巨大的变化。企业信息资产成为企业资产的重要组成部分。如何帮助客户挖掘信息资产的价值，释放信息资产的潜能？SAP 提供了成熟的解决方案。

《SAP 大数据完全解决方案》直击大数据时代企业数据平台建设面临的各种挑战，直观、生动、具体地介绍了内存计算、数据湖、数据仓库、云存储、数据智能和机器学习等各种新技术在大数据平台中的应用路径与实现方法。书中既有关于大数据平台设计、建设、优化、扩展的演进路线的生动描述，也有基于 SAP 方案落地实现的详细拆解；既有系统架构、设计原则方面的思考和探讨，也有功能应用、方案选择方面的经验分享。

SAP 大数据解决方案在中国已经有大量成功实施的客户案例，也拥有一大批经验丰富的实施顾问和客户内部的关键用户。他们不仅了解 SAP 的大数据解决方案，更了解不同行业大数据应用的业务需求和创新方向。与客户和合作伙伴一道，我们正在各行各业快速地复制和扩展这一成熟方案。一个成熟稳定的产品，犹如一位技能卓绝的大师，能帮助企业开拓一方天地，正如书中描述的修路人、调整员和修理工一样，他们兢兢业业、技艺高超、勇于创新。希望本书的出版可以让更多行业、更多客户了解 SAP 的大数据解决方案，从而更好地应用 SAP 的大数据解决方案，获取更大的业务回报和投资收益。

徐 哲
SAP 全球副总裁
大中华区数字平台和智能技术事业部总经理
2020 年 5 月 9 日

前　言

自高性能内存计算平台 SAP HANA 发布以来，SAP 公司基于这一全新的平台，围绕着内存计算、大数据、云、人工智能等新技术开始了一系列引领企业应用软件行业的产品和解决方案创新工作。SAP 公司正致力于打造智慧企业应用套件，将最新的技术发展成果应用于企业管理和行业云、产业云的方方面面。SAP 智慧企业应用套件的创新是由智慧技术和数字化平台支撑和驱动的。SAP 智慧技术与数字化平台的发展使 SAP 系统能更好地处理数量庞大、快速增长、形态各异的大数据，开启全新的企业管理应用和大数据处理时代。

在 SAP 大数据平台一揽子解决方案中，包含了基于 SAP HANA 构建企业数据仓库和数据集市的一系列最佳工具组合的解决方案。2016 年，SAP 推出了 HANA 2.0 版本；同年，发布了新一代数据仓库 BW/4HANA，并于 2019 年发布了 BW/4HANA 2.0 版本；2017 年，SAP 发布了 DataHub，并于 2020 年升级为 SAP 数据智能解决方案。在这些全新方案的奠基石上，有 SAP 公司 40 余年的企业应用数据模型建设经验，有 BusinessObjects 商务智能和数据管理基因，有 Sybase 公司数据库技术的积累，有 KXEN 公司的预测分析技术的沉淀，更有 SAP 初衷不改的不断创新。这些产品的精髓都被纳入 SAP HANA、BW/4HANA、SAP 数据智能等新产品中。大数据应用是一个方兴未艾、热火朝天的发展领域，SAP 大数据平台解决方案已日臻完善。

每一个新产品、新方案的推出都经过无数的实战检验和充分的市场打磨。SAP 公司在内部团队建设、行业方案细化、渠道拓展、合作伙伴培养等各个方面也都倾尽全力，投入最优质资源，为客户提供最好的大数据平台与应用解决方案。一轮一轮的知识传递与培训，往往返返的客户需求调研与提炼，日日夜夜的方案设计与讨论，精雕细琢的系统实施配置选项与参数……这是一个不同专业领域的团队共同合作的过程，也是一个思想火花不断迸发的过程。本书的问世正是这一过程的一个注脚。

本书从当前大部分企业面临的现实情况和业务挑战出发，通过引入内存计算技术、数据湖等大数据存储平台，优化和改进企业大数据架构的整体设计，实现大数据融合架构的实施落地。本书详细介绍了如何基于 SAP HANA 及 BW/4HANA 实现与 Hadoop 等数据湖平台的融合架构，并在此基础上引入 SAP 数据智能，提供了一个架构灵活、应用丰富的大数据完整解决方案。SAP 可以智能管理 SAP HANA、BW/4HANA、各种关系型数据库、Hadoop 及各种大数据云存储系统的数据，并能够远程调度这些数据，打造跨系统的大数据智能应用。

大数据技术已经广泛应用于人们生活的方方面面，但这仅仅是个开始。

作　者

目　　录

序
前言
第1章　尴尬的数据仓库 1
　1.1　大数据，大挑战 1
　　1.1.1　特立独行的大数据 1
　　1.1.2　如何处理各种各样的数据 2
　　1.1.3　数据存不下了怎么办 4
　　1.1.4　怎么保证数据处理速度比数据增长速度更快 5
　1.2　生存，还是毁灭 6
　　1.2.1　数据仓库过时了吗 6
　　1.2.2　数据仓库的转型之路 7
　1.3　超越，从这里开始 10
　　1.3.1　想象力不可或缺 10
　　1.3.2　从这几件事情做起 11
　1.4　本章小结 12
第2章　变革的起点 13
　2.1　内存计算，唯快不破 13
　　2.1.1　站在硬件快速发展的风口上 13
　　2.1.2　一张表的两种存储方式 14
　　2.1.3　为什么更多使用列式存储 16
　　2.1.4　保留数据的变更记录 18
　2.2　SAP HANA 不仅仅是个数据库 18
　　2.2.1　数据库管理是变革的发动机 19
　　2.2.2　在发动机上开发新的应用程序 19
　　2.2.3　非结构化的数据类型也能处理 20
　　2.2.4　与各种外围系统进行数据交互 20
　2.3　初识 SAP HANA 21
　　2.3.1　维护 SAP HANA 平台的访问信息 21
　　2.3.2　HANA 数据库里有哪些对象 24
　　2.3.3　快速上手 HANA 数据库 25
　2.4　解剖 SAP HANA 26
　　2.4.1　HANA 怎样提供各种服务 26
　　2.4.2　HANA 如何实现分布式部署 29

2.5 本章小结 ... 31

第3章 顶层设计 ... 32
3.1 条条大路通罗马 ... 32
3.1.1 十八般武艺齐上阵 ... 32
3.1.2 按整整齐齐的套路出招 ... 34
3.1.3 尺有所短，寸有所长 ... 35
3.2 内存计算改变了数据仓库的设计原则 ... 35
3.2.1 数据仓库逻辑分区架构 ... 36
3.2.2 数据采集层更轻、更快 ... 37
3.2.3 EDW 传播层手段更多 ... 39
3.2.4 企业存储层融入数据湖 ... 40
3.2.5 数据集市层大量虚拟化 ... 41
3.2.6 敏捷数据集市锦上添花 ... 42
3.3 为使用 BW/4HANA 做好准备 ... 43
3.3.1 维护 BW/4HANA 系统访问信息 ... 44
3.3.2 BW/4HANA 建模工具界面 ... 46
3.4 本章小结 ... 48

第4章 走过 BW/4HANA 的套路 ... 49
4.1 数据从哪里来 ... 49
4.1.1 数据来源于不同类型的系统 ... 49
4.1.2 使用应用组件目录进行组织管理 ... 51
4.1.3 新建一个数据源 ... 53
4.1.4 通过数据源读取 Excel 文件 ... 55
4.2 数据到哪里去 ... 60
4.2.1 使用信息范围进行组织管理 ... 60
4.2.2 新建一个数据存储对象 ... 61
4.3 让数据走起来 ... 64
4.3.1 画一个数据流图 ... 64
4.3.2 确认数据转换规则 ... 67
4.3.3 启动数据传输进程 ... 69
4.3.4 查看数据模型中的数据 ... 72
4.4 本章小结 ... 73

第5章 数据：问渠哪得清如许 ... 74
5.1 自家的蓄水池 ... 74
5.1.1 使用源系统定义连接类型 ... 74
5.1.2 通过数据源指定连接的数据库对象 ... 77
5.2 按需供应的自来水 ... 83
5.2.1 建立远程的供水通道 ... 83
5.2.2 使用源系统指向远程源 Schema ... 85

		5.2.3 使用数据源指定远程源对象 ································· 89
	5.3	本章小结 ·· 93

第6章 数据：在数据湖中钓鱼 ································· 95
- 6.1 "HA-HA"组合 ·· 95
  - 6.1.1 鱼，我所欲也 ·· 95
  - 6.1.2 HANA 对 Hadoop 的拜访 ································ 96
  - 6.1.3 Hadoop 对象在 HANA 里的分身 ························ 98
- 6.2 以"大数据"之名 ·· 100
  - 6.2.1 专用的连接类型 ·· 100
  - 6.2.2 指定表或者视图 ·· 104
- 6.3 本章小结 ·· 108

第7章 数据：龙王庙里的大水 ································ 109
- 7.1 自家人的通关密码 ··· 109
  - 7.1.1 我为人人，人人为我 ·································· 109
  - 7.1.2 BW/4HANA 大通关 ······································ 110
- 7.2 逃不出 BW/4HANA 的套路 ····································· 112
  - 7.2.1 创建 ODP 源系统 ·· 113
  - 7.2.2 使用 ODP 数据源 ·· 119
- 7.3 了解 ODP 工作机制 ··· 121
- 7.4 本章小结 ·· 125

第8章 建模：建筑的特殊材料 ································ 126
- 8.1 从字段到对象 ··· 126
  - 8.1.1 什么是信息对象 ·· 126
  - 8.1.2 信息对象有哪些种类 ·································· 127
- 8.2 特性和主数据、维度是一回事吗？ ························· 128
  - 8.2.1 新建一个特性 ··· 128
  - 8.2.2 配置特性的常规选项 ·································· 130
  - 8.2.3 特性的主数据和文本选项 ···························· 132
  - 8.2.4 设置特性的层级结构 ·································· 134
  - 8.2.5 为特性添加多个属性 ·································· 135
  - 8.2.6 特性在 BI 客户端的展现方式 ························ 136
  - 8.2.7 特性计算与取值的更多选项 ························· 138
  - 8.2.8 基于特性运行查询时的设置 ························· 139
- 8.3 关键值就是度量、指标吗？ ·································· 139
  - 8.3.1 新建一个关键值 ·· 139
  - 8.3.2 关键值的常规选项 ····································· 141
  - 8.3.3 库存还能用多久 ·· 142
  - 8.3.4 用变化值计算出时点数 ······························· 143
- 8.4 助攻的神队友 ··· 144

8.4.1　如何让关键值的业务含义更明确 144
　　　8.4.2　如何将半结构化、非结构化数据纳入模型 144
　8.5　本章小结 145
第9章　建模：智能拼接的样板房 146
　9.1　空间与功能的一体化设计 146
　　　9.1.1　全新的数据存储对象 146
　　　9.1.2　数据存储对象的基本设置 147
　　　9.1.3　数据存储对象的建模属性 148
　　　9.1.4　数据存储对象的数据分层优化 150
　9.2　建筑材料与结构 151
　　　9.2.1　添加字段或信息对象 151
　　　9.2.2　配置字段或信息对象 152
　　　9.2.3　定义关键字段 153
　　　9.2.4　使用非累计关键值 154
　　　9.2.5　货币与单位换算 155
　9.3　如何容纳和处理更多的数据 156
　　　9.3.1　创建与管理分区 156
　　　9.3.2　哈希分区 157
　　　9.3.3　创建索引 159
　9.4　从样板间到样板别墅 160
　　　9.4.1　新建一个语义组 160
　　　9.4.2　编辑和管理语义组 161
　9.5　本章小结 164
第10章　建模：阳光玻璃房 165
　10.1　为数据添加业务含义 165
　　　10.1.1　如何使用开放ODS视图 165
　　　10.1.2　创建开放ODS视图 166
　　　10.1.3　编辑修改开放ODS视图 169
　10.2　数据对象的连接与联合 171
　　　10.2.1　如何使用复合提供者 171
　　　10.2.2　创建复合提供者 171
　　　10.2.3　编辑复合提供者 173
　10.3　字段，还是对象？ 176
　　　10.3.1　数据采集层的建模选择 176
　　　10.3.2　企业数据仓库层的建模选择 177
　　　10.3.3　主数据的建模选择 178
　10.4　本章小结 179
第11章　处理：路，是画出来的 180
　11.1　数据的旅行 180

  11.1.1 终点，是另一段路的起点 ·············· 180
  11.1.2 每一段路都有精彩的故事 ·············· 181
 11.2 如何画好旅行路线图 ·············· 183
  11.2.1 新建数据流对象的两种方法 ·············· 183
  11.2.2 编辑数据流对象 ·············· 185
 11.3 是旅行，也是人生 ·············· 188
  11.3.1 将非持久对象变为现实 ·············· 188
  11.3.2 数据流对象拥有更广阔的用途 ·············· 190
 11.4 本章小结 ·············· 191

第 12 章 处理：能文能武的修路人 ·············· 192

 12.1 一段路，一个转换 ·············· 192
  12.1.1 创建一个数据转换 ·············· 192
  12.1.2 编辑数据转换 ·············· 193
 12.2 字段与字段的对接 ·············· 195
  12.2.1 设置转换规则属性 ·············· 195
  12.2.2 通向目标字段的 7 种方式 ·············· 196
  12.2.3 关键值的聚集类型及单位转换 ·············· 205
 12.3 开启立体交通模式 ·············· 206
  12.3.1 增加规则组 ·············· 206
  12.3.2 使用多个规则组的业务场景 ·············· 207
 12.4 修路人的终极必杀技 ·············· 208
  12.4.1 转换中可用的例程 ·············· 209
  12.4.2 新建与编辑例程 ·············· 210
  12.4.3 完成转换的编辑与设置 ·············· 212
 12.5 本章小结 ·············· 213

第 13 章 处理：兢兢业业的调度员 ·············· 214

 13.1 谨小慎微，一丝不苟 ·············· 214
  13.1.1 创建数据传输进程 ·············· 214
  13.1.2 数据传输进程的常规选项 ·············· 216
  13.1.3 设置数据提取选项 ·············· 219
  13.1.4 设置数据更新选项 ·············· 221
  13.1.5 设置运行时属性选项 ·············· 224
  13.1.6 完成编辑数据传输进程 ·············· 225
 13.2 洞若观火，明察秋毫 ·············· 226
  13.2.1 执行数据传输进程 ·············· 226
  13.2.2 数据传输进程监视器 ·············· 228
 13.3 过而能改，善莫大焉 ·············· 229
  13.3.1 错误数据处理机制 ·············· 229
  13.3.2 配置错误数据处理机制 ·············· 231

| | 13.3.3 | 使用错误数据处理机制 | 233 |
| | 13.4 | 本章小结 | 237 |

第14章　查询：服务按需点配 … 238

- 14.1 从一个简单的查询开始 … 238
  - 14.1.1 新建查询 … 238
  - 14.1.2 定义筛选器 … 240
  - 14.1.3 设置查询表单定义 … 242
  - 14.1.4 预览查询结果 … 243
- 14.2 配置查询服务选项 … 245
  - 14.2.1 设置查询属性 … 245
  - 14.2.2 设置特性字段属性 … 248
  - 14.2.3 设置关键值字段属性 … 249
- 14.3 本章小结 … 251

第15章　查询：个性化的派生指标 … 252

- 15.1 派生指标的不二法门 … 252
  - 15.1.1 业务场景示例 … 252
  - 15.1.2 赋予指标更多业务含义 … 253
  - 15.1.3 编辑限定关键值 … 255
  - 15.1.4 通过计算派生新指标 … 257
  - 15.1.5 编辑计算关键值 … 258
  - 15.1.6 在查询中使用的新指标 … 260
- 15.2 这个单元格与众不同 … 261
  - 15.2.1 业务场景示例 … 261
  - 15.2.2 创建并编辑"结构" … 262
  - 15.2.3 编辑单元格 … 264
  - 15.2.4 设置"优先级"选项卡 … 269
  - 15.2.5 运行查询结果 … 269
- 15.3 本章小结 … 270

第16章　查询：只给你想要的 … 271

- 16.1 满足条件才显示 … 271
  - 16.1.1 编辑条件 … 271
  - 16.1.2 在查询运行时使用条件 … 274
- 16.2 例外情况要关注 … 276
  - 16.2.1 编辑例外 … 276
  - 16.2.2 在查询运行时使用例外 … 279
- 16.3 变量的5种类型和7种处理方式 … 281
  - 16.3.1 创建一个变量 … 281
  - 16.3.2 使用变量定义筛选器 … 284
  - 16.3.3 运行使用变量的查询 … 285

16.4 本章小结 286

第17章 日常管理和运维：看家护院一条龙 287
17.1 看家护院主控室 287
17.1.1 SAP BW/4HANA 主控室 287
17.1.2 主控室中的管理工具 290
17.2 处理链的一条龙服务 292
17.2.1 了解处理链的功能 292
17.2.2 了解处理链进程的类型 293
17.2.3 创建处理链 296
17.2.4 运行处理链 304
17.3 本章小结 305

第18章 SAP数据智能：又到登高望远时 306
18.1 构建完整的大数据平台 306
18.1.1 最后一块拼图 306
18.1.2 大数据平台融合思想 307
18.2 挖掘数据中的金矿 309
18.2.1 如何简化大数据访问方式 310
18.2.2 了解 SAP 数据智能的架构与功能 310
18.2.3 SAP 数据智能有哪些典型应用场景 312
18.3 初识 SAP 数据智能 315
18.3.1 启动面板中的功能组件 315
18.3.2 多租户部署与应用程序分布 317
18.4 管理企业大数据架构 323
18.4.1 SAP 数据智能可以管理哪些系统 323
18.4.2 对不同类型系统能进行什么操作 324
18.4.3 创建或修改系统连接 325
18.4.4 导入与管理远端系统证书 327
18.5 本章小结 328

第19章 数据编目管理：建立数据图书馆 329
19.1 轻装上阵的元数据浏览器 329
19.2 对远程系统的数据进行发布 330
19.2.1 查看远程系统中的数据集 330
19.2.2 发布远程系统中的数据集 331
19.2.3 查看发布后的数据集 333
19.3 给数据集打标签 333
19.3.1 管理标签层级结构 334
19.3.2 编辑标签层级结构的标签 335
19.3.3 给数据打标签 337
19.4 给数据画像提取更多信息 338

	19.4.1	进行数据画像操作	338
	19.4.2	事实表单的概要信息	340
	19.4.3	事实表单的详细信息	341
19.5	让数据准备过程自动运行		344
	19.5.1	启动数据准备操作	344
	19.5.2	对数据列进行加工	346
	19.5.3	对数据集数据准备的操作	348
	19.5.4	管理操作步骤	349
	19.5.5	运行数据准备操作	350
19.6	本章小结		352

第20章 数据规则管理：规矩与方圆 353

20.1	在规则中使用多个参数和表达式		353
	20.1.1	提升数据质量的 8 个标准	353
	20.1.2	创建一个新的规则	354
	20.1.3	维护规则明细	355
20.2	使用规则手册批量运行规则		357
	20.2.1	新建一个规则手册	357
	20.2.2	向规则手册中导入规则	359
	20.2.3	将规则绑定到数据集并匹配参数	360
	20.2.4	设置规则手册运行结果的阈值	363
20.3	运行规则手册并查看结果		363
	20.3.1	运行规则手册并查看结果	364
	20.3.2	创建仪表盘查看数据质量信息	365
20.4	本章小结		367

第21章 跨系统按需调用数据 368

21.1	大数据世界的管道修理工		368
	21.1.1	认识管道修理工	368
	21.1.2	一件已经完成的作品	370
21.2	每个运算节点完成不同的工作		371
	21.2.1	配置 FLOWAGENT 文件消费器	371
	21.2.2	配置数据转换节点	373
	21.2.3	配置 FLOWAGENT 表生成器	375
21.3	动态分配运算资源		377
	21.3.1	新建运算节点分组	378
	21.3.2	配置运算节点分组	378
21.4	运行和监控管道模型		380
	21.4.1	运行管道模型	380
	21.4.2	监控管道模型运行过程	380
	21.4.3	使用 SAP 数据智能监控器	382

		21.4.4	查看示例管道模型的执行结果	383
	21.5	了解管道模型更多应用场景		383
		21.5.1	使用场景模板快速建模	383
		21.5.2	如何实现跨系统工作调度	385
	21.6	本章小结		387
第22章	机器学习新起点			388
	22.1	让机器学习模型开发更加高效		388
		22.1.1	如何应对开发机器学习模型的挑战	388
		22.1.2	机器学习模型场景提供全程支持	390
	22.2	从数据集到机器学习模型部署		391
		22.2.1	注册数据集	391
		22.2.2	使用管道模型注册数据集	392
		22.2.3	使用 JupyterLab	394
		22.2.4	配置机器学习模型训练和推断流程	397
		22.2.5	开始训练机器学习模型	398
		22.2.6	使用机器学习模型进行预测	401
	22.3	本章小结		402
参考文献				403

第 1 章 尴尬的数据仓库

数据仓库的地位不保了？

物联网、社交网络和消费者在不断产生大量数据，传统数据仓库容量有限，处理不了这么多数据。

聊天时产生的文字、图片、语音、视频等新数据也要求能够得到迅速处理，其中许多数据是非结构化和半结构化的，而传统数据仓库以关系型数据库为基础，缺乏处理新数据类型的能力。

用户希望数据仓库能够快速度响应他们的需求，帮助他们从企业积累的庞大的历史数据和快速增长的新数据中获得有业务价值的新点子，同时还要具备预测未来的功能。

很多企业的数据仓库系统都在面临这些挑战，并且因为不断创新的业务需求而使形势变得愈加严峻。

1.1 大数据，大挑战

在过去的几十年里，企业级的数据分析和应用得益于企业数据仓库技术的发展。建设企业数据仓库成为企业利用信息和数据资产，并将企业信息化建设积累的大量数据转换为经济价值最直接、最有效的手段之一。企业数据仓库在监控企业日常运营流程、提升企业管理绩效、发掘新的商业机会、减少客户流失乃至进行市场预测趋势等方面都展现了不俗的实力和价值。

然而，大数据来了！

1.1.1 特立独行的大数据

业务分析的需求是相对稳定的。人们不仅想知道以前发生了什么，还想知道现在正在发生什么，为什么发生，以及是否还会发生。但是，大数据时代的到来让游戏格局发生了显著变化，这个新的游戏参与者正在改变规则。传统的数据仓库如何利用大数据体系结构？大数据技术又给数据仓库建设提供了哪些可用的新工具？

有了大数据技术，人们会希望获得实时的业务洞见能力，而不仅仅是传统的周期性的业务报告。人们还希望可以分析存储在数据湖中并且迅速增长的数据。另外，有很多客户的业务系统是运行在云端的，现代的分析应用也需要支持在云上运行，使用来源于云的数据。云端的数据和本地数据仓库的数据、数据湖中的数据也需要打通，不能各分析各的，形成新的数据孤岛。它们的整合程度要求更高，对本地系统数据的依赖性更小。这些需求看起来与传统数据仓库格格不入，需要数据仓库解决方案提供灵活的全新架构。

大数据带来的变化远不止这些，让我们先来看看大数据的三 V 特性，如图 1-1 所示⊖。

⊖ 关于大数据的特征还有 4V 和 5V 等说法，即还包含 Value（低价值密度）、Veracity（真实性）。本文只讨论前三个最基本的特征。

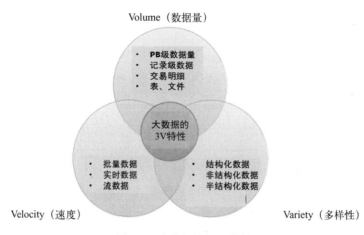

图 1-1 大数据的三 V 特性

大数据的一个显著特性就是数据量的快速膨胀。别的姑且不论，传统的结构化数据随着企业各种信息系统的不断上马和持续运行，数据量持续快速增长，日积月累，使得企业的数据仓库系统不堪重负，速度日趋缓慢。这已经严重影响了业务用户的分析体验和工作效率。

另一个更大的挑战来自数据种类的多样化。传统的企业信息系统，包括企业数据仓库在内，处理的大多是结构化数据。而现在企业需要分析的数据还包括各类文档、电子邮件、图像、音频和社交媒体等内容。存储、处理和访问非结构化的数据，推动数据管理技术和体系结构进一步发展，基于传统数据库技术设计的企业数据仓库显然在处理这些非结构化数据时力不从心。

智能手机这类智能设备的广泛使用以及各种数据自动采集技术的快速发展，使新数据的产生速度呈现指数级的增长。5G 技术的应用无疑会极大地加速这一进程。如传感器和机器数据、日志和点击流数据、云和软件即服务（SaaS）的数据以及其他流数据，存储、转换和处理这些数据对数据仓库的数据处理速度提出了更高的要求。

1.1.2 如何处理各种各样的数据

在大数据的三 V 特性中，多样性是现代数据仓库的最大挑战。

数据仓库中所需的数据全部来自内部系统的时代早已成为历史。许多新数据来源和类型带来了非结构化格式，例如媒体格式、与互联网标签关联的键值对、源源不断的半结构化天气数据流等。如何利用好这些不同格式的数据，将它们与传统的结构化数据相结合，是对现代数据仓库的一大挑战。

数据多样性要求数据仓库具备不同的数据采集能力与新的建模功能。

第一，对不同类型的数据采集提出了新要求。现代数据仓库要扩展数据采集的能力，并且能够在各种数据采集方法之间灵活切换。

现代数据仓库要具备云资源适配器，能访问各种云系统，要具备访问 NoSQL 来源的数据的能力，要能处理地理编码数据，要能处理非结构化数据，并能对这些数据的质量进行管控，能对这些数据进行加工转换，等等。确定获取数据的最佳方法需要考虑各种因素：既要考虑数据源的性质，又要分析用户的要求和总体拥有成本（TCO）。

图 1-2 总结了对不同来源数据的采集方法、相应的架构设计及信息需求。

信息需求	实时分析	数据可视化	数据汇总	即席分析	归档和分析	预测分析	舆情分析
架构设计	实时数据集市	运营数据集市	数据仓库	敏捷数据集市	近线存储数据集市	预测数据集市	非结构化数据集市
采集方法	数据流	直接访问数据库复制	ETL和ELT、数据库复制	数据联邦和ETL	数据的ELT、ETL和数据联邦	查询	
数据来源	传感器、物联网和事件	业务交易系统	业务交易和分析系统	数据源系统	数据源系统	任意系统	社交媒体

图 1-2 对不同来源数据的采集方法、架构设计及信息需求

图中总结了不同来源的数据适合的数据采集方法，不同数据采集方法的特点如下。
- 数据流：要时刻保持通道开放，收集持续输入的数据。
- 直接访问：直接远程查询远程系统的数据，无须事先做数据移动和转换。
- 数据库复制：基于定义的事件（例如"数据更新"）或计划的时间（例如"每天"）接收推送的数据，并将其存储在数据仓库中。
- ETL：提取数据，转换数据，然后将其存储到数据仓库。
- ELT：提取数据，将其存储到数据仓库，并在数据仓库中进行数据转换。有些情况下，只有在数据被访问时才执行数据转换操作。
- 数据联邦：从上述几种访问类型中收集数据，或发送查询语句从独立方案中收集数据。

不同情景所需的数据访问方法有多种组合方式。因此，数据仓库解决方案能够在数据采集方面提供高度的灵活性至关重要。要能够支持各种方法，包括虚拟数据联邦和物理数据集成，无论是访问数据湖、流数据，还是连接云平台。

第二，数据的多样性对数据处理与数据准备提出了新要求。

除数据采集外，数据仓库还需要判断数据可信度，然后将其转换或解释为分析应用程序能够理解的格式。这个过程中的第一步是数据准备。数据准备工作应该包括对所有数据的检查和修复，确保数据来源的可信度和数据质量，确保数据完整性，等等。

在当今的环境中，非结构化数据类型在这一领域提出了挑战。要想判断非结构化数据的质量，往往需要在数据处理过程中加入更多人工操作，需要更多用户的参与，因此要有适当的工具支持用户完成数据质量判断和数据加工处理的工作。

第三，大数据的多样性也对建模提出新的要求。

现代数据仓库环境中，建模工作最需要的就是处理各种来源数据的语义，包括非结构化数据，并能够汇总不同来源数据中的信息。

如果是构建虚拟数据仓库的话，也需要建模工具是个多面手。一方面，建模工具应该贴近业务流程，使用从具体的数据库结构中抽象出来的预定义模型模板进行建模。另一方面，建模工具也要有贴近数据库的 SQL 级别的专业工具，支持在数据库上直接构建原生模型。

第四，对元数据管理的要求也提高了。

大数据管理系统需要处理种类繁多的数据类型和数量庞大的实体对象，而这些数据类型和实体对象在不同的数据来源系统中有不同的表达方式，这些都会提高元数据管理的重要性。

从前，元数据管理相对简单，例如，只需知道"客户"在另一个系统中被称为"业务合

作伙伴",对象包含哪些数据库表,一个系统中的"姓名"在另一个系统中变成"姓氏"和"名称"。如今,元数据信息变得比以往更重要,因为数据仓库必须能够处理数据表达方式的变化。例如,"地址"在不同的系统中可能被经纬度取代了,而"姓名"可能要从聊天记录等非结构化信息中进行提取。

元数据支持发现具有相似上下文和相似性质的信息,不受实际表达方式的限制。在当今的多样化数据仓库中,用于保存和维护元数据的单一真实数据来源至关重要。

1.1.3 数据存不下了怎么办

在不断增长的数据量面前,传统数据仓库通过向数据仓库系统添加硬件来应对这一问题,但这一方法在大数据来临时显然是不可行的。应对的方法有好几个,称其为对数据的纵向分层和横向分布。

首先,数据管理应该支持扩展到非常庞大的数据量,包括将数据仓库的数据分配到多个数据库服务器节点中进行存储。这个方法称为数据的横向分布。它还应该能够可靠地追踪所有数据,包括对数据来源的管理和数据生命周期的管理,并提供复杂数据查询的分配机制。这些查询可能涉及跨多个数据存储层和不同水平分布的数据库服务器节点。

其次,许多企业在数据仓库之外建设了独立的数据湖,例如使用Hadoop,但这些数据湖的建设项目往往没有明确的业务场景,也没有"怎样在湖中钓鱼"的明确概念。将传统数据仓库应用与数据湖技术有机结合,发挥各自的长处,是解决这一问题行之有效的手段。

现代数据仓库不用试图去获取源系统所有半结构化和非结构化的PB级数据,但是,它必须具备深入集成Hadoop等大数据方案的能力。这些方法通过将数据湖中的数据和数据仓库中的业务结合起来,使数据湖中的数据具备业务信息,从而能够在业务数据与外部世界之间建立关联,并提高预测能力。复杂系统的分析和预测等多个场景都需要这种大数据的方法,例如交通、天气或社交趋势和行为。

现代数据仓库应该能够发挥Hadoop的更多作用,而不只是将Hadoop作为"地下储藏室"一样用于存储过量数据。数据仓库应该支持基于数据湖中的数据去构建全新的业务模型。

现代数据仓库的数据管理能力应该包括能够根据要求将数据分别放在最优的存储位置。例如,将最常用的数据存储在内存中,因为内存处理数据速度最快,这些数据称为热数据。将次常用的数据存储在内存或者硬盘中,这些数据称为温数据。将不常用的数据存储在Hadoop等数据湖中,这些数据称为冷数据。这就是数据的纵向分布。在这个场景下,数据仓库应该支持连接到外部存储并实施统一的管理,就如同管理本地存储一样。

Hadoop或其他外部来源与数据仓库的集成有其必然性,因为在不同的使用场景中,数据仓库和数据湖有各自的优势和弱点(参见表1-1),它们可以取长补短,相辅相成。

表1-1 数据仓库与数据湖的比较

对比项目	数据仓库	数据湖
数据	结构化 预处理	结构化 半结构化 非结构化
处理	写入模式:	读取模式:

(续)

对比项目	数据仓库	数据湖
灵活性	基于模板 灵活性低	按需配置 灵活性高
存储成本	昂贵	低成本 分布式
安全性	成熟	趋于成熟
用户	业务用户	数据科学家

为了高性能访问 Hadoop 分布式文件系统（HDFS）中的数据，现代数据仓库需要具备将 SQL 引擎嵌入 Hadoop 的机制，使数据仓库能够高性能分配查询并处理来自 Hadoop 的查询结果。通过与 Hadoop 技术取长补短，可以将数据仓库本身的数据增长控制在 TB 和 PB 级的数据量规模之内，同时又能够将数据仓库应用无缝接入大数据的广阔信息空间。

1.1.4 怎么保证数据处理速度比数据增长速度更快

大数据快速增长，要求现代数据仓库具备快速的数据处理能力及科学的日常管理机制。

一方面，数据的快速增长需要有相应的技术手段实时对数据进行快速处理。

内存数据库和现代数据管理平台所带来的颠覆性创新支持对传统数据仓库的建模和数据存储进行大幅度优化和简化。新技术还提供了多种可选方案，扩展了提取、转换和加载（ETL）大量数据的功能，同时也提高了报表的性能。新方法还支持更快速、更自由、更先进的分析操作。

内存技术支持新的架构设计方法，减少数据传输，实现数据就地处理。新架构通过将原来由应用服务器执行的数据转换操作下推到数据库层面执行，减少了数据库服务器和应用服务器进行大量数据交互的工作，提高了数据处理性能，降低了系统架构的复杂性。

另一方面，对数据生命周期进行科学管理，是应对数据增长的长效机制。

数据的生命周期管理是系统日常运营维护工作的一部分。通常，系统运维会涉及对所有模型和软件组件进行跟踪和发布管理，包括模型和软件组件的版本管理，确保同步发布模型与功能组件，从而消除版本不兼容。系统运维的另一方面还包括数据管理部分。正如第 1.1.3 节所讨论的内容。数据管理采用不同的技术功能，实现数据的分布式存储和不同温度数据的动态管理。运维工作需要制定数据热、温、冷分布的管理选项。因此，系统的运维管理要求现代数据仓库提供在数据采集和处理过程中管理数据移动和调度所需的工具。

大数据时代的数据仓库系统在运维方面应该为数据模型和功能组件提供进行数据移动和版本发布的管理选项；既要有精准的单个表级别的选项，也要有基于配置规则的大规模批量更新的选项。系统运维必须提供用于监控、分析和优化已启动流程和分配结果的工具，并应该覆盖数据仓库架构中所有的分布存储节点。

此外，面向未来的现代数据仓库应该不仅能够访问本地数据或云数据，而且能够支持云部署，包括整体云部署和混合云部署。一个灵活的数据仓库架构，包含在云上运行的组件，也将有助于更轻松地集成云端的数据。随着云平台和云技术的发展，人们可能会选择在云上运行数据仓库的基础数据平台。首先是将模型和运行工具部署在云上，其次是整个数据体系都在云上运行，或运行在第三方托管环境中。

1.2 生存，还是毁灭

大数据时代的到来，是不是意味着企业数据仓库退出历史舞台了？是不是使用全新的大数据技术可以全面替代传统的数据仓库？

1.2.1 数据仓库过时了吗

让我们先来回顾一下数据仓库的核心含义。

关于数据仓库的定义，著名的数据仓库专家 W.H. Inmon 在其著作《构建信息仓库》中给予如下描述："数据仓库是一个面向主题的（Subject Oriented）、集成的（Integrated）、相对稳定的（Non-Volatile）、反映历史变化（Time Variant）的数据集合，用于支持管理决策"⊖。Wikipedia 提供的最新定义是："在计算领域，数据仓库适用于报告和数据分析的系统。数据仓库是来自一个或多个不同来源的集成数据的中央存储库。它们存储当前和历史数据，用于创建分析报告，供整个企业的知识工作者使用。"后者并没有脱离之前的定义，只是重点强调了数据仓库的集成性和业务用途。

为了理解数据存储的端到端流程，根据具体的数据仓库架构，通常需要考虑如下四个虽然不必需但经常使用的逻辑分层，如图 1-3 所示。

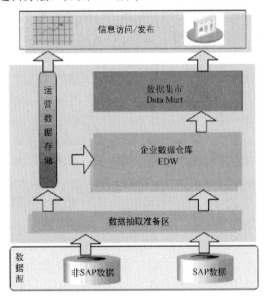

图 1-3　数据仓库的多个逻辑层次

- 数据抽取准备区，又称为集成层，用于存储和准备提取的原始数据。
- 企业数据仓库层，这是数据仓库的核心区，将数据整合为一致的企业数据模型。
- 数据集市层，支持按照主题提取企业数据仓库。
- 运营数据存储层，满足时效性要求高的明细数据分析需求。

⊖ 对数据仓库概念的详细介绍，参见拙作《SAP 商务智能完全解决方案》第 2 章，机械工业出版社，2008 年。

这些层次之间通常具有复杂的业务转换逻辑，有时甚至不容易区分具体某个模型属于哪个逻辑分区[○]。这些逻辑分区的概念源自数据分析的不同需求与数据处理的必要步骤，不仅适用于传统的数据仓库建设，对新一代的数据仓库设计也具有指导意义。我们会在第 3 章进行深入讨论。

企业数据仓库是一种体系结构，而不是一种具体的技术。传统的数据仓库平台已经服务并将继续服务包括企业架构（EA）专业人员在内的范围广泛的业务用户，并给分析系统和业务系统提供数据。企业数据仓库具备以下功能。

1）组织和聚合不同功能领域的历史分析数据。企业数据仓库管理不同的数据主题领域的信息，例如客户、制造、财务和人力资源等，这些信息与关键流程、应用程序和日常工作角色分工紧密相关。大多数传统的数据仓库平台使用关系型数据库管理系统（DBMS）和列式数据库平台进行构建，使用提取-变换-加载（ETL）、更改数据捕获（CDC）和复制技术进行数据获取。

2）提供了一个强大的决策支持框架。企业数据仓库提供数据库计算分析、预测模型和嵌入式的业务算法支持业务决策。

3）是一家公司的数据生态系统的核心。企业数据仓库是一个行之有效的生态系统，支持与数据模型和安全框架、自动化和广泛的商务智能（BI）和可视化工具的集成。

4）奠定了商务智能分析的基础。企业数据仓库支持及时的报表报送、即席查询和仪表板，并为其他分析应用程序提供准确可信的综合数据。许多人使用企业数据仓库获取业务信息，采用查询、报告、仪表盘、图表和其他分析视图的形式进行可视化展现，支持各种决策场景。

传统数据仓库仍然必不可少。单独的数据仓库支持自定义查看不同数据类型和来源，同时还支持在单一的设计环境中组合与合并数据，生成信息视图，从而回答更大范围内的问题，并帮助企业用户获得高价值的深刻洞见。

当今的数据环境仍然需要适用于模型和元数据、数据管理与处理、数据访问服务和调度与监控等操作的单一真实来源。这些功能领域仍然由数据仓库提供，但其具体实现方式需要根据大数据时代的新需求进行优化和调整。

过去，数据仓库主要专注于为用户提供可接受的性能，即便涉及庞大的数据量也不例外。基本上，数据仓库的作用仍然没变，但重点已经转移。主要的重心已经不再是数据量，而是处理数据类型和来源的复杂性和多样性、不断变化的数据语义以及变化的频率——所有这些因素的增加都比数据量的简单叠加带来更显著的变化。

1.2.2 数据仓库的转型之路

今天，业务用户要求从各类业务系统、社交媒体和云端数据源获得集成的实时分析。与此同时，获取数据的便利性需求也不断提高，用户希望能自动服务和自主访问量身定制的分析数据。但日益增长的数据量和多层次的数据处理降低了即时分析的时效性，也使更多公司重新审视他们的企业数据仓库体系结构。

○ 对于传统数据仓库的逻辑分区及其不同的设计支持，参见拙作《SAP 商务智能完全解决方案》第 2 章第 3 小节的详细介绍，机械工业出版社，2008 年。

1. 大数据促使传统企业数据仓库技术进行转型和升级

图 1-4 简单地展示了大数据技术的发展对传统企业数据仓库技术带来的影响。

图 1-4 大数据影响下的数据仓库转型

大数据技术带来了新系统的建设和开发，带来了新的数据应用方式，也带来了传统企业数据仓库的升级和改造。

许多公司已在其大数据战略中使用各种技术以支持新的分析系统。现代数据仓库架构，不仅利用传统的数据仓库体系结构，也充分利用现代的大数据技术。Forrester 将现代数据仓库称为"大数据仓库（BDW）"，并将其定义为：一套专门的、相互关联的数据存储库和平台，用来支持各种各样的分析应用，运行在本地部署、云部署或者混合部署的环境中。大数据仓库利用传统和新技术，如 Hadoop，基于列式存储和行式存储的数据仓库，ETL 和流数据处理，以及弹性内存计算和存储框架。

2. 现代数据仓库的新架构

现代数据仓库的新架构如图 1-5 所示。为了应对各种来源的多样化数据类型日益增长的复杂性，必须提供比以往更宽泛的访问服务，在传统企业资源规划（ERP）和数据仓库系统的基础上，增加社交媒体、物联网数据和云端数据来源。进而，根据每个存储区的不同用途将数据智能地分配到不同存储区域，数据分层管理功能至关重要。

图 1-5 现代数据仓库的新架构

现代数据仓库架构里包含了多个分布式的数据储存区，涵盖了基于新技术改造的传统数据仓库和数据湖。现代数据仓库提供数据集成、数据质量、安全治理等功能，支持端到端、实时的大数据平台。

传统的数据仓库体系与进行数据扩展存储的数据湖体系可以相对单独存在，但同时又是相辅相成的。人们可以利用两种技术来提供跨各种分布式的企业数据集的实时和批处理的处理能力，以支持更广泛的使用场景。例如，一些金融服务组织同时使用列式存储技术，Hadoop 和 ETL 技术支持主要的金融数据分析。现代数据仓库还充当了企业大数据架构中集成的数据来源，提供了跨数据仓库、社交媒体、各类云平台应用和点击流数据的实时客户分析应用。这两个体系关系密切，两个体系架构中所需的数据转换量的变化也很显著。企业的大数据架构中有许多不同的来源，现代数据仓库用于实现集成的实时分析场景，Hadoop 集群处理数据的批处理和近实时分析，这个处理过程需要聚合、转换和进一步处理之后才可以提供给业务分析用户使用。数据转换量的急剧爆炸发生在数据湖向现代数据仓库传输数据的过程中。

3. 现代数据仓库平台的功能特点

现代数据仓库提供了全面的视图和综合分析能力，其功能特点如图 1-6 所示。

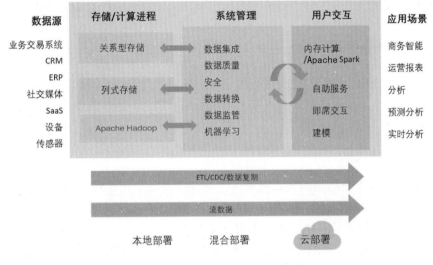

图 1-6　现代数据仓库平台的功能特点

在数据存储方面，现代数据仓库体系结构的一个关键功能特点是利用不同的数据存储技术，如传统的关系型数据仓库、列式数据仓库和 Hadoop 等。不同于传统的数据仓库，现代数据仓库降低了系统的复杂性，通过自助服务平台对外提供服务，支持包括非结构化数据的所有数据类型，可以更快适应不断变化的业务要求。

现代数据仓库集中化管理分布式的数据存储空间、内存计算资源、元数据、和数据的访问处理能力。现代数据仓库可以使用新的技术包括但不限于：

1) 支持不同的数据集和分布式计算的 Hadoop。通过利用 Hadoop，现代数据仓库使组织能够处理比传统数据仓库更广泛的各种数据结构。Hadoop 还可以处理传统数据仓库平台不擅长的超大量数据集。企业架构师可以基于业务需求选择将数据存储在关系型存储、列式存储、大宽表或 Hadoop 中。例如，一家零售商利用存储在传统的数据仓库里的结构化数据和 Hadoop 里的点击流数据，整合后向客户提供了 360° 视图，用于产品推荐和客户流失分析。

2) 便于实现快速客户分析能力的内存计算。现代数据仓库的关键是使用内存计算，提供对业务数据的高性能和快速访问能力。我们将在未来几年迎来具有大内存的平台，能把 PB 级的数据存储在内存和闪存中。例如，有些零售商正在使用现代数据仓库充分发掘与客户相关的数据，确定产品折扣策略，优化产品门店分布，并支持个性化的客户体验。

3）支持接收和处理新的数据通道的流引擎。对市场数据、点击流、移动设备和传感器等分析信息新来源的处理能力是现有的数据仓库不具备的。流数据处理技术大幅提升了实时集成、转换和监护不同数据流的能力。流数据处理技术与 Hadoop 和 Spark 等数据平台以及传统的数据仓库的整合已变得至关重要。一些石油和天然气工业公司利用流数据处理技术深入发掘新的商业机会，例如，预测不同钻探地点的人员配备和资源要求，进行机器设备失效分析等。

从实施的层面看，不少企业开始兴建现代数据仓库平台，将传统数据仓库与 Apache Spark、Hadoop、Storm 和内存计算技术集成在一起。有些企业借助 Hadoop 技术从不同的源系统提取数据，将数据加载到 Hadoop，利用 Apache Hadoop 生态系统工具执行聚合和转换，最后将结果加载到数据仓库平台进行各种分析与应用。

1.3 超越，从这里开始

近年来，企业利用新技术改造传统数据仓库，发掘数据和技术潜能，进行了大量有益的尝试，不断积累和丰富了现代数据仓库的分析和应用场景，不断探索现代数据仓库和企业大数据平台的建设路径。

1.3.1 想象力不可或缺

现有企业数据仓库面临的种种挑战客观上加速了企业采用现代数据仓库体系结构的进程。在这个过程中，细致分析业务需求，打开想象空间，积极创新是不二法门。人们已经在现代数据仓库平台上构建了很多超越传统的分析场景。有些企业已经在用现代数据仓库来支持社交分析、风险分析、运动分析、欺诈评估和定价趋势。本书总结了一些比较典型的现代数据仓库使用场景，它们或许可以帮助读者更好地发挥想象力，创造符合自己业务需求的更多应用场景。

1. 综合分析

传统的企业数据仓库方法的一个主要挑战是分析用到的数据要先进行加工，然后才能在数据仓库中进行存储，而传统数据仓库的存储容量是有限的。使用现代数据仓库的体系结构，可以在企业数据仓库和 Hadoop 集群执行综合的分析。Hadoop 可以方便地存储和处理大量的半结构化和非结构化数据、日志文件和流数据。例如，健康研究往往需要查看复杂的病人数据，并基于年龄、性别、健康状况等因素确定治疗方案是否有效。现代数据仓库能够在 Hadoop 中收集和存储数以百万计的数据点，并使用传统的数据仓库和内存计算技术执行复杂的导航和建模。

2. 物联网（IoT）分析

传统的数据仓库很少处理物联网数据。而现代数据仓库提供技术手段，通过自动化和机器学习技术，可以高效地存储、处理和访问 Hadoop 存储库中来自传感器和设备的大量物联网数据。无论是制造汽车、飞机、轮胎或瓶装饮料，制造商们都在使用高度精密的机器支持他们的工厂动作。每一分钟的停机都是代价昂贵的。现代数据仓库平台上的物联网分析使制造商能够基于传感器的数据预测机器故障，尽量减少或消除生产停机。

3. 适时业务分析

传统的企业数据仓库体系结构主要使用批处理作业，使用 ETL 工具从业务系统到数据仓库进行繁重的数据迁移工作。很多情况下，当数据到达数据仓库时，已经是前一天的数据了。现代数据仓库实现适时分析，它绕过传统的 ETL 方法，利用流技术和实时复制技术直接访问本地部署或云部署中的数据源。金融服务行业是使用现代数据仓库进行适时分析的先行者，用于投资组合管理、欺诈检测和资产管理。

4. 自适应的全面数据服务

大多数企业数据仓库使用预定义的数据源提供预测分析和趋势分析。现代数据仓库使组织能够动态地利用新的数据源，迅速地提供新的洞察力。现代企业数据仓库利用全面的数据源信息提供自助服务功能，业务用户能够做出更准确的决策。现代数据仓库能适应新的数据来源，可以使用机器学习和自适应智能建立数据关联。例如，一家大型欧洲银行最近建立了现代数据仓库框架，供业务单位进行自助服务，用于更好地支持投资和风险决策。与银行以前使用静态报告相比，该平台带来了重大的转变。

1.3.2 从这几件事情做起

很多企业都有自己的企业数据仓库平台，如何在保护现有数据仓库投资的情况下，逐步建设下一代数据仓库是企业信息技术部门面临的一个重要课题。只有重新构建现有的企业数据仓库平台，并投资于新技术，才能实现提升客户分析服务的新愿景。扩展当前的企业数据仓库，让新系统能做到适时分析、提供自助服务、支持更多智能应用、提升数据语境化的能力。扩展现有企业数据仓库平台，逐步转向现代数据仓库战略，是有一些新的投资方向和可行做法的。

1. 支持适时分析的内存计算技术

内存计算技术是支持客户分析、个性化和适时分析快速运行的技术基础。快速的内存计算技术有助于及时发现客户流失的关键趋势，掌握提供新的产品和服务的时机，或识别潜在市场的机会。现代数据仓库还可以利用分布式的内存计算提供更广泛的企业信息网络。

2. 使用有助于更快实现方案价值的供应商解决方案

完全依靠企业内部自己的力量建立现代数据仓库平台将需要更多时间和精力，可能对整体业务技术规划带来压力。目前一些数据仓库解决方案供应商也纷纷推出自己的解决方案，这些解决方案可以通过自动化和简化各种现代数据仓库功能和实施步骤，缩短价值实现时间。要重点考查供应商解决方案的功能范围、适应性及如何满足企业的 IT 现状及未来的战略框架。

3. 支持低成本的存储和处理大数据的 Hadoop

很多企业都开始投资 Hadoop，用于存储各种来源的数据。Hadoop 提供了比传统仓库更有效的存储海量数据（包括非结构化数据）的能力，而且成本低廉。此外，Hadoop 可以承接从传统仓库数据转移出来的数据，可以利用分布式的计算框架，快速地执行转换、聚合和数据监护。但是，Hadoop 也存在对维护团队技术要求高、业务分析场景缺乏等挑战，企业的现代数据仓库战略要综合考虑传统数据仓库与 Hadoop 如何各取所长，融合发展。

4. 支持按需定制和可扩展现代数据仓库的混合平台

将所有数据存储在本地部署系统将不再是默认选项。云平台服务商提供了付款即用的基础设施，可以存储、处理和访问任意数量的数据。本地部署和云部署的混合部署将是新的规范，现代数据仓库架构将本地部署和云数据仓库平台作为一个组成部分，并使用共同的管理工具进行统一管理。

1.4 本章小结

数据的急剧积累和对新数据类型的分析应用，催生了众多全新的数据分析应用的场景和数据驱动业务发展的无限可能。这反过来对传统的企业数据仓库技术提出了更高的要求。数据的多样性要求有不同的数据采集功能和全新的建模功能；数据的庞大规模要求实现对数据存储的纵向分层和横向分布的能力；数据的快速增长要求快速数据处理能力及科学的日常管理机制。

传统的企业数据仓库提供了一种经过实践长期锤炼的体系结构，它在架构设计、逻辑分区、数据整合、支持决策等方面都为企业提供了良好的基础。传统数据仓库仍然必不可少，但是需要优化其架构、改进其功能，使其成为支持本地部署、云部署或者混合部署环境，利用 Hadoop、基于列式存储和行式存储、ETL 和流数据处理，以及弹性内存计算和存储框架的全现代数据仓库平台。

现代数据仓库在综合数据分析、物联网分析、适时业务分析和自助分析等方面都已有成功的应用案例。要实现这些全新的应用，一个稳妥且可行的方式是在保存现有企业数据仓库投资的情况下，新增投资于内存计算等技术，升级或迁移至可灵活扩展的存储平台，借助供应商的成熟方案快速转型，并考虑开源 Hadoop 系统如何成功进行商业化应用的最佳方法与实践。

第 2 章　变革的起点

千里之行，始于足下。

传统数据仓库的改造工作千头万绪。

完全推倒重来？成本高，周期长，风险大，看起来不是个好选择。

另起炉灶，新建一个数据湖？又往往会面临业务应用场景缺乏、系统定位不清晰的问题。

如何寻找突破口，既要保障业务的持续运行，又能引入新技术、新方法，推动系统变革？在企业的系统架构中引入内存计算技术是一个不错的选择。

2.1　内存计算，唯快不破

在大数据时代，如何高效地处理海量数据以满足性能需求，是一个需要解决的重要问题。内存计算充分利用大容量内存进行数据处理，减少甚至避免 I/O 操作，因而极大地提高了处理海量数据的性能。

内存计算不是最近提出的新概念，但是近年来却成为业界和研究领域的一个热点，它解决了大数据时代数据处理速度以及时效性的问题。其原因在于，在内存计算模式下，所有的数据在初始化阶段全部加载到内存中，数据及查询的操作都在高速内存中执行，CPU 直接从内存读取数据，进行实时的计算和分析，减少了磁盘数据访问，降低了网络与磁盘 I/O 的影响，大幅提升了计算处理的数据吞吐量与处理的速度，减少了原本占大量计算资源的 I/O 开销。通过内存计算的应用，避免了 I/O 瓶颈，以前需数小时、数天时间的计算，在内存计算环境中，可以在数秒内完成。因此，在高性能的计算背景下，内存计算能再次成为工业界和学界研究关注的热点，成为海量数据分析的利器不足为奇。

2.1.1　站在硬件快速发展的风口上

站在风口上，才能飞得更高，飞得更远。

当代硬件的快速发展对数据库系统架构产生了深远的影响。

近年来，多核 CPU 的快速发展、内存价格的不断下降，以及系统架构的不断演进，为大数据处理在硬件方面提供了有利条件。SAP 公司在 2010 年推出的 HANA 内存计算使得内存计算再次得到学术界和工业界的广泛关注。2012 年，加州大学伯克利分校开发的 Apache Spark、IBM 的 SolidDB、Oracle 的 Exadata X3、微软的 SQL Server 2012 也引入了内存计算。

内存计算技术是 SAP HANA 的一个核心特征，这为创建全新的应用提供了可能。了解这些特点有助于更好地理解如何使用 SAP HANA，更加合理、高效地构建现代数据仓库。

过去，硬件的主要性能瓶颈在于内存不足和低速的磁盘 I/O，数据库管理系统的设计主要是优化这方面的性能。其着眼点在于优化磁盘访问，比如在处理查询时，如何尽可能减少读取到内存的磁盘页数。

现在的计算机架构已经不同了。在多核处理器的支持下，使用处理器内核之间的快速通信实现并行处理是可行的。配置大量内存的机器达到商用水平的成本也可接受。配置几百个内核的CPU和几个TB内存的服务器成为现实。

现代计算机架构带来新机遇的同时，也面临新的挑战。将所有相关数据都存储在内存中，磁盘访问不再成为性能的制约因素。随着内核数量的增加，CPU在一个时间间隔里能处理越来越多的数据。这也意味着性能的瓶颈存在于内存和CPU的高速缓存之间，如图2-1所示。

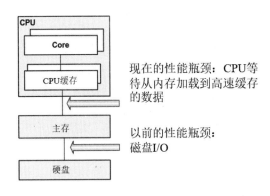

图2-1　硬件架构：以前和现在的性能瓶颈

传统的联机事务处理系统的数据库不能有效地使用当前的硬件。早在1999年就有研究显示，如果只是将传统数据库管理系统迁移到内存，CPU会有一半的执行时间处于停滞状态，用于等待将数据从内存加载到CPU缓存。

因此，为了充分发挥现代硬件的高性能，数据管理系统必须具备以下特点：

1）内存数据库

所有相关的数据必须保存在主内存中，所以读取操作可以在没有磁盘I/O的情况下执行。磁盘存储仍然需要，用于持久存储数据。

2）高速缓存对内存组织、优化和执行高度敏感

设计必须最小化CPU缓存未命中的次数，避免因访问内存而导致CPU停滞。所谓缓存未命中是指数据块不在CPU高速缓存中而不得不从内存中读取的情况。实现这个目标的一种方法是在内存中使用基于列的存储。数据库的搜索操作往往是针对特定的列进行的。在内存中基于列进行数据存储，就是将同一列的数据存储在连续内存数组中。这样搜索操作需要访问的内存范围将大幅度减少，就可以更多地在CPU缓存中执行，而不必频繁地访问内存。

3）支持并行执行

近年来，CPU并没有通过提高时钟频率变得更快，而是增加了处理器内核的数量。软件要充分利用多核处理器，必须支持并行执行，并且使用支持内核数量扩展的架构。对于数据管理系统，这意味着必须能够对数据进行分区，以便并行地执行计算。为了确保可伸缩性，应避免顺序处理。

2.1.2　一张表的两种存储方式

实现上述目标的步骤之一是在适当的情况下按列式存储的方式组织数据。SAP HANA的一个特点是在同一引擎中包括行存储和列存储。虽然列式数据库的概念不是新的，但它过去

主要用于分析和数据仓库的应用场景。由于传统的关系数据库使用基于行的存储，因此对许多人来说，列式存储可能是新的。下面先来看看列存储的概念，以及它有哪些优点。

从概念上来说，一张数据库表是一个二维的数据结构，以行和列的形式组织多个单元格。而计算机内存则是以线性顺序组织的。要将一个二维表存储到线性的存储器中，有两个选项供选择，如图 2-2 所示。

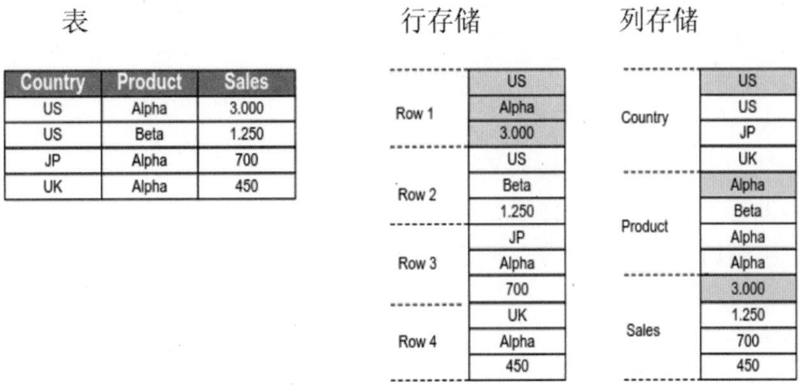

图 2-2　表的行存储和列存储

行式存储将表中一行包含的所有字段顺序存储，之后再存储下一行的字段。在列式存储中，同一列的所有条目被存储在连续的存储单元中。

SAP HANA 同时支持对表按行或列的方式存储，也可以在行式存储和列式存储之间进行切换。那么应该如何在列式存储和行式存储之间进行选择呢？

1. 适用列式存储的应用场景

- 只对单列或者几列执行计算。
- 只根据几列的值搜索表。
- 表中有大量的列。
- 表中有大量的行，并且需要执行基于列的操作（聚合、扫描等）。
- 相对于行数而言，大多数列只含有少量的不同值，因此可以实现很高的压缩率。

为了实现快速搜索、实时聚合和即席报表，并实现数据压缩，交易数据往往采用列式存储。主数据通常也采用列式存储的方式。主数据经常用于搜索且列上仅有少数取值。主数据也经常用于与交易数据进行连接，进行分析查询与汇总。在 SAP HANA 中使用列式存储的分析处理能力能更高效地完成此类操作。SAP HANA 允许行式表与列式表之间的连接。然而，连接相同存储方式的表效率更高。因此，需要经常与业务数据连接的主数据表应为列式存储。

2. 适用行式存储的应用场景

- 程序一次只处理一条记录，例如，有许多针对单条记录的 select 和 update 语句。
- 程序通常需要访问整条记录。
- 同一列主要包含不同的值，因此列式存储能实现的压缩率很低。
- 不需使用聚合和快速搜索。
- 表中的记录数很少，例如系统的配置表等。

举例来说，行式存储用于元数据、应用程序服务器系统表、配置数据表等。此外，如果

15

业务数据满足上述条件，程序开发人员应将业务数据表设为行式存储。

2.1.3　为什么更多使用列式存储

在适用列式存储的使用场景中，列式存储表有诸多优势。

（1）更高的数据压缩率

通过数据压缩，可以以更低的成本将所有数据都存储在内存中。列式存储可以实现高效数据压缩。尤其是如果将该列进行排序，连续内存中将含有大量相同值，这时就可以使用游程编码①等方法进行高效压缩。这对 SAP 应用程序来说特别有用，因为它有大量的列只有少数几个不同的取值，这些值却在不同行中频繁出现，例如国家代码、状态码以及凭证类型等。

这种高度的冗余，使得列式数据的压缩非常有效。在基于行的存储中，连续的存储单元包含不同列中的数据，所以不能使用如游程编码的压缩方法。列式数据库与传统的行式数据库系统相比，可以达到 5～10 倍的压缩倍数。根据数据特征不同，压缩率会有所变化。

（2）更好的列操作性能

在列式存储模式下，对几个列上的操作，例如搜索或聚合，是在连续的内存区域循环进行的。这种操作可以有效地利用 CPU 缓存。在列式存储模式下，相同的操作会比较慢，因为同一列的数据分布在内存中更大的区域内，在操作中会由于 CPU 缓存未命中而导致 CPU 性能下降。

以图 2-2 中的示例表为例，假设我们想对示例表中的所有销售额（Sales）进行合计。从内存到 CPU 缓存的数据传输是以固定大小的数据块（例如 64B）进行的，这些数据块称为缓存行（Cache Line）。在行存储模式下，可能会发生这样的情况：每个缓存行只包含一个"Sales"值（使用 4 个字节存储），而其余的字节则用于数据记录的其他字段。对于汇总所需的每个值，都需要对主内存进行新的访问。"Sales"情况下行存储模式里的操作会发生 CPU 缓存未命中，导致 CPU 等待将数据从内存加载到缓存中。在列式存储模式下，所有的"Sales"值都存储在连续内存中，因此一个高速缓存将包含 16 个值，这些值都是操作所需的。此外，列存储模式下，所有的"Sales"值都是保存在连续的内存中的，内存控制器可以使用数据预读取来进一步减少缓存未命中的次数。

如上所述，列式存储还支持高效的数据压缩。这不仅节省了内存，而且还提高了速度，原因如下：

- 压缩后的数据可以更快地加载到 CPU 高速缓存中。由于性能瓶颈存在于内存和 CPU 缓存之间的数据传输，数据压缩得到的性能提升将超过解压数据需要的额外时间。
- 通过使用字典编码，用一个唯一的整数代表每一列中各个不同的值，并且用该整数替代原值进行存储。编码完成后，列中的所有数据都化为整型数据，而在所有数据类型中，CPU 处理整型数据的速度是最快的。其速度远比字符串比较操作快得多。
- 只要操作程序用好压缩，压缩可以加快扫描和聚合操作。例如，对采用游程编码压缩的列进行汇总计算时，多个相同值的相加使用乘法进行计算，可以大大提升计算速度。对于整数编码压缩数据的操作可以获得比未压缩数据操作高 100～1000 倍的性能提升。

---

① 游程编码（Run Length Coding，RLC），又称"运行长度编码"或"行程编码"，其基本原理是：用一个符号值或串长代替具有相同值的连续符号，使符号长度小于原始数据的长度，从而实现数据的压缩。连续符号构成了一段连续的"游程"，游程编码因此而得名。

（3）无须额外的索引

在许多情况下，列存储无须额外的索引结构。将数据按列的方式存储本身就像每一列有一个内置索引，内存中的列式存储扫描速度和压缩机制，尤其是字典压缩，已经使读操作具有非常高的性能。在许多情况下，将不再需要额外的索引结构。消除索引可以节省内存空间，提高写入性能，并减少开发工作。然而，这并不是说 SAP HANA 完全不需要索引。主键字段始终具有索引，还可以根据需要创建其他索引。全文搜索也需要全文索引的支持。

（4）无须物化聚合

物化聚合是指将数据事先进行聚合（例如汇总）并保存在聚合表中。传统的业务应用程序往往使用物化聚合来提高数据读取性能。这意味着应用程序开发人员需要定义额外的表，并在其中存储根据其他表进行计算的聚合结果。这些聚合结果是冗余的。每当其数据明细表进行写入操作时，这些聚合表都需要随后或者在计划的时间内进行重新计算和数据存储。数据读取操作时会直接读取这些物化聚合表，而不用在每次使用时都根据明细数据重新计算。

SAP HANA 内存计算的列存储借助每个 CPU 内核的每毫秒几兆字节的扫描速度，可以快速实时对大量数据进行聚合计算。因此，在许多情况下就不需要物化聚合了。例如，财务应用程序可以在查询时根据会计凭证计算总计和科目余额，而不再需要专门维护科目余额表。

去除物化聚合有几个优点。它简化了数据模型和聚合逻辑，使开发和维护更加高效。它使更高级别的并发成为可能，因为写操作不需要独占锁来更新聚合值，而且能确保聚合值始终是最新的，而物化聚合有时是在计划时间更新的，不总是实时的。

（5）并行处理

列式存储也可以很容易地并行使用多个处理器内核来执行操作。在列式存储中，数据已被垂直分区。这意味着不同列上的操作，可以很容易地并行处理。如果需要搜索或聚合多个列，可以将这些操作中的每一列分配给不同的处理器内核。此外，对单个列操作可以将其分割成多个部分之后由不同处理器内核并行处理。

图 2-3 展示了这两种并行处理的方式。列 A 和 B 分别在不同的内核中处理，而列 C 则被分成两部分，由两个内核进行处理。

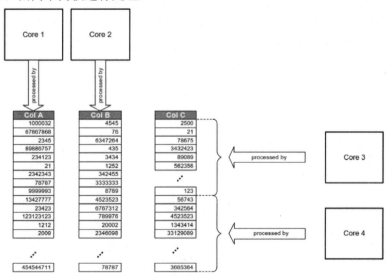

图 2-3　列存储中的并行处理

2.1.4 保留数据的变更记录

在学术文献中,具有时间有效性或可见性的数据称为时态数据(temporal data)。简而言之,就是保存历史变更记录的数据。SQL 2011 通过给数据表的每一行分配一个起止时间,提供对时态数据的支持。SQL 标准区分了两种层面的时态数据支持,分别是通过系统版本和应用程序管理实现的。

对于系统版本实现的时态数据,系统将自动设置时间戳,标明数据为当前数据的起止时间,又称为事务处理时间。当数据更新时系统会自动创建新版本。SAP HANA 中的历史表对应于 SQL 中系统版本的时态数据。这不同于应用程序管理的起止时间概念。应用程序管理实现的时态数据中,起止时间表示在应用程序层面数据记录的有效期限。例如,假如现在在数据库更新一条记录,将现有雇员分配到一个新的部门,并说明这一人事变动在三周后生效。在这种情况下,将存在同一个雇员记录的两个系统版本,从事务处理时间的角度两个版本都是当前数据。但在应用程序层面,它们有不同的有效期间。

SAP HANA 通过历史记录表(history table)实现对时态数据的支持,它允许对历史数据进行查询,也称为基于时间的查询。应用程序可以使用此功能,例如用于实现基于时间的报告和分析。对历史记录表的写操作不会物理地改写现有记录。相反,写操作总是将数据记录的新版本插入到数据库中。历史表中最新的版本称为当前数据。同一数据对象的所有其他版本都是历史数据。历史记录表中的每一行都有类似于时间戳的系统属性,用于标明此行中的记录版本为当前数据的起止时间。可以通过请求对数据库的历史视图执行查询来读取历史数据。或者可以将数据库会话设置为历史记录模式,这一模式下所有查询都基于历史视图进行处理。目前,SAP HANA 仅支持列式存储的历史记录表。

2.2　SAP HANA 不仅仅是个数据库

SAP HANA 是 SAP 公司在 2010 年 11 月份推出的高性能数据处理和创新平台,也是所有 SAP 应用系统的战略平台。SAP HANA 是一个可部署于本地一体机或云端的数据管理平台,其核心是 SAP HANA 数据库,一种创新的内存计算数据库管理系统,可充分利用现代硬件的计算能力,提供应用系统的性能,降低用户拥有成本,并支持前所未有的新场景和新应用系统,如图 2-4 所示。

图 2-4　SAP HANA 概览

SAP HANA 可以在本地和云端进行部署。对于本地部署，SAP HANA 是以 SAP HANA 一体机的方式进行交付的，多个硬件合作伙伴可以提供认证的硬件系统。SAP HANA 一体机包括 Linux 操作系统和 SAP HANA 软件，预装在硬件合作伙伴认证过的硬件上。如果是部署在云端，用户也可以有多种选择。例如，用户可以在公有云上使用 SAP HANA 系统作为数据库，在云端的 PaaS（platform as a service）服务上开发并运行基于 SAP HANA 的应用程序，用户也可以将他们的 SAP 业务应用系统运行在由 SAP 管理的云环境的 HANA 上，或者使用运行在 SAP HANA 上的 SAP SaaS（software as-a service）服务。

SAP HANA 平台不仅仅是一个数据库，它主要提供了以下四种服务。

2.2.1 数据库管理是变革的发动机

首先，SAP HANA 提供数据库管理服务。

SAP HANA 数据库是支持多种数据存储范式的混合型数据库管理系统。其中包括一个完整的关系数据库管理系统，即可以支持数据库表在内存中基于列或行的存储，也支持数据库表在磁盘中的列式存储。它支持 SQL、事务隔离与恢复⊖ 和高可用性。

SAP HANA 数据库支持高性能应用。它能充分利用现代硬件提供的内存和处理能力。所有相关数据都保存在内存中，因此所有读操作都可以在内存中运行。SAP HANA 的设计也充分利用了多核 CPU 的并行执行能力。研究表明，在内存中基于列的数据存储中，在某些场景中，性能改进可达 1000 倍。由于具有读写操作的高性能，SAP HANA 数据库支持事务操作以及数据分析的业务场景。SAP HANA 系统可以分布在多个服务器上，在大数据量和并发请求两个方面都能实现良好的可扩展性。

SAP HANA 系统支持多租户的部署模式，一个系统可以包含多个数据库，这些数据库彼此分隔，各自拥有自己的数据、元数据和用户。每个数据库共享相同的 SAP HANA 软件、系统管理和硬件。支持多租户数据库不仅有利于支持云应用场景，对本地部署的系统也非常有用，比如可以在多个相互独立分隔的租户里运行多个彼此无关的应用系统。

2.2.2 在发动机上开发新的应用程序

其次，SAP HANA 提供应用开发服务。

SAP HANA 扩展应用服务（extended application service，XS）是基于 SAP HANA 数据库上的一层。它提供了执行基于 SAP HANA 的网页应用平台。

最新的 XS 称为 XS 高级版，区别于传统 XS。XS 高级版平台支持多种编程语言和执行环境，如 Java、Node.js 等。XS 高级版应用运行时是通过 HTTP 调用的，通过 SQL 与 SAP HANA 数据库进行通信。在云端，XS 高级版是具有一系列 SAP 扩展和增强的 Cloud Foundry⊖ 平台。在本地部署时，Cloud Foundry 被 SAP 开发的基础架构替代，实现了同样的服务接口与概念，接受相同应用的部署格式。这样，只要使用的服务在云端和本地都可用，相同的 XS 高级版应用程序就可以在云端和本地同时部署。

XS 高级版应用的数据库部分，如表、视图和过程的定义，是使用 SAP HANA 部署基础

⊖ 指满足数据库事务正确执行的四个基本要素：原子性（Atomicity）、一致性（Consistency）、隔离性（Isolation）、持久性（Durability），简称 ACID。

⊖ Cloud Foundry 是 VMware 推出的一个开源 PaaS 云平台，它支持多种框架、语言、运行时环境、云平台及应用服务。

19

架构（SAP HANA deployment infrastructure，简称 HANA DI 或者 HDI）进行部署的。HDI 是 SAP HANA 数据库的服务层，简化了 HANA 数据库对象的统一部署。它支持分隔的部署容器，如，可用于在同一 SAP HANA 数据库上部署同一个应用程序的多个实例。HDI 只是一个数据库部署解决方案，开发方面（如版本控制、团队开发和变更传输）是在数据库之外进行处理的。

2.2.3　非结构化的数据类型也能处理

数据处理与分析智能是大数据平台必不可少的功能。

SAP HANA 并不局限于传统数据库的功能，还提供了一系列数据分析的扩展功能。这些扩展功能有助于 SAP HANA 平台处理一些常见的非结构化的大数据类型，例如：

1）文本分析与搜索功能：包括全文本搜索，具备自由搜索（无须知道数据库中的属性）、语义搜索和模糊搜索。

2）地理空间数据与操作的原生支持。

3）支持时间序列数据。

4）内置支持计划应用。

5）SAP HANA 提供对类图数据结构的高效存储和处理能力。SAP HANA 提供了处理与存储图数据的模型与架构，还提供了对图数据进行查询和操作的语言 GEM（Graph Exploration and Manipulation）。

6）提供了执行潜在的超长时间任务的任务框架。可以异步启动任务，并在应用程序定义的步骤层面进行监控。

通过上面的这些功能扩展，SAP HANA 支持各种结构化程度不同的数据：从结构化的关系型数据，到非结构化的文本结构，再到不规则结构的图数据。SAP HANA 可以在同一个数据库管理系统内整合并分析各种数据，这也是现代业务应用系统所要求的核心能力。基于 SAP HANA，开发人员能够创建各种创新的应用系统。由于不再需要多个单独的系统分别进行分析处理、搜索、空间数据操作、图数据处理或计划和模拟，可以极大地降低系统的复杂性和开发成本。

SAP HANA 数据库提供了一些编程和建模选项，从而实现在接近数据端执行应用逻辑。这是很有必要的，一方面，它充分利用了 SAP HANA 的并行处理和优化能力，另一方面，它减少了在数据库服务器和应用服务器之间传输的数据量。例如，SAP HANA 的支持存储过程、用户自定义的标量函数、表值函数和计算视图等功能。计算视图是 SQL 标准视图的一种扩展。SAP HANA 自带一些函数库和内置函数，如货币转换、金融数学和预测分析。

2.2.4　与各种外围系统进行数据交互

数据集成与质量管理是 SAP HANA 提供的另一个重要服务。

SAP HANA 提供了多种机制，实现数据提供和外部数据源的集成。

1）智能数据访问（smart data access，SDA）提供了数据联邦的能力，可以在 SAP HANA 中实时查询不同的远程数据源，无须创建冗余的数据副本。

2）企业信息管理（enterprise information management，EIM），包括智能数据集成和智能数据质量。可以在 SAP HANA 中实现数据采集、数据复制、数据转化和数据质量操作，无须其他工具。这些功能可以在实时和批量模式下工作，同时支持本地和云端部署。

3）智能数据流：将 SAP 事件流处理器的消费数据流和复杂事件处理功能集成到 HANA 中。

SAP HANA 可以在 SAP HANA 数据库内部或者通过与 Apache Hadoop 集成，进行大数据处理。

1）使用动态分层选项，SAP HANA 数据库可以使用高性能的基于磁盘的列式存储对结构化数据进行存储和处理。对于非常大的数据，将所有数据都存储在内存中通常是不可能或者不必要的。使用动态分层，非常大的表和对响应速度要求不高的数据可以在 SAP HANA 数据库的磁盘扩展存储上进行管理和处理。这个扩展存储是基于 SAPIQ 技术的，可以高效地管理 PB 级的数据。

2）Apache Hadoop 在可扩展和可靠的分布文件系统上提供了虚拟无限存储空间，Hadoop 家族在 Hadoop 基础上提供了丰富的数据管理和处理引擎。Hadoop 的吸引力在于它运行在商业硬件的大型集群上，起步成本低，并可以灵活进行扩展。SAP HANA 通过多种方式与 Hadoop 进行集成。一种方式是将 Hadoop 作为 SAP HANA 的远程数据源，并使用 SAP HANA 数据库的关系型查询访问 Hadoop 的数据。在 Hadoop 端，SAP HANA Vora、Spark SQL 和 Hive 可以用作 SQL 引擎。另一种方式是使用 SQL 语句中基于 Hadoop 的虚拟函数。当执行这种 SQL 语句时，SAP HANA 触发了 Hadoop 中的一个 map/reduce 作业。

SAP HANA 还可以定义可视化的 Flowgraph 流程，用于执行数据传输任务。

2.3 初识 SAP HANA

现在，是时候进入 SAP HANA 系统，正式认识一下 SAP HANA 了。

基于 Eclipse 的 SAP HANA Studio 是 SAP HANA 开发环境和管理工具客户端。根据 SAP 的产品研发策略，SAP HANA Studio 将逐步被基于网页的工具替代。由于目前 BW/4HANA 的主要功能界面都还是基于 SAP HANA Studio 的，本书将仍然采用 SAP HANA Studio 界面进行介绍。

2.3.1 维护 SAP HANA 平台的访问信息

使用本书的演示环境，需要从 SAP 官方网站下载并安装 SAP HANA Studio 及以下两个插件：
- ABAP Development Tools for SAP Netweaver。
- Modeling Tools for SAP BW/4HANA。

安装完毕，双击 SAP HANA 图标，进入如图 2-5 所示的 SAP HANA Studio 启动界面。

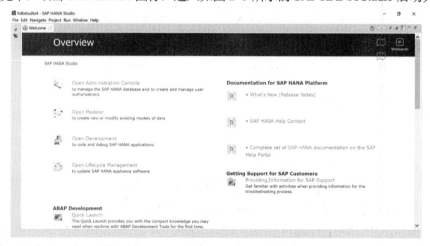

图 2-5　SAP HANA Studio 启动界面

HANA Studio 启动界面中列出用户可以访问的各种组件界面，单击"打开管理工作台（Open Administration Console）"，进入 SAP HANA Studio 管理界面，如图 2-6 所示。

图 2-6　SAP HANA Studio 管理界面

SAP HANA Studio 管理界面的左边是一个导航窗口，右上方是操作的主体窗口，右下方是信息窗口。导航窗口中会显示可用的 SAP HANA 系统及其中的数据对象。不过，当前可用的系统列表是空的。所以，首先要将 SAP HANA 系统的访问信息添加到导航窗口中，方便以后访问。具体操作方法如下。

1）单击工具栏中的"添加系统"按钮 ，系统弹出如图 2-7 所示的对话框。

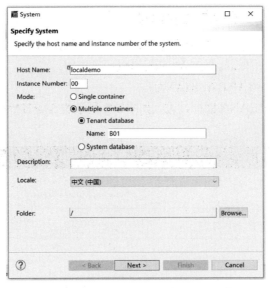

图 2-7　维护 SAP HANA 系统访问信息

2）在对话框的第一个界面中指定一个 SAP HANA 数据库。

一个 SAP HANA 系统包含若干个相互隔离的数据库。一个 SAP HANA 系统由唯一的系统 ID（SID）进行标识，包含一个系统数据库和若干个租户数据库（可以没有租户数据库）。

数据库是通过 SID 加数据库租户名称进行标识的。对系统管理员而言，要区分在系统层面执行的任务和在数据库层面执行的任务。数据库客户端连接到指定的数据库租户。

在以上对话框中输入 HANA 服务器主机名或者 IP 地址、实例号。由于 HANA 系统包含多个数据库，还要提供租户号。完成后单击"下一步（Next）"按钮，进入下一个界面，如图 2-8 所示。

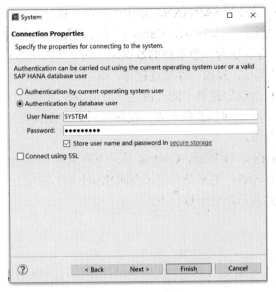

图 2-8　维护 SAP HANA 系统访问用户信息

3）维护访问 SAP HANA 数据库的用户名和密码。

在图 2-8 所示界面中输入访问 SAP HANA 的用户名和密码。

4）连续单击"下一步（Next）"按钮，或者直接单击"完成（Finish）"按钮，关闭对话框，到 HANA 系统的连接就创建完成了。

系统返回 SAP HANA Studio 管理界面，维护好的 SAP HANA 系统显示在导航窗口中，如图 2-9 所示。

图 2-9　完成 SAP HANA 系统访问信息维护

下面就可以进入 SAP HANA 系统，了解它的内部结构了。

2.3.2　HANA 数据库里有哪些对象

在 SAP HANA 管理界面左边的导航窗口中，可以看到当前 HANA 数据库包含所有对象，如图 2-9 所示。这些对象分门别类地放在以下几个子目录中。

1）Backup 目录：可以打开 SAP HANA 备份控制台，执行系统备份及监控任务。

2）Catalog 目录：如图 2-10 所示，Catalog 目录包含当前 SAP HANA 系统下的所有 Schema，每个 Schema 可以视为一个单独的数据库空间。用户可以创建新的 Schema，并在 Schema 下创建新的数据库表、视图、存储过程等。运行在 HANA 之上的 SAP 应用系统，如 S/4HANA、BW/4HANA 会也创建独立的、由这些应用系统管理的 Schema。在这些 Schema 里可以看到系统生成并自动管理的数据库表、视图等对象。选择指定的对象，就可以在主体窗口中查看和编辑这个对象。

3）Content 目录：如图 2-11 所示，Content 目录下存放着 Content 目录系统自带的业务内容和用户自己开发的业务内容，主要是信息模型对象和分析权限。由 BW/4HANA 建模后自动产生的信息模型对象会显示在这个目录下。

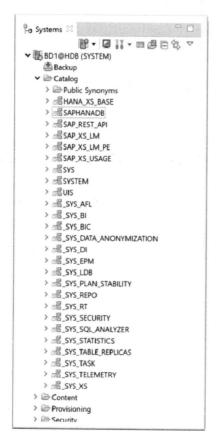

图 2-10　Catalog 目录

图 2-11　其他目录

4）Provisioning 目录：如图 2-11 所示，Provisioning 目录实现数据提供和外部数据源的集成功能，可以创建智能数据访问提供数据联邦能力，可以实时查询不同的远程数据源。例如，创建一个到其他数据库的连接，在 SAP HANA 中通过 VirtualTable 对这个数据库中的表进行读/写操作。

5）Security 目录：如图 2-11 所示，Security 目录存放当前审计策略和设置信息，以及所有用户、角色。管理员可以在这里创建新的用户和角色，或者对现有用户和角色进行维护、修改。

2.3.3 快速上手 HANA 数据库

在工具栏里，除了之前使用过的"添加系统"按钮外，还有几个常用的功能按钮。

1）系统监控

单击工具栏中的"系统监控"按钮，可以打开系统监控界面，显示当前所有连接上的 SAP HANA 的系统监控信息，如图 2-12 所示。

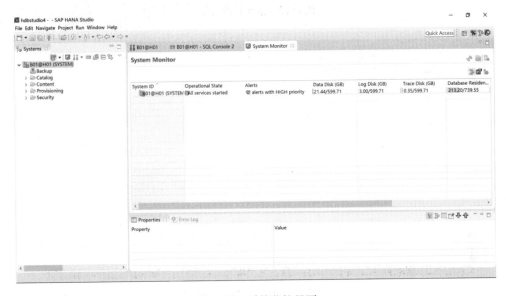

图 2-12　系统监控界面

在系统监控界面中，可以查看 HANA 的运行状态、系统报警信息、硬盘使用情况、内存使用情况和 CPU 使用情况等信息。双击列表中的系统，可以打开系统管理界面，查看更多详细信息。

2）系统管理

单击工具栏中的"系统管理"按钮，可以打开系统管理界面，显示当前 SAP HANA 系统的系统管理界面，如图 2-13 所示。

HANA 系统管理界面中的"概览"选项卡显示当前 SAP HANA 系统信息，如系统状态、当前版本、内存利用率等。除了"概览"选项卡，管理界面还提供了"系统布局""警告""性能"等多个选项卡，提供了丰富的信息和管理功能。

3）SQL 控制台

单击工具栏中的"SQL 控制台"按钮，可以打开 SQL 控制台界面，如图 2-14 所示。

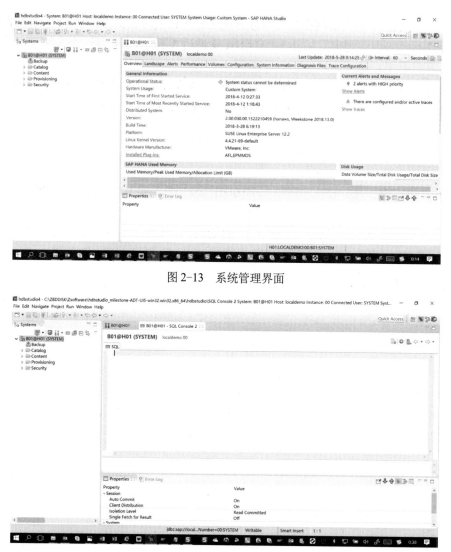

图 2-13　系统管理界面

图 2-14　SQL 控制台界面

用户可以用各种 SQL 命令对系统进行操作，如创建 HANA Schema、HANA 数据库表等。

2.4　解剖 SAP HANA

我们在前面的小节中说过，SAP HANA 是个多租户的数据库，支持分布式部署。那么在服务器集群的不同节点上，HANA 的服务是如何分布和协同工作的？我们也说过，SAP HANA 不仅仅是一个数据库，除了提供数据库管理服务以外，还提供了应用开发服务、数据处理服务、数据集成和数据质量服务。这些服务又部署在哪里？我们不妨进入 SAP HANA 系统，深入了解一下 SAP HANA 的系统架构及其构成组件。

2.4.1　HANA 怎样提供各种服务

在如图 2-13 所示的 HANA Studio 的系统管理界面，选择"系统布局（Landscape）"选项卡，如图 2-15 所示。

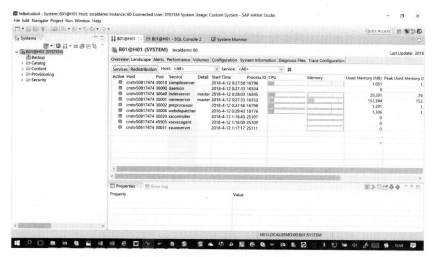

图 2-15　SAP HANA 系统布局

在系统布局选项卡中列出了当前 SAP HANA 系统包含的各种服务器（软件）。下面对这些服务器做一下梳理。

1. 数据库服务器

SAP HANA 数据库由多个服务器构成，如名字服务器（Name Server）、索引服务器（Index Server）、预处理服务器（Preprocessor Server）等。SAP HANA 系统里的不同数据库运行着这些服务器的不同组合。图 2-16 展示了这些服务器之间是如何协同配合的。

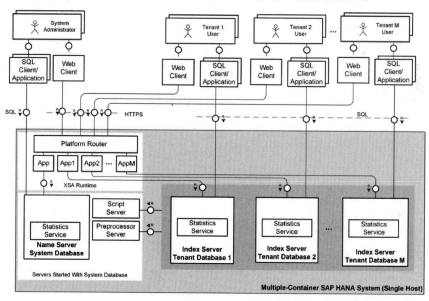

图 2-16　SAP HANA 数据库服务器

其中最重要的组件是索引服务器。索引服务器包含实际的数据存储和数据处理引擎，在每个租户数据库中都运行着索引服务器。索引服务器管理客户端连接与会话，对客户端请求进行分析与执行。索引服务器中的 SQLScript 处理器、MDX 处理器、计划引擎、任务框架和

27

GEM 处理器等组件将不同的编程语言、查询语言和模型转换为针对索引服务器计算引擎优化，由计算引擎执行的通用表达形式。索引服务器的数据存储引擎包括列式存储、行式存储、数据联邦、图数据处理等功能。索引服务器还包括相关的用户认证与权限管理、元数据管理等功能。此外，索引服务器还执行统计服务（statistics service），收集监控信息并评估监控报警。

只有系统数据库运行名字服务器。名字服务器为系统数据库提供了索引服务器的功能。同时，名字服务器还包含系统整体架构信息，记录系统里有哪些租户数据库。

一些不持续存储数据的服务器，如编译服务器（compile server）和预处理服务器等，运行在系统数据库，但为所有数据库提供服务。索引服务器使用预处理服务器分析文本数据并提取用于文本搜索的信息。编译服务器在数据库进行的编译过程中执行特定步骤。脚本服务器（script server）用于执行 C++编写的应用函数库。脚本服务器是可选的，需要手工启动。

系统数据库不能分布在多个主机节点，也不具备完整的 SQL 功能。它可以通过 schema SYS_DATABASES 显示租户数据库的监控数据，但不能查看租户数据库中的实际内容。如果需要进行数据库的分布部署，或者支持完整的 SQL 功能，就需要创建租户数据库。

所有数据库共享相同的数据库系统软件、计算资源和系统管理。每一个租户数据库有各自的数据库用户、数据库编录、资源库、数据存储、备份、跟踪和日志，并且彼此间相互隔离。不同数据库有本地的数据库对象，如 schema、表、视图、过程等，但系统支持跨数据库的 SELECT 查询，这可以实现跨应用系统的报表功能。

2. SAP HANA XS 高级应用服务器

SAP HANA 扩展应用服务，高级模式⊖（简称 XS 高级版，或者 XSA）提供了一个面向微服务应用系统的开发和执行的完整平台，充分利用了 SAP HANA 的内存计算架构和并行执行能力。SAP HANA XS 高级应用服务器是其中的一层，提供了基于 SAP HANA 的网页应用程序的运行平台。它是 SAP HANA 系统的有机组成部分。SAP HANA 服务器软件主要是用 C++开发的，运行在 Linux 操作系统。XS 高级版的本地部署平台组件是用 Java 开发的。

SAP HANA XS 高级版提供了一组丰富的嵌入式服务，可以为基于 Web 的应用程序提供端到端的支持，包括轻量级 Web 服务器、持久存储服务和可配置的身份提供程序。该平台支持多语言应用程序开发，提供一组预部署的行业标准运行时环境，如 node.js 或 JavaEE。此外，SAP HANA 平台具有开放的体系结构，支持添加用户自定义的运行时环境。

XS 高级版运行时包括多个进程，用于平台服务和执行应用程序。服务名称如下：

- xscontroller：SAP HANA XS 控制器，是 XS 高级版的核心管理组件。它可以查看所有部署和运行的应用程序，并将配置和状态信息存储在数据库中。SAP HANA XS 控制器管理着平台路由器实例（platform router），平台路由器是一个 SAPWeb 访问调度器，将系统的公共终端暴露在外面。
- xsexeagent：SAP HANA XS 执行代理，负责管理进程，包括启动、运行和结束任务。
- xsuaaserve：SAP HANA XS 用户认证和授权（UAA），管理 XS 高级版运行时的用户登录和退出请求。

XS 高级版本可以在专用的主机上运行，也可以和其他 SAP HANA 组件运行在同一个主机上。

⊖ XS 高级模式是相对于 XS 传统模式而言的，XS 传统模式在 HANA 2.0 SPS02 之后已不再支持。

3. SAP HANA 的其他服务

SAP HANA 的主要服务器除了名字服务器、索引服务器、XS 高级运行时以外，还有以下主要服务器：

- SAP HANA 部署基础架构（HDI）服务器：HDI 负责将设计时的组件部署到 SAP HANA 数据库。
- 扩展数据存储服务器：是 SAP HANA 动态分层可选件的一个组成部分。它基于 SAP IQ 技术，提供了针对 PB 级的大量数据的高性能的基于磁盘的列式存储。有些数据不经常访问，没有必要存储在内存中，可以选择存放在扩展存储中。使用动态分层，SAP HANA 可以用可控的成本管理大型的数据库。
- 数据采集服务器：是 SAP HANA 智能数据集成可选件的一部分，属于企业信息管理（EIM）方案。它提供了数据实现同步和批量抽取的能力，可以实现数据实时转换，内置众多数据质量管理函数，提供了针对不同远程数据源的适配器，还提供了适配器开发工具 SDK，用于开发客户自己的适配器。
- 流聚类（streaming cluster）：是智能数据流可选件的一部分，它基于 SAP 事件流处理器进行流数据消费和复杂事件处理，扩展了 SAP HANA 的功能。
- SAP ASE 加速器：是 SAP HANA ASE 加速器可选件的一部分，使 SAP ASE 用户具备使用 SAP HANA 对 SAP ASE 数据进行实时分析的能力。
- SAP HANA 远程数据同步：是 SAP HANA 实时复制可选件的一部分，它是基于会话的同步技术，用于将 SAP SQL Anywhere 远程数据库同步到合并数据库。

除了上面提到的预处理服务器、编译服务器和脚本服务器，辅助服务器还包括：

- 文档存储服务器：用于文档存储资源库，支持原生的 JSON 文档操作，与其他列式或者行式存储的数据表进行关联。这些服务器是可选的，需要手工启动。
- SAP 网页访问调度器：处理指向 XS 传统版的入列的 HTTP 和 HTTPS 连接。
- SAP 启动服务：负责以正确的顺序启动或者结束其他服务，同时也执行其他功能，如监控其他服务的运行状态。

2.4.2 HANA 如何实现分布式部署

SAP HANA 系统可以运行在单个主机上，也可以运行在多个主机集群上。前者称为单主机系统或者纵向扩展系统。后者又称为多主机分布式系统或者横向扩展系统，具有更好的可扩展性和高可用性。分布式系统也是由单一的系统 ID 进行标识的，作为一个整体进行系统管理操作，如安装、升级、启动、关闭等。不同的数据库共享相同的元数据，客户端应用程序的请求由系统自动进行调度。

分布式系统可以突破单个物理服务器的硬件限制，可以在多台主机之间分配工作量，实现负载均衡。分布式系统还支持故障恢复，将一个或多个主机配置为备机模式。正常情况下，备机上的索引服务器不包含任何数据，也不接收任何请求。当活动主机出现故障时，备机将自动取代发生故障的主机。

在分布式部署的情况下，不同的主机节点根据不同角色运行不同的服务器。首先，我们来看看数据库服务器的分布。图 2-17 显示了一个多节点的 SAP HANA 系统的数据库分布。

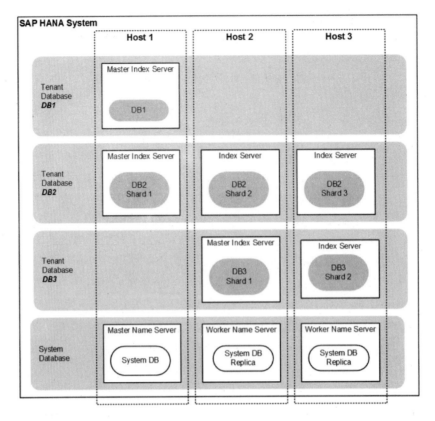

图 2-17　SAP HANA 租户数据库多节点部署

如图所示，系统数据库的数据完整地保存在主节点上。为了确保系统可用性，其他工作节点（称为从节点）也会运行同一个系统数据库实例。所有数据都是从主节点的系统数据库复制过去的。

一个租户数据库可以将数据分布在系统中的多个节点上。不同的节点保存不同的数据库碎片，如图中的租户数据库 DB2 和 DB3。在分布式系统中，为了达到更好的性能，一般会在租户数据库的每个节点上分配一个索引服务器，其中一个节点的索引服务器为主索引服务器。SAP HANA 支持多种跨节点分布数据的方式：

- 将不同的表分配到不同的索引服务器，即不同的主机节点上。
- 将单个表进行拆分或者分区，将表的不同行存储到不同的索引服务器上。
- 一个表可以复制到多个索引服务器，实现更好的查询和连接性能。

分布式系统支持在多个节点分布式执行客户请求。数据库客户端可以将请求发送到分布式系统中的任何主机上的任何索引服务器上。如果接受请求的索引服务器不具备需要的所有数据，它会将操作分发给其他索引服务器，收集结果，并将结果返回给数据库客户端。SAP HANA 客户端库支持负载均衡，根据加载的数据及其位置信息选择连接方式，减少通信开销。

SAP HANA XS 高级版支持分布式系统，可以通过灵活配置优化负载平衡，支持故障恢复。在系统安装时，还可以为 XS 配置专用的节点。XS 专用节点只运行 XS 高级版服务器，不运行其他服务器。

在生产系统上，流聚类和扩展存储服务器一般都运行在它们专用的主机节点上。这也意味着，要使用这些功能，就需要分布式的系统。

2.5 本章小结

引入内存计算技术是在面临大数据浪潮时，改造传统数据仓库的一个行之有效的方法。内存计算技术的发展有其客观的硬件发展条件，也得到学术界和工业界的大力支持。经过多年发展，内存计算技术已日臻成熟。

目前有多种内存计算解决方案，SAP HANA 是个中翘楚。SAP HANA 系统不仅可以高速地计算和处理数据，支持原生的应用开发，还能够处理半结构化和非结构化数据，与数据湖和其他外部系统进行数据交互。SAP HANA 无疑是构建现代数据仓库的一个优秀的技术平台。

访问 SAP HANA 系统，使我们直观地了解 SAP HANA 系统的界面，了解 HANA 内部各种数据和管理对象，也快速了解了 HANA 的基本功能界面。在大数据环境下，数据存储的纵向扩展和横向扩展是必要功能，我们也深入学习了 SAP HANA 的系统架构，理解了 SAP HANA 在这方面的解决方案。

第3章 顶 层 设 计

会当凌绝顶，一览众山小。

建设新的大数据平台，涉及众多的山头。

一个山头是传统数据仓库的改造。内存计算的数据处理方法变化了，在应用层面的设计要有哪些相应的变化才能发挥内存计算快速处理的优势？

一个山头是数据湖的建设和融合。如何才能更好地利用形式多样的外部数据？如何将企业数据仓库与数据湖进行融合？如何做到既能够处理海量的数据，挖掘半结构化、非结构化数据的价值，又能够发挥数据仓库成熟的面向业务应用的开发设计方法？

一个山头是数据智能应用系统。如何统一管理和使用数据仓库、数据湖、云存储和外部各种数据，实现数据的快速定位和按需提取？如何调用企业自己开发的和外部提供的各种服务，快速挖掘数据价值，创造新的业务模式，改造现有业务系统，实现智能应用？

还有很多正在快速成长的新山头……

3.1 条条大路通罗马

我们先把目光聚集在数据仓库的建设上。

引入内存计算技术是变革的起点，也是技术创新的基石。SAP 新一轮的创新浪潮也是在 SAP HANA 平台上掀起的。在 SAP HANA 上建设新的数据仓库系统，或者将企业的已有数据仓库迁移到 SAP HANA 之上，保护原有投资，重用原来的模型。这在实施方法上都是可行的选项。但是，新技术带来新变化。简单的系统迁移不能解决全部问题。从系统的设计层面，变革就开始了。

3.1.1 十八般武艺齐上阵

在数据库平台上使用 SQL 或者数据库开发工具开发一个数据仓库系统，很多做过数据仓库系统建设的人对此都不陌生。技术大拿们可能认为找一些上手的工具，在 SAP HANA 平台上直接开发数据仓库或者进行现有数据仓库的改造是理所当然的选项。不妨将其称为基于 SQL 的建设方法。

图 3-1 概述了基于 SQL 方法建设数据仓库的流程步骤以及每个步骤中可能使用的 SAP 工具。

数据仓库的建设和优化，是一个周而复始的过程。每一个开发周期，有以下几个步骤：

1）建模：使用 SAP PowerDesigner 完成概念建模和逻辑建模，可以提升业务部门和 IT 部门之间的协作。SAP PowerDesigner 是一个通用的建模工具，设计的模型可用于创建数据仓库，也可用于其他类型的系统。SAP PowerDesigner 使用图形化的可拖放的用户界面，无须关注详细的数据库结构。借助 SAP HANA 平台的版本控制功能，可以方便地将所有模型和元数据存储在 GitHub 存储库中。

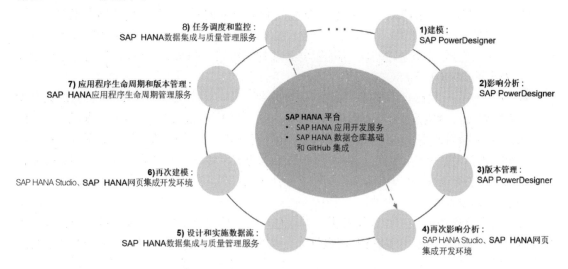

图 3-1　基于 SQL 建设方法的步骤和工具

2）影响分析：分析新建的模型如何影响现有的数据结构和其他模型。这通常需要比较不同的模型及其版本，有时甚至涉及对 SAP HANA 中的对象实施逆向工程。在影响分析初始阶段，SAP PowerDesigner 是合适的工具。

3）版本管理：随着时间的推移及业务目标的高速发展，模型和各种对象会生成多个版本。SAP PowerDesigner 具备跟踪这些版本所需的全部功能。

4）再次影响分析：首次影响分析之后，可能需要对模型或模型生成的其他数据库对象进行调整，就需要再进行影响分析。这时候需要有工具能检查并使用 SQL 编辑模型或对象，可以使用 SAP HANA Studio 或者 SAP HANA 网页集成开发环境。

5）设计和实施数据流：确保在数据集市中为用户及时、准确地提供最新数据。SAP HANA 内置了数据集成和质量管理服务，其中的智能数据集成和智能数据质量组件可以访问和采集企业内的结构化和非结构化数据，包括数据湖里的数据。智能数据集成通过 ETL 和 ELT 机制或通过流模式访问各种数据，进行数据迁移。智能数据质量确保数据的准确性、完整性，可以在不同场景之间交互。

6）再次建模：在完成模型创建、影响分析和实现数据流之后，数据仓库从开发模式切换到运行模式，这时可能需要对更多细节进行改进。可以使用 SAP HANA Studio 或者 SAP HANA 网页集成开发环境进行进一步优化，详细定义和实施数据库表、视图，添加结构等。所有模型和元数据都可以从 GitHub 存储库进行读写。

7）应用程序生命周期和版本管理：这是数据仓库系统的一项重要的运营工作。不论是新建还是后续调整，SAP HANA 中的对象都需要在多个系统环境中进行传输，从而保持这些 SAP HANA 系统的一致性。这时需要使用 SAP HANA 应用程序生命周期管理服务。

8）任务调度和监控：计划数据采集与更新流程并监控数据质量。SAP HANA 内置的数据集成和质量管理服务方便业务用户探索、准备和共享数据仓库的数据，帮助用户提高数据质量、数据完整性、可信度和真实度。

所有的开发步骤都是围绕着 SAP HANA 平台进行的，在 SAP HANA 平台中也有支持开发数据仓库的重要的功能组件。
- SAP HANA 扩展应用程序服务（XSA）：包含一系列服务，为本地数据密集型应用程序的开发和执行提供一个全面的平台。这些服务为基于 Web 的应用程序提供端到端支持，包括 Web 服务器、可配置的开放数据协议（OData）支持、应用程序执行以及全面的 SQL 和 SQLScript 访问。
- SAP HANA 数据仓库基础：提供一系列打包工具，支持 SAP HANA 集群内的数据管理和分布。数据生命周期管理（DLM）是一个基于这些功能的工具，负责根据数据所处的生命周期不同阶段将数据迁移到不同的存储区域。另一款工具是数据分布优化器（DDO），用于优化 SAP HANA 组织数据的方式，以提高数据仓库环境下的数据并行处理效率。数据分布优化器可以从数据仓库项目一开始就进行优化，也可以在后期才进行这项工作。

使用这种开发方式，可以采用各类工具进行开发，可以灵活地自定义各种数据模型；各种工具及 SAP HANA 内置的服务共同提供了完整的数据仓库功能；用户自行管控系统的复杂度和系统规模。

3.1.2 按整整齐齐的套路出招

数据仓库建设有成熟的方法论和丰富的实践。早在 1997 年，SAP 就基于数据仓库的建设实践，率先推出了一个体系化建设数据仓库系统的应用软件，称为业务信息仓库（Business Warehouse，BW），它也是我们将要重点介绍的 BW/4HANA 解决方案的前身。

SAP BW 和 BW/4HANA 一直在不断优化以满足 SAP 客户的需求。在 SAP HANA 正式发布之前，SAP BW 就推出了使用内存计算技术的 SAP BW 加速器，它也是 SAP HANA 的前身。随着 SAP HANA 的发布，SAP BW 迁移到 HANA 平台并进行了全面的优化，在 2016 年底推出了 BW/4HANA 方案。

SAP BW/4HANA 采用了久经验证的建模、运营和系统生命周期管理的方法和功能，进一步提供了与 Hadoop 等大数据存储集成的功能选项，并采用一系列集成的功能支持完整、灵活的数据仓库循环。我们可以简单地列举出 BW/4HANA 方案的一些特点如下：

1）BW/4HANA 是一款端到端数据仓库解决方案，提供了从概念建模到日常任务调度的所有功能，用户甚至可以不用 SQL 语句启动项目就能完成整个数据仓库系统的开发。

2）BW/4HANA 提供内置的数据管理、生命周期管理与版本管理功能，提供 ETL 和其他数据流程的调度和监控功能。

3）BW/4HANA 基于 HANA 平台做了全面的优化，它针对 HANA 的技术特性将数据模型的表结构变得更加简单、高效和可扩展，支持快速访问 SAP HANA 的最新函数库，用于预测分析、文本分析、数据挖掘和机器学习。

4）BW/4HANA 针对大数据应用进行了功能升级，提供了对 Hadoop、S3 等数据湖平台的数据访问和数据抽取功能，并可以利用数据湖平台作为扩展的数据存储，打通多平台的数据一体化管理，降低总体存储成本。

5）BW/4HANA 传承了 SAP 做企业管理系统的深厚底蕴，提供了不同行业、不同管理领域的大量预置业务模型。针对 SAP 业务系统的数据源，BW/4HANA 也提供了从数据获取到指标分析的全面预置模型。

SAP BW/4HANA 本身提供高度集成的完整解决方案，可满足建设和改造数据仓库的需求。随着 SAP BW/4HANA 功能的不断深化，它充分利用了 HANA 的特性，并可以将 BW/4HANA 中创建的模型自动生成 SAP HANA 计算视图供外部使用，与基于 SQL 的方法相互补充。

3.1.3 尺有所短，寸有所长

不同的数据仓库方法，有各自的优势和不足。具体方法的选择，可能要取决于所建设数据仓库系统的特点。建设数据仓库面临着两大挑战，即数据系统的数据量和数据模型的复杂性。它们直接影响数据仓库的应用场景、开发和管理的难度和使用的方法。

图 3-2 展示了数据仓库的建设要求如何随着数据量和复杂性的变化而改变，并最终影响应用场景和工具选择。

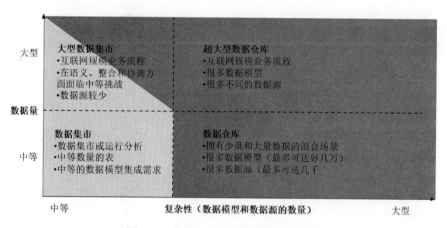

图 3-2　数据仓库应用场景的驱动因素

1）数据集市：位于图形左下角的区域，只需要支持中等数据量和中等复杂性。在这种情况下，往往创建单个数据集市或者提供运营数据分析功能就能较好地满足业务用户的需求。

2）数据仓库、超大型数据仓库和大型数据集市：这个区域代表的建设项目需要更可靠的方法，能够支持更大的数据量和更高的复杂性。SAP 解决方案为这类需求提供了有力的支持。

图 3-2 显示了一种趋势，即越靠近左侧基于 SQL 方法的优势越明显，开发人员可以获得更多的灵活性；越靠近右侧 SAP BW/4HANA 方法的优势越明显，系统开发的规范性加强，方便对各类数据对象进行管理。但是，具体项目的选择会面临更多的影响因素，包括客户对数据建模灵活性的需求、数据仓库历史和企业内部团队的专门积累等。

3.2 内存计算改变了数据仓库的设计原则

像 BW 及 BW/4HANA 这样专业的数据仓库应用软件的产生，是长期以来企业数据仓库建设与管理工作不断总结最佳实践、不断沉淀建设思想与理念的结果。其中，按企业数据仓库处理数据的不同特点，将数据仓库划分不同逻辑区可以显著提升数据仓库系统的规范性和可扩展性，成为企业数据仓库建设的标准。

新技术的引入不会改变数据仓库多分区架构带来的架构规范化、方便管理和扩展的优势，也不影响数据仓库各个分区的功能定位。但是，对于各个数据仓库分区实现各自功能的具体技术手段带来了全新的思路和方法。

3.2.1 数据仓库逻辑分区架构

使用内存计算数据库作为数据仓库的存储平台，传统的"空间换时间"的数据仓库建设思想过时了。它带来的变化是多方面的。简而言之，就是减少数据存储（空间），加速数据处理（时间）。变化后的数据仓库逻辑分区架构，又称为增强的分层可扩展架构（Layered, Scalable Architecture，LSA++），如图3-3所示。

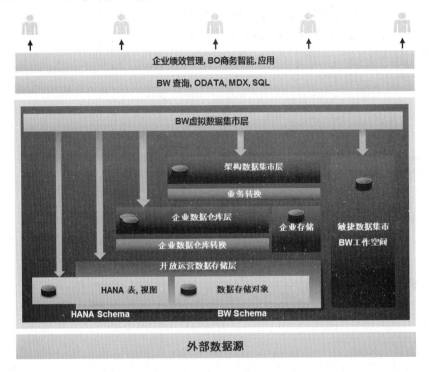

图3-3　数据仓库逻辑分区架构的变化

增强的LSA架构提供了更加精练的数据仓库建模方法，基于SAP BW/4HANA及HANA平台可以构建一致的、协调的、具有历史数据存储的数据仓库。内存计算技术的应用极大提高了数据处理的速度，使更多的数据实时处理和实时计算成为可能。与之相比，传统的数据仓库建模方法，往往在数据仓库中进行多次的数据加载和数据复制。每一次数据加载和复制都增加了数据仓库的成本，降低了数据仓库的敏捷性，削弱了数据仓库对业务需求变化的反应能力。

增强的LSA架构更多地采用了逻辑数据仓库建模方法，其核心思想是直接访问数据源中的数据，而不进行数据复制，从而以更快的速度、更低的成本提供解决方案。此时，数据仓库既可以作为数据的请求方，也可以作为数据的提供方。

例如，作为数据的请求方，BW/4HANA系统可以将S/4 HANA中的主数据集成到数据仓库中，作为模型的一个实时维度使用。作为数据的提供方，BW/4HANA系统可以以SAP HANA视图的方式将具有物理数据存储的数据存储对象和虚拟对象（如复合提供者、查询）提供给其他数据请求系统使用。这也是在上一小节介绍的 SQL 方法和 BW/4HANA 混合建模的方法。

从 BW/4HANA 的角度来看，其他数据仓库或运营数据存储系统都可用作直接访问的源系统，包括 Hadoop 这样的大数据系统。其基本思想是将虚拟的远程数据直接集成到 BW/4HANA 系统的各种模型对象中。

这一逻辑建模的解决方案可以使用服务级别协议的方法，从服务的可用性、服务的性能等方面评估是否满足业务需求。如果解决方案能满足这些要求，逻辑数据仓库和物理数据仓库的解决方案一样是有效的。如果逻辑数据仓库方案只能满足部分需求，该解决方案仍然可以作为一种临时解决方案，而最终方法只能将数据移动到数据仓库中。

使用逻辑数据仓库，很重要的一点是，在数据源或者源系统位置变化时，如何保证现有的查询和分析的有效性。

3.2.2 数据采集层更轻、更快

开放运营数据存储层，也称为数据采集层，其基本作用是存储和管理从外部系统进入数据仓库系统的数据。BW 系统对这些数据按数据请求包、数据包及记录号进行管理，并提供了严格的数据序列管理和加载机制，保证这些数据可以不重不漏地在不同的时间加载到不同的数据模型中。

在使用 SAP HANA 作为数据平台后，开放运营数据存储层完成同样的功能，并充分利用 HANA 的特点进行功能扩展。增强的 LSA 架构中的开放运营数据存储层从以下三个方面简化了数据仓库建模。

1．减少数据存储，增强数据采集功能

传统的 BW 系统，数据从外部进入数据仓库时，都必须先在数据仓库的数据采集层保存一份副本，再进入后续的数据处理环节。这种设计方法降低了重复从源系统读取数据的风险，但是它增加了数据仓库中的存储数据容量，也增加了整个数据处理链条的工作量。BW/4HANA 系统更加强调对数据的实时、快速处理，数据从外部进入 BW/4HANA 系统后，可以直接进行加工处理，进入数据存储对象，甚至直接用于出具报表。BW/4HANA 使用新的技术（如 ODQ，运营数据队列）进行数据抽取，数据落地不再是必选项，同时也减少了内存中存储的数据量。

BW/4HANA 使用了 SAP HANA 平台的智能数据集成功能，可以直接使用智能数据集成的大量适配器，可以容易地访问各种数据源，包括各种社交媒体和 Hadoop 等，增强了系统采集数据的能力。

第 5～7 章将详细讨论如何获取外部数据。

2．方便、快速地将数据纳入数据仓库统一管理

在传统的 BW 系统里，出于对数据规范管理的要求，用户必须先对每个字段定义一个信息对象，才能定义数据模型并接入外部数据。而在 BW/4HANA 中，用户可以直接使用字段创建模型。开放运营数据层的数据模型一般是直接基于数据源的字段进行定义的。这有利于及早地集成数据，快速灵活地获取信息。

对于使用字段定义的数据模型，BW/4HANA 提供了更加灵活的手段来定义和丰富字段的业务语义，方便用户的使用。用户可以使用开放 ODS 视图获取更丰富的语义信息，指定字段和数据模型的业务含义，定义字段和模型、模型和模型之间的关联关系，还可以用复合提供

者（composite provider）将开放 ODS 视图和数据仓库层或者数据集市层的其他数据模型关联起来，形成新的模型。

为了对数据仓库方案进行扩展，使方案更加灵活，从而使远程数据可以成为数据仓库方案的组成部分，就要求 BW/4HANA 系统可以解读远程数据并对其进行语义上的定义。由于外部数据都是以字段的方式进行定义的，虚拟集成这些数据的关键就是在开放 ODS 视图的基础上进行采用字段建模的方法。

开放 ODS 视图提供了一系列功能，对于在解决方案中建立虚拟数据仓库组件具有重要作用。

1）对外部数据的访问能力。任何 SAP HANA 可以远程访问的数据，都可以成为开放 ODS 视图的潜在数据源。开放 ODS 视图可以访问 SQL 视图、SAP HANA 视图、数据库表以及 SAP HANA 虚拟表。SAP HANA 虚拟表是通过 SAP HANA 智能数据访问（smart data access，SDA）连接的远程数据库视图或者数据库表。

2）对外部数据结构进行建模的能力：开放 ODS 视图可以为外部数据源结构定义语义信息，如事实表、主数据、文本等。通过重用开放 ODS 视图，可以让同样的数据源具有语义信息。重要的是，通过这种方法，外部的数据源中的事实表数据和主数据（属性）不再是相互分离的。

3）对外部数据字段进行建模的能力：开放 ODS 视图可以为外部数据源结构中的字段定义语义信息，如特性、关键值、货币等。一个数据源字段可能有多种语义，如特性和关键值。文本字段可以直接解释成 BW/4HANA 意义上的文本。如果需要支持多语言，文本字段可以和数据源结构上的其他属性一起使用，通过开放 ODS 视图进行语义上的解释。

4）对外部数据的集成能力：开放 ODS 视图可以与其他开放 ODS 视图进行集成。例如，事实表类型的开放 ODS 视图与主数据类型的 ODS 视图进行关联，就可以得到星形模型。开放 ODS 视图可以关联到信息对象，从而直接访问信息对象的信息。开放 ODS 对象还可以映射到复合提供者中的其他 BW/4HANA 信息提供者。

5）对其他数据源结构提供了必要的灵活性和稳定性：开放 ODS 视图提供了相互交换源数据结构的灵活性。开放 ODS 视图支持进行逻辑数据仓库建模方法，意味着数据源的位置也可以是虚拟的。如果数据源 A 不能为位置 B 提供满足服务水平协议的服务，则需要在不影响查询的前提下将 A 的源数据迁移到位置 C，并按 A 的数据源结构进行重建。重建后的位置 C 的数据源结构提供了与原来数据源 A 相同的数据源字段。

6）支持改变数据源的位置，也支持将数据源移动到数据仓库中：除了支持数据源结构的位置切换以外，开放 ODS 视图还支持基于开放 ODS 视图自身的定义生成数据源、数据存储对象和相应的数据流。由此，通过开放 ODS 视图可以将虚拟的外部数据源加载到数据仓库中。

第 10 章将详细讨论开放 ODS 视图和复合提供者的使用。

3. 具有直接运行查询和报告的选项

正如前面提到的，系统使用开放 ODS 视图或者复合提供者定义了数据的语义。基于开放 ODS 视图或者复合提供者可以直接从开放运营数据存储层出具查询。

开放运营数据存储层的这些新功能对集成非 SAP 的数据尤其有用，用户不再需要花费大量时间创建信息对象。

第 14～16 章将讨论如何使用查询和报告。

3.2.3 EDW 传播层手段更多

有些数据仓库是由某一个源系统主导的，也就是说，数据仓库的大部分或者全部语义和值都来源于这个源系统，只需要执行少量的数据转换规则。这种项目称为域数据仓库（domain data warehouse）。有些数据仓库需要协调大量的规模相当的源系统，则需要执行大量的数据与模型转换。这是典型的企业数据仓库（enterprise data warehouse，EDW）。

进入企业数据仓库层的数据在语义上是一致的，可以满足多种业务分析和应用的需求。企业数据仓库层实现了著名的数据仓库原理："一次提取，多次部署"。因此，企业数据仓库层又称为"数据传播层（Data Propagation Layer）"。

从开放运营数据存储层到 EDW 传播层的数据转换也称为企业数据仓库转换。

1．企业数据仓库转换

数据仓库的目标是使用全面、一致的语义和值的定义，尽可能地协调数据，使来源于不同系统的数据一致化。企业数据仓库层是数据仓库的实际核心层，也是实现这一任务的数据层。企业数据仓库层及企业数据仓库转换的主要作用是实现数据的标准化，确保进入这一层的数据具有标准化的语义和值，具有统一的标准。

企业数据仓库转换正是为了实现数据的标准化和一致性，这一层又称为协调层（harmonization layer）。不同的企业或者不同的数据仓库项目在数据实现标准化和一致化的协调程度方面有很大的差异，这也是数据转换的程度和复杂度的差异。这种差异主要取决于企业是如何使用和定义数据仓库的。

为了保证数据能满足不同的分析和应用需求，企业数据仓库层中的数据不能偏向于具体的应用程序或者解决方案。换言之，企业数据仓库转换只实现数据多次部署需要的转换。其他的转换应该放到企业数据仓库层之后的转换去实现。企业数据仓库层为后续的数据传播和多次使用提供了一致的基础，将数据提供给架构数据集市层和虚拟数据集市层。

2．企业数据仓库层的数据域

对于大型的 BW/4HANA 系统，尤其是全球性的系统，增强的 LSA 架构推荐对交易数据使用标准化的语义分区，又称逻辑分区。

对于全球性的系统，语义分区可以实现在不同的时区提供数据服务。标准化是指特定处理范围的所有数据存储对象（高级）都使用相同的分区标准进行分区。一般选用组织结构特性，如控制范围（0CO_AREA）作为分区标准。数据的语义分区需要在一定时间范围内保持稳定。使用这一方法创建的 BW/4HANA 的不同分区在增强的 LSA 架构中称为域。

信息源在语义分区对象中起到重要作用，用于方便地管理数据流以及定义和维护数据转换。在语义分区对象之前使用输入信息源，在其后使用输出信息源，从而绑定数据转换逻辑。只需要在上游的信息提供者与输入信息源，或者输出信息源与下游的信息提供者之间定义数据转换逻辑就可以了。

BW/4HANA 为语义分区对象提供了全新的建模工具——语义组，并提供了灵活方便的运维和管理方法。

3．企业数据仓库层的数据模型

企业数据仓库层集成了不同源系统的数据，实现了数据在语义和值方面的标准化。从这个角度看，企业数据仓库层无疑是最重要的。标准化反映在数据仓库的数据模型中。对核心的数据仓库实体（如物料、工厂、成本中心等）及其属性的建模要考虑到不同来源的数据是否需要进行整合，这需要在建设数据仓库之初，在数据加载之前就着手设计。这也是自上而下的建模方法。

BW/4HANA 系统预置的业务内容（business content，BCT）以信息对象的方式提供了对 SAP 源的核心数据仓库实体的模型，如 0MATERIAL，0PLANT，0COSTCENTER 及 0CO_AREA 等。建议使用这些业务内容中的信息对象作为企业数据仓库层的数据模型的模板，或者复制这些信息对象并按自己的命名规范进行重新命名，进而从 SAP 源系统中获取相关的交易数据。

数据仓库的所有主要功能和服务都是在这一数据层实现的。根据客户需求不同，比如要访问不同历史时期的主数据，主数据会按照不同的版本进行存档或保存。在 BW/4HANA 中，这一数据层也会对外提供查询和分析服务，这可以减少后续的模型，简化数据仓库架构。

基于字段的建模方式为 EDW 层整合不同来源的数据提供了更加灵活的手段，全新的语义组提供了支持复杂建模的更多方法。当然，信息对象和标准数据存储对象对企业数据仓库层也是必不可少的。

第 8 章将详细介绍信息对象，第 9 章将详细介绍数据存储对象和语义组，第 11 章将详细介绍信息源。

3.2.4 企业存储层融入数据湖

企业存储层又称为企业的大脑，它包含了所有加载数据的完整历史，可以用作重新构建数据仓库的数据源，而不必再从源系统进行数据抽取。这一功能定位很容易让人联想到数据湖。它们确实有很深的渊源。

1. 企业存储层的应用场景

1) 数据来源的业务系统不允许重新进行数据初始化而长时间停机。对于这个系统，数据仓库要做好风险防范，要保留所有的历史数据。一旦数据仓库出了问题，需要进行数据初始化的操作，就可以直接从企业存储层读取数据了。

2) 数据来源的业务系统进行过数据归档。这也意味着，如果数据仓库需要进行数据初始化的操作，从源系统是读取不到历史数据的，所以也只能依靠企业存储层保留历史数据了。

3) 保证数据仓库系统具有强壮、标准的系统恢复流程。企业存储层可以降低数据仓库对其他系统的依赖程度。

4) 用于增强或者新建数据集市应用。有些新的业务需求需要改造或者新建数据集市应用，如果需要历史数据，可以从企业存储层读取。

5) 用于保存当前暂时不需要但以后可能需要的源系统数据，或者是暂时不能进行集成的数据。在自下而上的建模方法中，常常会做这样的数据保存。现在这个工作很多时候是由数据湖完成的。

2. 企业存储层的数据存储策略

企业存储层存储了大量数据，而且有大量的数据是不常使用的，全部存储在 HANA 平台中，不利于充分利用 HANA 的快速处理特性。根据企业存储层中数据使用的不同频率，可以对数据采用不同的存储策略，如图 3-4 所示。

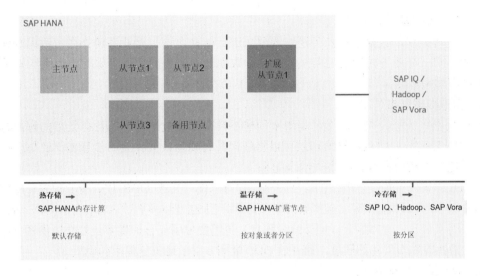

图 3-4 数据多温度管理与横向扩展存储

通过将所有数据永久性地存储在内存中，SAP HANA 提供了卓越的查询性能。然而在数据仓库中还有大量的数据是与查询无关的。由此可以根据数据被查询访问的频率将数据区别为"热数据"、"温数据"和"冷数据"。为了平衡 SAP HANA 数据库的成本和收益，将"温数据"和"冷数据"转移到成本更低的存储介质上进行保存，"温数据"和"冷数据"仍然可以被查询访问到，但响应时间将稍微长一点。这称为"数据老化"，也是增强的 LSA 架构的重要组成部分。

对于热数据，可以正常地存储在 HANA 节点上，提供高效的访问服务。

对于温数据，BW/4HANA 提供了 HANA 扩展节点的管理功能，数据同样存储在 HANA 内存中，但由于数据不常访问，HANA 扩展节点的数据存储密度更高。

对于冷数据，BW/4HANA 支持将数据存储在外部存储介质中，包括 SAP IQ、Hadoop 和 SAP Vora，并提供统一的管理方法。

BW/4HANA 提供的数据存储对象支持数据的动态分层，系统可以根据设置的规则将数据自动分布到热、温、冷不同的存储介质。

增强型的 LSA 架构精简了数据的物理存储，减少了数据存储的层次，但每一层承担了更多的任务（服务）。这也增加了界定一个数据对象为"温数据"或者"冷数据"的难度。

一般使用数据存储对象构建企业存储层，数据存储对象内置了数据多温度分层存储的功能。

3.2.5 数据集市层大量虚拟化

数据集市层包含了架构数据集市层、业务转换层和虚拟数据集市层。

1. 架构数据集市层

传统的架构数据集市层是查询访问层。在 BW/4HANA 系统中，尽可能使用企业数据仓库层和虚拟数据集市层满足查询需求，只有在需求不能满足时才创建具有物理数据存储的架构数据集市层。架构数据集市层使用数据存储对象和信息对象进行构建。数据存储对象提供了专用"数据集市"子类型。

2．业务转换层

在业务转换层，数据根据业务逻辑的要求进行转换。这也是业务转换层与数据仓库转换层最大的不同。在业务转换层经常从多个企业数据仓库层中的数据存储对象里将数据整合到一个数据存储对象中。

3．虚拟数据集市层

虚拟数据集市层，顾名思义，是用来创建不具有物理数据存储的数据集市的解决方案。增强的 LSA 架构中的虚拟数据集市层可以将任何具有物理数据存储的信息提供者与虚拟的信息提供者通过连接或者联合的方式结合起来。

虚拟数据集市层并没有严格的层次限制，它可以使用开放 ODS 层、企业数据仓库层或架构数据集市层的任何数据对象。虚拟数据集市层使用不同类型的复合提供者和开放 ODS 视图进行构建。不同事实表之间的组合（连接或者联合）也需要使用复合提供者。复合提供者一般用于针对特定解决方案而创建的模型，而开放 ODS 视图多用于可重复使用的模型。

4．构建星形模型的方法

传统的星形结构在数据结构设计上，一方面要遵从数据库第三范式的要求，细化维度表数据结构的设计，减少表间的数据冗余。另一方面，为了提高用户查询性能，它使用了多种常见维度的组合生成数据的预计汇总表，使用大量数据预处理和大量存储空间来提高用户体验。

在 SAP HANA 平台上，星形模型的数据结构得到简化。一方面，由于列存储自身存在数据压缩存储的特点，列上相同的数据值会被压缩存储，所以在表结构设计时使用大宽表，并不会造成物理数据存储的冗余。另一方面，简单的数据预汇总，与 HAHA 高速的实时数据汇总相比，并不能显著提高数据查询性能，反而浪费了宝贵的内存存储资源。因此，HANA 中的星形模型不需要层层汇总的日常维护工作。

在 BW/4HANA 的数据集市层，用三种方式可以构建星形模型：

1）使用复合提供者和开放 ODS 视图在事实表和主数据之间以及主数据与文本之间建立关联。

2）在数据存储对象中使用信息对象，通过信息对象建立业务数据与主数据或文本的内在关联。

3）对于基于字段进行建模的数据存储对象，可以使用复合提供者和开放 ODS 视图建立事实表和主数据之间以及主数据与文本之间的关联。

第 10 章将详细讨论开放 ODS 视图和复合提供者的使用。

3.2.6 敏捷数据集市锦上添花

架构数据集市一般用于满足用户长期的需求，具有较好的稳定性和一致性，对数据质量要求也比较高。一般由 IT 部门进行统一的管理和维护。但业务用户往往会有些临时的需求，这些需求往往是部门级别的，不具有通用性，数据之间的相互依赖关系也不强，业务用户通过 Excel 或者简单的数据库处理就能满足这样的需求。

1．常见的应用场景

对于这类需求，如果需要使用企业数据仓库或者开放运营数据存储中的数据，可以使用敏捷数据集市和 BW/4HANA 工作空间来满足用户的需求。常见的应用场景如下：

1）IT 部门为业务用户创建即席的生产环境，即 BW/4HANA 工作空间，并分配可用的内存资源。

2）可用于创建业务原型。

3）允许业务用户直接在生产环境上进行开发。

4）可以创建新的对象，供用户自己使用。

5）可以创建部门级别自主管理的敏捷分析场景，一般是通过文件方式将数据加载到BW/4HANA工作空间。

6）可以将企业数据仓库层或者开放运营存储层里的数据与临时数据结合起来，构建虚拟化的敏捷数据集市。

敏捷数据集市层是使用即席加载数据和临时数据创建业务原型的地方，敏捷商务智能可以直接在生产环境创建并为业务所拥有，用于各种专用数据，兼顾了集中的敏捷数据集市层或部门BW/4HANA工作空间层的不同需求，系统不进行数据一致性检查。

2．敏捷数据集市的所有者

根据不同的应用场景，敏捷数据偏向的所有者也会有所不同。

1）IT集中管理的敏捷数据集市

用于满足短期的业务需求，如在生产环境中直接开发一次性的需求，或者在正式开发前先在生产环境中进行原型验证。

2）部门（本地）管理的敏捷数据集市（即BW/4HANA工作空间）

BW/4HANA工作空间是BW/4HANA系统中的一个专用的区域，可以在核心的BW/4HANA数据模型和本地数据（平面文件）基础上创建新的模型（复合提供者）。

用于满足部门（本地）临时性的需求，如对核心的企业数据仓库或者开放运营数据存储层进行扩展，或者本地的即席查询。也可以用于满足权限控制下对核心的企业数据仓库或者开放运营数据存储层信息提供者的独立访问。

3．BW/4HANA工作空间的管理流程

BW/4HANA工作空间一般由IT部门控制和维护，可以使用传统SAP GUI界面的事务码RSWSPW进行管理或者在BW/4HANA主控室页面中进行管理。IT部门创建并监视工作空间（定义工作空间的资源分配，维护用户权限）；分配工作空间中可使用的BW/4HANA数据（数据存储对象、主数据、查询等）；维护工作空间和BW/4HANA数据的使用权限。

BW/4HANA工作空间由各部门的业务用户使用，以快速满足新需求或者变化的需求。系统提供了专用的BW/4HANA工作空间设计工具。用户可以基于文本文件或者个人查询结果上传自己的数据，可以基于自己的数据和分配的BW/4HANA数据创建新的模型，可以管理和分享自己的数据和模型。

BW/4HANA工作空间用于弥合集中管理需求与本地灵活需求之间的差距。

3.3 为使用BW/4HANA做好准备

作为一个成熟的产品，BW/4HANA已经将上述的基本设计原则融入到产品功能和模板中了。我们首先要做的，是通过这些原则去看懂BW/4HANA各种数据模型和功能的设计思想，了解它们的具体用法。接着，就是要秉承全新设计原则和设计思想，用对、用好这些模型和功能，这样才能做出好方案。

实践出真知。

让我们先进入 BW/4HANA 系统探探路，为后面在系统里创建模型做好准备吧。

3.3.1 维护 BW/4HANA 系统访问信息

和访问 HANA 平台一样，我们要先维护好 BW/4HANA 系统的访问信息。由于 BW/4HANA 是一个独立的应用程序，有独立的应用服务器和用户管理系统，所以它的访问信息和 HANA 平台是不一样的。添加系统访问信息的操作步骤是类似的。

首先，打开 HANA Studio 的管理界面，并单击界面右上方的切换视图按钮，切换到 BW 建模工具界面，如图 3-5 所示。

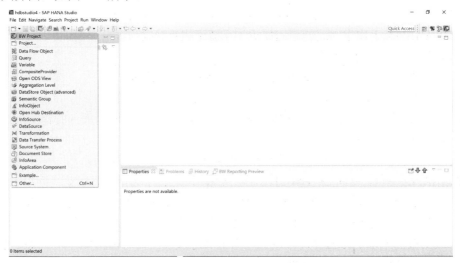

图 3-5　BW/4HANA 建模工具界面

BW 建模工具界面的布局与 HANA 平台类似。现在，界面左边的导航窗口是空白的。单击工具栏上的"新建"按钮，并在如图 3-5 所示的下拉菜单中选择"BW 项目（BW Project）"，系统弹出"新建 BW 项目（New BW Project）"对话框，如图 3-6 所示。

图 3-6　新建 BW 项目对话框

新建 BW 项目对话框中列出了当前用户电脑上 SAP Logon 记录的所有 SAP 系统。用户可以选择一个现有的系统并进入后续的步骤，也可以选择列表上方的"新建系统连接（new system connection）"，新建一个系统连接。我们选择"新建系统连接"，对话框屏幕刷新，如图 3-7 所示。

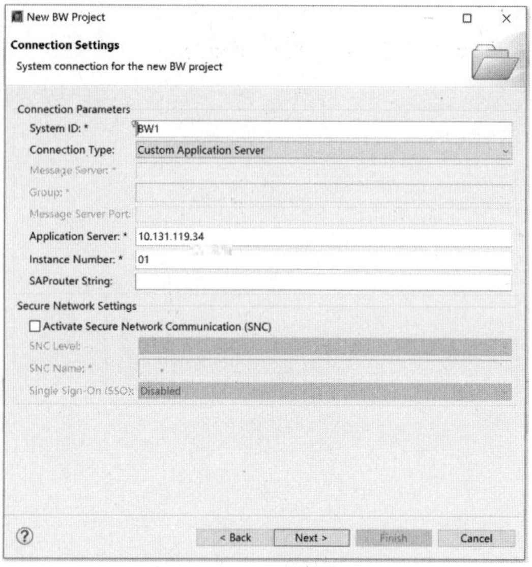

图 3-7　新建 BW 系统连接

在新建 BW 系统连接对话框中填写以下系统登录信息：
1）系统 ID（System ID）：
2）应用服务器（Application Server）：名称或 IP 地址
3）实例号（Instance Number）：
单击"下一步（Next）"按钮，对话框显示下一屏幕，如图 3-8 所示。

图 3-8　维护 BW 系统用户登录信息

在对话框中输入登录 BW/4HANA 系统的信息：

1）集团（Client）
2）用户名（User）
3）密码（Password）
4）登录语言（Language）

完成后单击"下一步（Next）"按钮，对话框显示下一屏幕，如图 3-9 所示。

图 3-9　查看和修改 BW 项目名称

对话框显示了系统根据系统 ID 和用户登录信息自动生成的 BW 项目名称。用户也可以进行修改。

一直选择"下一步"，直至完成。或者直接单击"完成（Finish）"按钮，完成系统信息维护。

3.3.2　BW/4HANA 建模工具界面

系统关闭对话框后，自动登录到 BW/4HANA 的建模工具界面，如图 3-10 所示。

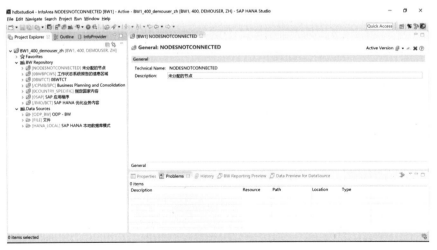

图 3-10　BW 建模工具界面

BW建模工具界面由多个窗口和视图组成。

1. 导航窗口

新建的BW项目显示在建模工具界面左边的导航窗口中。导航窗口包含了多个可用的选项卡。

1)"项目浏览器（Project Explorer）"选项卡。

项目是Eclipse工具台里最大的结构单位，显示在项目浏览器视图中。一个BW项目对应着一个Eclipse集成开发环境与BW后台系统的连接，如刚才新建的BW系统连接。它提供了一个在Eclipse集成开发环境中访问和编辑BW元数据对象和功能的框架。

项目浏览器可以包含多个BW项目，也就是意味着BW建模器可以在同一个集成开发环境对话中同时连接多个BW系统进行工作，而不必退出非活动的工作环境。如果必要的话，BW建模器也可以对同一个BW后台系统创建多个BW项目，同时进行建模活动。BW项目只能在与后台BW系统的连接有效时才可进行处理，不能进行离线模式的读写操作。

在项目浏览器中展开BW项目及其结构，BW项目包含了一系列BW元数据对象，显示下列节点：

- 收藏夹（Favorites）：通常情况下，用户的BW项目一般只会用到有限的信息范围和BW元数据对象。用户可以将这些工作相关的对象放到收藏夹里。收藏夹存储在后台的BW系统中，与该系统连接的所有项目都可以访问得到。
- BW资源库（BW Repository）：根据信息范围或者不同对象类型的分类文件显示不同的信息提供者与查询。BW资源库节点代表连接系统的信息范围树。一个信息范围可能包含其他信息范围作为子节点。在一个信息范围内部，BW元数据对象根据不同的对象类型显示在不同的文件夹中。例如复合提供者或数据存储对象。只有存在对应的对象类型中的BW元数据对象，才会显示对应的文件夹。
- 数据源（DataSources）：根据数据源类型及不同应用组件目录显示数据源。
- HANA系统资源库（SAP HANA System Library）（可选）：用户可以将BW系统底层的SAP HANA数据库显示在这里，列出SAP HANA视图，在BW元数据对象中消费SAP HANA视图（信息模型）。

2)信息提供者（Info Provider）选项卡。

信息提供者视图显示在活跃编辑器中的BW元数据对象。根据信息提供者在查询中的显示方式不同显示。信息对象按照关键数值、特性和可重用的组件进行分类。

2. 编辑窗口

界面右上方的主体窗口就是编辑区，提供了各种BW元数据对象的编辑器，可以对选定的对象进行编辑。编辑窗口可以访问BW各类对象的建模编辑器。大部分BW对象类型都有原生的Eclipse编辑器界面可以使用，只有少数BW对象类型会直接调用SAP Logon界面的编辑器。

3. 辅助窗口

界面下方的辅助窗口包含以下多个视图。

1)属性视图（Properties）。

属性视图显示当前编辑中的BW元数据对象的相关元数据，如包、版本、责任人或最后修改人。每当用户改变活动的编辑器时，属性视图会自动切换到当前编辑的 BW 元数据对象的元数据信息区。

2）问题视图（Problems）。

问题视图显示有关操作 BW 的元数据对象的信息（例如状态检查）。无论编辑器当前是否处于活动状态，消息都会显示。

3）历史视图（History）。

历史视图显示 BW 元数据对象的各种版本、版本类型和创建日期。

4）BW 报表预览（BW Reporting Preview）。

BW 报表预览视图显示在活动编辑器中 BW 元数据对象的报表预览。

5）数据源数据预览（Data Preview for Datasource）。

数据源数据预览显示在活动编辑器中 BW 元数据对象的数据源预览。

3.4 本章小结

内存计算技术和 SAP HANA 平台的使用为传统仓库的改造带来契机。首先，要选择合适的建设方法。在 SAP HANA 平台上建设数据仓库可以使用 SQL 和通用的数据库开发工具进行建设，也可以采用 SAP 提供的专门进行数据仓库建设的体系化应用系统 BW/4HANA。国内外的项目实践证明了对于大型的、复杂的企业数据仓库建设，体系化的 BW/4HANA 建设方法是比较合适的。

传统数据仓库改造不是简单的迁移和重建。无论使用哪种建设方法，为了更好地满足大数据环境下对业务的支持，充分发挥内存计算技术的优势，都要先理解内存计算技术给数据仓库基本设计原则带来的变化。传统数据仓库数据多次存储、以"空间换时间"的方式不适用了，在内存计算技术中，存储预计结果带来的性能提升有限，反而消耗了大量存储空间和时间。新的数据仓库系统更注重数据的实时访问和快速处理，更注重采用逻辑数据仓库的建模思想。在新的设计思路的指导下，BW/4HANA 为创建数据仓库不同逻辑分区提供了多种数据模型和功能。

最后，我们进入 BW/4HANA 建模工具界面，为后面在系统中进行实际操作做好准备。

第 4 章　走过 BW/4HANA 的套路

BW/4HANA 的套路可以很长，也可以很短。

使用 BW/4HANA 提供的建模方法和模板，可以构建非常复杂的应用场景，也可以实现快速的建模场景。

我们已经准备好访问 BW/4HANA 系统了。接下来，以一个 Excel 文件的数据为例，将 Excel 文件作为数据来源，一起在 BW/4HANA 系统里创建一个数据模型，再将数据从 Excel 文件加载到 BW/4HANA 系统的模型里，并在系统里查看这些数据。

这个例子虽然简单，但是它从头到尾完整地走了一遍 BW/4HANA 的设计过程，可以让读者快速地理解 BW/4HANA 是如何将结构化的系统设计用不同类型的系统对象来实现的。

4.1　数据从哪里来

数据可能来自各种系统，为了管理好这些数据来源，BW/4HANA 提供了一种系统对象类型，称之为"数据源"。在示例中，Excel 文件会被定义为一个新的数据源。而且，它会被存放在相应的目录路径下，方便管理。

4.1.1　数据来源于不同类型的系统

登录 BW/4HANA 建模工具，在导航窗口中展开 BW 项目，可以看到在 BW 项目下，有个数据源（Data Sources）节点。在这个节点下，系统根据"数据源类型-源系统-应用组件目录"的层级结构对数据源进行分类显示。

Excel 文件虽然不是系统，但是在 BW/4HANA 中，把不同类型的文件也统一作为一种数据源类型进行管理，称之为"文件"类型。在这种数据源类型下，可以根据管理需要，创建多个"源系统"。

由于是第一次连接到一个新的数据来源，需要先创建源系统。具体操作步骤如下：

1）打开"新建源系统"向导对话框

在导航窗口 BW 项目下的"数据源（Data Sources）"节点单击右键，系统显示右键菜单，如图 4-1 所示。

选择右键菜单项"新建（New）"，并选择下一级菜单项"源系统（Source System）"，系统弹出"新建源系统（New Source System）"对话框，如图 4-2 所示。

2）维护源系统信息

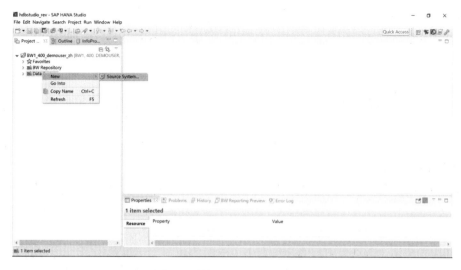

图 4-1　数据源节点的右键菜单

图 4-2　新建源系统对话框

在系统弹出的对话框中，输入源系统名称、描述并选择连接类型。此处连接的是 Excel 文件，所以选择"File"类型。其他更多的连接类型将在后续介绍。

单击"下一步"及"完成（Finish）"按钮，完成文件源系统"FLAT_FILE"的创建。系统关闭对话框，返回 BW 建模工具界面。

3）查看新建的源系统

在 BW 建模工具界面中查看新建的源系统，如图 4-3 所示。

图 4-3 查看源系统

在导航窗口中，系统自动根据源系统的连接类型将其存放在"[File]文件"目录下。在主体编辑窗口中可以看到源系统的详细信息，并可以修改源系统的描述信息。

4.1.2 使用应用组件目录进行组织管理

对于同一个源系统，往往需要提取不同的数据，有多个数据源。因此，在同一个源系统下，还需要使用目录结构进行分类管理。在数据源管理模块，这种目录称为应用组件目录。应用组件目录可以是多级的目录结构，用于对数据源等组件进行分类管理。

接下来要创建一个应用组件目录。具体操作步骤如下。

1）打开"新建应用组件"向导对话框

在源系统"FLAT_FILE"的右键菜单中选择"新建（New）"及下级菜单项目"应用组件目录（Application Component）"，如图 4-4 所示。

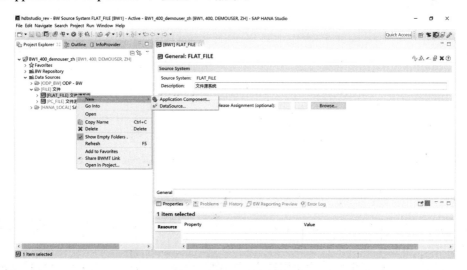

图 4-4 源系统节点的右键菜单

51

2）维护应用组件目录的信息

系统弹出"新建应用组件（New Application Component）"对话框，如图 4-5 所示。

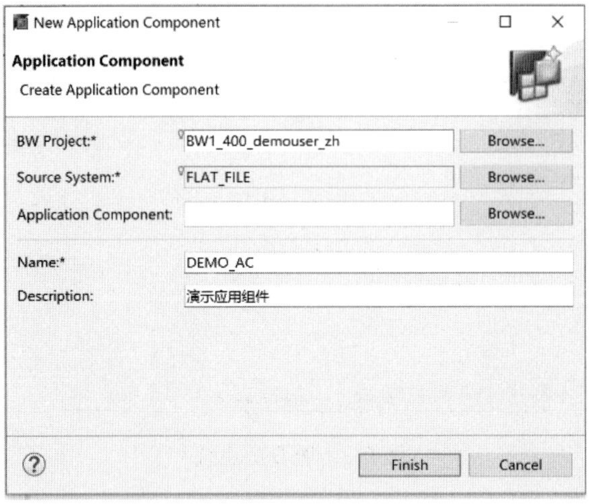

图 4-5　新建应用组件对话框

对话框中显示了当前 BW 项目名称和源系统的名称。在对话框中输入应用组件目录的名称及描述，单击"完成（Finish）"按钮，系统关闭对话框，完成应用组件目录创建。

3）查看应用组件目录

系统返回 BW 建模工具界面，如图 4-6 所示。

图 4-6　查看应用组件目录

在导航窗口中，新建的应用组件目录显示在源系统节点下。但应用组件目录与源系统是多对多的关系。也就是说，在其他源系统节点下，也可以使用这个应用组件目录。

主体编辑窗口显示了新建的应用组件目录的详细信息，并可以修改应用组件目录的描述信息。

4.1.3 新建一个数据源

现在可以为 Excel 文件创建一个数据源了。操作步骤如下：

1）打开"新建数据源"向导对话框

在导航窗口的应用组件目录的右键菜单中选择"新建（New）"及"数据源（DataSource）"，如图 4-7 所示。

图 4-7 应用组件目录的右键菜单

2）维护新建数据源信息

系统弹出"新建数据源（New DataSource）"对话框，如图 4-8 所示。

图 4-8 新建数据源-选择项目与源系统

53

在弹出的对话框中，选择和确认 BW 项目及源系统等信息后，单击"下一步（Next）"按钮。对话框显示下一屏幕，如图 4-9 所示。

图 4-9　新建数据源-选择模板

新建的数据源可以使用系统里现有的数据源、信息源、数据存储对象或者信息对象作为模板进行创建。这里选择"None"，不使用模板。单击"下一步（Next）"按钮，进入如图 4-10 所示界面。

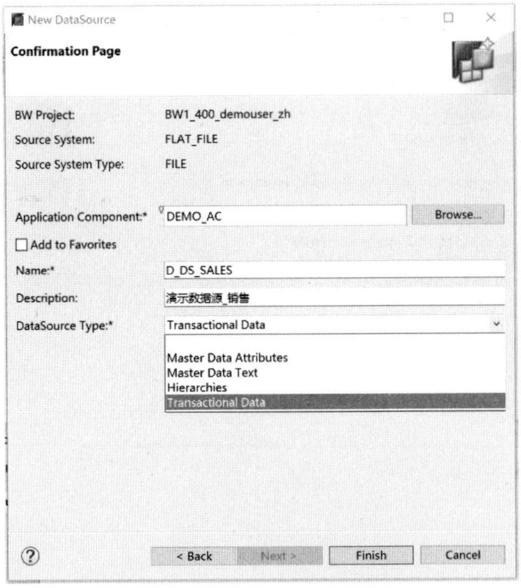

图 4-10　新建数据源-输入基本信息

在图 4-10 界面中输入数据源的名称、描述并在数据源类型下拉列表中选择一种数据源类型。

其中，主数据属性（Master Data Attributes）、主数据文本（Master Data Text）、层级结构（Hierarchies）都是给主数据用的数据源，会在主数据建模（信息对象-特性）部分进行介绍。在本例中，从 Excel 上传的是业务数据，或称交易数据，所以选择"Transactional Data"。

最后，单击"完成（Finish）"按钮，关闭对话框，完成数据源的创建工作。

3）查看数据源

系统返回 BW 建模工具界面，显示数据源的编辑界面，如图 4-11 所示。

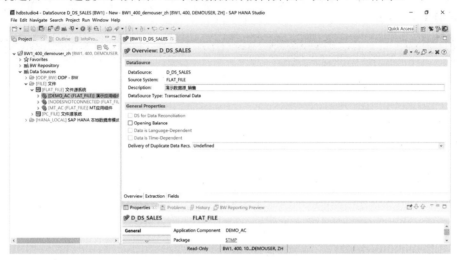

图 4-11　查看和编辑数据源

4.1.4　通过数据源读取 Excel 文件

如图 4-11 所示，数据源的编辑界面有"常规（Overview）""提取（Extraction）""字段（Fields）"三个选项卡。接下来，我们将编辑新建的数据源，让数据源读取示例中的 Excel 文件。

1. 首先配置文件适配器读取文件

在数据源编辑界面中，切换到"提取"选项卡，如图 4-12 所示。

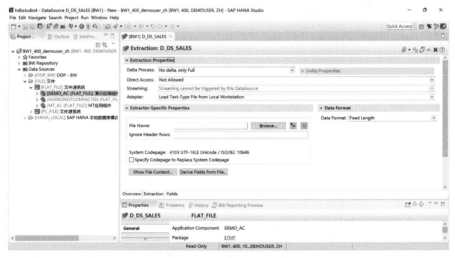

图 4-12　配置文件适配器

55

进行以下几个项目的配置：

1）选择"适配器（Adapter）"

从"适配器"下拉列表中选择"从本地工作站加载 Microsoft Excel 文件（Load Microsoft Excel File（XLS）From Local Workstation）"的适配器。

2）选择文件

通过"文件名称"输入框右边的"浏览"按钮选择本地计算机上的 Excel 文件。Excel 文件内容如图 4-13 所示。

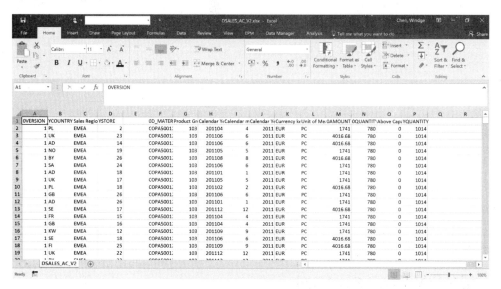

图 4-13　示例使用的 Excel 文件

3）设置"忽略标题行数（Ignore Header Rows）"

由于 Excel 包含一行表头，在"忽略标题行数"框中输入"1"。

设置完成后，编辑界面如图 4-14 所示。

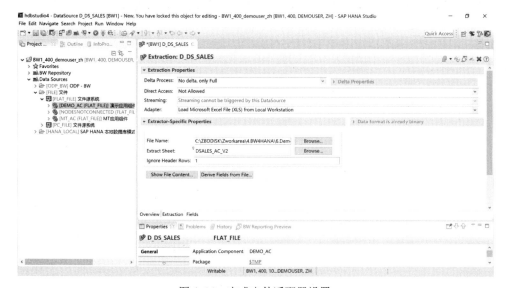

图 4-14　完成文件适配器设置

2. 生成数据源字段列表

1）从文件生成字段

单击图 4-14 中的"从文件生成字段（Derive Fields from File）"按钮，系统弹出如图 4-15 所示对话框。

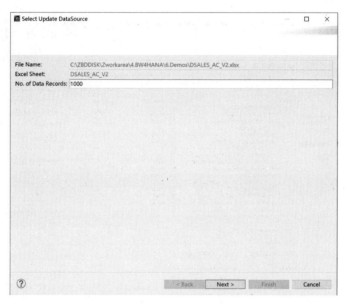

图 4-15　选择更新数据源对话框

2）设置记录数并读取文件

设置对话框中的记录数，并单击"下一步（Next）"按钮，系统会根据读取的字段内容建议相应的字段名称及数据类型。如图 4-16 所示。

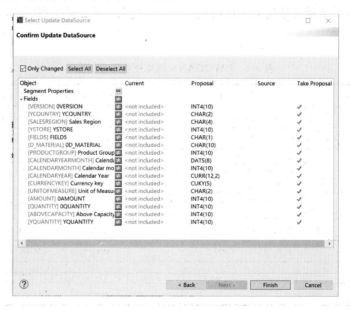

图 4-16　选择更新数据源对话框-确认

57

3）完成数据源更新

单击"完成（Finish）"按钮后，系统关闭对话框，返回数据源编辑界面，自动切换到"字段"选项卡，并根据系统自动建议列出字段列表及定义，如图4-17所示。

3．编辑、调整系统建议的字段列表

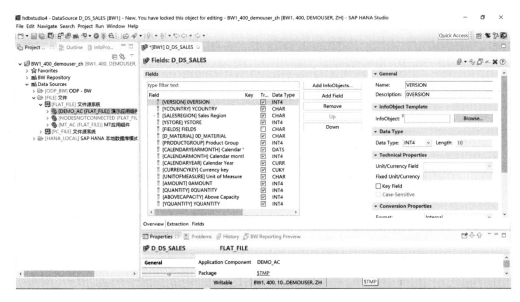

图4-17　数据源"字段"选项卡

选择列表中的建议字段，编辑界面右边的子窗口会显示详细的编辑界面。对于每一个字段的定义，可以在界面右边的子窗口里进行修改。数据类型（DataType）是其中一项重要的设置，可以通过选择下拉列表选项进行修改。

BW/4HANA的数据类型可以分成两类。一类是技术上的数据类型定义，常见的数据类型参见表4-1。

表4-1　BW/4HANA常见技术字段类型

常见字段类型	说　　明	ABAP类型	对应HANA数据库字段类型
INT2	2字节整数（$\pm 2^{15}$之间）	s	SMALLINT
INT4	4字节整数（$\pm 2^{31}$之间）	i	INTEGER
DEC	预定义格式的数字字段	p	DECIMAL，SMALLDECIMAL
FLTP	二进制浮点数	f	FLTP
CHAR	字符串，最长30000个字符，用于表字段时最多1333个字符	c	VARCHAR，NVARCHAR
SSTRING	字符串，最长1333个字符	string	VARCHAR，NVARCHAR
STRING	字符串，长度为256～32000个字符	string	CLOB，NCLOB
RAW	二进制串	x	VARBINARY
RAWSTRING	二进制串	xstring	BLOB

另一类数据类型包含了特定的语义信息，在系统里有特定的用途。参见表 4-2。

表 4-2　BW/4HANA 常见特定字段类型

常见字段类型	长　　度	初　始　值	说　　明	ABAP类型
DATS	8	00000000	YYYYMMDD 格式的日期	d
TIMS	6	000000	HHMMSS 格式的时间	t
ACCP	6	6 位空格	YYYYMM 格式的过账期间	n
NUMC	1～255	若干个 0	数字型字符串	n
CLNT	3	000	Client 编号	c
LANG	1	空格	语言键	c
CURR	1～31，小数位 1～14 位	0	预定义格式的金额字段	p
CUKY	5	5 位空格	金额字段的币种	c
QUAN	1～31，小数位 0～14 位	0	预定义格式的数量字段	p
UNIT	2～3	2～3 位空格	数量字段的单位	c

在本示例中，可以根据字段的语义调整系统建议的字段类型，并指定金额与币种、数量与单位的关联关系，调整后的结果如图 4-18 所示。

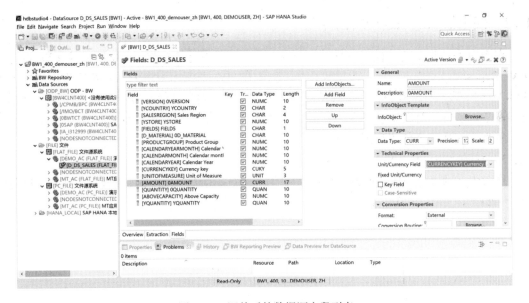

图 4-18　调整后的数据源字段列表

4．激活数据源

完成编辑后，单击工具栏上的"激活"按钮，保存并激活数据源对象。在辅助窗口的"数据源数据预览"选项卡中刷新数据，可以对数据源获取的数据进行预览。如图 4-19 所示。

59

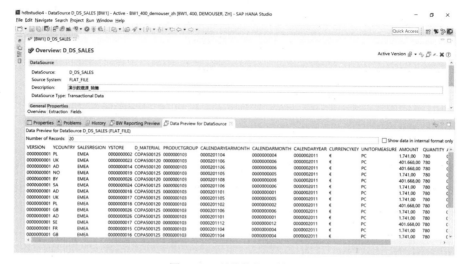

图 4-19 预览数据源数据

4.2 数据到哪里去

创建好源系统和数据源,解决了系统从哪里取数的问题。这些数据取过来以后,需要在系统里创建相应的数据模型进行数据的存储。数据模型是数据流向的目的地。

4.2.1 使用信息范围进行组织管理

在 BW/4HANA 的建模工具导航窗口中,数据模型显示在如图 4-20 所示的 BW 资源库（BW Repository）节点中。与数据源有些不同,在 BW 资源库节点中,系统按照"信息范围（InfoArea）-数据对象类型"的层级结构列示不同的数据对象。信息范围与应用组件目录作用类似,是为了方便对数据模型进行管理的分类目录,本身可以有多个层级。

首先,创建一个信息范围。具体操作步骤如下:

1）打开"新建应用组件"向导对话框

在 BW 资源库（BW Repository）节点的右键菜单里选择"新建（New）"及"信息范围（InfoArea）",如图 4-20 所示。

图 4-20 BW 资源库节点的右键菜单

系统打开"新建信息范围（New InfoArea）"对话框，如图 4-21 所示。

2）维护信息范围基本信息

在新建信息范围对话框中输入信息范围的名称与描述，如图 4-21 所示。

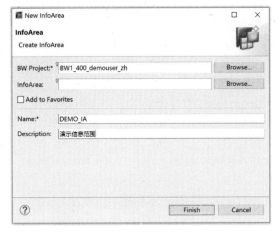

图 4-21　新建信息范围对话框

单击"完成（Finish）"按钮，完成信息范围的创建，系统关闭对话框，返回 BW 建模工具界面，如图 4-22 所示。

3）查看信息范围

导航窗口中，新建的信息范围显示在 BW 资源库节点下。在编辑主体窗口上，显示了信息范围。

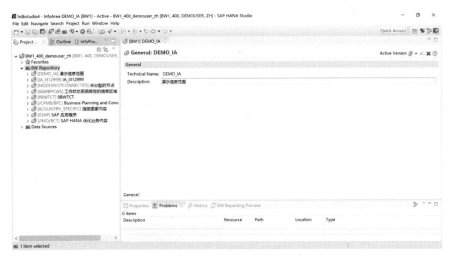

图 4-22　查看信息范围

4.2.2　新建一个数据存储对象

数据存储对象（DataStore Object）是 BW/4HANA 最常用的数据模型。在名称后面标注"高级（Advanced）"是为了和老版本的数据存储对象进行区分。数据存储对象是实现数据物理存储的建模工具。它提供多种配置选项，可以实现不同的数据处理方式，满足不同数据仓库功能区的数据处理要求。

通过以下操作步骤，创建一个新的数据存储对象。

1）打开"新建数据存储对象"对话框

在新建的信息范围上单击右键，选择"新建（New）"及"数据存储对象（高级）（DataStore Object（advanced））"。如图 4-23 所示。

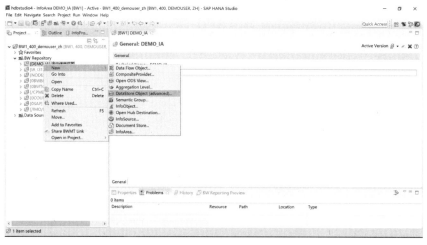

图 4-23　打开信息范围的右键菜单

在右键菜单里，可以看到系统支持的其他数据对象，我们将在后面的内容进行介绍。

2）维护数据存储对象的信息

系统弹出"新建数据存储对象（New DataStore Object（advanced））"对话框，如图 4-24 所示。

图 4-24　新建数据存储对象对话框

在新建数据存储对象窗口中，输入对象的名称和描述。

在"模板 Templates"部分，可以选择其他数据对象作为模板，根据这些对象的数据结构创建数据存储对象。通过"浏览（Browse）"按钮，找到之前创建的数据源作为模板，系统自动带出"源系统（Source System）"信息。如图 4-24 所示。

完成设置后，单击"完成（Finish）"按钮，完成数据存储对象的创建。

3）查看和编辑数据存储对象

系统进入数据存储对象的编辑界面，如图 4-25 所示。

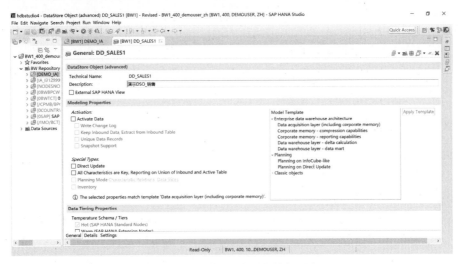

图 4-25 查看和编辑数据存储对象

数据存储对象的编辑界面包括"常规（General）""明细（Details）"和"设置（Settings）"三个选项卡。

在"常规"选项卡，可以看到在"模型模板（Model Template）"区域中列出了数据仓库不同逻辑分区中的可用模型模板。选择应用"数据仓库层-数据集市（Data warehouse layer-data mart）"模板，确保生成的模型可以直接用于出具报表。关于数据存储对象的编辑选项的详细功能，会在后面的内容中进行介绍。

切换到"明细"选项卡，如图 4-26 所示。

图 4-26 编辑数据存储对象-"明细"选项卡

63

"明细"选项卡列出了数据存储对象的所有字段定义，这些字段定义是从数据源复制过来的。

完成编辑工作之后，单击工具栏上的"激活"按钮，保存并激活数据存储对象。

4.3 让数据走起来

现在，已经在 BW/4HANA 系统里定义好了数据的起点和终点，怎样才能把数据从 Excel 文件加载到数据模型呢？BW/4HANA 提供了设计数据流的工具，首先指定数据的流向，再详细地定义从数据源到数据模型的字段之间的匹配关系。最后，发起一个数据加载的操作，完成数据搬家的工作。

4.3.1 画一个数据流图

在 BW/4HANA 中，可以用图形方式来查看和规划数据的流向。系统把数据的流向图也作为对象进行管理，这就是"数据流对象（Data Flow Object）"。

1．打开数据流对象编辑器

有多种方式可以开启编辑数据流对象的界面。例如，可以在如图 4-23 所示的界面中，选择"新建（New）"及"数据流对象（Data Flow Object）"，也可以直接在任何数据对象的右键菜单中选择"探索数据流（Explore Data Flow）"。以新建的数据存储对象为例，如图 4-27 所示。

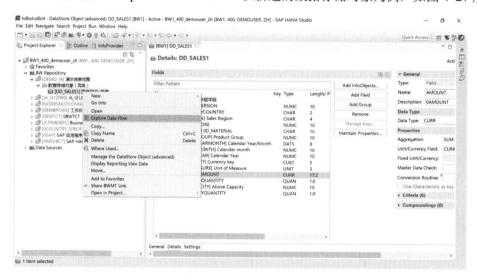

图 4-27　探索数据存储对象的数据流

2．编辑数据流对象

系统打开数据流编辑界面，如图 4-28 所示。

系统已经将数据存储对象显示在数据流图的画布上，下面把需要的数据源也添加进来。

1）添加新对象

在数据流画布空白处单击右键，选择"添加对象（Add Object）"，如图 4-29 所示。

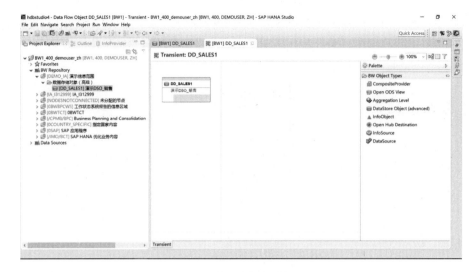

图 4-28　数据流对象编辑界面

图 4-29　在数据流对象中添加对象

系统弹出"添加对象（Add Object）"对话框，如图 4-30 所示。

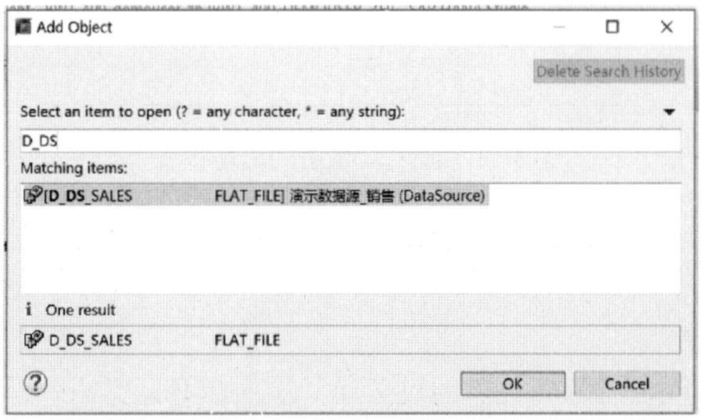

图 4-30　"添加对象"对话框

在"添加对象"对话框中，通过搜索，选择新建的数据源，并单击"确定"按钮关闭对话框。系统将数据源显示在画布上，并自动带出源系统。如图4-31所示。

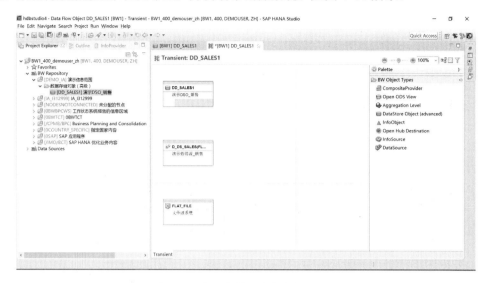

图4-31 完成向数据流中添加新对象

2）画连接线

选择数据源，从数据源处拉出一条线指向数据存储对象，如图4-32所示。

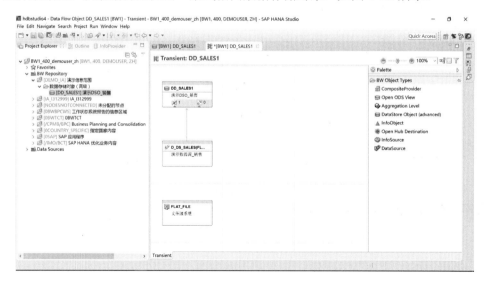

图4-32 绘制对象之间的连接线

完成连接后，数据存储对象图形下方出现两个小图标，分别是数据转换 和数据传输进程 。

3．保存数据流对象

在探索数据流的过程中，随时可以通过菜单"文件（File）"→"另存为（Save As）"将数据流保存为数据流对象，方便后续管理和编辑。

系统弹出对话框如图4-33所示。

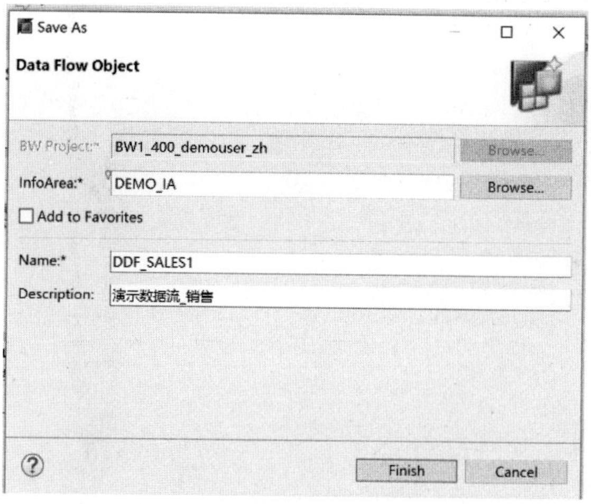

图4-33 保存数据流对象对话框

在对话框中输入数据流对象的名称及描述，单击"完成（Finish）"按钮即可。

4.3.2 确认数据转换规则

回到图4-32所示探索数据流界面，在数据存储对象上单击右键，选择"数据转换（Transformations）"，系统自动检测到从数据源到数据存储对象的转换路径，自动生成转换的技术名称，并显示在右键菜单的二级菜单中。如图4-34所示。

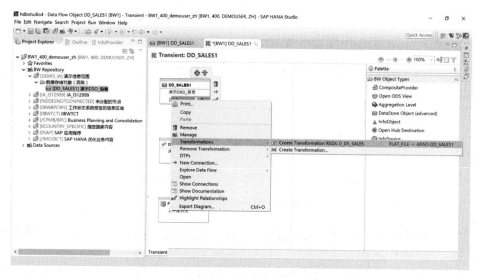

图4-34 基于数据流连接线创建数据转换

从二级菜单中选择这一数据转换进行编辑，系统弹出"新建数据转换（New Transformation）"对话框，如图4-35所示。

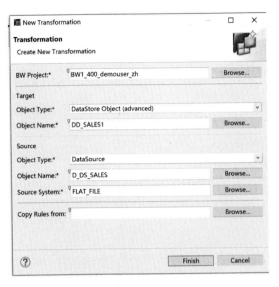

图 4-35 新建数据转换对话框

系统自动带出对话框中的所有信息，检查后，单击"完成（Finish）"按钮，关闭对话框，进入数据转换的编辑界面，如图 4-36 所示。

图 4-36 数据转换编辑界面

数据转换编辑界面有"常规（General）"选项卡和"规则（Regeln）"选项卡。切换到"规则"选项卡，如图 4-37 所示。

系统自动建议了数据源和数据模型之间的数据转换规则，即在将 Excel 文件内容导入到数据存储对象时字段之间的对应关系。读者可以查看并检查这些规则。

完成编辑后，单击工具栏上的"激活"按钮，保存并激活数据转换。回到数据流对象编辑界面，可以看到数据存储对象上，代表数据转换的小图标会变成绿色。

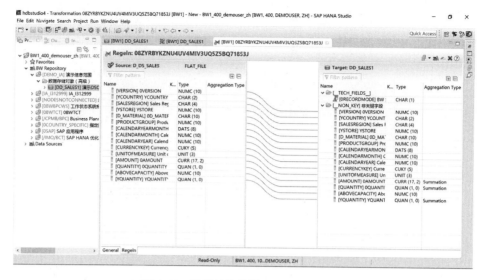

图 4-37　数据转换编辑界面-规则选项卡

4.3.3　启动数据传输进程

数据传输进程用于触发数据传输的动作。首先要创建一个数据传输进程。

1）创建数据传输进程

进入数据流对象的编辑界面，在数据存储对象上单击右键，选择"数据传输进程（DTPs）-新建 DTP（Create DTP）"，如图 4-38 所示。

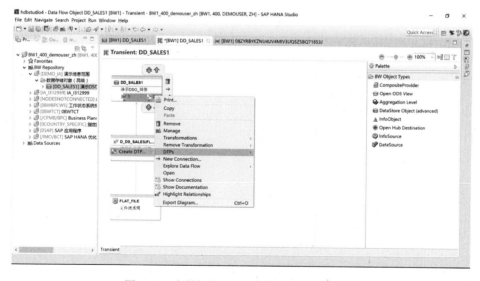

图 4-38　在数据流对象图中创建数据传输进程

系统弹出"创建数据传输进程（Create Data Transfer Process）"对话框，如图 4-39 所示。
系统自动检测并列出当前数据存储对象相关的数据转换。选择之前创建的数据转换，单击"确定"按钮，系统打开"新建数据传输进程（New Data Transfer Process）"对话框，如图 4-40 所示。

69

图 4-39 创建数据传输进程对话框

2）检查、确认"新建数据传输进程"对话框信息

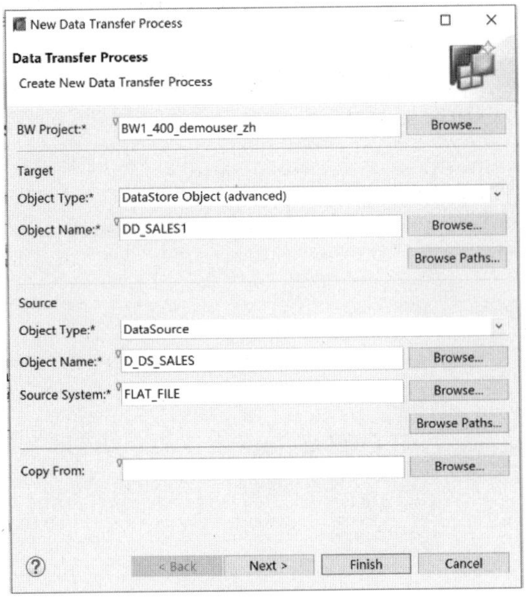

图 4-40 新建数据传输进程对话框

"新建数据传输进程"对话框自动列出了所有相关信息，确认对话框中的信息，单击"下一步（Next）"按钮。对话框显示确认页面（Confirmation Page），如图 4-41 所示。

确认对话框中的信息，单击"完成（Finish）"按钮，进入数据传输进程编辑界面。

3）激活并启动数据传输进程

数据传输进程编辑界面如图 4-42 所示。

图 4-41　新建数据传输进程对话框—确认

图 4-42　数据传输进程编辑界面

单击工具栏上的"激活"按钮,保存并激活数据传输进程。单击数据传输编辑界面右上角的"执行"按钮 ,启动数据传输进程。系统进入数据传输执行界面,如图 4-43 所示。

单击数据传输进程执行界面上的"执行"按钮,系统启动数据传输进程,将 Excel 数据复制到新建的数据存储对象。

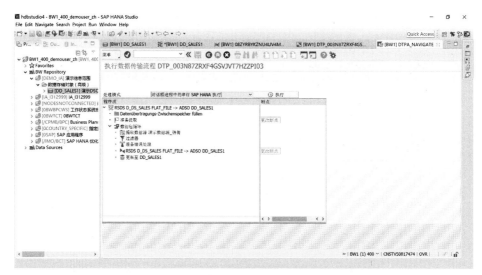

图 4-43 数据传输进程执行界面

4.3.4 查看数据模型中的数据

完成数据加载后,数据存储对象中的数据可用于报表展现。在主体编辑窗口打开数据存储对象,在辅助窗口的"BW 报表预览"选项卡下可以看到已经传输到数据存储对象的数据,如图 4-44 所示。

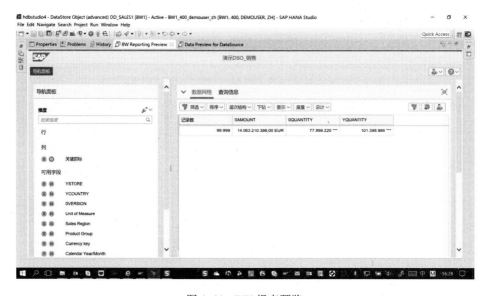

图 4-44 BW 报表预览

BW 报表预览的数据网格界面列出了数据存储对象的记录数及金额、数量等指标。在导航面板上列出了数据存储对象的其他字段。单击列表中字段左方的"行""列"小按钮,可以将这一字段添加到数据网格的行或者列中。例如,单击物料号"0D_Material"左边的"行"按钮,数据网格中将物料号显示在行上,相应的指标也按物料号显示明细数据,如图 4-45 所示。

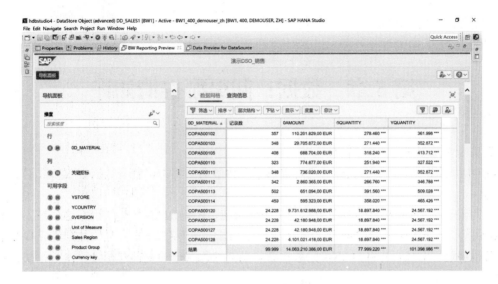

图 4-45　展开维度查看数据

4.4　本章小结

在本章中，我们在 BW/4HANA 系统中完成了一个端到端的流程，将数据从一个 Excel 文件加载到 BW/4HANA 系统的数据模型中，并在系统中查看到了数据模型中的数据。

BW/4HANA 使用"数据源"对外部数据进行抽象和管理，并将这些数据源按不同的系统类型和应用组件目录进行组织，以层级结构的形式显示在 BW 项目的"数据源"节点下。

BW/4HANA 提供了大量数据模型模板，供用户进行建模。数据存储对象是其中一种常见的模型。这些数据模型按信息范围进行组织管理，显示在 BW 项目的"BW 资源库"节点下。

使用"数据流"对象，可以直观地把数据的流向画出来，并定义详细的"数据转换"规则，说明数据源和目标对象之间的字段匹配关系。在"数据转换"规则的基础上，通过一个"数据传输进程"启动数据的读写操作，根据"数据转换"的逻辑将数据从 Excel 文件中读取出来，写入数据存储对象。

第 5 章　数据：问渠哪得清如许

源头活水从哪来？

HANA 不仅仅是一个数据库，它还提供了多种服务。其中，就有数据集成和数据质量管理服务。

作为基于 HANA 平台的专业数据仓库应用系统，BW/4HANA 必须用好这个源头活水。BW/4HANA 全面集成了 HANA 平台的数据获取功能，与 HANA 平台上的数据集成和数据质量服务组件进行对接，并将 HANA 的数据获取功能纳入统一的数据仓库管理体系和数据处理流程。

根据企业不同的应用场景及相应的数据仓库策略，在对外部数据进行收集时，可以将数据从源系统里抽取到 SAP BW/4HANA 系统，再进行数据转换和后续数据加载；也可以直接访问外部数据源进行分析报告，而不用把数据存储在企业数据仓库中。

5.1　自家的蓄水池

自家蓄水池是必要的。

BW/4HANA 是一个依据体系化的数据仓库方法，提供数据加工、管理等功能的应用程序。BW/4HANA 不是数据库，它所有的数据都是存储在本地的 HANA 数据库里的。本地的 HANA 数据库就是 BW/4HANA 自家的蓄水池。

既然是一个蓄水池，当然也可以有外面来的水源。HANA 数据库也可以获取外部的数据。要将这些外部数据纳入 BW/4HANA 的建模体系统一管理，需要按 BW/4HANA 的方法进行操作。

5.1.1　使用源系统定义连接类型

为了将 HANA 平台本身的数据获取能力纳入 BW/4HANA 进行统一管理，需要在 BW/4HANA 里创建相应类型的源系统。BW/4HANA 提供了专门的"SAP HANA 源系统"类型，对通过 HANA 数据库获取的外部数据进行管理。

首先，需要创建一个 SAP HANA 源系统。具体操作步骤如下。

1. 打开新建数据源向导

与第 4 章中创建文件数据源类似，登录 BW 建模工具界面，在导航窗口中找到 BW 项目下的"数据源（Data Sources）"节点，并打开右键菜单，如图 5-1 所示。

在右键菜单中选择"新建（New）"→"源系统（Source System）"，系统打开"新建源系统（New Source System）"对话框。

2. 在向导对话框中设置源系统基本信息

在如图 5-2 所示的"新建源系统"对话框中，根据系统提示，设置源系统的基本信息。

图 5-1 数据源节点的右键菜单

图 5-2 设置源系统的名称和描述

1）设置输入源系统的名称和描述

在系统弹出的"新建源系统"对话框中输入源系统的名称和描述。然后单击"下一步"（Next）"按钮。

2）选择源系统连接类型

如图 5-3 所示，根据作为源系统的 HANA 数据库与 BW/4HANA 所在的 HANA 数据库的关系，系统将 HANA 相关的源系统分为三种类型。

第一种，SAP HANA 本地数据库 Schema（SAP HANA Local Database Schema）

如果需要访问的数据已经存在于 BW/4HANA 所在的 HANA 数据库中，就选择创建这一类型的数据库。这一类型的源系统指向本地数据库中的一个指定的 Schema，将这一 Schema 中的一个数据库表、视图或者基于 SQL 方法建立的原生数据存储对象（Native DSO，NDSO）

作为一个数据源进行管理。

图 5-3 选择连接类型

第二种，SAP HANA 租户数据库 Schema（SAP HANA Tenant Database Schema）

SAP HANA 是一个支持多租户的数据库系统。一个 HANA 系统可以包含多个 HANA 租户数据库。如果需要访问的数据存在于 BW/4HANA 所在的同一个 HANA 系统中，但不存在于与 BW/4HANA 同一个租户数据库中，就需要选择这一类型的源系统。

在后续配置中，需要指定租户数据库的名称及其包含的一个 Schema。通过这个源系统可以将指定 Schema 中的数据库表、视图以及原生数据存储对象作为数据源进行管理。

第三种，SAP HANA 智能数据访问（SAP HANA Smart Data Access）

如果数据不存在于 BW/4HANA 所在的 HANA 系统中，BW/4HANA 底层的 SAP HANA 数据库可以通过 SAP HANA 智能数据访问方式连接到外部的数据源。通过使用这一选项，可以在 BW/4HANA 应用层面将这些外部的数据源定义成 BW/4HANA 的源系统。

使用这一连接类型，可以使用由 SAP HANA 智能数据集成提供的源系统。BW/4HANA 系统使用数据智能访问组件提供的适配器建立与外部源系统的连接。

在本小节的示例里，我们要获取本地数据库中的数据，所以选择第一种连接类型并进行后续的配置。第二种的配置方式与第一种差不多，不再单独介绍。在下一小节里，再详细介绍第三种连接类型如何通过智能数据访问方式获取第三方的数据。

选择第一种连接类型，单击"下一步（Next）"按钮，系统显示下一个屏幕界面。

3）选择需要连接的数据库 Schema

系统将 BW/4HANA 底层数据库中的 Schema 列出来供选择，如图 5-4 所示。

列表中也包括 BW/4HANA 对应的 Schema：SAP HANADB。在列表中选择需要访问的 Schema，就以"SAP HANADB"为例，并单击"完成（Finish）"按钮。

系统关闭对话框，结束向导过程。

3．在源系统编辑界面中，检查源系统。

在编辑界面中显示了源系统的汇总信息，如图 5-5 所示。

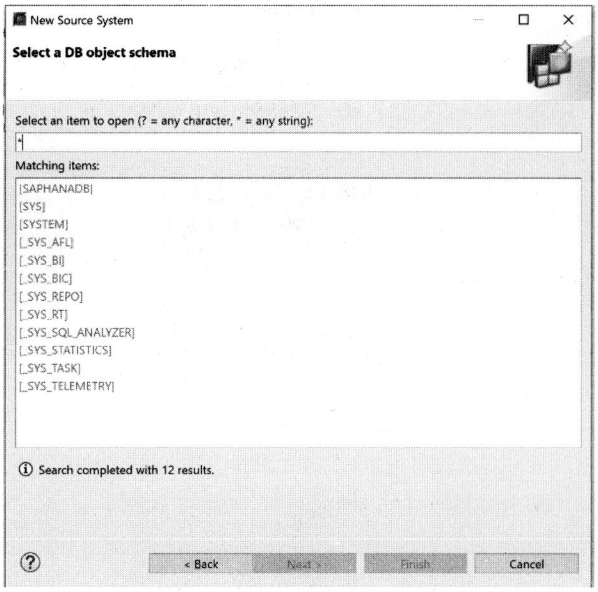

图 5-4 选择数据库 Schema

图 5-5 查看并编辑源系统

在源系统编辑界面中，检查并激活源系统。

5.1.2 通过数据源指定连接的数据库对象

从源系统的设置可以看出，源系统只是指向了数据库的一个 Schema。要进行数据的连接和抽取操作，还要使用数据源具体地指向对方数据库 Schema 中的一个对象，如数据库表、视图以及原生数据存储对象。

使用创建数据源向导创建 SAP HANA 数据源的操作与创建 Excel 数据源类似。在进行具体的系统操作演示之前，先在本地数据库 Schema：SAP HANADB 中创建一个用于演示的数据库表 DT_SALES，并加载相应的数据。

这个表的内容可以从第 2 章介绍的 HANA Studio 管理界面中进行查看，也可以在 BW 建模工具界面中关联的 HANA 系统（SAP HANA System Library）节点下进行查看，如图 5-6 所示。

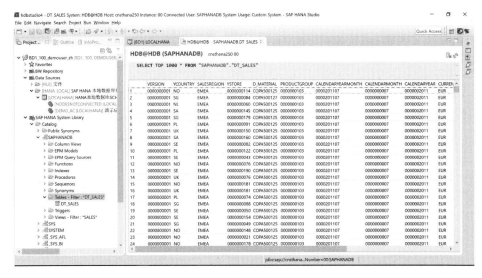

图 5-6　示例中使用的数据库表

现在，可以基于这个数据库表创建一个数据源了，系统操作步骤如下。

1．打开新建数据源向导对话框

在项目浏览器下，展开源系统节点，并在选定的应用组件目录下单击右键，选择"新建（New）"及"数据源（DataSource）"，如图 5-7 所示。

图 5-7　在应用组件目录下新建数据源

系统弹出"新建数据源（New DataSource）"向导。

2. 在新建数据源向导中进行设置

新建数据源向导对话框如图 5-8 所示。

图 5-8　新建数据源向导对话框

1）确认 BW 项目和源系统信息

向导对话框中根据右键菜单的上下文，显示了 BW 项目和源系统的信息。在此进行修改，或者确认向导中的信息，并单击"下一步（Next）"按钮。

2）选择模板或者连接的源对象类型

新建数据源向导对话框显示下一界面内容如图 5-9 所示。

图 5-9　选择模板或者源对象类型

HANA 数据源可以基于现有数据源进行复制，或者根据源系统中的一个数据库表、视图或 NDSO 的数据结构自动建议新的数据源结构。列表中灰色的选项是其他类型的数据源可以使用的，后面章节中会详细介绍。

根据这里的选项不同，后续的界面和设置选项也会有所不同。选择"基于数据库表或视图生成建议（Proposal from SAP HANA Table or View）"选项，并单击"下一步（Next）"按钮。

3）选择表或视图

下一个对话框界面显示如图 5-10 所示。

图 5-10　选择 SAP HANA 表或视图

在这个界面中，可以使用灵活的搜索方法，选择当前源系统中的数据库表或者视图。下面找到演示示例中的 HANA 表 "DT_SALES"。

4）确认信息并完成向导

单击"下一步（Next）"按钮，显示下一个窗口，如图 5-11 所示。

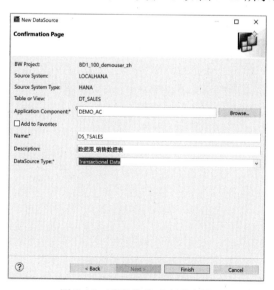

图 5-11　确认信息或完成向导

在这一界面中，显示了前面步骤配置的相关信息供用户确认，用户还可以修改数据源所在的应用组件目录，输入新建的数据源名称、描述、类型等信息。

最后，单击"完成（Finish）"按钮退出向导。

3．在数据源编辑界面中查看和编辑数据源

系统在数据源编辑界面中生成数据源，如图 5-12 所示。

图 5-12　数据源编辑界面-常规选项卡

数据源编辑界面包含了"常规（Overview）""提取（Extraction）""字段（Fields）"三个选项卡。

（1）"常规"选项卡

"常规"选项卡显示了数据源的基本信息和通用属性。

（2）"提取"选项卡

切换到"提取"选项卡，系统根据我们的配置信息自动生成了数据抽取的逻辑，如图 5-13 所示。

图 5-13　数据源编辑界面-提取选项卡

（3）"字段"选项卡

在"字段"选项卡中，系统根据 DT_SALES 的表结构，生成了数据源的字段列表。如图 5-14 所示。

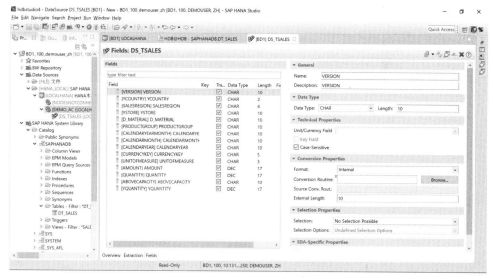

图 5-14　数据源编辑界面-字段选项卡

（4）检查并激活数据源，并预览数据源数据

在工具栏中单击"激活"按钮，系统检查、保存并激活数据源，数据源的创建就完成了。同样，可以通过窗口中的数据源的预览选项卡，查看数据源的数据。如图 5-15 所示。

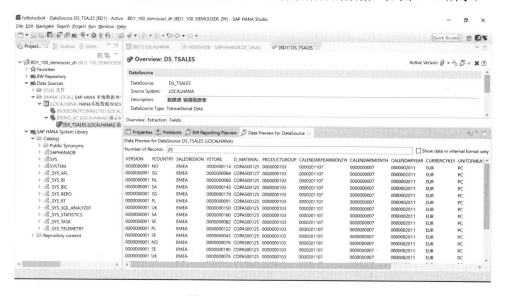

图 5-15　预览数据源数据

完成数据源的创建，只是建立了 BW/4HANA 到源数据对象的访问通道。数据源中的数据仍然保留在原来的地方，并没有发生数据的迁移。定义好了数据源，这些数据就可以在后续的数据流中进行配置和使用了。

5.2 按需供应的自来水

如果能保证水源的供应，使用自来水会是一个不错的选项。

计算机网络的快速发展和数据库数据处理性能的提升，使这一选项正在变得越来越有吸引力。也就是说，不再将远程的数据复制到本地数据库进行存储，而只在需要数据的时候才从远程数据库中读取数据进行处理和分析。

在大数据时代，将所有数据都复制一份到集中的大数据仓库中可能不是最明智的选择。外部数据分散存储，由不同的系统产生，新的分析应用系统要求具备实时访问多个外部系统并对数据进行访问、整合和集成的能力。

这一设计思想的影响是广泛而深远的，涉及软件功能的升级、系统架构和硬件部署方式的全面变化。它不仅影响企业数据仓库的功能增强和改造，也促进了数据智能等新型系统的产生和应用。

5.2.1 建立远程的供水通道

SAP HANA 本身提供了一系列工具，支持从多种外部数据源集成数据。其中的 SAP HANA 智能数据访问（SDA）可以实现像访问本地数据表一样访问外部数据，而不需要将外部数据复制到 SAP HANA 中。

在 SAP HANA 中，可以使用链接数据库或者创建虚拟表，指向其他远程源中的数据库表，并通过在 SAP HANA 系统中运行 SQL 查询访问这些虚拟表。SAP HANA 查询处理器负责优化查询，在目标系统中执行相应部分的查询，将查询结果返回给 HANA，最终完成查询操作。

这部分工作是在 HANA 数据库中完成的，具体的操作步骤如下。

1. 新建远程源

首先，要使用 BW/4HANA 后台 HANA 数据库用户登录 HANA 数据库，在 HANA 管理控制台中创建远程源（Remote Sources）。注意，这是在 HANA Studio 中操作的，而不是在 BW 建模工作界面中。

进入 HANA 管理控制台界面，如图 5-16 所示。

图 5-16 HANA Studio 管理界面

在导航窗口中，打开"数据供应（Provisioning）"节点，选择在"远程源（Remote Sources）"节点上单击鼠标右键。在快捷菜单里选择"新建远程源"，系统打开远程源的编辑界面。

2．配置远程源

远程源的编辑界面如图 5-17 所示。

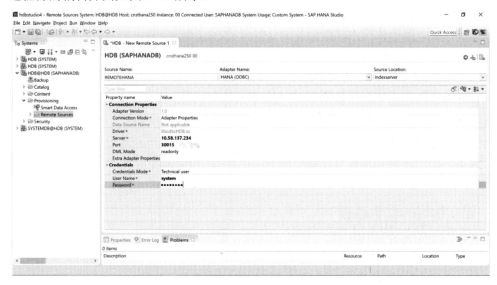

图 5-17　编辑远程源

在远程源的编辑界面上方，显示了远程源的名称、适配器名称和远程源位置等信息。

其中，在适配器名称下拉列表中，可以看到 HANA 预置的多种适配器。用户也可以根据需要，安装相应的适配器。看到系统当前预置的适配器包括：

- SAP HANA ODBC Driver
- SAP IQ ODBC Driver
- SAP Adaptive Server Enterprise ODBC Driver
- SAP Event Stream Processor ODBC Driver
- SAP HANA Streaming Analytics ODBC Driver
- SAP MaxDB ODBC Driver
- Teradata ODBC Driver
- SQL Server ODBC Driver
- IBM DB2 Driver
- IBM Netezza Driver
- Oracle Database ODBC Driver
- MII（ODBC）
- Google BigQuery ODBC Driver
- GRPC（Destination）
- RSERVE（Destination）
- HADOOP（ODBC）
- HADOOP（Destination）

- VORA（ODBC）
- SPARKSQL（Destination）

等等。

根据远程数据库的类型选择相应的适配器。如果远程的数据库也是一个HANA数据库，就在适配器列表中选择"SAP HANA ODBC Driver"，录入源系统名称REMOTEHANA及远程数据库连接的相关信息，如图5-17所示。然后点击编辑界面右上角的"●"按钮进行保存。

这样，一个远程源就创建完成了。

3．查看远程数据库中的内容和对象

完成远程源的创建后，在HANA管理控制台左边的导航窗口里，可以展开这一远程源，查看其包含的Schema及数据库表等内容，如图5-18所示。

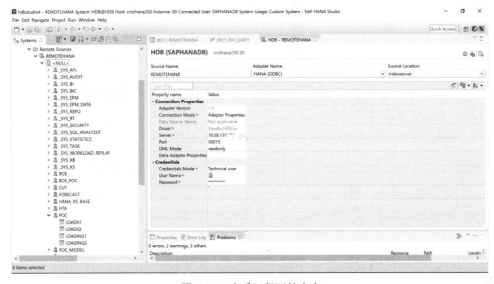

图5-18　查看远程源的内容

SAP HANA这一功能特点可以更好地支持新一代分析应用系统的开发和部署，具有运维和成本方面的价值。BW/4HANA也充分利用了这一特性。如果数据不在BW/4HANA底层的HANA数据库里，甚至也不在底层HANA系统的其他租户数据库中，而是在外部系统里，可以使用HANA平台的数据获取工具访问外部系统。

5.2.2　使用源系统指向远程源Schema

BW/4HANA借助HANA平台智能数据访问功能进行外部数据远程访问，并将HANA平台连接的远程源纳入BW/4HANA建模体系进行统一的管理。为了实现这一目标，同样需要为远程源创建源系统和数据源。

接下来，进入BW/4HANA建模工具界面，基于上一小节的远程源创建一个BW/4HANA源系统。

1．打开新建数据源向导

在BW项目下的"数据源（Data Sources）"节点单击右键，选择"新建（New）"及"源系统（Source System）"。如图5-19所示。

图 5-19　新建源系统

2. 在"新建源系统（new Source System）"向导对话框中配置源系统信息

1）维护源系统名称与描述

在图 5-20 所示的"新建源系统"向导对话框中输入名称与描述，并单击"下一步（Next）"按钮。

图 5-20　新建源系统向导

2）选择连接类型，如图 5-21 所示。

在如图 5-21 所示的"选择连接类型（Select Connection type）"对话框中选择"SAP HANA 智能数据访问（SAP HANA Smart Data Access）"。单击"下一步（Next）"按钮，出现如图 5-22 所示界面。

图 5-21 新建源系统向导-选择连接类型

3）选择远程源

在如图 5-22 所示的"选择远程源（Select a remote Source）"界面中，使用搜索方式查找 5.2.1 小节创建的远程源"REMOTEHANA"。选择这一远程源并单击"下一步（Next）"按钮。

图 5-22 新建源系统向导-选择远程源

4）选择远程源中的 Schema

在如图 5-23 所示的界面中，系统列出远程源的数据库中所有的 Schema。以列表中的 Schema"POC"为例，选择这一 Schema 并单击"下一步（Next）"按钮。

87

图 5-23　新建源系统向导-选择 Schema

5）确认配置信息

图 5-24 所示的对话框确认页面（Confirmation Page）显示了上述步骤的配置信息。单击"完成（Finish）"按钮后，退出向导对话框。

图 5-24　新建源系统向导-确认页面

3．检查并激活源系统

系统返回 BW 建模工具，显示源系统编辑界面，如图 5-25 所示。

通过工具栏上的"激活"按钮激活源系统。

图 5-25　编辑并激活源系统

5.2.3　使用数据源指定远程源对象

在远程源系统中创建数据源，具体操作步骤如下。

1. 打开"新建源系统"向导

在如图 5-26 所示的 BW 项目浏览器中，展开新建的远程源系统"REMOTEHANA"节点，选择一个应用组件目录"DEMO_AC"，单击右键并选择"新建（New）"→"数据源（DataSource）"。

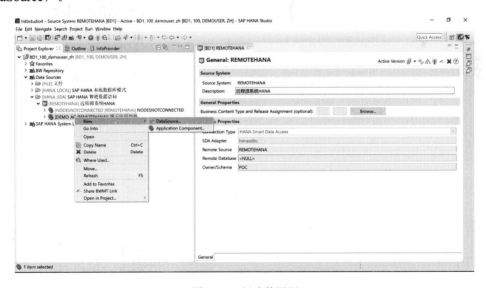

图 5-26　新建数据源

系统打开"新建数据源（New DataSource）"向导对话框。

2. 设置数据源

1）选择 BW 项目与源系统

89

在如图 5-27 所示的界面中，检查、确认 BW 项目及源系统信息，单击"下一步（Next）"按钮。

图 5-27　新建数据源向导-BW 项目与源系统

2）选择模板或源对象

在如图 5-28 所示的界面中，选择现有的数据源进行复制，或者选择远程源中的表、视图或 NDSO 对象。指定的选项不同，后续的配置信息也不同。这里选择"基于 SAP HANA 表或视图生成建议（Proposal from SAP HANA Table or View）"，单击"下一步（Next）"按钮。

图 5-28　新建数据源向导-选择模板或源对象

3）选择数据库表或视图

在如图 5-29 所示的界面中，系统列出当前 Schema 中的数据库表和视图，从列表中选择一个数据库表。以数据库表"LOAD1"为例，单击"下一步（Next）"按钮。

图 5-29　新建数据源向导-选择表或视图

4）确认并完成向导

在如图 5-30 所示的界面中，显示了上述步骤配置的信息供确认。用户还需要输入数据源的名称、描述并选择数据源类型。完成设置后，单击"完成（Finish）"按钮，关闭对话框向导。

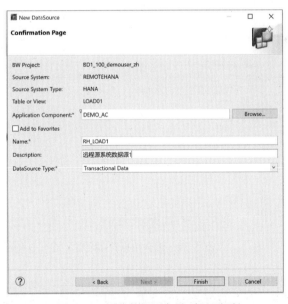

图 5-30　新建数据源向导-确认页面

3．查看并激活数据源

系统退出新建数据源向导，返回数据源编辑界面，如图 5-31 所示。

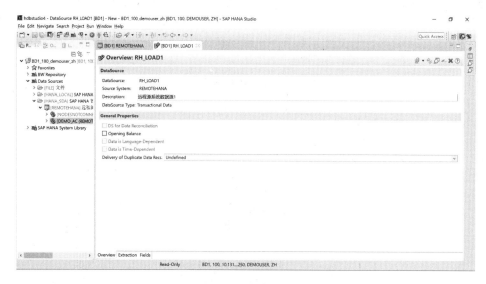

图 5-31 编辑数据源-常规

1）常规（Overview）选项卡

常规选择卡显示了新建数据源的基本信息。

2）提取（Extraction）选项卡

单击"提取"选项卡，查看数据源抽取的明细设置，如图 5-32 所示。

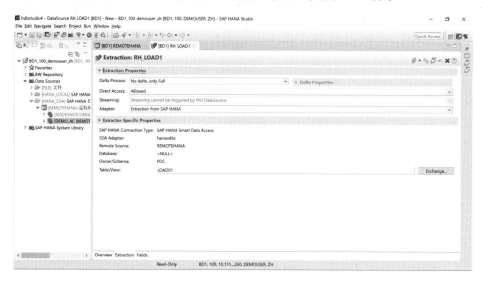

图 5-32 编辑数据源-提取

3）字段（Fields）选项卡

单击"字段"选项卡，查看数据源根据源表的结构自动生成的抽取字段建议，如图 5-33 所示。

在数据源编辑界面可以根据需要对数据源进行修改。

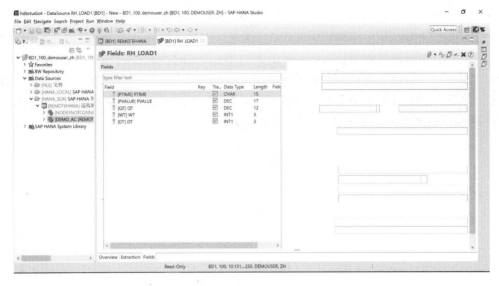

图 5-33　编辑数据源-字段

4）激活并预览数据源数据

修改完成后，检查并激活数据源。打开数据源数据预览选项卡，可以查看数据源里的数据，如图 5-34 所示。

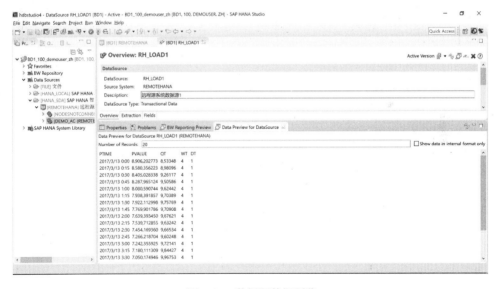

图 5-34　数据源数据预览

5.3　本章小结

BW/4HANA 是基于 SAP HANA 平台的现代数据仓库应用系统，它在使用 HANA 作为数据库存储的同时，也充分利用了 HANA 平台获取外部数据的能力。在 BW/4HANA 的数据仓库建模的方法和体系下，使用了"源系统"和"数据源"对象对本地 HANA 数据库、本地

HANA 租户数据库及远程数据库进行统一的管理，规范了数据仓库建模的操作。

在大数据背景下，基于网络和数据库处理性能的快速发展，使用逻辑数据仓库的方式进行建模，直接访问远程系统的数据是一个很好的可选项。BW/4HANA 的数据源基于 HANA 的数据智能访问（SDA）组件也提供了这一功能。对数据远程按需访问和实时的数据应用场景是现代数据仓库重要的应用场景，同时更多更新的应用场景也正在超越数据仓库范围，我们将在稍后的 SAP 数据智能（第 18~22 章）中进行介绍。

第 6 章　数据：在数据湖中钓鱼

如何用好数据湖里的海量数据？

数据仓库有丰富的业务应用场景和成熟的开发体系，是用好大数据的一个很好的平台。要借助数据源技术，扩展数据仓库处理能力，就需要实现数据仓库与数据湖之间的双向集成。一方面，数据仓库能够方便地从数据湖中获取数据，进行各种应用场景的开发；另一方面，可以将数据仓库模型中的数据推送到数据湖，或者将模型中的冷数据迁移到数据湖中进行存储并提供统一的管理手段。

在采集外部数据的场景中，数据湖可以作为原料数据仓库，存储大量未经加工的原始数据。HANA 提供了直接访问数据湖的手段，可以从数据湖中获取需要的数据。BW/4HANA 使用这一技术，将其纳入数据仓库开发体系，丰富了数据仓库的应用场景。

6.1 "HA-HA" 组合

哈哈！

HANA 和 Hadoop，这是一个 Happy 的组合。

SAP HANA 具有强大的内存计算能力，设计用于高速的数据与分析场景。但是，把所有数据都存储在内存里成本太高。海量的数据存储可以利用 Hadoop 等技术来实现，Hadoop 设计用于大量、非结构化的数据场景，能扩展至数千个节点，适用于大型分布式集群，处理大数据。将 SAP HANA 与 Hadoop 相结合，可以同时利用 SAP HANA 的内存计算能力与高度结构化的数据规范和 Hadoop 的海量数据存储能力、较低的存储成本与数据类型的多样性。

6.1.1 鱼，我所欲也

并不是所有数据湖中的数据都需要加载到数据仓库中。

数据仓库和数据湖各自有不同的定位。

首先，数据仓库和数据湖采集的数据在内容与类型上不尽相同。

数据仓库主要存储来自企业管理系统的结构化数据，如 ERP、CRM、HR 等。它将数据存储在标准化数据模型中，统一数据规范和业务语义，用于支持业务决策等应用。数据湖存储的数据通常是大量的"原始"数据，这些数据往往是非结构化或者非关系型数据。数据湖中的数据有很多"新"的数据类型。例如传感器数据、网络数据、社交媒体数据和各种设备产生的数据等。数据湖也常常用于进行历史归档数据的存储。

其次，数据仓库和数据湖在架构上是互补的。

数据仓库和数据湖的不同定位，使它们能更好地取长补短。图 6-1 展示了两者在架构上的不同定位和相互补充。

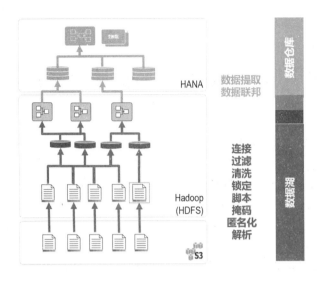

图 6-1 "HA-HA"组合

在数据仓库架构中,数据分层或者逻辑分区是从数据采集层开始的。但是放眼整个企业的大数据架构,数据的第一道入口往往是在数据湖。在大数据背景下,很多数据的第一道采集工作是在 Hadoop 或者 S3 这样的数据湖平台中进行的。海量的原始数据经过数据湖的数据整合、数据转换,统一数据结构,提高数据参考完整性。

最后,将提炼后的大数据与数据仓库中的企业管理数据和主数据结合起来,形成更全面的业务视图。数据是在这个时点上通过数据加载方式或者数据联邦的方式合并到数据仓库中的。也就是说,在更完整的大数据处理架构中,数据仓库的数据采集层之前,还有一层厚厚的"数据湖"层。数据湖扩展了数据仓库分层架构。

并不是所有数据湖的数据都要传输到数据仓库中。只有提炼后的数据,需要和企业管理数据及主数据结合起来一起分析的数据,才是我们要从数据湖中钓走的鱼。

6.1.2 HANA 对 Hadoop 的拜访

HANA 提供了访问 Hadoop 系统的方法,还是使用 HANA 平台中的智能数据访问组件。

建立访问路径的方式,是在 HANA Studio 管理控制台中创建到 Hadoop 的远程连接,即创建一个远程源。具体操作步骤如下。

1. 新建远程源

首先,要使用 BW/4HANA 后台 HANA 数据库用户登录 HANA 数据库,在 HANA 管理控制台创建远程源。

进入 HANA 管理控制台界面,如图 6-2 所示。

在导航窗口中,打开"数据供应(Provisioning)"节点,在"远程源(Remote Sources)"节点上单击鼠标右键。在右键菜单中选择"新建远程源",系统打开远程源的编辑界面。

2. 配置远程源

远程源的编辑界面如图 6-3 所示。

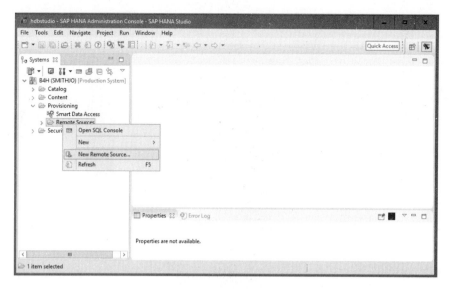

图 6-2　HANA Studio 管理界面

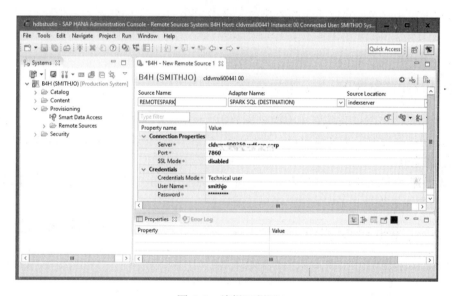

图 6-3　编辑远程源

SAP HANA 智能数据访问为连接 Hadoop 系统提供了多种连接方法。BW/4HANA 的"大数据源系统"是通过 SAP HANA Spark 控制器和 SPARK SQL（DESTINATION）适配器进行连接的。

在远程源编辑界面上，从适配器名称列表中选择"SPARKSQL（DESTINATION）"适配器，并输入远程源系统名称、服务器、端口、连接用户及密码等信息。如图 6-3 所示。

检查并激活远程源，完成远程源的创建。

3．查看远程数据库中的内容和对象

完成远程源的创建后，在 HANA 管理控制台左边的导航窗口里，展开这一远程源节点，可以查看其包含的 Schema 及数据库表等内容，如图 6-4 所示。

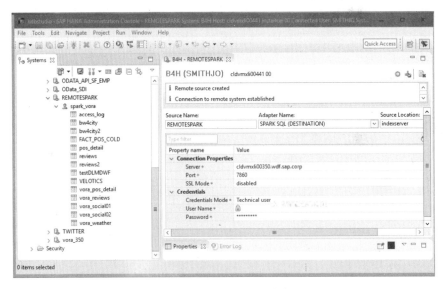

图 6-4　查看远程源的内容

从建立 BW/4HANA 的数据源的要求看，在 HANA 平台上创建远程源就可以了，后续的操作是在 BW/4HANA 系统里进行的。为了方便 HANA 访问 Hadoop 中的数据，还可以基于远程源进一步创建虚拟表。

6.1.3　Hadoop 对象在 HANA 里的分身

HANA 中的虚拟表，会映射远程源中到 Hadoop 里的一个对象。在 HANA 里并不保存实际的数据，但可以像操作本地表一样，操作映射到 Hadoop 对象的虚拟表。具体操作如下。

1．创建虚拟表

在远程源对象列表中，选择数据库表，单击右键，选择"添加为虚拟表（Add as Virtual Table）"，如图 6-5 所示。

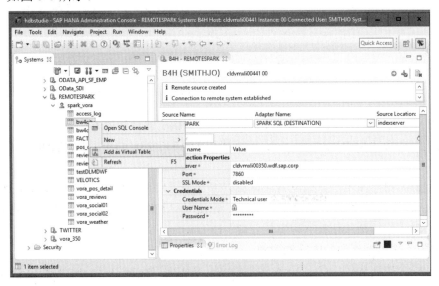

图 6-5　创建虚拟表

在随后弹出的如图 6-6 所示的窗口中单击"创建（Create）"按钮。

系统完成创建虚拟表，接下来就可以像访问本地表一样来访问虚拟表了。

2．查看虚拟表

和本地表一样，虚拟表可以在 HANA 管理控制台导航窗口中的"Catalog"节点下找到。展开"Catalog"节点，找到创建虚拟表所在的 Schema。

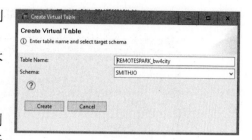

图 6-6　创建虚拟表窗口

在 Schema 的"表（Tables）"节点下，可以查找到新建的虚拟表，如图 6-7 所示。

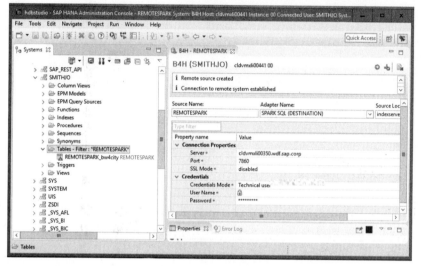

图 6-7　查看虚拟表

3．预览虚拟表的数据

在虚拟表上单击右键，选择"打开数据预览"，如图 6-8 所示。

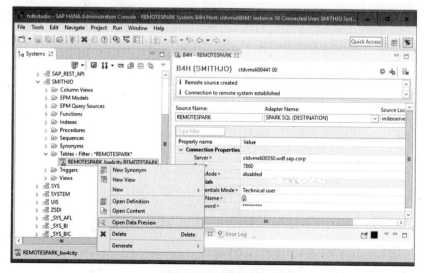

图 6-8　预览虚拟表

99

和本地表一样，系统界面显示虚拟表的一部分预览数据。显示结果如图 6-9 所示。

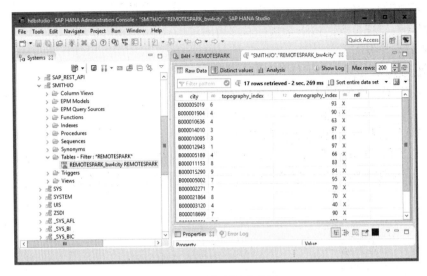

图 6-9　预览虚拟表结果

6.2　以"大数据"之名

BW/4HANA 非常重视与数据湖的连接，这也是 BW/4HANA 扩展功能的一个重要方向。BW/4HANA 提供了"大数据源系统"类型，用于连接 Hadoop 等数据湖平台，对这一类型的数据源进行集中、统一的管理。

6.2.1　专用的连接类型

登录 BW/4HANA 建模工具界面，如图 6-10 所示，开始创建"大数据源系统"。

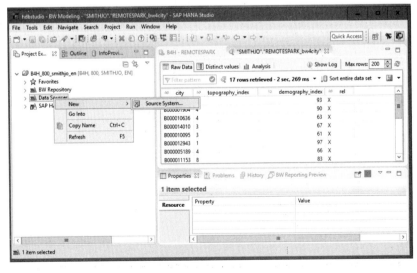

图 6-10　打开创建源系统向导

1. 打开创建源系统向导

在导航窗口，BW 项目下的数据源节点上单击右键，选择"新建（New）"，并选择"源系统（Source System）"菜单项，如图 6-11 所示，系统打开新建数据源向导对话框。

2. 进行源系统信息维护

1）维护源系统名称、描述及连接类型

在如图 6-11 所示的对话框界面中输入系统名称及描述，选择连接类型"大数据（Big Data）"。单击"下一步（Next）"按钮。

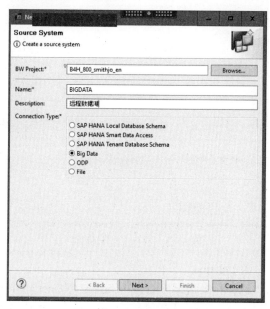

图 6-11　创建源系统向导

2）选择远程源

在如图 6-12 所示的"选择远程源（Select a remote source）"窗口中，选择如图 6-3 所示的新建的远程源。单击"下一步（Next）"按钮。

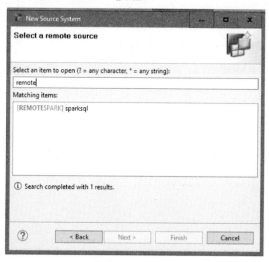

图 6-12　选择远程源

3）选择一个远程数据库

在如图 6-13 所示的"选择一个远程数据库（Select a remote database）"对话框中，选择远程源下的一个数据库。单击"下一步（Next）"按钮。

图 6-13　选择远程数据库

4）选择一个数据库对象 Schema

在如图 6-14 所示的"选择一个数据库对象 Schema（Select a DB object schema）"对话框中，选择上述数据库下的一个 Schema。可以对比如图 6-4 所示的导航窗口中的 Schema 列表，这两个列表是一致的。完成 Schema 选择后，单击"下一步（Next）"按钮。

图 6-14　选择数据库对象 Schema

5）确认并完成创建新系统

向导对话框显示确认页面（Confirmation Page）信息如图 6-15 所示。单击"完成（Finish）"按钮，系统生成源系统，并进入源系统编辑界面。

图 6-15　确认并完成创建源系统

3．检查并激活源系统

系统显示源系统编辑界面，如图 6-16 所示。

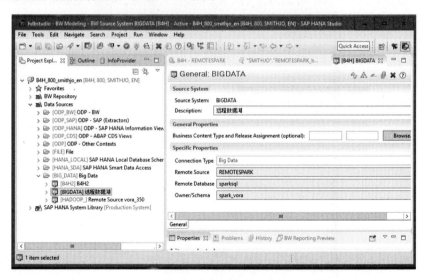

图 6-16　查看源系统

检查并激活源系统。在 BW/4HANA 建模工具的导航栏里，就可以看到新建的源系统。

103

6.2.2 指定表或者视图

在 BW/4HANA 建模工具的导航栏里，展开新建的源系统。步骤如下。

1. 打开新建数据源向导

在 BW 建模工具的导航窗口中，展开源系统节点，在"演示应用组件"上单击右键，依次选择"新建（New）"→"数据源（DataSource）"菜单项，如图 6-17 所示。

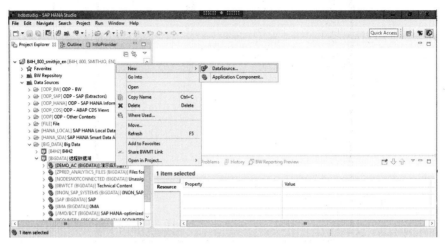

图 6-17　打开新建数据源向导

2. 设置数据源信息

系统弹出新建数据源向导，如图 6-18 所示。

图 6-18　新建数据源向导

1）确认 BW 项目及源系统

在如图 6-18 所示界面中，确认或者修改 BW 项目及源系统信息，单击"下一步（Next）"按钮。

2）选择模板或源对象

在如图 6-19 所示的"选择模板或源对象（Select a Template or Source object）"窗口中，选择"从 SAP HANA 表或者视图生成建议（Proposal from SAP HANA Table or View）"，单击"下一步（Next）"按钮。

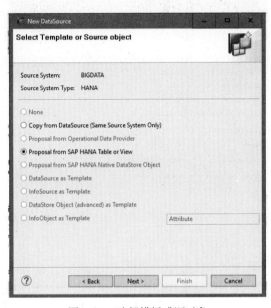

图 6-19　选择模板或源对象

3）选择表或视图

在如图 6-20 所示的"选择 SAP HANA 表或视图（Select SAP HANA Table or View）"窗口中，选择一个当前源系统中已有的数据库表。对比图 6-20 中与图 6-4 导航窗口中的列表，两边的列表是一致的。完成对象选择后，单击"下一步（Next）"按钮。

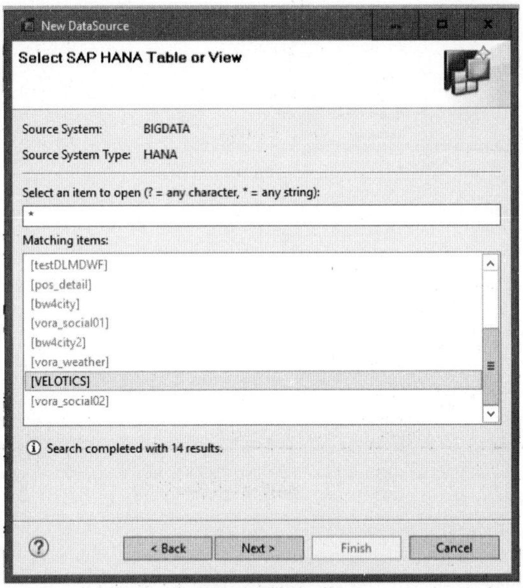

图 6-20　选择表或视图

4)确认并完成向导

在图 6-21 所示的"确认页面（Confirmation Page）"窗口中，输入数据源的名称、描述并选择相应的类型，单击"完成（Finish）"按钮。系统生成数据源，退出向导。

图 6-21　确认并完成向导

3．编辑数据源

系统返回数据源的编辑界面，如图 6-22 所示。

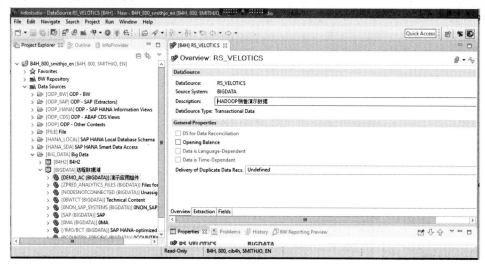

图 6-22　编辑数据源-常规

1)"常规（Overview）"选项卡

此处显示了数据源的基本信息，用户可以修改数据源描述。

2)"提取（Extraction）"选项卡

单击"提取"选项卡，查看抽取数据源的明细设置，如图 6-23 所示。

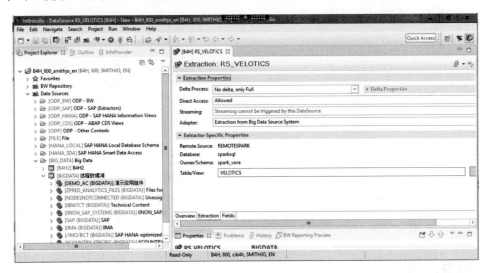

图 6-23　编辑数据源-提取

3)"字段（Fields）"选项卡

单击"字段"选项卡，查看数据源字段的明细设置，如图 6-24 所示。

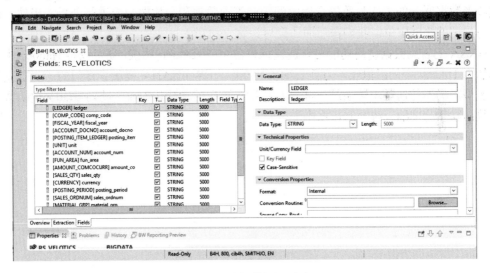

图 6-24　编辑数据源-字段

4）激活并预览数据源数据

根据需要对数据进行编辑后，检查并激活数据源。打开数据源数据预览窗口，可以查看数据源的数据，如图 6-25 所示。

至此，大数据源系统及其数据源就创建完成了。当然，同一个源系统中还可以创建更多的数据源。和其他源系统的数据源一样，用户可以进行后续的数据提取操作，或者使用开放ODS 视图或复合提供者虚拟访问大数据源系统中的数据。

107

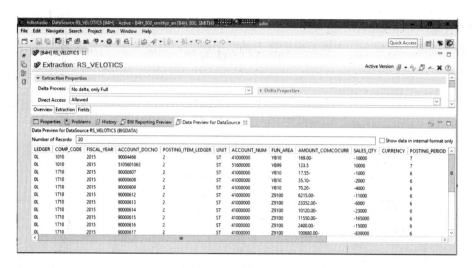

图 6-25　预览数据源

6.3　本章小结

现代大数据架构中，数据仓库与数据湖如何协调共生，是一个重要的课题。其中的一种视角是，将数据湖作为数据仓库分层架构的一种扩展和延伸。数据湖提炼后的数据通过数据加载或者数据联邦的方式与数据仓库中的企业管理数据和主数据一起进行分析。当然，这并不是数据湖的全部定位。我们在后面还会讨论这一话题。

HANA 的智能数据访问功能可以创建远程源访问 Hadoop 系统，还可以将 Hadoop 中的对象添加为 HANA 中的虚拟表，方便后续各种操作。BW/4HANA 提供了专门的"大数据源系统"类型，仍然是通过"源系统"和"数据源"对象的个性化配置，将对 Hadoop 的数据提取和数据联邦管理纳入统一的体系中进行管理。

第7章 数据：龙王庙里的大水

大水冲了龙王庙，自家人岂能不识自家人？

SAP提供了大量的企业管理系统，这些系统的数据也是企业数据仓库的座上嘉宾，常来常往。这些系统都是自家人。

对于这些自家人，SAP BW/4HANA提供了从系统的应用层面进行数据集成的方法，大家都讲业务的语言，避免从数据库取数造成业务语义丢失的情况。从这些系统取过来的数都是按相应的业务主题组织好的，而不再是一个个单独的数据库表，数据质量有保障，也大大减少了后期的数据整合工作。

数据仓库设计原则的变化，尽可能要减少数据落地的次数。自家人的数据传输与共享也不例外。SAP改进了原来系统之间共享数据的机制，提供了一个更加方便快捷的框架。

7.1 自家人的通关密码

这个通关密码就是ODP。

ODP的全称是运营数据供应（Operational Data Provisioning），它是SAP提供的一个用于SAP系统之间进行数据共享与传输的技术基础架构。ODP框架既可以支持日常业务流程决策的运营分析，也可以用于不同SAP系统之间的数据提取和复制。

ODP支持各种SAP系统数据的提取和复制方案，并提供了相应的数据增量抽取机制。对于增量数据的处理，来自源系统（称为ODP提供者）的数据经由更新过程自动写入增量队列，或使用提取器接口传递到增量队列。目标应用系统（称为ODP消费者）从增量队列中检索数据并进行后续处理。

7.1.1 我为人人，人人为我

ODP使用场景众多，不仅用于SAP BW和SAP BW/4HANA的数据抽取和传输，也用于为其他SAP产品提供数据，如SAP Data Services或SAP HANA智能数据集成等。ODP框架在SAP系统间进行数据传输的使用场景可以参见图7-1。

ODP优化了原来的数据传输机制，带来一系列新的功能。它提供了一个统一的在SAP系统之间进行数据分发和消费的基础架构，不同的提供者和消费者使用相同的配置和监控方法。它实现数据源系统的数据一次抽取多次使用，支持基于时间戳的数据恢复机制，对数据增量队列进行数据压缩存储，支持智能并发加载选项。

在用于为SAPBW或者BW/4HANA提供数据时，使用ODP机制，可以直接将数据加载到BW的数据模型，通过使用数据传输进程（DTP）加载数据，在数据加载时不再强制要求保存一份数据在数据加载区了。

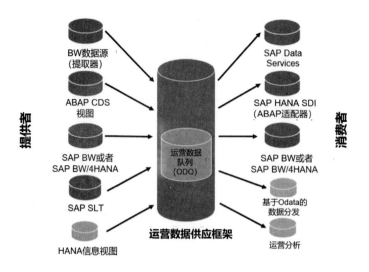

图 7-1 运营数据供应框架

7.1.2 BW/4HANA 大通关

BW/4HANA 既是运营数据供应框架的提供者，也是运营数据供应框架的消费者。在 BW/4HANA 的源系统节点下，会根据数据来源的运营数据供应框架提供者不同，显示为多种 ODP 源系统子类型。在如图 7-2 所示的 BW/4HANA 建模工具界面中，显示了多个 ODP 源系统子类型的示例，但这个示例中的子类型列表并不是完整的。

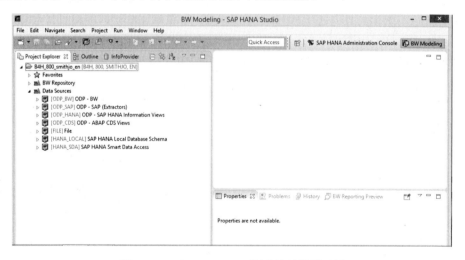

图 7-2 BW/4HANA ODP 源系统子类型示例

ODP 源系统子类型有多个种类。结合图 7-1 中的提供者列表，逐一介绍如下。

1. BW 数据源（提取器）

在图 7-2 所示的示例中显示为"ODP-SAP（Extractor）"。

BW 数据源（提取器）是 SAP 应用系统为 BW/4HANA 提供的标准数据源，又称为提取器。BW/4HANA 使用服务应用程序接口（SAPI）从这些数据源进行数据抽取。这些数据源是早期版本的数据源，在 BW/4HANA 背景下仍然可以使用。提供这些数据源的系统包括 SAP R/3、SAP ERP、SAP CRM、SAP APO 和 SAP SRM 等。

使用 BW 数据源（提取器）连接方式具有以下优势。

1）源系统和 SAP BW/4HANA 系统之间的通信和数据传输的配置得到极大简化。在 BW/4HANA 系统中，这种通信方式使用同步远程函数调用（RFC），原来的 ALE/IDocs 机制不再需要，也不再使用原来的 qRFC 出站队列控制数据传输。

2）ODP 框架与 ODP 增量数据队列代替了原来由持久性加载区域（PSA）完成的任务和服务。原来的信息包（InfoPackages）和 PSA 不再使用，数据传输进程（DTP）可以直接从运营增量数据队列获取数据。原来对于 PSA 的监控机制也由新的增量数据队列监视器进行管理。

3）应用程序的增量数据可以按定义的时间段保留在 ODP 增量数据队列中，再由数据传输进程发起相应时间段的数据抽取请求。

4）ODP 框架为源数据的不同消费者提供了统一的技术。例如，SAP BW/4HANA 和 SAP Data Service 都使用这一技术框架获取数据。

2. ABAP CDS 视图

在图 7-2 所示的示例中显示为"ODP-ABAP CDS Views"。

核心数据服务（Core Data Service，CDS）是 SAP 提供的新一代的面向业务实体的战略建模方法和工具，在 SAP 应用系统中提供数据定义和访问服务。CDS 在 SQL 语言的基础上对数据语义的表达、各主题领域的元数据和数据关联方式都做了扩展，为各个主题领域提供了优化的应用编程模型。CDS 通过 ABAP 语言进行定义，自动生成相应的 SAP HANA 视图，并融入 ABAP 的对象管理和应用体系，如对象的生命周期管理、授权管理等，广泛用于数据服务调用、数据分析、搜索等。

SAP 应用系统使用 ABAP CDS 视图技术为 BW/4HANA 提供数据。ABAP CDS 视图技术将取代原来 SAP 应用系统构建 BW 数据源（提取器）的方法，成为 SAP 应用系统构建新的 BW/4HANA 标准数据源的新技术。例如，所有新的 SAP S/4HANA 标准数据源都会使用这一技术提供数据。

3. SAP BW 或 SAP BW/4HANA

在图 7-2 所示的示例中显示为"ODP-BW"。

SAP BW 和 SAP BW/4HANA 构建的数据仓库系统之间可以进行串联，成为对象的一个源系统。也就是说，SAP BW/4HANA 会将自身、其他 BW 或者其他 BW/4HANA 系统作为源系统。这样的连接场景也是使用 ODP 技术实现的。系统提供一个专门的子类型"ODP-BW"，用于在不同的 BW/4HANA 系统的不同对象之间传输数据。

当然，SAP BW/4HANA 也可以连接其他 EDW 系统。但如果对方的 EDW 系统不是使用 SAPBW 或者 SAPBW/4HANA 技术构建的，系统连接也会使用其他技术。

4. SAP 布局转换

在 SAPBW/4HANA 数据源节点下，源系统类型显示为"ODP-SLT"。

SLT 复制服务器基于触发器实现数据实时复制功能。它可以对不具有增量数据字段的数据库表进行增量数据处理。如果源数据库表数据量较大、没有增量数据逻辑且数据变化不频繁，就比较适合使用 SLT 复制服务器作为数据抽取方式。这可以避免频繁的全量数据抽取，大大减少数据抽取管理工作量。

使用 SAP 布局转换复制服务器,可以为 SAP BW/4HANA 提供源系统数据库表的实时数据。

ODP 框架作为 SAP LT 复制服务器传输数据接口,优势如下。

1)支持 SAP 系统的数据表使用 ODP 框架进行数据传输。SAP LT 复制服务器为 ODP 框架提供了源系统数据表的增量数据队列,增量数据队列中的数据可以被复制到作为服务订阅方的 BW 系统中。

2)数据由数据传输过程直接加载到信息提供者。ODP 框架(包括增量数据队列)接管诸如监控数据请求等重要服务。

5. SAP HANA 信息视图

在图 7-2 所示的示例中显示为"ODP-SAP HANA Information Views"。

ODP 框架可以将 ABAP 系统底层的 HANA 数据库作为 BW/4HANA 的源系统。系统使用远程函数调用方式进行通信。

在使用 ODP 的场景中,HANA 分析视图、计算视图及相关的属性视图可以用于向 BW/4HANA 提供数据。创建数据源时,用户可以在 ODP 提供者的数据源维护界面中直接选择需要的 SAP HANA 信息视图。

HANA 信息视图具有强大的数据加工计算功能。也就是说,在向 BW/4HANA 加载数据之前,可以使用 HANA 的这些视图进行数据计算。例如,币种换算,限制关键值或者汇总之前的计算关键值,以及数据库表连接及联合操作等。

这种数据传输机制不同于直接基于 SAP HANA 数据库表的数据传输,直接使用 SAP HANA 数据库作为数据源的使用场景参见第 5 章介绍的 SAP HANA 源系统类型。

6. SAP Business ByDesign

在 SAPBW/4HANA 数据源节点下,源系统类型显示为"ODP-SAP Business ByDesign"。

SAP Business ByDesign 是 SAP 为中小企业提供的业务管理应用系统。

通过 ODP 连接 SAP Business ByDesign 系统的通信方式是 HTTP/SOAP(Web Service)。如果客户的子公司使用了云平台上的 SAP Business ByDesign(BYD)系统,可以将 SAP Business ByDesign 中的数据和 SAP ERP 的数据在 SAP BW/4HANA 中进行整合,用于分析决策。

7. 其他类型的 ODP 源系统

在 SAPBW/4HANA 数据源节点下,源系统类型显示为"ODP-Other Contexts"。

除了上述 6 种 ODP 应用场景,系统还提供了其他的场景。如,RANDOM,BW4_METADATA 等。

这些数据的提供者虽然不同,但是它们都使用了 ODP 框架。ODP 框架为不同 ODP 消费者提供了统一的技术框架。例如,BW/4HANA,SAP Data Service 等。

7.2 逃不出 BW/4HANA 的套路

无论是以 SAP HANA 平台作为取数源头从数据湖中钓鱼,还是使用 ODP 框架从自家的系统里取数,BW/4HANA 的操作方法都是一样的。首先创建不同的类型源系统建立系统层面或者数据库 Schema 层面的连接,再使用数据源对接对方系统的具体数据源对象,如文件、数据库或者视图等等。

需要重点关注每一种源系统和数据源配置不一样的部分。

7.2.1 创建 ODP 源系统

首先来看看在 SAP BW/4HANA 系统中如何创建 ODP 类型的源系统,建立到 SAP 应用系统的连接。以 SAP S/4HANA 系统为例,创建 ODP 源系统的步骤如下。

1. 打开创建源系统向导

在 BW 建模工具中的项目管理器选项卡中,右键单击项目节点下的"数据源（Data Sources）"节点,再依次选择"新建（New）"→"源系统（Source System）"菜单项,如图 7-3 所示。

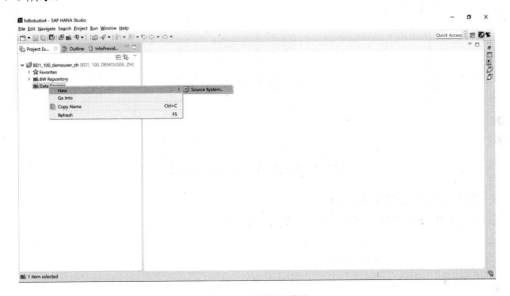

图 7-3 新建源系统

2. 配置源系统信息

系统弹出新建源系统向导对话框,如图 7-4 所示。

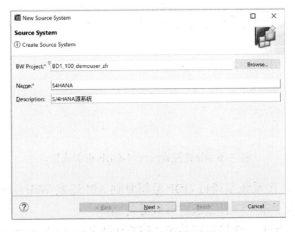

图 7-4 新建源系统向导对话框

113

1）输入源系统名称及描述

在如图7-4所示的对话框中输入源系统名称与描述，单击"下一步（Next）"按钮。

2）选择源系统类型

在如图7-5所示的界面中选择连接类型"ODP"，并单击"下一步（Next）"按钮。

图7-5　新建源系统向导-连接类型

3）选择不同的ODP连接方式

系统进入"ODP页面选择"界面，如图7-6所示。

图7-6　新建源系统向导-ODP页面选择

这个界面确定ODP源系统是通过ODP数据复制API还是Web Service提供数据。

运营数据框架提供了以下三种渠道进行数据传输。

● 远程函数调用（RFC）连接远程系统（RFC with Remote System）：通过RFC访问远程

的 ABAP 系统。后续步骤还需要配置远程系统的具体信息。
- 远程函数调用（RFC）连接本系统（RFC in the Same BW System）：通过 RFC 访问 BW/4HANA 系统本身，适用于将 BW/4HANA 系统本身作为源系统的场景。后续步骤无须配置额外信息。
- HTTP：对于非 ABAP 系统，不支持 RFC 的通信方式，可以通过 HTTP 或 HTTPS 的 SOAP Web 服务进行通信。

源系统作为 ODP 提供者，对外提供数据。ODP 提供者定义了交易数据和主数据（包括属性、文本、层次结构）的接口。一旦在源系统中完成部署，便可以使用这些接口将数据复制到 SAP BW/4HANA。

对于不同的 SAP 源系统，有相应的 ODP 提供者增量数据队列。SAP BW/4HANA 系统订阅了这些增量数据队列。对于可以提供数据变化记录的源系统，ODP 框架也支持增量数据处理。

示例中，创建的是到 S/4HANA 系统的连接，选择第一个选项，单击"下一步（Next）"按钮。

4）确认页面

在如图 7-7 所示的对话框确认页面（Confirmation Page）中检查、确认配置信息，并单击"完成（Finish）"按钮，退出对话框。

图 7-7　新建源系统向导-确认页面

3．设置 BW/4HANA 系统到远程系统的连接

系统返回建模工具界面，并在源系统编辑界面中显示新建的 ODP 源系统，如图 7-8 所示。

在源系统的"常规（General）"选项卡上，有"源系统（Source System）""常规属性（General Properties）"和"特定属性（Specific Properties）"三个区域。接下来，还需要进一步维护正确的目标系统信息。

1）打开逻辑目标系统设置界面

在"特定属性"区域下选择逻辑目标系统（Logical Destination），并单击右边的"编辑（Edit）"

按钮,系统打开维护远程连接的系统界面,即事务码 SM59 的界面。如图 7-9 所示。

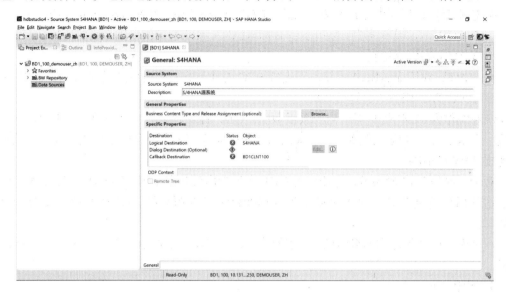

图 7-8　编辑源系统

图 7-9　设置逻辑目标系统

2)设置逻辑目标系统的主机信息

逻辑目标系统设置界面上,已自动将源系统的名称作为逻辑目标系统,即"RFC 目标"的名称。

逻辑目标系统有"管理""技术设置""登录&安全性""Unicode""特殊选项"几个选项卡,选择"技术设置"选项卡,并维护好目标系统所在的主机名称或者 IP 地址,如图 7-9 所示。

3)设置逻辑目标系统的后台用户

在"登录&安全性"选项卡中,维护好登录逻辑目标系统的集团(Client)、用户名和密码等信息，如图 7-10 所示。

图 7-10　设置逻辑目标系统登录信息

4）保存并测试到远程系统的连接

设置完成后，使用界面上方工具栏的"保存"按钮进行保存。接着，选择标题下方的"连接测试"按钮进行连接测试。

系统显示连接测试结果如图 7-11 所示。

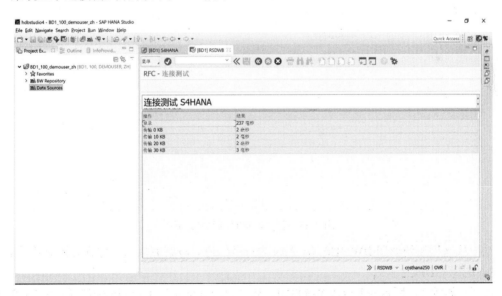

图 7-11　逻辑目标系统连接测试结果

5）查看远程系统连接状态

完成逻辑目标系统连接的设置后，返回编辑数据源界面，如图 7-12 所示。

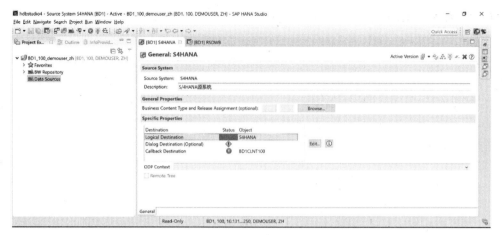

图 7-12　完成逻辑目标系统连接设置

4. 设置从远程系统到 BW/4HANA 系统的连接

BW/4HANA 系统与远程系统，也就是示例中的 S/4HANA 系统之间的通信是双向的。所以同样需要建立从远程系统到 BW/4HANA 系统的连接。

选择如图 7-12 所示界面中的"回调目标系统（Callback Destination）"，并单击右边的"编辑"按钮。系统打开创建回调系统编辑界面，如图 7-13 所示。

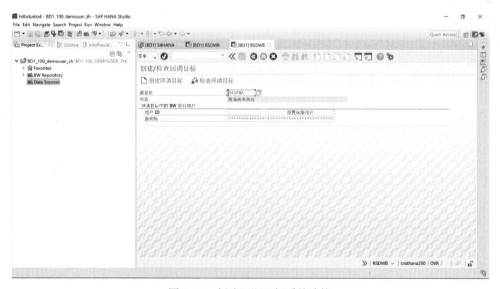

图 7-13　创建回调目标系统连接

维护从远程系统调用 BW/4HANA 系统的登录信息。设置完成后，保存并测试连接。

5. 选择 ODP 上下文

返回到如图 7-8 所示的编辑源系统界面。从"ODP context"下拉列表中选择一个 ODP 上下文。ODP 上下文，就是 ODP 的数据来源的不同场景，对应 7.1.2 小节介绍的各种场景。在本示例中，仍然使用 S/4HANA 里旧版的标准数据源，选择"ODP-SAP（Extractor）"。

正如前面介绍，ODP 框架可以连接多种类型数据源，对应于不同的 ODP 上下文。不同 ODP 上下文的介绍参见 7.1.2 小节。

6. 设置"远程树（Remote Tree）"选项

远程系统提供的标准数据源包含远程系统各个模块的数据，是比较多的。一般情况下，远程系统也会按一定的层次结构对标准数据源进行分门别类的列示。如果需要将远程数据源系统里数据源分类的层次结构复制到 BW/4HANA 系统里，显示在当前的源系统节点下，就选择"远程树（Remote Tree）"选项。

如果没有选择这一选项，或者源系统本身不提供分类的层次结构，系统会使用本地定义的应用程序组件结构作为这一源系统下数据源树的分类层次结构。

如果选择了"远程树"选项，则可以在源系统编辑界面工具栏中单击"上载树"按钮，从源系统中更新分层分组。

使用源系统编辑界面工具栏中的"更新"按钮，可以从源系统中更新最新的数据源内容。

7. 保存并激活源系统

最后，保存并激活数据源系统。在导航窗口的"数据源（Data Sources）"节点下，可以查看新建的源系统中的标准数据源。

7.2.2 使用 ODP 数据源

在 ODP 源系统中，用户也可以创建自己的数据源。

但是，和其他源系统不一样的是，展开这些层次结构，可以看到应用组件目录下的标准数据源，可以直接使用。大部分情况下，这些标准数据源是够用的。

有些 ODP 源系统，如 S/4HANA，预置了大量的标准数据源。创建 ODP 源系统并更新远程数据源的层次结构（远程树）后，在 BW4HANA 建模界面中的导航窗口下就能看到这些层次结构。如果需要导入新的数据源，具体操作步骤如下。

1. 调用新建数据源向导对话框

在导航窗口中，打开数据源节点下的 ODP 源系统，在需要导入标准数据源的应用组件目录上点击鼠标右键，选择"新建数据源"，系统打开"新建数据源"向导对话框。

2. 维护新建数据源信息

1）确认 BW 项目及源系统信息

系统弹出"新建数据源（New DataSource）"向导对话框，如图 7-14 所示。

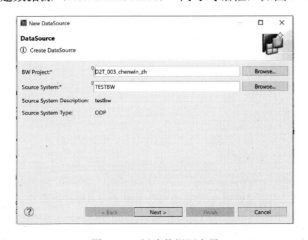

图 7-14 新建数据源向导

确认对话框中的 BW 项目和源系统信息，并单击"下一步（Next）"按钮。

2）选择模板或者源对象

新建数据源向导进入"选择模板或者源对象"界面。如图 7-15 所示。

图 7-15　新建数据源向导-选择模板或源对象

选择"由运营数据提供者建议（Proposal from Operational Data Provider）"，并单击"下一步（Next）"按钮。

3）选择运营数据提供者

在如图 7-16 所示的选择运营数据提供者（Select Operational Data Provider）界面中，输入数据源的名称进行查询，找到需要使用的数据源，并单击"下一步（Next）"按钮。

图 7-16　新建数据源向导-选择运营数据提供者

4）确认并完成向导

在如图 7-17 所示的向导确认页面（Confirmation Page）中，为新建的数据源添加名称和描述，并从下拉列表中选择数据源的类型。单击"完成（Finish）"按钮，系统自动生成数据源，退出对话框向导。

图 7-17　新建数据源向导-确认

3．检查、激活数据源

系统返回 BW 建模工具界面，并在数据源编辑界面上显示新建的数据源。如图 7-18 所示。在数据源编辑界面中，用户可以编辑数据源的不同选项，并选择"激活"按钮，激活数据源。

图 7-18　查看并激活新建数据源

7.3　了解 ODP 工作机制

ODP 提供者在源系统中开辟一个数据存储区，以队列的方式存储 ODP 数据源的增量数

121

据。数据记录要么通过源系统的更新过程自动写入增量队列，例如标准数据源2LIS_11_VAITM使用的就是这种方式；要么通过数据抽取接口定期更新，例如标准数据源0COSTCENTER_ATTR就使用这种方式。

下面来看看ODP增量队列是如何运作的。

登录ODP源系统，通过事务码ODQMON可以查看ODP增量队列的数据及其状态。以S/4HANA系统为例，登录S/4HANA系统，并进入事务码ODQMON界面，如图7-19所示。

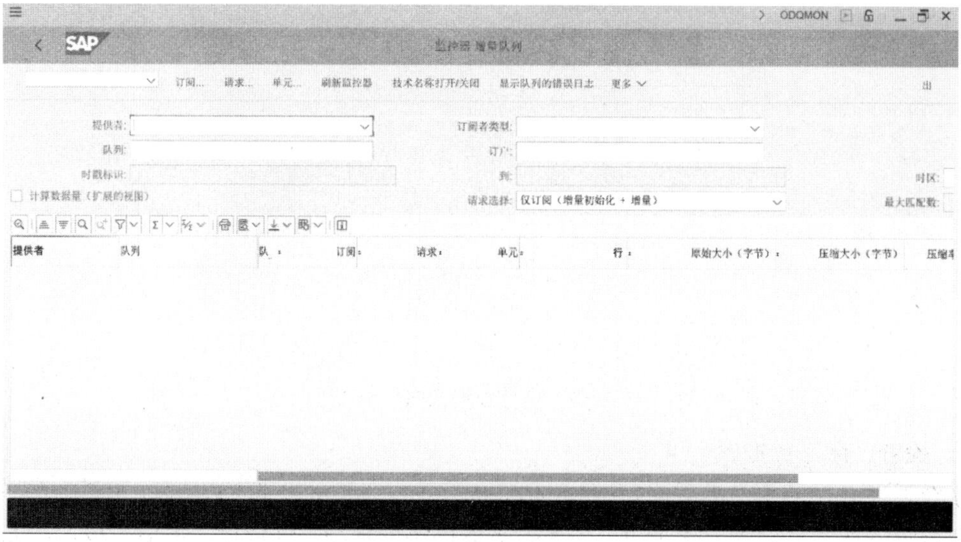

图7-19　查看ODP增量队列

界面的上半部分显示了增量队列的筛选条件。

1）提供者：即ODP提供者，负责提供特定类型的一个或多个增量数据队列。常见的ODP提供者有BW数据源、ABAPCDS服务、HANA信息视图等。当ODP提供者是BW数据源时，增量队列名称显示的就是BW标准数据源名称。

2）队列：即增量数据队列。

3）订户：即订阅者，也就是ODP数据的消费者。获取增量队列的目标系统称为"订阅者"。顾名思义，订阅者"订阅"了ODP提供者的一个或者多个数据队列中的数据变更，并对传输的数据进行后续处理。订阅者显示为目标系统的逻辑系统名。

4）订阅者类型：订阅者可以按其订阅类型进行分类。正如图7-1所示，常见的订阅者类型包括：SAP Data Service、ODPO data访问、SAP BW、智能数据集成（SDI）等。

5）计算数据量（扩展的视图）：如果需要查看每个增量数据队列的数据量，就需要选择这一选项。

6）请求选择：每个数据增量队列会为多个订阅者提供数据。一般情况下，如果ODP提供者按数据增量逐次向订阅者提供数据时，会包括第一次的增量初始化数据请求和后续的多次数据增量请求。订阅者也可能要求进行全量数据抽取，即请求一次性将数据队列中的全部数据进行传输。此外，还有订阅者要求数据实时传输的情况。不同情况产生不同的数据请求，可以在这里进行筛选。

屏幕下方的区域是查看 ODP 增量队列的主体窗口。主体窗口有多种不同的监控视图。

1）队列概览视图

如图 7-20 所示的队列概览视图列示了所有队列的状态、订阅数、请求数量、单元数量等信息。通过队列概览可以查看每个增量队列数据量的大小，从而更合理地安排数据传输。

如果要查看某个队列的详细信息，可以双击相应的行，系统进入订阅概览视图。

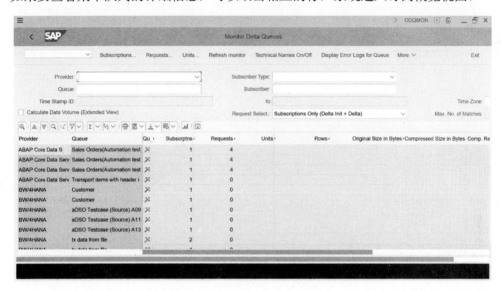

图 7-20　ODP 增量队列概览视图

2）订阅概览视图

在如图 7-21 所示的订阅概览视图中显示选定队列相关的明细信息。每个队列有多个订阅者，每个订阅者有多个订阅。这里列示每个订阅的请求数量、单元数量和相应的数据量等信息。

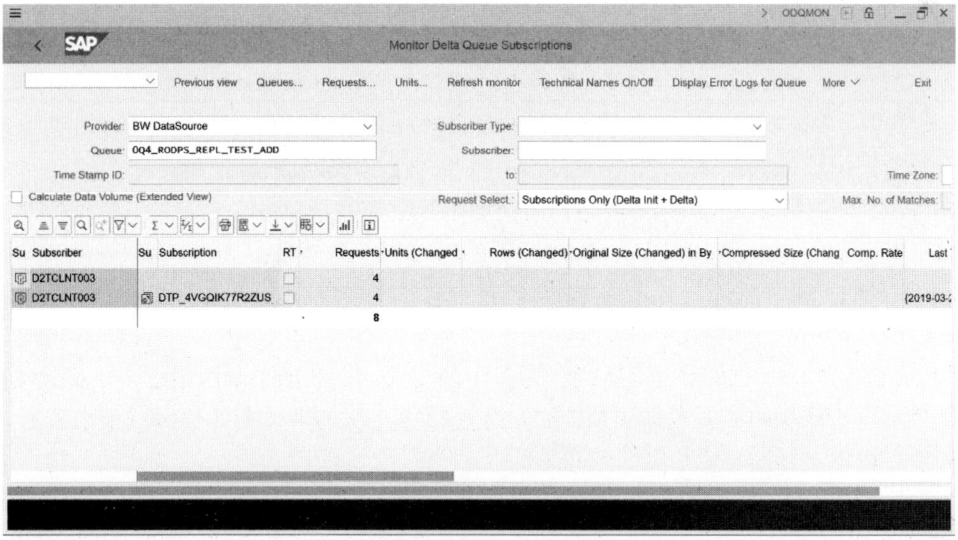

图 7-21　订阅概览视图

双击订阅概览视图中的一行，可以进入请求概览视图。

3）请求概览视图

在如图 7-22 所示的请求概览视图中，订阅者作为筛选条件出现在屏幕上方，请求概览视图只显示相关的请求信息。

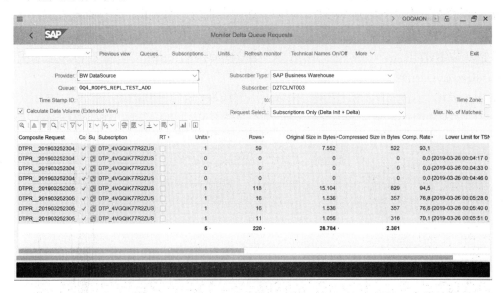

图 7-22　请求概览视图

上述三种视图都有显示单元的信息，一个单元是一个最小的数据包。双击任意视图里的单元，系统会进入单元概览视图。

4）单元概览视图

在如图 7-23 所示的单元概览视图中，双击单元列表中的行，或者单击工具栏上的"数据预览（Data Preview）"按钮，可以查看单元中的数据。

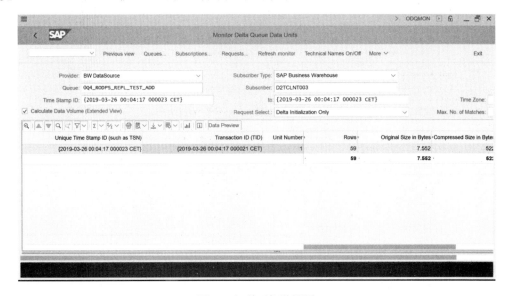

图 7-23　单元概览视图

7.4 本章小结

对于 SAP 的各种应用系统，BW/4HANA 使用了运营数据供应（Operational Data Provisioning）框架技术获取这些系统里的数据。ODP 框架支持多种数据提供者，它们分别是称为"提取器"的传统 BW 标准数据源、基于 SAP 核心数据服务（CDS）技术的新数据源、其他的 BW 或 BW/4HANA 系统、SAP 布局转换复制服务器（SLT）、SAP HANA 信息视图和 SAP Business ByDesign 等。

SAPBW/4HANA 提供了专用的 ODP 源系统类型用于对接这些系统。根据 ODP 源系统子类型不同，需要提供的配置信息也会有所差异。在源系统定义完成后，BW/4HANA 使用数据源定义具体的数据连接对象。

在 ODP 系统的源系统中，SAP 提供了 ODP 增量队列监控器，可以查看 ODP 增量队列的数据及其状态。监控器提供了多种选择条件用于对 ODP 增量队列进行筛选，并且提供了增量队列概览、订阅概览、请求概览和单元概览四种不同的视图供用户进行查看。

第 8 章 建模：建筑的特殊材料

建筑是用石头写成的史书。

那么，模型就是用字段搭就的艺术。

但是，一个字段能表达的业务含义是有限的。

一个字段可以用字段的名称、字段数据类型、字段长度来传达它所代表的业务含义。例如，科目、客户、产品等。最直观的表达来自字段的名称本身。但是，单靠字段描述真实世界中复杂的众多对象显得有点单薄，也不足以区分不同对象之间比较细微的差别。

在搭建模型之前，我们是不是可以对搭建模型的基础材料做些加工和扩展呢？磨刀不误砍柴工，有了更好的原材料，会使后面的工作事半功倍。

8.1 从字段到对象

正如在第 4 章演示的，SAP BW/4HANA 可以直接使用字段作为基本构成要素，进行数据模型的创建，这给快速创建数据模型提供了极大的方便。

但是，如果要建设的是一个具有数百个数据模型的系统，往往需要处理数千甚至数万个字段。不同系统中可能会有重名但是业务含义不同的字段。如何处理这些字段是建模工作的一个难点。

为了准确地描述一个业务对象，SAP BW/4HANA 在建模伊始就引入了对象的概念。这种对象也是 BW/4HANA 建模的基本组成单位，是字段的升级版本，称为信息对象（InfoObject）。

8.1.1 什么是信息对象

为了使字段具有明确的业务含义并具有可重用性，BW/4HANA 也提供了基于信息对象进行建模的方式。BW/4HANA 中的所有数据模型，可以使用字段来定义模型的结构，也可以使用信息对象来定义模型的结构。

信息对象是 SAP BW/4HANA 系统中对现实生活中的业务评价对象的抽象与模拟。比如客户、销售额等，在 SAP BW/4HANA 中都体现为一个信息对象。它是 SAP BW/4HANA 中数据存储的最小单位，是建立其他数据模型的基础。

一个信息对象不仅可以定义它的名称、类型、长度等信息，还可以有不同长度、不同语言版本的描述说明，可以有多个属性来描述这个对象，还可以定义这个对象在使用过程中的行为方式等。比如，产品可以有规格、颜色、型号等不同属性。对于同一个产品，可以有中文名称，也可以有英语、日语等多种语言的名称。这就需要把产品定义成一个信息对象，从而表达这些丰富的信息。

最简单的信息对象定义可能只有一个字段，但是信息对象也可能是一张表，甚至是很多张表。

与字段建模比较，信息对象建模需要额外工作，但也有诸多优点。在选择这两种建模方式时，主要是权衡字段建模带来的灵活性与信息对象建模带来的功能或性能方面的提升。一般而言，建议使用信息对象创建核心主数据对象模型（包括导航属性和层次结构）。在使用各种 OLAP 功能时，这些模型提供了在性能方面的优势。然而，在数据仓库输入层，一般不需要 OLAP 功能，处理的数据量也较小，使用字段建模可以提高系统的灵活性和数据仓库的适用范围。

8.1.2 信息对象有哪些种类

BW/4HANA 建模工具视图里提供了编辑与管理信息对象的功能。登录 BW/4HANA 建模工具，在 BW 项目中，单击展开"BW 资源库（BW Repository）"节点。"BW 资源库"节点下以树形结构方式展现了系统中的各种数据对象，如图 8-1 所示。

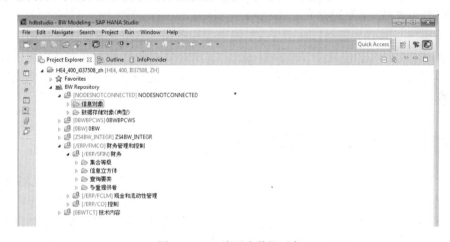

图 8-1　BW 资源库数据对象

各种数据对象是按照信息范围（InfoAreas）分类存储的。信息范围就像文件目录，可以将各种对象分组。在信息范围下，可以包含其他的信息范围，也可以包含不同类型的数据对象目录。其中，信息对象目录是专门用于管理信息对象的目录。

信息对象分为以下四种类型。

1. 特性

特性是业务评价中涉及的评价对象，多是非数值型的内容，比如公司、产品、客户、财年、会计期间、地区等。特性是与数据集（数据模型）中的关键值（指标）相对而言的。若干个特性与关键值组成具有业务含义的一条记录，特性对关键值进行界定和说明，关键值只有与一系列的特性相联系，才有了具体的含义。一系列特性的组合指定了一个数据集中关键值存储的详细程度，即粒度。

特性中包含了特定评价对象的所有的可能值。比如，特性"公司"包含了企业分析评价可能用到的所有公司的值。一般来说，一个数据模型只会使用到特性值中的一部分数据。特性值列表规范了数据模型中相关对象可用的数据范围。同时，特性也是对数据模型中的数据进行分类的依据。

有两类比较特殊的特性。

- 时间特性：如年、月、日、财年、会计期间等。
- 技术特性：只用于 BW 系统管理目的，比如数据加载程序用特定的技术特性来标准化数据加载过程中数据包的加载顺序。它们的值都由系统自动生成管理。

2．关键值

关键值即指标，是指业务评价中的数值部分，用来存储需要分析的数值，如金额、数量、天数、分钟数等。除了在数据库中物理存储的关键值，比如销售收入、固定成本、销售数量、职工人数等，还可以在 BI 客户端定义一些派生的关键值，派生的关键值是由数据模型中的关键值经过计算得到的，比如人均销售收入、百分比偏差、边际贡献等。

3．单位

关键值需要相关的单位进行界定，它的值才有具体的含义。金额类型的关键值总是分配一个货币单位，而数量类型的关键值总是分配一个数量单位。

4．XXL（超大）信息对象

XXL（超大）信息对象可以用来保存特性的附加信息。它用来处理特别长的文本和非结构化的数据，可以使用数据类型 STRING 或者 XSTRING 来处理超长文本，也可以通过使用 MIME 类型指定数据类型。它支持多种格式，包括不同的文档类型：音频文件或视频文件、文本和图像。

8.2 特性和主数据、维度是一回事吗？

特性是信息对象中重要的一类。从前面特性的定义和所举的示例中，大家都会联想到与特性相似的另外两个概念，一个是主数据，另一个是维度。它们是一回事吗？

在这一小节中，我们通过在系统里创建、编辑一个特性实例，深入地了解特性的定义和构成。相信在这之后，大家会对这个问题有确定的答案。

8.2.1 新建一个特性

每个特性可以最多包含主数据、描述、层级结构三部分内容。

1）主数据：特性主数据包含每个特性值的唯一标识，还可以带有其他属性。主数据是相对稳定的，不会随着时间推移而频繁变化。所有的数据模型都可以引用主数据。

2）描述：在特性数据模型中，描述包含特性的各种类型的文本说明，每一个特性的值可以有长、中、短文本描述，也可以有不同语言版本的描述和不同时间段的描述。

3）层级结构：层级结构用于将不同的特性值进行树状结构的分类。与主数据中的属性对特性值进行说明描述的作用类似，层次结构可以给特性值提供一个层次清晰的结构。例如，客户的公司地址是客户的一个属性，可以用来对客户按地区进行分组。类似的，可以定义一个关于客户所在地区的层次结构，使客户的分组信息更加清晰。所有这些数据可以在主数据和事务数据的查询和报表中使用。

在如图 8-1 所示的界面中，展开"信息对象"目录，可以查看系统中的信息对象。对于已存在的信息对象，直接双击或者使用右键菜单打开特性的编辑界面，就可以查看或者对特性进行修改了。

那么，用户如何定义或创建一个特性呢？

和创建 BW/4HANA 系统里的其他对象一样，系统提供了创建新对象的向导对话框。如果要新建一个特性，具体操作步骤如下。

第一步，打开新建信息对象向导。

使用鼠标右键单击如图 8-1 所示的信息范围或者信息对象目录，在弹出的右键菜单中选择"新建（New）"→"信息对象（InfoObject）"，系统弹出向导对话框，如图 8-2 所示。

图 8-2　新建信息对象对话框：特性

第二步，配置新建信息对象向导中的信息。

在新建信息对象对话框（New InfoObject）中，用户可以进行以下配置：

1) BW 项目（BW Project）：系统会自动带出 BW 项目，用户可以进行修改。

2) 信息范围（InfoArea）：系统会自动带出信息范围，用户可以进行修改。

3) 信息对象名称（Name）：用户需要输入信息对象的技术名称，技术名称的长度为 3 到 9 个字符。

4) 信息对象描述（Description）：用户可以输入信息对象的描述。

5) 从…复制（Copy From…）：使用这一选项，可以选择一个已有的信息对象作为模板。系统会将模板信息对象的属性复制给新建的信息对象，随后用户可以再进行修改。

6) 参照信息对象（Referenced InfoObject）：使用这一选项，可以选择一个已有的信息对象作为参照信息对象，新建的信息对象会指向参照信息对象，具有和参照信息对象一样的属性。新建的信息对象只是参照信息对象的一个镜像或者分身。用户是不能直接修改新建信息对象的。用户只能通过修改参照信息对象来达到修改新建信息对象的目的。

7) 信息对象类型（InfoObject Type）：在信息对象类型的下拉列表中选择前面介绍的四种信息对象的类型。此处选择"特性"。

8) 数据类型（Data Type）：根据信息对象类型不同，数据类型下拉列表的可选项也不一样。此处选择特性字符串类型。

完成选择后，单击"完成（Finish）"按钮，系统关闭对话框，进入相应信息对象的详细配置界面。不同类型的信息对象的配置界面与内容不一样，应先看看特性的具体配置选项有哪些。

第三步，设置特性的配置选项。

系统退出新建信息对象对话框向导后，在特性编辑界面中打开新建的特性，如图 8-3 所示。

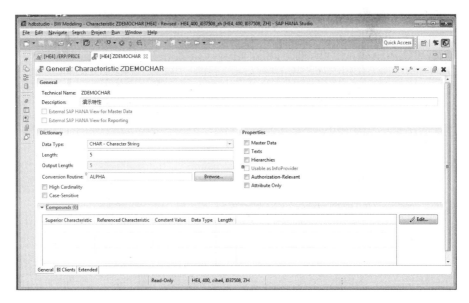

图 8-3　特性编辑界面：常规

特性的编辑界面的选项卡会根据特性包含的不同组件的数据量而变化，在最多的情况下，特性编辑界面包括了"常规（General）"选项卡、"主数据/文本（Master Data/Texts）"选项卡、"层级结构（Hierarchies）"选项卡、"属性（Attributes）"选项卡、"BI 客户端（BI Clients）"选项卡、"扩展（Extended）"选项卡、"运行时属性（Runtime Properties）"选项卡 7 个配置子界面。

8.2.2　配置特性的常规选项

"常规"选项卡包含了"通用（General）""字典（Dictionary）""属性（Properties）"和"组合（Compounds）"等几个子区域。

1)"常规"选项卡的通用部分，定义了基本信息如特性的技术名称、文本描述，还提供了指定系统是否自动生成 SAP HANA 属性视图和分析视图的选项。

属性视图、分析视图和计算视图是 SAP HANA 建模技术中的三种信息模型。

属性视图是基于不同数据库源表中具有一定关系的属性数据而建立的实体模型。例如，将数据库中多个与客户相关的表（客户 ID、客户地址、客户关系等）连接起来而形成的客户实体模型。属性视图与 SAP BW/4HANA 模型中带有主数据的特性具有相似的作用与结构。选择"主数据 SAP HANA 视图（External SAP HANA View for Masterdata）"选项后，系统会在 SAP HANA 平台上自动生成与特性定义一样的属性视图。

分析视图是 SAP HANA 中包含维度（特性）和度量（关键值）的数据模型。一般可用于对外出具分析报表。一个带有主数据的特性可以被指定成为一个信息提供者，用于对外提供报表数据。信息提供者具有与 SAP HANA 分析视图类似的数据结构与作用。用户可以选择激活 "报告用 SAP HANA 视图（External SAP HANA View for Reporting）" 选项，系统会在 SAP HANA 平台上自动生成与特性定义一样的分析视图。

计算视图可以在 SAP HANA 数据库中定义进行更高级的数据切片。计算视图可以实现如属性视图和分析视图的简单功能，也可以进行这两种视图不能实现的更加复杂的业务场景中需要的高级逻辑处理。例如，计算视图可以包含多层的计算逻辑，可以包含来自多个源表的度量，可以包括高级 SQL 逻辑，等等。计算视图的数据来源可以包括表、列视图、属性视图和分析视图的任意组合，它可以在这些数据源的基础上创建连接、联合、投射和汇总级别。这一类型的计算视图一般不用于构建主数据模型，而用于构建业务分析模型。在后续章节介绍业务数据模型时，系统会自动生成这类视图。

2）字典部分定义了信息对象的数据类型、长度、转换例程等信息。

转换例程实现屏幕字段的显示格式与 SAP 内部格式的相互转化，保证同一语义的屏幕字段在 SAP 系统内部只有唯一的记录，防止出现数据的不一致。

"高基数（High Cardinality）" 选项：允许用户创建可包含多于 20 亿条特性值的特性。默认情况下，不选择这一选项。SAP BW/4HANA 为了提升系统性能，使用整数类型的字段替代特性的键值，这些字段称为 SID。SID 表示替代 ID（替代性的键值），这些键值冠以前缀 SID_，如 "SID_客户" 是客户的 SID。当数据模型中引用特性时，在数据模型中保存的是特性的 SID，而不是实际的特性键值。整数类型的字段可以加速系统处理过程。当同一特性键值多次出现时，使用 SID 也起到了节省空间的作用。激活这一选项后，特性条目将不生成 SID 值，也没有 SID 表。因此，这种特性所在的信息提供者直接存储特性值，而不是存储 SID。

选择 "高基数" 选项的特性在使用时有些限制。选择 "高基数" 选项的特性不能用于数据存储对象、SAP HANA 分析进程、复合信息对象的前缀值、导航属性和层次结构。只有在特性确实会包含大量条目时才选择这一选项。一般适用于数据量大且特性键值不重复出现的情况，如凭证编号等。

"区分大小写（Case-Sensitive）" 选项：默认情况下，不选择这一选项，系统会自动将特性的键值转换成大写字母进行保存。

3）属性（Properties）部分定义了特性的多个选项。

主数据（Master Data）：定义信息对象是否带有主数据，即是否带有其他的信息对象作为其属性。如果选中这一选项，配置界面会新增 "主数据/文本" 选项卡和 "属性" 选项卡。

文本（Texts）：定义信息对象是否带有文本描述及文本描述的类型，文本是否与语言和时间相关等。选中这一选项，配置界面会新增 "主数据/文本" 选项卡。

层次结构（Hierarchies）：定义信息对象是否带有层次结构。选中这一选项，配置界面会新增 "层次结构" 选项卡。

作为信息提供者（Usable as InfoProvider）：选中这一选项，即可以基于这一数据模型定义查询，配置界面会新增 "运行时属性" 选项卡。

权限相关（Authorization-Relevant）：定义该主数据是否用于进行查询时的权限控制。

属性专用（Attribute Only）：如果设定信息对象是属性专用的，仅可以使用它作为其他特性的显示属性，它可以在数据存储对象和其他数据模型的特性中使用。但是，它不能作为导航属性。

4)"组合"部分可以设定信息对象是否与其他的信息对象共同组成该信息对象的唯一的标识。

比如，一家企业的组织架构下有两个成本控制中心 A000 和 B000，每个成本控制中心下都设有成本中心 1000、2000、3000。单独的成本中心编号 1000、2000、3000 显然不足以唯一地确定具体的成本中心。只有把成本控制中心与成本中心组合起来，如"A000+1000"才能唯一地确定一个成本中心。只要在这里设定信息对象的组合关系，系统在其他地方应用到该信息对象时会自动带出与它组合的其他信息对象，保证数据的一致性。

8.2.3 特性的主数据和文本选项

"主数据/文本"选项卡中可以指定的内容如图 8-4 所示。

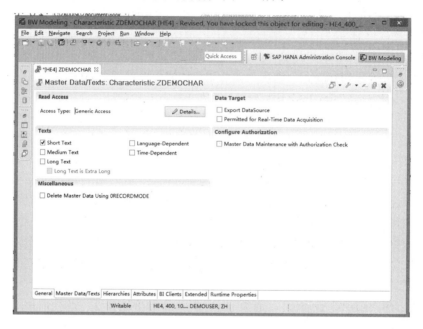

图 8-4 特性编辑界面：主数据/文本

"主数据/文本"选项卡包含了"读取访问（Read Access）""数据目标（Data Target）""文本（Texts）""配置权限（Configure Authorization）""其他（Miscellaneous）"等几个区域。

1）读取访问

指定特性主数据的存储位置及数据来源方式，包括以下 4 种情况。

① 一般访问：系统根据主数据的配置生成相应的主数据表用于存储主数据。在查询运行时，显示的值来自特性的主数据表。这是默认设置，在大部分情况下，都选择一般访问。

② 本地部署：可以自定义一个 ABAP 类，实现对主数据的访问。实现这一类型的访问需要部署接口 IF_RSMD_RS_ACCESS，这要求熟练掌握 ABAP 面向对象编程技能。SAP BW/4HANA 在业务内容里也预置了大量这种类型的特性，例如时间特性财务年度 0FISCYEAR。这一类型可以用于满足对主数据读取有特殊需求的情况。

③ 直接访问：显示的值来源于指定的数据源，本地不存储。选择这一类型，需要使用数据传输进程将特性连接到指定的数据源，同时需要给特性指定源系统。这种实现方式对远程

系统的访问性能有要求，较少使用。

④ SAP HANA 视图：当使用 SAP HANA 作为数据平台时，可以使用这一选项。以图 8-5 中的特性/ERP/COMPCODE 为例，用户可以从 SAP HANA 平台中选择指定的程序包中的某个视图，并指定 SAP HANA 视图中的字段与特性主数据的键值、属性、文本的映射关系。当系统使用这一主数据时，直接从相应的 SAP HANA 视图中读取数据。

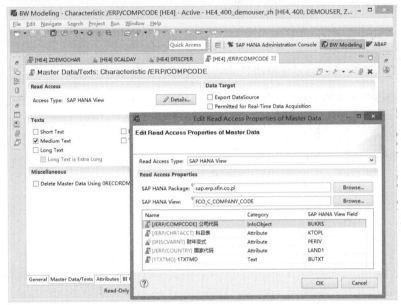

图 8-5　使用 SAP HANA 视图定义特性主数据

这种主数据的建模方式可以避免系统间的数据加载与同步的工作，实现数据的实时共享。

2）数据目标

选择"导出数据源（Export DataSource）"，则意味着可以将属于特征的属性、文本和层次结构作为数据源，提取到其他 BW 系统中。

选择"允许实时数据获取（Permitted for Real-time Data Acquisition）"，则可以使用实时数据获取（Real-Time Data Acquisition，RDA）对外提供数据。

3）文本

这一部分指定信息对象是否带文本描述及文本描述的类型。系统提供短文本（20 个字符）、中文本（40 个字符）和长文本（60 个字符）三个选项，必须至少选择一种文本，默认情况下选择短文本。如果选择了长文本并选择了超长文本选项，长文本启用 SSTRING 数据类型，最长可达 1333 个字符。

如果指定文本与语言相关，则语言字段是文本表中的关键字段，同一特性值可以有不同语言版本的文本。

如果指定文本与时间相关，日期字段也会成为文本表中的关键字段，同一特性在不同期间可以有不同的文本。

4）配置权限

如果选择了"维护主数据时进行权限控制（Master Data Maintenance with Authorization Check）"，可以指定用户有权限维护的主数据的编码范围。否则，只能指定用户是否有权限维护整个主数据，不能对主数据的范围进行细分控制。

5）其他

选择"使用 0RECORDMODE 标志删除主数据（Delete Master Data Using 0RECORDMODE）"选项，系统会将信息对象 0RECORDMODE 作为时间相关的属性添加到主数据中。当需要删除主数据时，系统会在对应时间范围内将 0RECORDMODE 的值设置为"D"，表示该主数据已被删除。

8.2.4 设置特性的层级结构

"层级结构"选项卡可以设定层级结构的属性等。如图 8-6 所示。

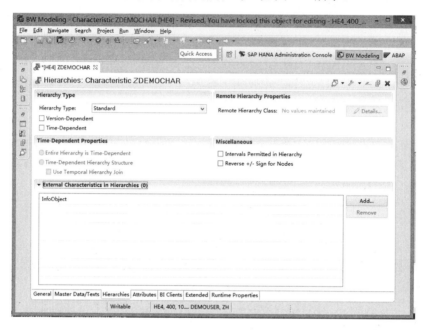

图 8-6　特性编辑界面：层级结构

"层级结构"选项卡包含了"层级结构类型（Hierarchy Type）""远程层级结构属性（Remote Hierarchy Properties）""时间相关属性（Time-Dependent Properties）""其他（Miscellaneous）""层级结构中的外部特性（External Characteristics in Hierarchy）"等几个区域。

1）层级结构类型及远程层级结构属性

指定特性层级结构的类型，有两个选项。

① 标准：可以使用后续的选项配置层级结构。如果需要保存多个版本的层级结构，可以选择"版本相关（Version-Dependent）"选项；如果希望保存不同时期的不同层级结构，则选择"时间相关（Time-Dependent）"选项。

② 本地部署：可以使用"远程层级结构属性"部分中的"明细（Details）"按钮自定义一个 ABAP 类，实现对层级结构的访问。

2）时间相关属性

如果选择了层级结构"时间相关"选项，可以在这里进行进一步配置。

如果希望对不同时期创建不同的层级结构，可选择"整个层级结构时间相关（Entire

Hierarchy is Time-Dependent)"选项，时间字段是与整个层级结构相关的。

如果关注层级结构的关系变化，则选择"时间相关的层级结构（Time-Dependent Hierarchy Structure）"选项，时间字段是与每个节点相关的。在查询里使用这种层级结构时，可以指定一个关键日期，查询这一时点的状态；如果要根据层级结构节点在不同时间点的归属统计分析相关指标，则需要使用"临时层级结构连接"技术，选择"使用临时层级结构连接（Use Temporal Hierarchy Join）"选项。

3）其他

层级结构中允许间隔（Intervals Permitted in Hierarchy）：设置层级结构是否可以按指定的间隔范围设置叶子节点的归属。

反转节点的+/−号（Reverse +/− Sign for Nodes）：设置层级结构的叶子节点是否具有符号反转的功能。激活这一功能后，在层级结构的交换结构里会新增加一个属性0SIGNCH，用于处理叶子节点相关的业务数据的符号。例如，一个展示收入与支出结构的层级结构里，根据会计逻辑，收入（贷方余额）在数据存储时可能为负数，而费用（借方余额）存储为正数。而在报表显示时，需要二者都显示为正数，这时就需要激活收入的符号反转功能。

4）层级结构中的外部特性

在定义信息对象的层次结构时可以加入其他的信息对象作为层级结构的节点。例如客户的层级结构，可能会使用地区、国家等特性。用户可以在这一部分添加需要使用的外部特性。除了特性以外，定义层级结构时还可以使用文本描述作为层级结构的节点。

8.2.5　为特性添加多个属性

"属性"选项卡可以设定信息对象是否带有其他的信息对象作为它的属性，如图8-7所示。

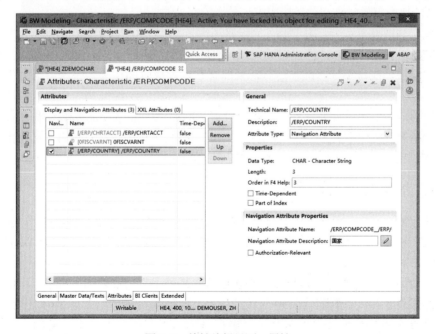

图8-7　特性编辑界面：属性

在"属性"选项卡中，用户可以配置一般属性和XXL（超大）属性。

一般属性可分为两种类型：显示属性（Display Attribute）和导航属性（Navigation Attribute）。通过"添加"按钮可以将系统里现有的信息对象添加为属性，在右边的多个子窗口里可以对属性进行详细配置。

（1）显示属性

在默认情况下，所有属性都是显示属性。显示属性在BI客户端中，可以作为附加的一列单独显示，但不能用来做进一步展开或进行筛选。

比如，如果公司代码有一个显示属性"国家"，在做报表展示时可以把公司代码所在国家的信息显示出来，但是不能利用国家对公司代码进行分组，或者对报表进行筛选。

（2）导航属性

只要作为属性的信息对象本身不是作为属性专用的，都可以转化成导航属性。导航属性在BI客户端中，其作用和其他的特性是一样的，可以用来做进一步展开或进行筛选，可以显示自己的属性作为附加信息。

导航属性不仅可用于信息对象之间的追溯，还可以满足一些特定的业务需求。比如，在一个数据存储对象里有"国家"和"公司代码"两个特性。同时，"公司代码"有一个导航属性"国家"。由于在BI客户端中，特性"国家"与导航属性"国家"从名称上是看不出区别的，所以应该给公司代码的导航属性"国家"起个其他的名称，如"公司代码中的国家"，以便区分。在实际的报表数据读取时，二者也是有区别的。特性"国家"是在数据加载时就写入数据存储对象的，所以它表明的是业务数据发生时公司代码所属的国家。这一信息一旦写入数据存储对象就不再变化。导航属性"国家"是在报表运行时从"公司代码"的主数据中实时读取的，所以它表明的是报表运行时公司代码所属的国家。因此，这一技术可以用于历史数据视图和当前数据视图的比较分析，这在业务应用中也是比较常见的。

在特性属性的设置部分，用户还可以设置属性在F4下拉列表帮助中显示的位置。和特性的描述、层级结构一样，属性也可以设置成与时间相关。在不同的时间段，信息对象的描述、层级结构和属性可能是不一样的，这时，只要将它们设成时间相关，系统会自动生成包含时间为关键字段的表结构，区分不同的时间段存储信息对象的层级结构和属性。属性也可设置成索引的一部分。如果是导航属性，还可以设置导航属性的描述及是否权限相关。

XXL（超大）属性本身是一个XXL信息对象，逻辑上分配给特性。用户可以使用超大属性以STRING或者XSTRING的数据类型保存特性的额外信息。

8.2.6 特性在BI客户端的展现方式

"BI客户端"选项卡定义了信息对象在报表展现方面的一些设置，如图8-8所示。

"BI客户端"选项卡包含了"通用（General）""查询过滤值（Query Filter Value）""地理（Geographical）"几个区域。

1）在"通用"设置部分，可以设置报表展现时是显示键值还是显示描述，可以设置在查询中对特性值进行选择时的限制，还可以设置是否将特性的初始值（显示为#）包含在排序中。

设置查询中对特性值选择的限制可以确保查询结果在业务上是有意义的。例如，特性0VALUETYPE（值类型）作为表示值是计划数或者实际数。在同一个行或列中如果不对值类型进行限制，结果会将计划数与实际数加在一起，导致分析结果不正确。用户可以将选择限制设置为"单元格唯一"或者"查询唯一"。

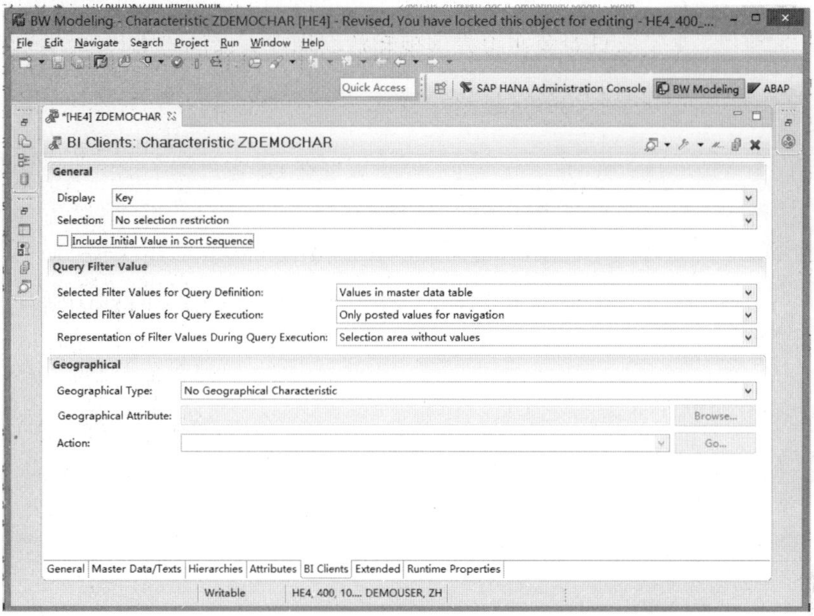

图 8-8　特性编辑界面：BI 客户端

2）在"查询过滤值"设置部分，可以设置特性值在查询中用于过滤的不同方式。

定义查询时可选择的过滤值（Selected Filter Value for Query Definition）：指定在定义查询时可以用于进行筛选或者进行限制的特性值的范围。通常情况下，在定义查询过程中对特性进行选择或者限制时，会使用主数据表（或者 SID 表）的所有值。根据具体情况，也可以设置只显示那些包含在信息提供者中的特性值。

执行查询时可选择的过滤值（Selected Filter Value for Query Execution）：指定执行查询时如何确定筛选值的选择。当执行查询时，用于进行过滤的特性值的范围可以是所有的特性值或者信息提供者包含的特性值，也可以是当前查询中包含的特性值。

执行查询时选择器的展现形式（Representation of Filter Value During Query Execution）：指定执行查询时如何展现特性的选择器，可选项包括不含值的选择器框、含值的选择器框、仅输入字段、含输入帮助的输入字段、单选按钮、下拉框、组合框、仅输入帮助、复选框。例如，如果特性具有非常少的特性值，可以显示为下拉列表框供用户选择。

3）"地理"设置，设置在地图中显示时信息对象的地理信息等。

可以为一个地理相关的特性指定一种地理特性类型（Geographical Type），有四个选项。

① 静态地理特性：选择这种类型需要上载或者创建 shapefile（以矢量数据表达和储存地图要素的数据文件）以实现特性在业务浏览器地图上显示。

② 动态地理特性：生成地理属性，可以实现将特性（例如客户）显示成地图上的点。

③ 带有地理属性的动态地理特性：这种类型的特性具有一个上述②类型的地理属性，通过使用这一属性实现地图显示。需要在随后的步骤中指定相应的地理属性。

④ 具有地理属性的静态地理特性：静态地理特性，具有额外生成的地理属性。

8.2.7 特性计算与取值的更多选项

"扩展"选项卡定义了信息对象在报表展现和数据加载方面的更多设置,如图 8-9 所示。

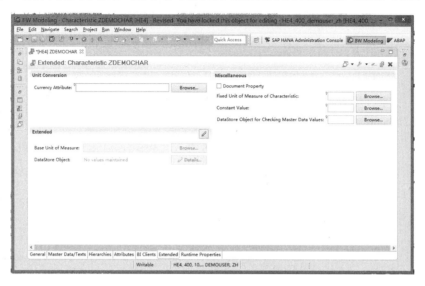

图 8-9 特性编辑界面:扩展

"扩展"选项卡包含了"单位转换(Unit Conversion)""扩展(Extended)""其他(Miscellaneous)"几个区域。

1)单位转换

货币属性(Currency Attribute):可以从当前特性的属性中指定其中一个作为货币属性。这样,在需要进行货币转换时,可以在货币转换类型中设置不同的目标货币。系统在查询中进行货币转换时会读取这里设定货币属性的值从而确定货币转换的目标货币。

2)扩展设置

基本衡量单位(Base Unit of Measure):可以从当前特性的属性中指定一个作为基本单位属性。这一单位属性用于在查询执行时确定数量单位转换的目标单位。

不同的衡量单位进行换算时需要获取单位换算的因子,系统会为每个单位特性生成一个数据存储对象用于保存这些换算信息。用户可以使用"明细(Details)"按钮定义这一数据存储对象的名称、描述及其所在信息范围,但用户不能改变数据存储对象的结构。而且,单位特性与数据存储对象是严格一一对应的。

3)其他

文档属性选项(Document Property):如果一个特性激活了文档属性,可以将评论或者文档关联到该特性的值。

固定的数量单位(Fixed Unit of Measure of Characteristics):指定单位特性的一个特性值作为固定的单位。

常数值(Constant Value):指定特性取一个固定的常数值。这样的特性只存在数据库中而不出现在查询里。这常常用在组合特性的前缀特性里。

用于检查主数据值的数据存储对象(Data Store Object for Checking Master Data Values):

指定一个数据存储对象,用于检查转换过程中特性值的有效性。在这种情况下,只有数据存储对象存在的值才是有效的,而不是所有存在特性中的值。相应的数据存储对象必须包含特性及特性的所有组合特性作为键值。

8.2.8 基于特性运行查询时的设置

"运行时属性"选项卡定义了信息对象作为信息提供者,当基于信息对象运行查询时的一些设置,如图 8-10 所示。查询运行时行为与信息提供者及查询本身的属性设置都有关系。

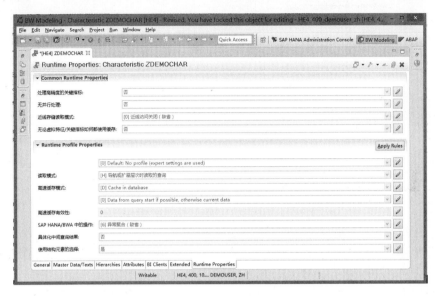

图 8-10 特性编辑界面:运行时属性

从上面关于特性的结构和配置选项的介绍可以看出,在构建多维分析模型时,我们会使用特性作为模型的维度,而且这些维度本身可以具有显示属性和导航属性,可以有层级结构。但是特性的用途显然不止于此。例如,它也可以作为信息提供者,直接运行查询。

8.3 关键值就是度量、指标吗?

关键值是指业务评价中的数值部分,用来存储要分析的数值,如金额、数量、计数器、天数、分钟数等。由于它处理的主要是数值型的字段,所以在定义上和特性也有很大的不同。

在 BW 建模工具界面中,关键值同样存储在信息对象目录中。对于已有的关键值,找到相应信息对象目录,通过双击一个关键值或者在这个关键值的右键菜单选择打开功能,也可以进入关键值的编辑界面。

但是,了解关键值的最好方法,就是自己在系统里创建一个关键值。

8.3.1 新建一个关键值

新建一个关键值的步骤与新建特性类似。

首先,打开新建信息对象向导。

使用鼠标右键单击如图8-1所示的信息范围或者信息对象目录，在右键菜单中选择"新建（New）"及"信息对象"，系统弹出向导对话框，如图8-11所示。

图8-11 新建信息对象对话框：关键值

接着，在新建信息对象向导对话框中设置维护信息。

大部分配置选项与新建特性是一样的。不一样的是，在"信息对象类型（InfoObject Type）"下拉列表中选择"关键值（Key Figure）"。

在"数据类型（Data Type）"下拉列表中，有多个选项，具体选项参见表8-1的第一列。选择需要的数据类型，单击"完成（Finish）"按钮，进入关键值的维护界面。

第三步，设置关键值的配置选项

系统关键值的编辑界面中打开新建的关键值"演示关键值"，如图8-12所示。

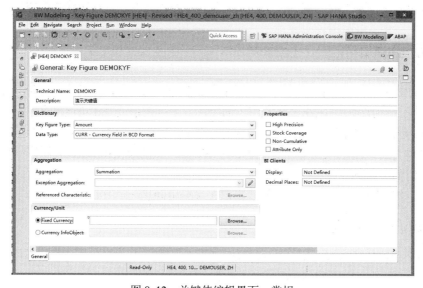

图8-12 关键值编辑界面：常规

以这个关键值为例，了解一下关键值有哪些配置选项。

关键值的编辑界面包括"常规（General）"选项卡、"库存覆盖（Stock Coverage）"选项卡、"非累计值（Non-Cumulative）"选项卡等多个部分。

8.3.2 关键值的常规选项

"常规"选项卡包含了"通用（General）""字典（Dictionary）""属性（Properties）""聚合（Aggregation）""BI 客户端（BI Clients）""货币/单位（Currency/Unit）"等几个子区域。

1）"常规"选项卡的通用部分，定义了关键值的技术名称、文本描述。

2）字典部分定义了关键值类型和数据类型。二者的组合关系见表 8-1。

表 8-1 关键值类型与数据类型组合关系表

	金额	数量	数字	整数	日期	时间
CURR-预定义格式的货币字段	√					
QUAN-预定义格式的数量字段		√				
DEC-预定义格式的数字字段			√		√	√
FLTP-浮点数	√	√	√			
INT4-4B 整数（±2^{31} 之间）				√		
INT8-8B 整数（±2^{63} 之间）				√		
DATS-YYYYMMDD 格式的日期					√	
TIMS-HHMMSS 格式的时间						√

3）属性（Properties）部分定义了关键值的多个属性选项。

① 高精度（High-Precision）：默认情况下，系统分析引擎使用 16bit 的十进制浮点数（即科学计数法）进行计算。如果将这一选项设置为"是"，则系统使用 34bit 的十进制浮点数进行计算，可以提高计算的精度。

② 库存覆盖（Stock Coverage）：库存覆盖关键值用于计算现有库存能够满足多少个期间的计划或者预期的需求。这种类型的关键值本身并不存储数据，而是在查询运行时根据设置实时计算结果的。激活这一选项后，关键值在数据类型等选项上均有特定要求且必须定义例外聚合。同时，编辑界面会新增加"库存覆盖"选项卡用于定义更详细的设置。详见"库存覆盖"选项卡设置部分。

③ 非累计值（Non-Cumulative）：大部分情况下，关键值是一个自身存储数据的字段，在运行查询或报表时，系统会按照"集合"子窗口的设置将相应的值求和或平均，这种关键值称为累计值。但有些情况下，关键值字段本身并不存储数据（只存储初始期间的初始值或者参照时间点的参照值），它的值在运行查询或报表时系统会根据初始值（或参照值）及其附加关键值的变化进行计算。这种关键值称为非累计值。激活这一选项后，关键值必须定义例外聚合。同时，编辑界面会新增加"非累计值"选项卡用于定义更详细的设置。详见 8.3.4 小节"非累计值"选项卡设置部分。

④ 属性专用（Attribute Only）：如果设定信息对象是属性专用的，则仅可以使用它作为其他特性的显示属性，不能在信息提供者中作为关键值使用。

4）聚合部分定义了关键值在查询时的汇总方式。

① 聚合（Aggregation）：定义了在一般情况下关键值对多条记录进行汇总的方式，它可以定义求和、最大值、最小值等方式。以会计科目的累计余额为例，不同会计科目之间进行汇总时，采用的是求和的方式。

② 例外聚合（Exception Aggregation）与聚合参照特性（Referenced Characteristic）。仍以会计科目的累计余额为例，就单个资产负债表科目本身，在不同的会计期间对它的累计余额进行求和是没有意义的。有业务意义的是取最新的一个会计期间的累计余额。这也就是"例外聚合"和"聚合参照特性"设置的含义：当报表要求对不同的会计期间的"累计余额"进行汇总时，系统不采用求和方式，而是取最后一个会计期间的值。会计期间就是例外聚合的参照特性。此外，例外聚合还可以取最大值、最小值、平均数、非零数值平均数等多个不同的选项。

5）BI 客户端部分定义了关键值在查询时的展现方式。

① 显示（Display）：设置关键值在查询时显示的比例，如按万、百万进行相应比例的缩小后显示。

② 小数位（Decimal Places）：设置关键值在查询时显示的小数位数。

6）货币/单位部分：对于金额或者数量类型的关键值，可以在此处设置币种或单位。如果是金额，可以选择相应的币种或币种变量作为单位；如果是数量类型，则可以选择对应的度量单位。

① 固定货币/单位（Fixed Currency）：为关键值指定固定的币种或者计量单位。在整个 BW 系统里，这一关键值的币种/单位都是固定的。

② 货币/单位信息对象（Currency InfoObject）：指定一个信息对象（特性）提供关键值的货币/单位。这种情况下，对于不同的记录，关键值可以有不同的币种/单位。

8.3.3 库存还能用多久

在激活了"库存覆盖（Stock Coverage）"选项后，需要在这个选项卡里设置更详细的信息，如图 8-13 所示。

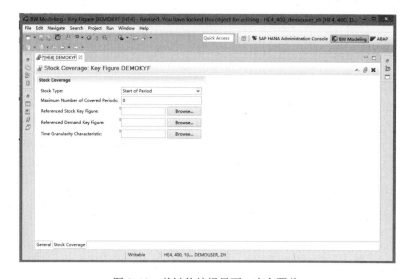

图 8-13 关键值编辑界面：库存覆盖

"库存覆盖"选项卡需要设置以下内容：

1）库存类型（Stock Type）：设置参照库存关键值是期初库存还是期末库存。

2）最大覆盖期间数（Maximum Number of Covered Periods）：输入参与计算的最大期间数。期间越多，需要的运行时间越长。

3）参照库存关键值（Referenced Stock Key Figure）：指定计算使用的库存关键值，用于获取库存信息。可使用累计值或者非累计值。

4）参照需求关键值（Referenced Demand Key Figure）：指定计算使用的需求关键值，用于获取各期间的需求信息。

5）时间粒度特性（Time Granularity Characteristic）：指定用于说明库存覆盖粒度的时间特性。这一特性同时也是例外聚合的参照特性。库存覆盖关键值一定要设置例外聚合。

8.3.4　用变化值计算出时点数

在"非累计值（Non-Cumulative）"选项卡下定义非累计关键值的计算细节，如图 8-14 所示。

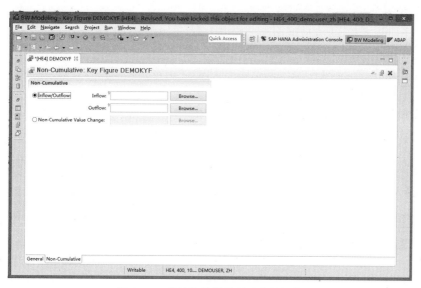

图 8-14　关键值编辑界面：非累计值

非累计值有两种计算方法：

1）流入值/流出值（Inflow/Outflow）：使用这一选项非累计值带有两个附加关键值，分别表示非累计值的流入和流出的值，其取值为这两个附加关键值的累计结果。流入值/流出值必须为累计值且数据类型与关联的非累计值相同。

2）非累计值变化值（Non-Cumulative Value Change）：使用这一选项的关键值是一个非累计值，自身并不存储数据（只在初始期间存储初始值）。但是它带有一个附加关键值，这一附加的关键值是存储数据的，表示的是非累计值的增量变化。非累计关键值的取值为附加关键值的累计结果。

以关键值"库存数量"为例，"库存数量"本身并不存放数量，它自身的取值最终来源于两个附加的关键值：收货的数量和发货的数量，二者累计计算的结果为库存数量。

8.4 助攻的神队友

除了特性和关键值,还有两类信息对象——单位信息对象和超大信息对象,它们同样也会参与建模,也提供了不同的配置选项。

8.4.1 如何让关键值的业务含义更明确

单位信息对象包括货币和计量单位两种类型:金额类型的关键值需要货币类型的单位信息对象,数量类型的关键值则对应计量单位信息对象。

新建单位对象的过程与新建特性和关键值类似,只是选择的信息对象类型不同。完成创建操作之后,就进入单位信息对象的编辑界面。

单位信息对象的编辑界面如图 8-15 所示。

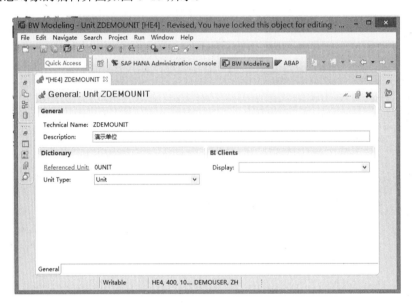

图 8-15　单位信息对象编辑界面

单位信息对象的编辑界面中,只有"常规(General)"选项卡,包含了"通用(General)""字典(Dictionary)""BI 客户端(BI Clients)"几个子区域。

1)通用部分,显示了单位信息对象的技术名称和描述。

2)在字典部分,可以指定单位信息对象的类型。货币类型的信息对象,系统会自动参照 0CURRENCY;计量单位类型的信息对象,系统会自动参照 0UNIT。

3)BI 客户端部分可以设置单位在报表客户端是否显示文本及文本的显示方式。

8.4.2 如何将半结构化、非结构化数据纳入模型

使用超大信息对象,又称 XXL 信息对象,可用于保存特性的额外信息。这些信息大部分是半结构化或者非结构化的,不能使用一般的属性进行建模,比如,产品的功能说明书、图像等。BW/4HANA 提供了超大信息对象,有助于在建模时将结构化的信息与半结构化、非结构

化的信息进行关联，创建包含各种数据类型的增强版的新数据模型。

超大信息对象的创建过程和其他信息对象一样，在新建信息对象向导对话框中选择"XXL 信息对象"的类型。完成创建操作后，在 BW 建模工具中，其编辑界面如图 8-16 所示。

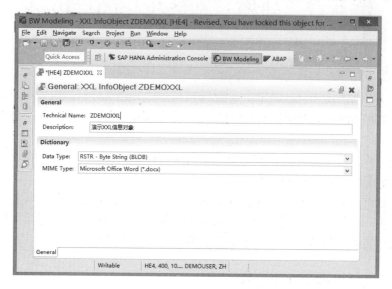

图 8-16　超大信息对象编辑界面

超大信息对象的编辑界面中，只有"常规（General）"选项卡，包含了"通用（General）" "字典（Dictionary）"两个子区域。

1）通用部分，显示了单位信息对象的技术名称和描述。

2）在字典部分，可以设置数据类型为不同的大字段类型。

① STRG-字符串（CLOB）：直接超长存储文字或者字符，方便进行查询和更新等操作。

② RSTR-二进制对象（BLOB）：将文件对象转换成二进制对象进行存储。这时可以进一步指定文件的 MIME 类型，系统支持多种文件格式。

8.5　本章小结

与 SAP 的其他应用系统一样，SAP BW/4HANA 现代数据仓库解决方案也是可以灵活配置的。这些配置功能不仅体现在前面几章的数据源设置当中，SAP BW/4HANA 建模方面的配置选项也是非常丰富的。本章着重介绍了 BW/4HANA 建模的基本构成元素。用户可以选择使用字段建模，或者选择使用信息对象进行建模。根据不同类型对象在存储和使用等方面的不同特点，BW/4HANA 提供了不同类型的信息对象。BW/4HANA 信息对象分为特性、关键值、单位和超大信息对象四种类型。

这些信息对象封装与屏蔽了大量的技术细节，用户只需要通过图形界面进行简单配置就可以完成对信息对象的创建，而不需要进行任何代码的编写和数据库层面的操作，这样用户就可以专注于应用逻辑层面的系统设计了。这些信息对象的配置选项众多，并不是所有的项目都会用得到，要结合实际建模的场景和需求循序渐进进行理解和学习。

第9章　建模：智能拼接的样板房

现在是开始着手搭建数据仓库的时候了。

第8章，我们刚刚预订了一大批智能建筑材料。这些建筑材料有很多配置选项，可以根据需求智能地变形。搭建的数据仓库模型也一样，BW/4HANA 提供了多种搭建数据模型的系统对象。

我们先来认识功能最强大的样板房——数据存储对象。数据存储对象是 BW/4HANA 系统中存储数据和整合数据的核心对象。

说它是样板房，是因为它是实实在在、摸得着、看得见的，它产生实际的数据库表，实实在在地存储数据。说它是智能拼接的，因为它提供了丰富的选择。你只负责提要求，只专注于概念模型和逻辑模型的设计，它来负责生成实际的物理模型。

9.1　空间与功能的一体化设计

BW 建模工具集成了数据存储对象的建模功能。数据存储对象是 BW 系统中进行数据存储与数据整合的核心对象。数据存储对象是具有实际物理数据存储的数据仓库模型。在创建数据存储对象时，系统提供了大量的选项与属性设置，在对所需的属性进行相应设置后，数据存储对象可用于数据仓库的不同逻辑层。

根据数据存储对象的配置选项不同，系统在后台可以生成一张数据库表，或者多张数据库表。生成的数据库表数据不同，但它们有各自的功能定位。在数据储存对象生成的物理模型里，数据库表和功能的设计是一体化的。

9.1.1　全新的数据存储对象

基于 SAP HANA 平台的 BW/4HANA 系统提供了全新的数据存储对象用于构成数据仓库。新的数据存储对象在结构与功能上与传统的 BW 数据存储对象有比较大的区别，在 BW/4HANA 内部也分别使用"数据存储对象（高级）"和"数据存储对象（传统）"对二者进行区分。如果没有特别指明，我们在行文中提到的数据存储对象指的都是"数据存储对象（高级）"。

数据存储对象可以包含信息对象和字段。也就是说，不用事先创建信息对象，也可以使用字段进行数据存储对象的建模，可以更加方便地将数据加载到 BW 系统中。同时，由于采用了全新的请求管理机制，数据存储对象更加适合处理频繁加载的和大量的数据。

数据存储对象可以取代传统 BW 中的其他具有物理数据存储的模型，包括信息立方体、数据存储对象（传统）、PSA（持续数据加载区）等。

一般情况下，数据存储对象由三张表组成，即活动数据表（已激活数据）、更改日志表和输入数据表（待激活数据）。根据用途不同对数据存储对象进行配置，生成的数据存储对象可能只包含其中的某些表。

数据通过数据传输过程进入DSO的"输入数据表"中。根据配置不同，报表可以直接读取这些数据，或者先对这些数据激活之后保存在"活动数据表"中再进行读取。"更改日志表"记录了数据激活前后的变化，同时也为从DSO向其他信息提供者更新数据提供了增量机制。

下面，通过数据存储对象的创建过程，说明不同的配置选项及相关模板的使用方法。

首先，打开新建数据存储对象向导对话框。

登录BW建模工具界面，在导航窗口中展开"BW资源库"节点，选择相应的信息范围，单击右键，在右键菜单中选择新建数据存储对象。

第二步，配置数据存储对象信息。

新建数据存储对象（New DataStore Object）向导对话框如图9-1所示。

图9-1　新建数据存储对象向导对话框

在新建数据存储对象向导对话框中，输入新建数据存储对象的名称与描述后，可以选择从现有数据模型或者数据源复制数据结构。设置后，单击"完成（Finish）"按钮。

最后，系统关闭新建数据存储对象向导窗口，返回BW建模工具界面。系统进入数据存储对象的编辑界面。

9.1.2　数据存储对象的基本设置

系统将新建的数据存储对象显示在数据存储对象的编辑界面，如图9-2所示。

在"常规（General）"选项卡下，用户可以设置数据存储对象的基本信息、配置建模属性、配置数据分层属性。

在数据存储对象的基本设置部分，用户可以修改数据存储对象的描述，选择是否在SAP HANA数据库层面基于数据存储对象的结构生成相应的SAP HANA视图，选择是否记录模型的访问信息。

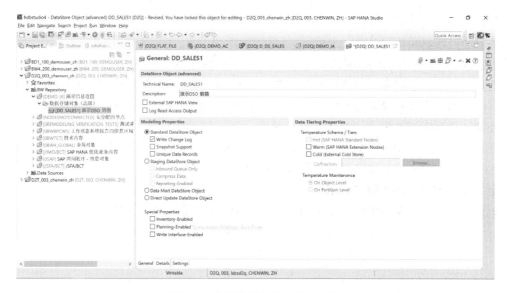

图 9-2 编辑数据存储对象：常规

9.1.3 数据存储对象的建模属性

在建模属性（Modeling Properties）部分，系统根据企业级数据仓库不同数据层对数据模型功能的不同需求，提供了创建数据存储对象的不同建模选项。

（1）常见的数据存储对象的建模选项

建模属性用于设置如何使用数据存储对象（高级），有以下设置选项。

1）标准数据存储对象（Standard DataStore Object）

在一般情况下，加载到数据存储对象中的数据总是写入输入表中的。在数据到达输入表后，还会有数据激活的操作动作，将数据进一步写入到活动数据表。数据进入活动数据表之后，报表端才可以看到这些数据。在数据激活的过程中，系统会自动对输入表中的新数据和原有活动数据表中的老数据进行比对，确定更新后新的活动数据表的内容。根据具体的激活过程操作不同，系统提供三个选项：

① 写更改日志（Write Change Log）：选择此选项，系统会将新增、更改和删除的数据写入更改日志表中。当数据存储对象作为其他数据模型的数据来源，对外提供数据时，更改日志表对外提供了增量数据序列。只有激活了数据存储对象的更改日志表，才能根据数据请求包进行数据操作回滚，即在数据激活后删除数据存储对象中的活动数据。否则，数据一旦激活就不能按数据请求包进行删除操作。

② 支持快照（Snapshot Support）：快照借用了摄影技术用语，它是指数据存储在某一时刻的状态记录，包含了某个时间点指定数据集合的一个完整的副本。在定期同步数据的场景下，数据源提供的可能是数据同步时间点源系统的一个快照，包含了当时源系统的全部数据，但并不提供历史数据的变化过程，这是一种全量数据加载方式。在这种情况下进行数据激活操作时，系统会自动识别出那些在原来活动数据表中存在，而在新的快照数据中不存在的记录，作为删除记录存储到更改日志中，确保 DSO 的更改日志能提供增、删、改的完整的增量数据。这一选项只在选项①写更改日志也选中时才能使用。

③ 唯一的数据记录（Unique Data Records）：它用于指定 DSO 对象是否只能装载唯一键值的数据记录。选中这一选项，需要确保加载进来的源数据记录中不存在 DSO 关键字字段组合重复的数据记录，因为在数据激活操作过程中，系统不会对新数据与原活动数据表的数据进行关键字字段组合是否重复的检查，也不对关键字字段组合重复的数据记录进行数据聚合。启用这一选项会明显提升激活数据的速度。反之，不选择这一选项，相同关键字组合的记录可以在激活数据的时候覆盖原来的记录，或者与原来的记录进行汇总。至于到底是进行覆盖操作还是汇总操作是由转换规则确定的。显然，这一选项与选项②支持快照是互斥的。

2）抽取层数据存储对象（Staging DataStore Object）

抽取层即开放数据存储层，或数据采集层。这一类型的 DSO 比标准 DSO 的数据结构和处理功能都要简单一些。值得一提的是，DSO 类型的命名更多只是对模型处理特点的一种描述，并不是说这种 DSO 只能用于抽取层，也不意味着抽取层不能使用标准 DSO 或者其他数据模型。这一类型的 DSO 最多只用到了输入表和活动数据表，没有启用更改日志表。根据数据处理与应用方式不同，以下三个选项选择其一。

① 只有数据输入队列（Inbound Queue Only）：选择这一选项，系统只启用输入表，数据从数据源写入输入表，后续可以将数据再提供给其他数据对象，其主要作用是存储来自源系统中的输入数据。这类数据存储对象一般使用字段进行建模。这一模型相当于传统 BW 模型中的 PSA（persistent staging area，持久数据加载区）。

② 压缩数据（Compress Data）：选择这一选项，系统会启用输入表和活动数据表。数据处理也需要有激活数据的过程。数据请求包首先被加载到输入表中，数据以最细的粒度级别进行存储。在数据激活过程中，数据按照 DSO 定义的关键值组合进行聚合，数据由此进行了压缩，并被写入到活动数据表中。为了节省存储空间，激活后的数据不再保存在输入表中，数据也不写入更改日志表。因此，在数据进行激活（压缩）之前，要确保输入表中的数据是完整、一致的。在数据激活（压缩）后，不能再根据数据请求包从数据存储对象中删除数据，只能选择性删除数据。这一选项适用于源系统传输过来的数据比较详细，而数据仓库只需要汇总数据也能满足需求的场景。

③ 启用报告功能（Reporting-Enabled）：选择这一选项，系统会启用输入表和活动数据表。输入表的数据在激活过程中，按照 DSO 定义的关键值组合进行聚合，数据由此进行了压缩，并被写入到活动数据表中。不同的是，明细数据仍然保存在输入表中。因此，数据激活（压缩）后，用户还可以从数据存储对象中删除数据并从输入表中重构这些数据。活动表中的数据可以直接用于出具查询。

3）数据集市数据存储对象（Data Mart DataStore Object）

数据集市 DSO 设计目标主要用于查询分析。这一类型数据存储对象的特点是，在 DSO 设计时无须指定关键字段，系统默认 DSO 中所有特性（维度）类型的字段都是关键字段，用户可以基于所有的特性（维度）字段进行查询分析。

这一类型的 DSO 会启用输入数据表和活动数据表。这类数据存储对象可以接收从其他数据对象中通过数据增量加载方式上传的数据。数据请求包首先被加载到输入表中。在数据激活过程中，数据进行聚合并写入活动数据表。输入表中的数据不再保存，也不写入更改日志表。因此，用户如果删除活动数据表中的数据，就不能从输入表中恢复完整的数据，需要从来源数据对象重新加载数据。

当基于这类模型执行查询时，系统同时访问活动数据表和输入表。因此，数据在进入输入表后就可以展现在查询结果中，不一定要等到数据激活操作完成后。

这种类型的模型相当于传统 BW 模型中的标准信息立方体。输入表相当于信息立方体的 F 表，而活动数据表相当于信息立方体的 E 表。数据源激活过程相当于信息立方体的数据压缩过程。和信息立方体一样，数据加载后可以直接用于查询，数据是否激活并不会影响查询执行的结果。或者说，基于这一类型数据存储对象的查询是一致的，提供了稳定的导航分析机制。

4）直接更新的数据存储对象（Direct Update DataStore Object）

选择这一选项，直接更新的数据存储对象只启用一张数据表，即活动数据表。数据可以通过数据传输过程或者调用 API 函数直接写入 DSO。当然，直接更新的数据存储对象同样可以作为数据源更新其他的信息提供者。由于没有数据变化的历史记录，这种类型的数据存储对象不支持数据回滚到之前的状态，在对外提供数据时也不支持数据增量抽取。

由于是直接写入活动数据表，后续的数据处理没有激活数据的操作。但在数据写入时，系统会像数据激活时一样，进行数据一致性检查。例如，信息对象 SID 处理，时间特性一致性，冷存储或者近线存储的数据锁定范围等。

（2）特殊类型

除了以上的常用选项外，还有一些特殊选项，用于支持特定的应用场景。

1）支持库存计算（Inventory-Enabled）：这里的库存计算泛指所有和计算库存余额类似的计算场景，即数据源只是提供了数据的变化值或者流入/流出值（如库存变化或者出入库），要求在 DSO 出具报表时能自动算出每天的结果值。由于历史上任何一笔出入库数据的调整或者补录，都会影响这笔业务之后所有日期的库存结果，所以一种灵活度比较高的设计是在查询运行时实时地计算库存结果。在使用标准 DSO 或者数据集市 DSO 时，模型中可以包含"非累计值"关键值并定义对应的校验特性。这些关键值，也就是我们所说的类似库存结果的关键值在计算过程中需要额外的数据结构和计算逻辑支持，就需要选择这一选项。

2）支持计划功能（Planning-Enabled）：选择这一选项的数据存储对象可以用于计划等应用。系统支持用户从客户端实时地将数据保存到数据模型中。带有更改日志的标准 DSO，数据集市 DSO 及直接更新的 DSO 都可以使用这一选项。

3）支持数据写入接口（Write Interface-Enabled）：选择这一选项，数据可以通过 SAP 的 Data Services 或者 SAP 云平台集成器（Cloud Platform Integration，CPI）将数据直接写入 DSO 的数据输入表。

9.1.4 数据存储对象的数据分层优化

数据分层优化（DTO）是指根据访问数据的频率、访问性能要求等条件将 DSO 中的数据分类为热、温、冷数据并存储在不同的存储区域和存储介质中，从而达到降低系统资源消耗，提高用户使用体验的目的。数据温度模式/分层（Temperature Schema/ Tiers）有三个选项。

① 热数据（Hot，SAP HANA Standard Nodes）：热数据将存储在 HANA 标准节点上。除了将数据存储在内存以外，标准节点还会保留足够的内存空间，支持数据的运算与处理。

② 温数据（Warm，SAP HANA Extension Nodes）：温数据将存储在 HANA 扩展节点上。HANA 扩展节点与标准节点的配置参数不同，会将更多的内存空间用于存储数据。

③ 冷数据（Cold，External ColdStore）：冷数据存储在外部存储中，目前支持 SAP IQ、Hadoop 或 SAP Vora 等。相应地，在这一配置界面中需要指定一个连接信息，指向外部的存储空间。

在"温度维护（Temperature Maintenance）"选项下，可以选择指定整个 DSO 的存储介质，或者把 DSO 的不同分区存储到不同的介质上。特别是启用了"冷数据"选项后，都要在分区级别对数据进行分层存储。由此，需要对 DSO 进行分区设置。

9.2 建筑材料与结构

数据存储对象可以使用字段进行建模，也可以使用信息对象进行建模。而且，同一个数据存储对象中，是可以同时混合使用字段和信息对象进行建模的。数据存储对象的结构也就是由一系列的字段和信息对象定义的。

根据数据存储对象的子类型不一样，有些数据存储对象是需要定义关键字段的。它的作用和一个数据库表的关键字段是一样的。数据存储对象中的一些特殊的信息对象，如非累计关键值、单位等，也有特殊的配置选项。

9.2.1 添加字段或信息对象

数据存储对象的结构是在编辑界面的"明细（Details）"选项卡下进行定义的。数据存储对象的编辑界面如图 9-3 所示。

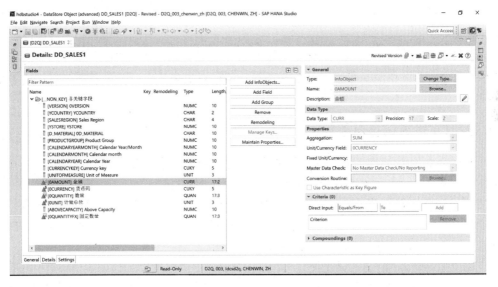

图 9-3　编辑数据存储对象：明细

在"明细"选项卡的"字段（Fields）"列表中，可以看到数据存储对象中包含的所有字段和信息对象。在字段列表的右边有"添加信息对象（Add InfoObjects）""添加字段（Add Field）""添加组（Add Group）""移除（Remove）""重新建模（Remodeling）""管理关键字段（Manage Keys）""维护属性（Maintain Properties）"等功能按钮。

数据存储对象可以包含信息对象或者字段，还可以通过"添加组"按钮，创建分组对这些信息对象或者字段进行分组列示，方便管理。

如果需要添加信息对象，可单击"添加信息对象"，在随后弹出的窗口中，搜索添加需要的信息对象，如图9-4所示。

图9-4　编辑数据存储对象：添加信息对象

如果添加的信息对象有复合信息对象、单位或者其他必要的关联信息对象，也会添加到数据存储对象中。

如果需要添加字段，则单击"添加字段"按钮即可增加一个字段。使用字段进行建模的好处是不必事先创建信息对象。尤其是在需要加载信息对象不支持的数据类型时，这是推荐的建模方法。

9.2.2　配置字段或信息对象

对于如图9-3所示"字段"列表中的每一个字段或者信息对象，用户可以在屏幕右边的选项卡对字段或者信息对象进行详细配置。

数据存储对象编辑界面中提供了"通用（General）""数据类型（DataType）""属性（Properties）""标准（Criteria）""组合（Compoundings）"等不同部分的配置内容。根据要编辑的字段或者信息对象类型不同，配置选项也有区别。

1）"通用"部分：通过"更改类型（ChangeTypes）"按钮可以选择"信息对象"或者"字段"，使用这一按钮可以在信息对象和字段之间进行切换。如果选择了"信息对象"，需要指定系统中已有的一个信息对象。信息对象技术名称是固定的，可以修改其描述。对于字段则可以在这里指定名称和描述。

2）"数据类型"部分，用于指定数据类型、长度及小数位数。

信息对象根据其定义显示相关信息。

而字段是需要在这里进行配置的。下拉列表中提供的数据类型是与信息对象中的数据类型定义一致的。如果查询不支持某些数据类型和长度，在使用时会有报错信息。如果有些字段有不同的格式，可以将其分配到开放 DSO 视图，以实现在查询中展现。

3)"属性"部分用于设置信息对象或者字段的具体属性。

对于特性类型的信息对象，"主数据检查（Master Data Check）"用于设置是否对主数据进行参照完整性检查，何时进行参照完整性检查以及是否要在数据存储对象中保存 SID，可以选择以下几个选项：

① 不进行主数据检查/不运行报表。
② 在运行报表时进行主数据检查。
③ 在数据加载/激活时进行主数据检查。
④ 在数据加载/激活时进行主数据检查并在数据存储对象中保存 SID。

SID 是为了提高信息对象的处理效率而使用的替代 ID。在数据处理或者支持查询时往往需要使用信息对象进行频繁的连接操作，因此，在数据存储对象中保存 SID 是非常有帮助的。特别是对于存有大量数据的复杂信息对象，或者在查询中用到了信息对象的导航属性等情况下，使用 SID 能显著提高处理效率。选择这一选项后，数据存储对象会多出一列用于保存相应信息对象的 SID。系统在数据激活过程中填充这一列。

信息对象其他选项的值是从特性或者关键值的定义中带过来的。

如果使用字段，而且选择了与关键值类似的数据类型，则需要在这一部分设置"聚合（Aggregation）""单位/货币字段（Unit/CurrencyField）"或者"固定的单位/货币（FixedUnit/Currency）"等信息。具体用法与关键值的设置类似。

4)在"标准"设置部分，用户可以在"标准"列表中设置当前字段或者信息对象的数据值的范围。在指定的范围内，允许用户通过文件上载方式将数据写入数据存储对象。

5)在"组合"列表里可以查看当前信息对象自带的组合信息对象。

9.2.3 定义关键字段

在如图 9-3 所示的编辑界面中，单击"字段"列表右边的"管理关键字段"按钮，系统弹出管理关键字段定义对话框，如图 9-5 所示。

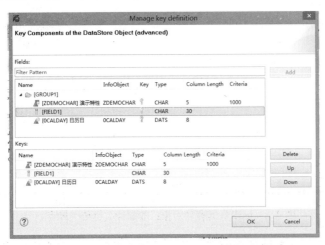

图 9-5 编辑数据存储对象：管理关键字段

定义关键字段时，对话框的上半部分窗口只显示适合作为关键字段的字段和信息对象。数据类型为 SSTR（short string）、STRG（string）及 RSTR（raw string）的字段是不适合作为关键字段的，其他数据类型的字段只有在"聚合类型"为"无（None）"时才能用于定义关键字段。

选择列表中相应字段或者信息对象，并单击"添加（Add）"按钮，关键字段会出现在对话框下方的列表中。可以使用上下移动按钮或者拖放方式调整关键字段的顺序。

完成设置后，单击"确定"按钮关闭对话框，返回数据对象编辑界面。

9.2.4 使用非累计关键值

正如前面介绍过的，非累计关键值本身只存储初始值或者参照时间点的参照值，它在展现结果中的值是在运行查询或报表时计算得到的。非累计关键值的计算是以参照时间点的参照值为基础，加上或减去从参照时间点到查询时间点的变化值得到结果的。为了减少查询时的计算量，提高查询性能，需要定期更新非累计关键值的参照时间点和参照值。这一操作是在数据激活过程中完成的。因此，要在数据存储对象中使用非累计关键值，数据存储对象需要有变更记录，要求在数据存储对象的如图 9-2 所示的建模属性中选择以下选项之一。

① 选择"标准数据存储对象"选项及"写更改日志"子选项。
② 选择"数据集市数据存储对象"选项。

在这两种建模选项下，系统保存了关键值变更的完整记录，可以支持非累计关键值的自动计算。

使用"添加信息对象"按钮将非累计关键值信息对象添加到数据存储对象中，与其关联的累计关键值也会自动添加到数据储存对象中。使用了非累计关键值，系统会自动出现"库存（Inventory）"选项卡，如图 9-6 所示。

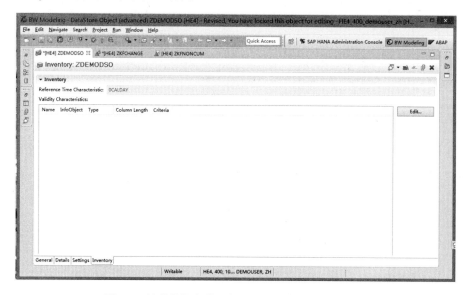

图 9-6　编辑数据存储对象：非累计关键值（库存）

根据出入库的信息动态地计算库存，是非累计关键值的一定典型的应用场景。这也是在关键值编辑界面和数据存储对象编辑界面中将非累计关键值的设置称为"库存"的原因。但是，库存并不是非累计关键值应用的唯一场景。只要是通过变化量动态计算存量的业务场景，都是可以使用非累计关键值的。

在"库存"选项卡下，可以对模型中用到的非累计关键进行进一步的设置。

首先，需要指定一个参照时间特性。这一时间特性要求是包含在数据存储对象中的时间类型的信息对象。系统会自动确定可用的时间特性。

其次，指定可用特性。单击图9-6中的"编辑（Edit）"按钮，系统弹出"管理库存定义（Manage Inventory Definition）"对话框，如图9-7所示。

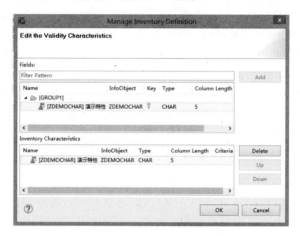

图9-7 编辑数据存储对象：管理库存定义

对话框的上半部分列出了可供选择的特性。这里不支持使用字段。列出的特性是数据存储对象的关键字段，且不包括时间类型的信息对象。

通过"添加（Add）"按钮，可以选择可用的特性，显示在对话框下半部分的列表中。

完成设置后，单击"确定"按钮关闭对话框，返回数据对象编辑界面。

9.2.5 货币与单位换算

数据存储对象在进行查询时，系统支持对货币与单位进行自动换算。为了实现这一功能，在数据存储对象建模时需要满足基础的设置。

1）信息对象建模

如果数据存储对象中相关的数据字段是基于信息对象创建的，关键值和相关的货币或单位之间的关联关系是由信息对象来保证的。这对基于数据存储对象之上定义的复合提供者（composite provider）也是起作用的。

2）字段建模，但数据类型不规范

如果数据存储对象中相应的数据字段是基于字段方式创建的，但关键值和相关的货币或计量单位可能存储在任何类型的字段中，在这种情况下，关键在于这些数据类型是否与报表需要的字段格式兼容。如果这些数据类型是报表兼容的，则基于数据存储对象定义一个复合提供者，并对字段进行数据类型上的关联，是可以在查询时使用这些字段进行单位或者货币转换的。具体来说：

① 对于数据类型为数量（QUAN）的字段，其长度需要在1～31位之间，可以带有小数位。其聚合类型必须进行设置。它必须关联到一个类型为单位（UNIT）的字段。这个字段长度为3且不能带有任何小数位。

② 对于数据类型为金额（CURR）的字段，其长度需要在1～31位之间，可以带有小数位。其聚合类型必须进行设置。它必须关联到一个类型为币种（CUKY）的字段。这个字段长度为5且不能带有任何小数位。

如果数据类型不满足上述条件，即数据类型与报表不兼容，用户需要在数据存储对象的基础上创建一个开放ODS视图。在定义开放ODS视图时，需要进行字段与信息对象（关键值及货币/计算单位信息对象）之间的映射定义。之后，就可以实现货币或者单位换算了。

关于复合提供者和开放ODS视图的详细配置，将在下一章详细介绍。

3）字段建模，且规范字段元数据定义

如果使用基于字段建模方式创建数据存储对象，可以从一开始就设置好相关字段的元数据，实现货币和单位转换功能。

① 如果需要进行货币换算，则需要将金额类型（CURR）分配给相应的关键值字段，并将币种类型（CUKY）分配给货币字段。

② 如果需要进行计量单位换算，则需要将数量类型（QUAN）分配给相应的关键值字段，并将单位类型（UNIT）分配给计量单位字段。

由此，在BW后台会自动建立这些字段与0CURRENCY或者0UNIT之间的关联关系。金额与币种，数量与单位的关系保存在元数据中。基于数据存储对象定义的复合提供者也可以读取到这些关联关系。

9.3 如何容纳和处理更多的数据

当数据存储对象存储的数据量比较大时，为了提供系统处理的效率，可以对数据存储对象进行分区与索引设置。在数据存储对象的"设置（Settings）"选项卡下，可以进行数据存储对象分区与索引的高级设置。在大部分情况下，不需要对本部分内容的默认设置进行修改。

9.3.1 创建与管理分区

通过创建分区，可以将数据对象的整个数据集分成几个较小的单位。不同单位之间的数据相互独立，没有冗余。一方面，分区可以提高系统在数据分析过程中的性能。另一方面，由于单个数据库表最多可以包含20亿条记录，分区对单个具有超大数据量的数据模型也是必要的。

首先，选择进行分区的字段或者信息对象。只有数据存储对象中的关键字段才能作为分区使用的字段或者信息对象。如图9-8所示。通过"浏览（Browse）"按钮可以进行选择。本示例中，选择0CALDAY作为分区的依据。

接着，单击"添加（Add）"按钮，系统弹出"添加分区（Add Partition）"对话框，开始创建新的分区。如图9-9所示。

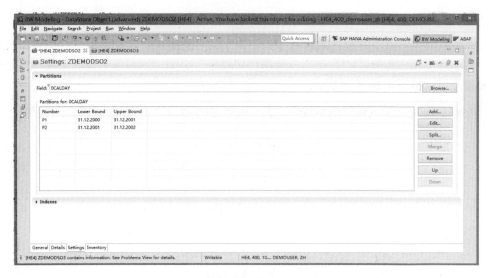

图 9-8　编辑数据存储对象：设置

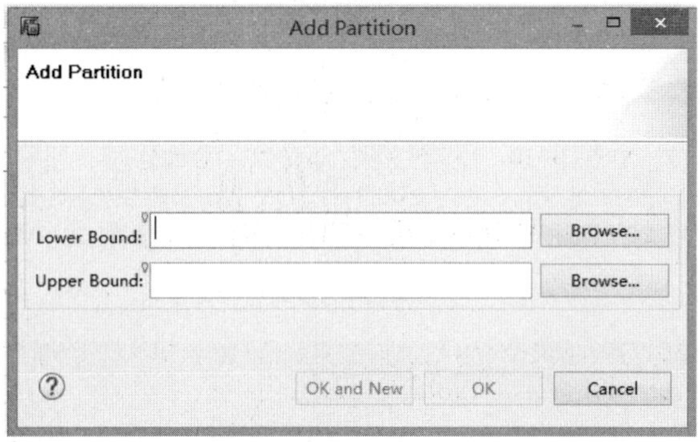

图 9-9　编辑数据存储对象：添加分区

在"添加分区"对话框中输入分区中相应字段或信息对象值的上限和下限。输入完成后，单击"确定（OK）"按钮或者"确定并新建（OK and New）"输入其他值范围。

可以创建多个分区。

对于已有的分区，可以使用"编辑（Edit）""拆分（Split）""合并（Merge）"等按钮进行相应的修改操作。在激活数据存储对象之后，这些分区的设置也会体现在数据存储对象相应的后台数据库表中。

9.3.2　哈希分区

哈希分区用于将数据库表表行分配到多个分区以实现各个节点的负载平衡，并突破了数据库表 20 亿行的限制。分区的数量是通过哈希函数基于指定列的值计算得到的。哈希分区不需要对表的实际内容进行深入了解。

对于每个哈希分区标准，必须定义分区列。这些列的实际值会用于确定哈希值。如果表有主键（即数据存储模型的关键字段），则这些分区列必须是键的一部分。此限制的优点是，可以在本地服务器上执行键的唯一性检查。可以使用尽可能多的分区列，以实现数据的平等

157

分配及值的多样性。

在大多数情况下，哈希分区是由系统自主决定的。如果用户在创建数据存储对象时在如图 9-2 的编辑界面中选择了"数据集市数据存储对象"选项，则系统会提供让用户指定分区列的设置选项，如图 9-10 所示。

图 9-10　编辑数据存储对象：哈希分区

单击图 9-10 中的"编辑（Edit）"按钮，系统弹出"管理哈希定义（Manage Hash Definition）"对话框，如图 9-11 所示。

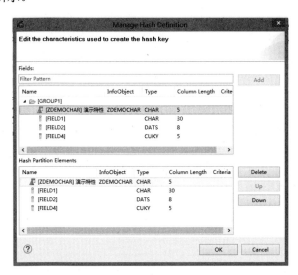

图 9-11　管理哈希定义对话框

对话框列出了数据存储对象中特性类型的信息对象与字段，通过"添加（Add）"按钮将信息对象或者字段添加到下方的列表中，用于哈希分区。即使用户没有指定哈希分区列，系统在激活数据存储对象时也会生成默认的哈希分区。

9.3.3 创建索引

用户可以为数据存储对象创建辅助索引。通常情况下，不需要进行这一设置。当需要从数据存储对象中读取大量记录时，修改索引可能是有帮助的。索引会创建在活动数据表上，如果没有活动数据表，则创建在输入数据表中。

在"设置（Settings）"选项卡下，展开索引（Indexes）区域，如图9-12所示。

图 9-12　编辑数据存储对象：创建索引

在图9-12中单击"添加（Add）"按钮，系统弹出对话框，如图9-13所示。

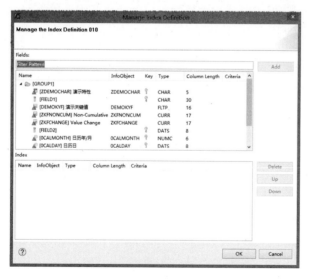

图 9-13　管理索引定义对话框

索引的名称是由系统自动生成的。在对话框中选择用于索引的字段或者信息对象。单击"完成（Finish）"按钮后，新建的索引显示在图9-12中的列表中。这里创建的索引可以在数据库层面查看到。

9.4 从样板间到样板别墅

在进行大型的企业数据仓库建模时，除了使用前面小节介绍的数据库分区以外，还会借助建模的手段，使用语义上的分区。即创建一组数据结构相同或者相似的数据存储对象，并基于这些数据存储对象创建统一的逻辑视图，进行统一管理。为了更方便地实现这一建模过程，BW/4HANA 提供了一种新的模型类型——语义组。如果说，数据存储对象是一个个的样板间的话，语义组就像一个样板别墅，包含了多个样板间，并进行整体管理。

9.4.1 新建一个语义组

语义组是以一个特定的 DSO 为模板，生成语义上相同或者相近的一组 DSO 的建模工具。为了方便进行查询和分析操作，语义组会将组内的所有 DSO 联合起来，自动生成一个复合提供者。从结果看，语义组最后生成的是一组定义相同或者相近的 DSO 以及这些 DSO 组成的一个复合提供者。也就是说，语义组本身不是一种信息提供者，而是一种批量建模工具。

语义组只是在数据量特别大的情况下才需要使用的。它的优化思路和单个数据存储对象的分区比较像。不同的是，分区是将单个数据库表分成多个区；语义组是创建数据结构相同或者相近的多个表。二者相比，各有适应的应用场景。在管理和运维方面，分区比较简单，设置好分区规则后系统自动管理，没有太多额外的工作量。而语义组的优势在于它的构成方式可以更加灵活，组成语义组的 DSO 可以有不同的建模属性和数据结构。

下面，通过一个实例介绍语义组的创建过程。

首先，打开创建语义组向导对话框。

登录 BW 建模工具，在导航窗口中选择相应的信息范围，单击右键，在右键菜单中选择"新建（New）"及"语义组（Semantic Group）"，如图 9-14 所示。

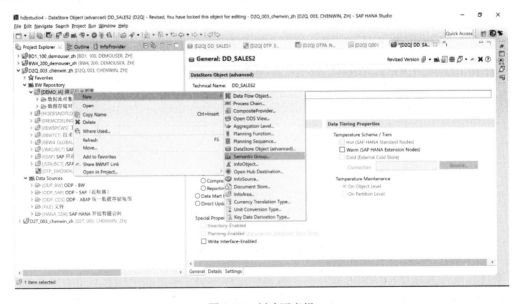

图 9-14 新建语义组

2）设置新建语义组向导中的信息

系统弹出新建语义组（New Semantic Group）向导对话框，如图9-15所示。

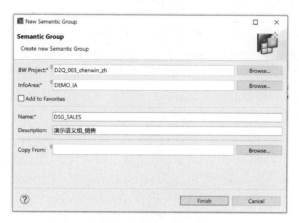

图9-15　新建语义组对话框

在新建语义组对话框中输入语义组的技术名称和描述，单击"完成（Finish）"按钮，系统关闭对话框，生成语义组，并显示在BW建模工具界面中。

9.4.2　编辑和管理语义组

系统在BW建模工具界面中打开语义组的编辑界面，如图9-16所示。

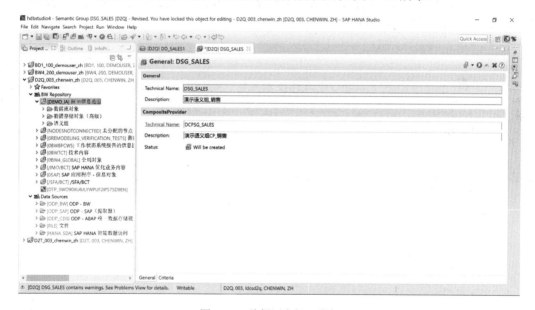

图9-16　编辑语义组：常规

语义组的编辑界面中有"常规（General）"和"标准（Criteria）"两个选项卡。

在"常规"选项卡中，可以在"复合提供者"区域输入复合提供者的技术名称和描述。每当语义组的构成组件有变化时，系统会自动更新这一复合提供者。

切换到"标准"选项卡，如图9-17所示。

161

图 9-17　编辑语义组：标准

在"标准"选项卡中的操作步骤如下：

1）指定参考结构及划分组件的数据元素

在"标准"选项卡上方，首先指定参考结构，通过"浏览（Browse）"按钮选择一个现有数据存储对象。同时，还要选择这个 DSO 里的一个字段或者信息对象作为"要素（Element）"。系统会以选定的 DSO 数据结构作为模板生成语义组的 DSO 组件。而作为要素的字段或者信息对象用来定义划分组件的标准。

2）新建或添加成员 DSO

指定参考结构之后，可以通过成员窗口下的"新建（New）"按钮创建语义组的构成 DSO。对于每个 DSO，通过右边的明细窗口设置其技术名称、描述和数据存储范围。如图 9-18 所示。

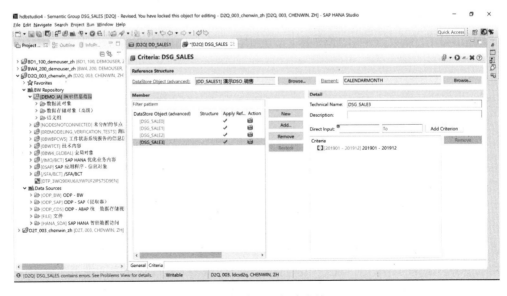

图 9-18　编辑语义组：新建成员 DSO

3）生成数据对象

完成新建组件 DSO 的设置后，检查激活语义组，系统会提示检查结果，确定需要创建的对象列表，如图 9-19 所示。

图 9-19　生成数据对象

单击"生成（Generate）"按钮，系统生成语义组的所有组件对象。在这之前，需要在弹出的传输窗口中指定对象要传输的开发包信息，方便这些对象传输到生产系统中。系统生成对象后，显示完成的对象列表如图 9-20 所示。

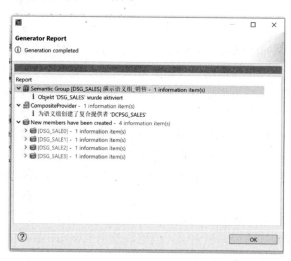

图 9-20　生成数据对象结果报告

4）完成语义组编辑

单击"确定"按钮，返回语义组的编辑界面，如图 9-21 所示。

一个新的语义组创建完成了。

从创建语义组的过程中也可以发现，系统不仅支持基于现有 DSO 作为参考结构生成新的 DSO 组件，也可以使用"添加（Add）"按钮将现有的 DSO 添加到语义组里。通过去除成员列表中的"应用参考结构（Apply Reference Structure）"选项，作为成员的 DSO 数据结构可以和参考结构不完全一样。

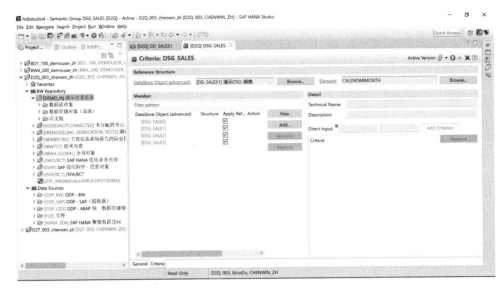

图 9-21 完成语义组编辑界面

值得一提的是,当删除语义组时,系统只是删除了语义组本身,作为成员的 DSO 和复合提供者还是会保留的。

9.5 本章小结

数据存储对象是 BW/4HANA 中构建具有实际数据存储的数据模型的重要类型。数据存储对象提供了多种建模选项,可以用于构建数据采集层、企业数据仓库层、数据存储层和数据集市层等不同逻辑分区中的数据模型。在数据存储对象的维护界面中,集成了数据分层优化存储的管理选项。

数据存储对象支持使用字段或者信息对象进行搭建,并可以对每一个字段或者信息对象进行详细的配置。对于有些子类型的数据存储对象,还需要定义关键字段。如果数据存储对象的关键字段中有对应的信息对象,则应该使用信息对象作为关键字段,可以方便地设置非累计关键值等功能。

对于数据量特别大的建模需求,可以启用数据存储对象中的分区和索引功能,建模工具会自动在数据库中创建相应的分区和索引;也可以使用 BW/4HANA 提供的语义组建模方式,批量地创建多个结构相同或者相似的数据存储对象,并在这些对象之上创建联合视图,方便数据查询。

第 10 章　建模：阳光玻璃房

　　它具有房子的所有结构和功能。
　　阳光照射下来，穿透了墙壁，洒满了整个房间。
　　寒来暑往中四季如春的阳光玻璃房，永远是最自然的家庭氧吧。不管是寒风萧瑟的秋季，还是白雪皑皑的寒冬，在自家的阳光玻璃房里，清新自然的空气和充沛温暖的阳光永远是主角。
　　它具有模型的结构和功能，但是模型本身是放空的，不存储任何物理数据。开放 ODS 视图和复合提供者就是 BW/4HANA 建模世界中的阳光玻璃房。在 SAP HANA 内存计算平台上，它们可以为数据添加丰富的业务含义，从而直接面向业务用户提供各种服务，而不需要进行数据的复制和冗余存储。它们是 BW/4HANA 进行逻辑数据仓库建模的角色担当。

10.1　为数据添加业务含义

　　无论使用何种模型，模型的功能都需要能够满足业务分析和应用的需要。数据建模很重要的一个任务就是将纳入模型中的数据进行标准化和规范化，为它们指定明确、一致的业务含义，方便业务人员和后续业务应用系统的数据使用。
　　传统的数据仓库建模往往通过多次数据加工完成数据标准化和规范化的过程，每一次加工过程都使用物理模型对处理后的结果进行数据存储。这是典型的用空间换取时间的做法。在对大数据进行处理的过程中，空间换时间的原则在一些低成本的存储介质上仍然是适用的，但对于 HANA 这样的存储介质显然是不合适的。从业务应用要求看，要加快业务反应速度，提供实时和准实时的数据处理能力，空间换时间的原则也不再适用。
　　当外部系统或者数据湖中的数据进入 BW/4HANA 平台做分析时，是否可以在数据不落地的情况下，为这些数据添加业务语义层呢？答案是肯定的。开放 ODS 视图就是这样的一个建模工具。

10.1.1　如何使用开放 ODS 视图

　　开放 ODS 视图是一种 BW/4HANA 元数据对象，它对数据源的数据结构进行语义上的定义和扩展，为数据源的数据指定标准化的字段和数据类型定义，设定字段描述及属性，将分析元数据添加到该数据源中。开放 ODS 视图的创建可以基于数据库表、数据库视图或者 BW/4HANA 数据源（需要支持直接访问）等对象。
　　虽然传统的基于信息对象的建模方式保证了数据模型高水平的一致性，但是由于模型与模型之间，模型与查询之间存在比较紧密的耦合，对一个模型的修改可能会引起下游模型及查询的联动变化。而开放 ODS 视图本身只是一个视图，没有独立的交易数据和主数据存储。这种建模方式更加灵活。开放 ODS 视图有以下几种主要应用场景。
　　（1）使用开放 ODS 视图不必经过数据抽取，可以直接消费数据源的数据。
　　用户直接基于开放 ODS 视图定义查询，进行数据分析，实现在 BW/4HANA 中消费外部数据源。开放 ODS 视图可以基于多种类型的数据源进行定义。这些数据源可能是位于

BW/4HANA 数据库 SCHEMA 中的表或者视图，也可能位于其他数据库，通过 SAP HANA 智能数据访问方式连接到 BW/4HANA 的数据库。

（2）通过开放 ODS 视图的定义，将数据源里的数据与 BW/4HANA 中的数据进行整合。

和 DSO 一样，开放 ODS 视图可以基于字段或者信息对象进行定义，不必再为每一个字段创建信息对象。建模人员可以快速地给开放 ODS 视图的字段分配属性。例如，指定一个具体字段应该被解释为一个关键值或特性。这些属性的设定会直接决定开放 ODS 视图的数据在进行消费时的行为方式。

如果将开放 ODS 视图的字段关联到 BW/4HANA 的信息对象，就可以使用 BW/4HANA 中已有的主数据属性和文本。也可以采用复合提供者，将开放 ODS 视图与 BW/4HANA 中已有的模型结合在一起使用。

（3）在完成开放 ODS 视图的建模后，在后续的建模中，如果性能压力增大，也可以快速切换到具有物理数据存储的 DSO 建模的方式，进行外部数据加载。

用户可以直接基于开放 ODS 视图的定义创建数据源，从而将数据抽取到 BW/4HANA。在这种情况下，开放 ODS 视图的物理存储的模型是数据存储对象。开放 ODS 视图的这一特点使用户可以对数据模型集成的程度进行迭代开发，而不影响基于这些数据模型的后续建模对象（例如，查询）。例如，用户可以制作一个简单的具有字段标准属性的开放 ODS 视图，并使用该视图定义查询。在接下来的步骤中，可以将信息对象关联到开放 ODS 视图，这不会影响原来查询的使用。

10.1.2　创建开放 ODS 视图

下面，通过一个实例，介绍开放 ODS 视图的创建过程。

首先，打开新建开放 ODS 视图向导对话框。

登录 BW 建模工具，在导航窗口中的 BW 项目节点下，选择相应的信息范围，单击右键。在右键菜单上，选择"新建（New）"→"开放 ODS 视图（Open ODS View）"，如图 10-1 所示。

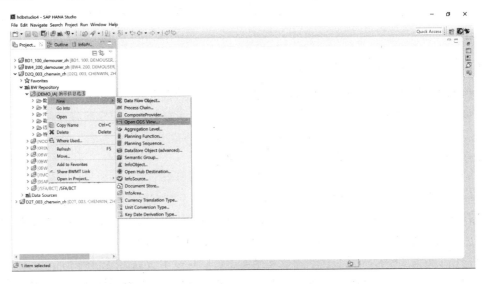

图 10-1　新建开放 ODS 视图

接着，在新建开放 ODS 视图向导中进行配置。

系统弹出"新建开放 ODS 视图（New Open ODS View）"向导对话框，如图 10-2 所示。

图 10-2　新建开放 ODS 视图向导

在对话框中输入开放 ODS 视图的技术名称、描述，并选择相应的语义类型（Semantics）。单击"下一步（Next）"按钮，进入开放 ODS 视图的数据源类型选择窗口，如图 10-3 所示。

图 10-3　新建开放 ODS 视图向导：选择数据源类型

作为开放 ODS 视图数据来源的表或者类表对象称为源对象。一个源对象实例提供了一系列字段，包括数据类型和文本，也提供了访问数据的方法。开放 ODS 视图是基于源对象的一个视图，其本身不包含任何数据存储。开放 ODS 视图支持多种类型的数据源。

（1）BW 数据源（DataSource（BW））：这些系统的数据源已存在于 BW/4HANA 系统中。

只有那些支持直接访问的数据源才能用于开放 ODS 视图，例如 ODP-BW、ODP-SAP 等 ODP 类型数据源和 HANA 数据源。

（2）数据库表或者视图（Database Table or View）：开放 ODS 视图可以访问 BW 底层 HANA 数据库 SCHEMA 中的任何数据表或者视图，也可以访问同一个 HANA 系统中其他租户的 SCHEMA 中的数据库表或视图。在这之前，需要将到相关 SCHEMA 的连接配置为 HANA 源系统类型的源系统。

（3）使用 HANA 智能数据访问的虚拟表（Virtual table using SAP HANA Smart Data Access）：首先，在 HANA 端将指向源数据库和相关 SCHEMA 的连接配置为一个远程源系统。在创建开放 ODS 视图时使用这一连接类型，系统会在 SAP HANA 上创建一个虚拟表，虚拟表指向远程表并允许直接访问数据。这个远程表是开放 ODS 视图的源对象。

（4）大数据源系统的数据（Big Data）：如果系统已经通过 Spark SQL DESTINATION 或者 VORA（ODBC）适配器创建了指向 Hadoop 群集的数据源系统，ODS 视图能够使用这一连接访问该 HADOOP 群集的数据。

（5）数据存储对象（DataStore Object（advanced））：开放 ODS 视图可以访问数据存储对象中的数据。但这仅限于能够从活动数据表出具报表的数据存储对象类型。

（6）转换（Transformation）：首先，定义一个信息源（Infosource）作为目标，创建从数据源到信息源的数据流，这样就可以将数据流中的转换作为开放 ODS 视图的数据源。信息源的数据字段会成为开放 ODS 视图的数据字段。在转换中，可以进行数据转换、数据分配和字符串操作等动作，它的结果会被开放 ODS 视图消费。

以 DSO 为例，选择 DSO 类型，并单击"下一步（Next）"按钮，进入开放 ODS 视图的选择窗口，如图 10-4 所示。

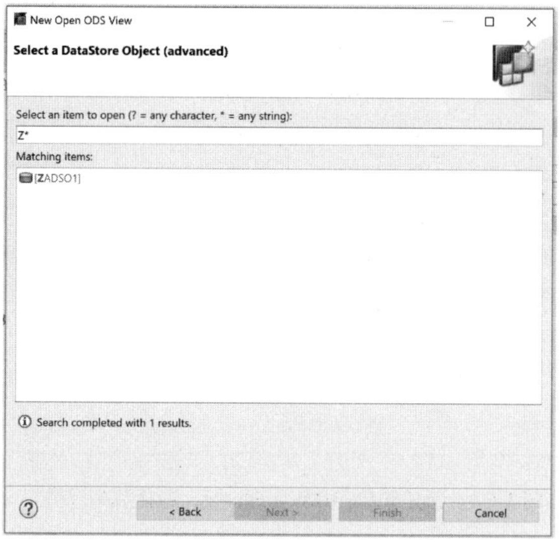

图 10-4　新建开放 ODS 视图向导：选择源对象

查找并选择相应数据源。单击"下一步（Next）"按钮，系统在下一个窗口中显示确认页面。单击"确认"按钮后，系统关闭新建开放 ODS 视图对话框。

第三步，查看、编辑开放 ODS 视图。

系统返回 BW 建模工具界面，并在开放 ODS 视图的编辑界面中显示新建的开放 ODS 视图，如图 10-5 所示。

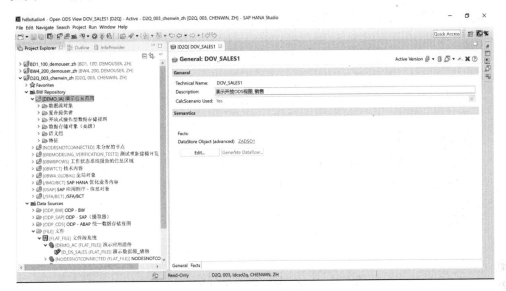

图 10-5　开放 ODS 视图编辑界面：常规

10.1.3　编辑修改开放 ODS 视图

如图 10-5 所示，开放 ODS 视图编辑器总是包含了"常规（General）"选项卡。根据开放 ODS 视图的语义不同，还会显示相关的语义选项卡：事实表（Facts）、主数据（Master Data）或文本（Texts）。

1. 常规选项卡

在常规选项卡中，可以设置开放 ODS 视图的名称与描述，以及开放 ODS 视图语义的相关信息。在常规选项卡里，可以替换开放 ODS 视图的数据源。只要保证替换数据源之后，开放 ODS 视图能保持前后一致，基于开放 ODS 视图创建的其他对象，如查询等，可以保持不变，仍然可用。对于主数据类型或者文本类型的开放 ODS 视图，可以在常规选项卡中添加文本到带有属性的开放 ODS 视图，或者添加属性到带有文本的开放 ODS 视图。

2. 事实表、主数据或文本选项卡

事实表、主数据或文本选项卡是维护开放 ODS 视图的核心区域。如果创建的是主数据类型的开放 ODS 视图，编辑器可能包含"主数据"与"文本"两个选项卡。在我们的示例中，在如图 10-2 所示的界面中选择的是"事实表"的语义类型，因此有"事实表"选项卡。切换到"事实表（Facts）"选项卡，如图 10-6 所示。

选项卡的结构如下：

（1）屏幕上方区域，显示了源对象（Source）的信息。对于某些类型的数据源，如 BW 数据源、数据存储对象和转换等，界面还会显示相关链接，可以导航到相应对象的维护界面。

（2）屏幕左方区域，源字段（Source Fields）：显示了源对象的结构，包括源字段及其属

性。显示为灰色的源字段是没有被分配到开放 ODS 视图的字段，显示为蓝色的源字段是被多次分配到开放 ODS 视图中的不同字段目录中的字段。

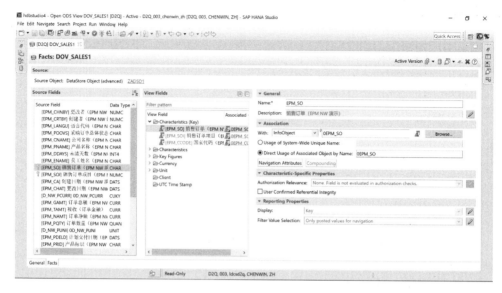

图 10-6　开放 ODS 视图编辑界面：事实表

（3）屏幕中间区域，查看字段（View Fields）：显示了开放 ODS 视图的结构，视图字段按字段类别进行展示。除了字段本身，还显示了字段的相关信息。

- 相关对象：这一列显示了与字段对应的信息对象。
- 如果字段指定了导航属性，可以使用字段名称上的箭头按钮打开导航属性的列表。

系统根据数据源类型生成建议的字段结构，用户可以根据需要进行以下操作修改字段结构。

1）拖放：将源字段拖放到开放 ODS 视图的字段目录中，或者在开放 ODS 视图的不同字段目录间调整字段。

2）在源字段的右键菜单中进行添加：在系统弹出的"添加源字段"对话框中，选择所需字段的字段类型及相应的字段目录。单击"确定"按钮进行确认。

3）在开放 ODS 视图字段的右键菜单中进行移动：在系统弹出的"移动字段"对话框中，选择需要移动字段的目标字段类型及相应的字段目录。

4）在开放 ODS 视图字段的右键菜单中进行删除：字段从开放 ODS 视图字段结构中删除，并在源字段列表中显示为灰色。

（4）屏幕右方区域：显示当前选择的数据源字段或者视图字段的分析属性。

- 通用（General）：指定字段的名称与描述。
- 相关对象（Association）：可以指定与字段相关的信息对象，根据字段的特点，将它关联到一个特征或关键值。如果选择了"使用系统范围内的唯一名称"，则无论字段有没有设置关联的信息对象，系统都会根据系统默认规则生成唯一的系统名称。如果选择了"直接使用关联对象的名称"，则字段直接使用信息对象名称。
- 特性相关属性（Characteristic-Specific Properties）：如指定特性是否复合信息对象，或者指定特性是否用于用户分析权限管理。
- 关键值相关属性（Keyfigure-Specific Properties）：如指定关键值的聚集行为。
- 报表相关属性（Reporting Properties）：如指定字段在报表中是显示关键值还是描述字段过滤值的显示范围等。

10.2 数据对象的连接与联合

复合提供者和开放 ODS 视图都是 SAP BW/4HANA 中的虚拟信息提供者。它们本身不存储数据，只是提供了跨不同数据对象的一个数据视图，为 SAP BW/4HANA 系统中的数据查询和分析提供了必要的灵活性。

10.2.1 如何使用复合提供者

通过复合提供者进行建模，可以使用联合（Union）或者连接（Join）方式将多个 BW 数据模型与 SAP HANA 视图的数据合并在一起。复合提供者的连接和联合操作不是在应用服务器中完成的，而是在 SAP HANA 数据库中进行的，可以充分利用 HANA 的性能。

像所有其他 BW 数据模型一样，用户可以在复合提供者上运行查询。如果选择了基于复合提供者生成 SAP HANA 视图，这个视图可以使用 SQL 方式对数据进行访问。

如果复合提供者是基于数据存储对象的联合，而且所有数据存储对象都是数据集市数据存储对象子类型，系统还支持通过数据传输过程（DTP）将这种复合提供者作为数据源进行数据增量提取。

10.2.2 创建复合提供者

下面，通过一个实例介绍复合提供者的创建过程。

第一步，打开新建复合提供者向导。

登录 BW 建模工具，在导航窗口的 BW 项目下选择相应的信息范围，单击右键，可以选择"新建（New）"及"复合提供者（CompositeProvider）"。系统弹出新建复合提供者（New CompositeProvider）向导对话框，如图 10-7 所示。

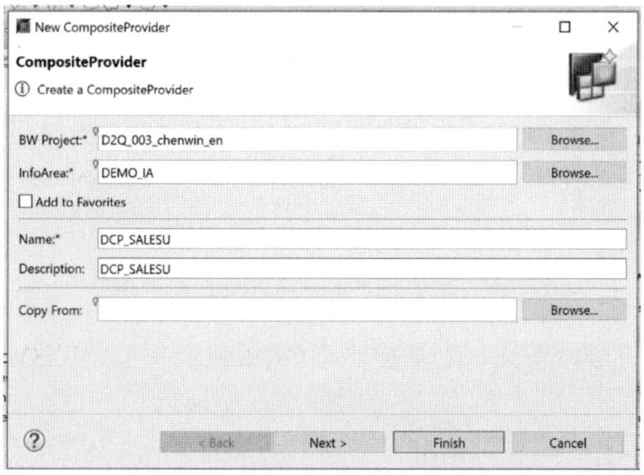

图 10-7 新建复合提供者向导对话框

第二步，配置新建复合提供者向导。

1）在弹出的新建复合提供者窗口上输入复合提供者的技术名称、描述，如图10-7所示。单击"下一步（Next）"按钮，进入复合提供者的"选择组件对象（Select PartProvider Objects）"窗口，如图10-8所示。

图10-8　新建复合提供者向导：选择组件对象

2）添加组件对象

在图10-8中，根据添加对象是进行连接还是联合操作，选择相应的区域，单击"添加（Add）"按钮。以联合操作为例，单击"联合提供者列表（UnionProviders）"右边的"添加"按钮，系统弹出"添加组件（Add PartProvider）"窗口，如图10-9所示。

图10-9　新建复合提供者向导：添加组件

从"添加组件"窗口可以看出，复合提供者的构成组件可以是BW4的信息提供者，也可以是SAP HANA视图。

3）完成添加对象并退出向导对话框

输入选择条件搜索并添加如图10-10所示的两个对象。

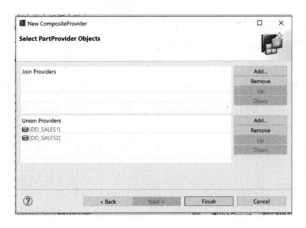

图 10-10　新建复合提供者向导：完成添加对象

单击"完成（Finish）"按钮，完成复合提供者创建向导。

第三步，检查和编辑复合提供者。

系统返回复合提供者的编辑界面。

10.2.3　编辑复合提供者

复合提供者编辑界面如图 10-11 所示。

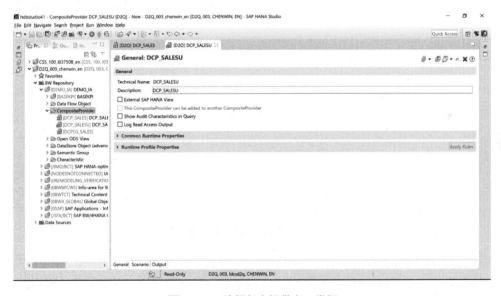

图 10-11　编辑复合提供者：常规

在复合提供者的编辑界面中，有"常规（General）""场景（Scenario）"和"输出（Output）"几个选项卡。

1. "常规"选项卡

在"常规"选项卡中可以编辑复合提供者的基本信息，并设置以下属性。

- 外部 SAP HANA 视图（External SAP HANA View）：选择是否生成 SAP HANA 视图可供外部程序直接调用。

- 该复合提供者可以添加到另一复合提供者（This Composite Provider can be added to another Composite Provider）：设置此复合提供程序可以添加到另一个复合提供程序的标志，以便将复合提供程序用作另一个复合提供程序中的提供程序。
- 在查询中显示审计特性（Show Audit Characteristics in Query）：审计特性是系统用于存储系统操作时间、操作用户、数据来源等数据审计线索的技术特性。系统会自动记录这些信息，并可以在查询中使用。
- 记录读取访问输出（Log Read Access Output）：打开这一选项，系统会自动记录数据的读取访问记录。

在"通用运行时属性（Common Runtime Properties）"部分，可以配置查询运行时的一些常见的设置，如计算的精度，是否并行处理，是否访问冷存储的数据等。"运行时配置文件属性（Runtime Profile Properties）"部分则包含了查询运行时的更多高级设置。在大多数情况下，这些设置可以保持不变。

2．"场景"选项卡

打开"场景"选项卡，如图 10-12 所示。

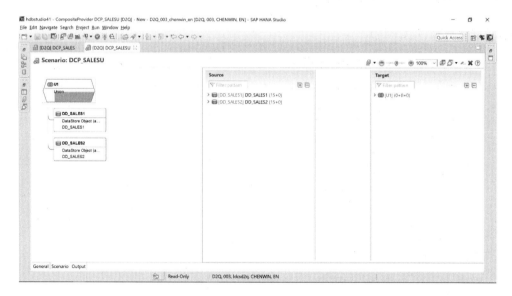

图 10-12　编辑复合提供者：场景

屏幕的左边，以图形方式显示了构成复合提供者的信息提供者或者 HANA 视图以及它们之间的组合方式是"连接"还是"联合"。在屏幕右边，分别显示了"数据源（Source）"字段列表和"目标（Target）"字段列表。接下来，根据组合方式不同，分别需要创建"连接分配"或者"联合分配"将数据源里的字段分配到目标列表中去。下面的操作以创建联合分配为例。

1）创建分配

展开显示信息提供者的列表，选择需要在复合提供中使用的字段，并单击右键，在右键菜单中选择"创建分配（Create Assignments）"，如图 10-13 所示。

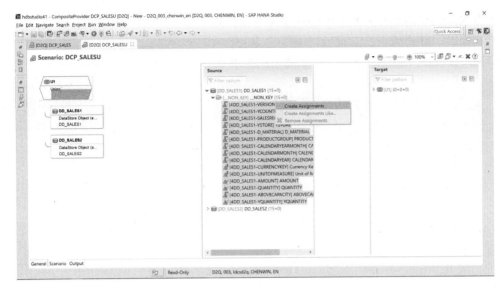

图 10-13　编辑复合提供者：创建分配

所有被选择的字段会分配到目标对象（即复合提供者）的字段列表中。

2）字段匹配

接下来，对另一个信息提供者的相应的字段进行同样的分配操作。系统会自动根据相同的信息对象进行匹配，不同信息提供者中相同的信息对象会匹配到复合提供者中的同一个信息对象，如图 10-14 所示。

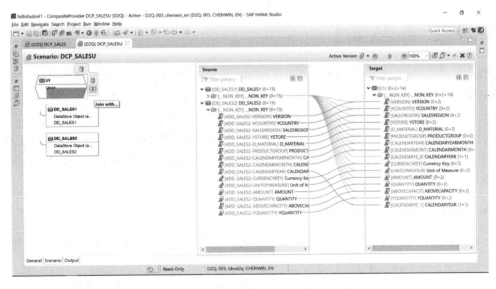

图 10-14　编辑复合提供者：字段自动匹配

对于系统自动匹配的结果，可以手工进行调整和修改。

3）进一步扩展

接下来，还可以对复合提供者进行进一步的扩展。在屏幕的左边，选择"Union"节点，图形会显示相应的操作选项，如图 10-14 所示。使用这些操作选项，可以将整个联合后的数

175

据结果再和其他信息提供者或者 HANA 视图进行组合。

3．"输出"选项卡

最后，切换到"输出"选项卡，如图 10-15 所示。

图 10-15　编辑复合提供者：输出

在"输出"选项卡中，可以定义复合提供者的每个字段在查询中的属性。这与开放 ODS 视图的设置选项类似，不再赘述。

10.3　字段，还是对象？

BW/4HANA 既支持使用字段直接创建模型，也支持使用信息对象创建模型。这极大地增加了 BW/4HANA 建模的灵活性，也向系统架构的设计人员提出了新的要求。经过第 8～10 章的学习，会发现字段与信息对象在很多应用场景中都可以同时使用。因此，有必要更加细致地讨论一下如何使字段与信息对象能在现代数据仓库的逻辑分区模型中协调一致地共处。

首先要检查区分外部数据源中的主数据和业务数据。如果一个外部数据源同时包含了主数据和交易数据，这两类数据在 BW/4HANA 系统中会被分开进行保存和处理。

10.3.1　数据采集层的建模选择

数据采集层是外部数据进入 BW/4HANA 系统的第一道关口，也是模型设计人员第一次面临字段或者信息对象的选择。

对于从 SAP 的自家人系统中获取的数据，选择的答案是显而易见的。SAP 的应用系统的所有标准字段，在 BW/4HANA 里都预置了标准的信息对象。这些信息对象的定义和业务系统里的元数据管理系统是一致的，在业务含义上是唯一的、确定的。所以，对于这类数据，一般都会选择使用标准信息对象进行建模，通过 SAP 应用系统中的标准数据源，将数据送往 BW/4HANA 的数据采集层。

但是，SAP 应用系统中也有一些例外数据，可能是没有标准信息对象的。这就是在 SAP

应用系统中，客户自定义的数据。如果客户自定义的数据引用了系统标准的数据元素，也还是可以使用标准的信息对象的。但是，如果这是一个彻头彻尾的自定义数据，就另当别论了。当然，还有一类没有标准信息对象的数据，就是非 SAP 应用系统过来的数据。

如果非 SAP 数据或用户定义数据通过 SAP 数据源加载在 BW/4HANA 系统中，基于 SAP HANA 的 BW/4HANA 系统提供了与现有的信息对象模型逐步集成的方法。系统提供了多种方案和手段进行数据建模。

1. 虚拟数据集成

也就是使用开放 ODS 视图进行虚拟数据集成的方案。在将外部数据加载到 BW/4HANA 系统进行物理存储之前，应该检查是否可能虚拟地集成这些数据。即使这可能只是临时的解决方案，但成本更低、实现更快速。

2. 字段建模的方法

基于字段的数据存储对象建模方案。非 SAP 数据或用户定义数据在数据采集层一般是以字段的形式进入 BW/4HANA 系统的。这时往往没有相应的信息对象可用。

采用字段建模的方式，将外部数据的客户自定义数据和非 SAP 数据添加到 SAP HANA 平台的 SAP BW/4HANA 系统更加简单。数据可以一比一地加载到数据存储对象。这些数据存储对象是基于数据源的字段结构进行定义的，形成了开放运营数据存储层的数据对象。

用户在建模时可以选择不同建模方法，系统也为在这些不同解决方案之间进行灵活的切换提供了方便的操作方法。例如，当数据量比较小的时候，采用虚拟数据集成的方式是高效的。但随着源系统数据量的增加，远程数据读取性能下载，可能就需要在本地进行建模，存储远程系统的数据。

10.3.2 企业数据仓库层的建模选择

在企业数据仓库层，需要对不同来源的数据进行整合，统一模型，统一编码，统一业务含义。在企业数据仓库层需要加载与集成 SAP 源系统中客户自定义的数据或者非 SAP 源系统的数据。因此，需要对客户自定义数据和非 SAP 数据字段进行识别，如果可能的话，将其匹配到数据仓库模型中的信息对象。匹配和集成的方法主要有两个。

1. 使用虚拟方式集成开放运营存储层的数据

在特殊的情况下，外部字段的意义和值与系统中现有的信息对象是匹配的。也就是说，字段的意义与系统中的信息对象一致，而且，字段取值的编码与信息对象取值的编码也是一致的。这时候可以将字段与信息对象进行匹配。

如果字段的意义和值与信息对象匹配，就可以将开放运营存储层中基于字段建模的数据存储对象虚拟集成到数据仓库的信息对象数据模型。这时，需要在数据存储对象的基础上定义一个事实表类型的开放 ODS 视图，在定义中将字段与相应的信息对象进行关联。由此，可以使用相关信息对象的所有功能，如导航属性、层次结构和授权。这种与信息对象关联的方法在复合提供者中也是可用的。

在企业数据仓库层，使用虚拟方式将外部交易数据创建为企业数据仓库层的数据模型，并与企业数据仓库层的其他数据模型进行集成。这是一种对外部数据的分析集成。这种虚拟集成的优点在于它的灵活性和所需的工作量小。即使该解决方案不满足所有的需求，它仍然可以作为一个临时解决方案，并可以为永久解决方案的开发争取时间，减小压力。对应的出具报表和查询的解决方案的处理过程也变得更加灵活。

2. 对不同来源的数据进行物理集成的建模方法

在企业数据仓库层虚拟集成开放运营数据存储层的外部交易数据的功能相当强大，但也有明显的局限。例如，如果字段值和信息对象的值不匹配，就需要进行协调处理。其中涉及大量的业务和数据仓库处理逻辑，从而保证了数据质量和一致性。在这些情况下，有必要在企业数据仓库层创建一个专用的数据存储对象，按所需的格式提供一致的数据。这种数据存储对象（高级）可以直接从数据源加载数据，也可以从开放 ODS 视图加载数据。

关键在于使用什么方式创建这种存储外部数据的数据存储对象，什么情况下使用字段建模，什么情况下使用信息对象建模。可以参照下面的规则。

（1）如果字段与信息对象有明确的对应关系，要区分两种情况。

1）字段对应信息对象的核心实体，而且信息对象的参照完整性很重要。例如字段 MATNR 对应了 0material，这是一个核心的信息对象。在这种情况下，最好使用信息对象作为数据存储对象的列。

2）如果在应用中需要建立和使用层次结构，那么应该使用信息对象进行建模。

除了以上场景和其他特别确定需要使用信息对象的情况以外，应该使用字段进行建模。

（2）如果没有与字段对应的信息对象，作为一个规则，需要区分以下情况。

1）字段是类似特性类型的，在所加载数据范围内只是局部使用，也没有任何自己的属性：这时使用字段建模，不需要创建任何信息对象。其语义定义可以在开放 ODS 视图或者复合提供者中界定。

2）该字段是度量类型的，可能还有另一个字段包含相应的货币或单位信息：可以使用字段建模，不需要创建任何信息对象。其语义定义及其与货币/单位字段的匹配关系可以在开放 ODS 视图或者复合提供者中界定。

3）字段包含文本信息。这一般是交易数据中的冗余信息，不太常见。可以参照非 SAP 的外部主数据进行处理，即将文本字段分配给开放 ODS 视图的值字段。没有必要创建使用信息对象并启用文本表组件，当然也就不能在查询时支持多语言文本的自动切换。

4）字段是类似特性类型的并具有自己的属性。这些主数据也有外部的数据源。在企业数据仓库层，使用数据存储对象（高级）存储交易数据。基于这种数据存储对象定义事实表类型的开放 ODS 视图。在开放 ODS 视图中，为这些字段定义相应的语义，分配信息对象（如适用）或者主数据类型的开放 ODS 视图。

在个别情况下，当然也可以使用复合提供者。

需要重点强调的是，开放运营数据存储层的数据存储对象和企业数据仓库层的数据存储对象的区别在于，前者以一比一的对应关系存储了数据源的数据；后者存储的是语义一致的高质量的数据。在这两种情况下，如果适用，字段的语义建模都使用开放 ODS 视图或者复合提供者完成。

10.3.3 主数据的建模选择

除了非 SAP 系统或用户自定义数据的交易数据外，非 SAP 系统或用户自定义的主数据也需要加载到 BW/4HANA 系统中。对于开放运营数据存储层的存储，其规则与交易数据是一样的。即使用基于字段的建模方式创建数据存储对象，对数据进行一比一的存储，保留字段的名称与格式。

数据存储对象字段的语义和属性在主数据类型的开放 ODS 视图中进行设置。在企业数据仓库层，可以使用主数据类型的开放 ODS 视图将字段与信息对象进行关联，关联后就可以使用信息对象的文本和授权信息了。

通过信息对象建模可以对主数据进行完全集成与管理。这需要一些工作量。有以下几种建模方式。

1．创建信息对象

如果加载到开放运营存储层的数据存储对象中的非 SAP 主数据不能满足需求，可以随时创建需要的信息对象，并将数据从数据存储对象或者数据源加载到信息对象。这样信息对象就可以正常使用了。

2．创建数据存储对象

可以将主数据加载到企业数据仓库层的数据存储对象。如果数据存储对象的关键字段中有对应的信息对象，则应该把信息对象用作关键字段。对于其他字段，是否使用信息对象的原则与交易数据是一样的。

3．使用开放 ODS 视图

对于单一的实体可能会有多个视图，例如信息对象和事实表类型的开放 ODS 视图。事实表类型的开放 ODS 视图提供了将多个主数据视图和信息对象关联在一起的能力。

如果主数据的数据源同时具有描述其他字段的文本字段，可以将文本字段分配给开放 ODS 视图的值字段。这样就不必使用信息对象的文本表，当然也就不能支持多语言文本的自动切换。

10.4　本章小结

要掌握 SAP BW/4HANA 现代数据仓库的设计与应用，首先要掌握各种数据对象的功能定位和数据存储的特点。只有这样，才能根据不同的数据类型选择合适的数据对象，就像搭积木一样，用不同形状的积木，最终搭建起数据仓库的整体结构。

继第 8 章和第 9 章的物理建模对象之后，本章重点介绍了两种虚拟建模对象。开放 ODS 视图可以基于多种源对象进行定义，在源对象的基础上为各个字段添加丰富的业务涵义，或者进行字段到信息对象之间的匹配。复合提供者可以将多个数据模型进行连接或者联合，生成一个新的数据模型。同样地，它也可以对新模型的每个字段的涵义进行设置和扩展。这两种建模对象的共同特点是，它们自身是不进行数据的物理存储的，使用这两种建模对象，可以大量地减少数据的复制和冗余存储，缩短数据流处理流程，使现代数据仓库变得更加实时、敏捷。

我们也回顾和总结了字段与信息对象的混合建模的话题。对于一些重要、核心、全局性的字段可以采用信息对象进行建模。在 BW/4HANA 中的各种模型中提供了字段和信息对象混合建模的方法，也提供了逐渐整合外部字段、形成企业数据仓库统一模型的方法。

第11章 处理：路，是画出来的

以前，路是走出来的。

现在，我们需要先做好规划，画出蓝图，才开始修路。

数据要在系统之间、模型之间流动起来，同样也需要在这些对象之间规划好数据流动的通道，这个通道就是数据流。

数据仓库的一个重要功能就是对不同来源的数据进行归集和处理。前面几章介绍的不同类型的数据对象可以用来存储这些数据或者实现数据的联合视图。这些对象相对而言是静态的。对数据的转换和处理是在数据的流转过程中完成的。数据从源系统或者一个数据对象中被读取出来，经过一定的转换和处理，再存储到另一个数据对象中。这一过程实现了对数据的加工，真正体现了数据仓库的价值，是数据仓库模型中动态的部分。

11.1 数据的旅行

数据从产生到应用，路程可能很短暂，也可能很漫长。

从各种业务系统到数据采集层，从数据采集层到企业存储层，从企业存储层到企业数据仓库层，从企业数据仓库层到数据集市层。数据流要经过的路是由多个路段组成的。在数据仓库的建设之初，就要规划好数据经过的站点和路线。

11.1.1 终点，是另一段路的起点

数据流对象就是数据旅程的规划工具。

可以在图形编辑器中使用数据流对象对数据流中的各种对象以及它们之间的关系进行建模。

通过数据流对象，可以创建 SAP BW/4HANA 对象和它们之间的连接关系。这些对象可以是像特性或者数据存储对象这种物理存储数据的对象，也可以是像开放 ODS 视图或者复合提供者这种虚拟数据模型。这些对象可以是已经在 BW/4HANA 里定义了的一个数据模型，也可以只是一个设计上的概念，还没有在系统里实现的一个空的对象。使用数据流的这些功能特性，设计人员可以从零开始，在 SAP BW/4HANA 中创建一个场景或定义一个模板方案的技术实现。设计人员也可以使用数据流对象建模工具，将系统中现有对象的现有场景及数据流可视化，并存储为 SAP BW/4HANA 中的数据流对象。数据流对象是一个设计工具和对象，是与运行时无关的。

在 BW/4HANA 预置的针对 S/4HANA 的数据模型里，也同时提供了这些数据模型之间的数据流，如图 11-1 所示。

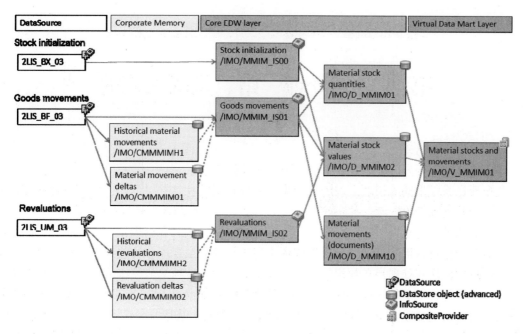

图 11-1　BW/4HANA 数据流示例

在图 11-1 所示数据流图中，显示了在第 3 章介绍的现代数据仓库的逻辑分层结构，显示了在第 5~10 章介绍的不同类型的数据模型，包括数据源、数据存储对象、信息源、复合提供者等。它们定义的是数据仓库中数据的存储结构，也就是数据在进入数据仓库之后是如何存储的或者如何重新组织和展示的。在这里定义的数据对象，例如信息对象、数据存储对象等，都是用来存储数据的，它们也都是 SAP BW/4HANA 中数据流的目标对象或终点，在一次数据传输进程中，数据会存入这些对象。

在不同的数据对象之间，如数据源和信息源、信息源和数据存储对象，都可以创建数据流，一段段数据流连在一起，构成了更长的数据流。在设计不同的数据仓库逻辑分区模型时，要考虑数据是否需要有物理存储。例如，示例中的数据采集层，并没有使用数据存储对象进行数据的物理存储；在企业数据仓库层进行数据转换时，使用了数据不落地的信息源；在数据集市层，使用了虚拟建模的复合提供者。这样的设计，充分体现了基于内存计算技术的现代数据仓库建模与传统数据仓库建模的区别。

11.1.2　每一段路都有精彩的故事

每一段路，都不仅仅是起点和终点，更重要的是中间的过程。

具体到其中的每一段数据流，除了都必须有一个数据流的起点、一个数据流的终点以外，还需要有哪些构成要素呢？

在定义数据流的过程中，除了会用到源系统、数据源、信息对象、数据存储对象、开放 ODS 视图、复合提供者等多个数据对象以外，还会用到信息源、转换和数据传输进程等数据流中特有的对象。

图 11-2 展示了 SAP BW/4HANA 数据流及其与各种数据对象之间的关系。

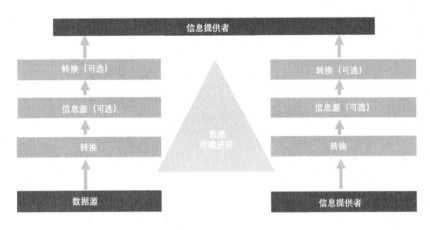

图 11-2　BW/4HANA 数据流构成

1. 数据源

图形的最底部是 SAP BW/4HANA 数据流的数据来源，既可以是 SAP BW/4HANA 中的数据源，也可以是 SAP BW/4HANA 系统内部的信息提供者。数据流会从这些对象中抽取数据，并对不同数据进行整合。关于数据源，前面已做过详细介绍，此处不再展开。SAP BW/4HANA 中的各类数据模型也可以成为信息提供者，作为数据流的数据来源。也就是说，数据可以在不同的数据模型之间进行多次的数据传输和转换，从而形成更为复杂的数据处理链条。

2. 转换

在数据来源对象和目标对象之间创建转换。数据来源对象可以是前面介绍过的各类数据源，也可以是信息提供者。既包括各类物理对象，也包括各种虚拟对象。数据源中的数据经过转换到达信息提供者。转换定义了数据源字段与信息提供者字段之间的对应关系及转换规则，本身并不存储数据。通过转换过程对数据进行整合、清理，根据统一的语义对不同来源的数据进行集成。

一个转换包含若干个转换规则。每个转换规则可以选择不同的规则类型、转换类型和例程类型进行配置。这些配置可以满足从简单到高度复杂的不同数据转换需求。

3. 数据传输进程

转换本身只是对数据转化规则的定义，数据的批量转换的动作是由数据传输进程（DTP）定义的，数据传输进程定义了数据传输的具体执行方式。转换和数据传输进程不仅可以实现数据源到信息提供者的数据传输与转换，还可以实现不同信息提供者之间的数据传输。

4. 信息源

数据转换是 ETL 的核心。SAP 还可为复杂的数据转换提供另一个选项——信息源，如图 11-3 所示。

一般情况下，转换直接连接数据源（或作为源的信息提供者）和目标信息提供者，没有必要使用信息源。如果存在多个不同的数据源，首先要对不同的数据源进行数据转化，然后以统一的数据格式去更新多种信息提供者。例如，要对不同的数据源进行货币或单位的换算。此时，可以定义一个信息源作为中间结构，针对不同数据源的数据处理与转化在从数据源到信息源的转换中定义；针对不同的信息提供者的数据转化在从信息源到信息提供者的转换中进行维护，可以减少分别维护转换的工作量，同时使单个转换变得简单，易于维护。当然，这种情况下也可以定义一个信息提供者作为中间层。不同的是，信息提供者本身存储数据，占用空间，而且需要两次数据传输；而信息源不存储数据，数据只经过一次数据传输进程就实现从数据源到信息提供者的传输。

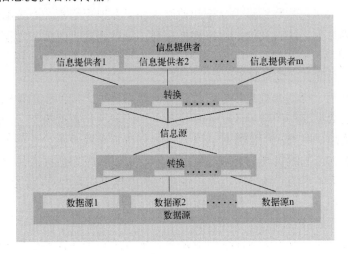

图 11-3　可选的信息源

11.2　如何画好旅行路线图

旅行必不可少，并不是一定要先有旅行图才可以开始旅途。

在 BW/4HANA 中，数据流是必要的，但数据流对象并不是必需的。

如果一定要画一个旅行路线图的话，有些人会在旅行前就计划好路线，再按计划行事；有些人会说走就走，旅行结束后再画个旅行路线图，分享经验。在 BW/4HANA 中，创建数据流对象也有两种方法。先创建实际的数据流，再生成数据流图；或者先画好数据流图，再创建实际的数据流。

当然，先有个计划，在计划进行过程中边做边改，也许是更为现实的选项。这时候的关键问题是，如何保证计划与实际的数据流是匹配的。实际数据流有变动，能自动体现在数据流对象中；数据流对象中的计划有变动，能基于计划直接进行数据流的实现和部署。这正是 BW/4HANA 作为一体化建模工具的优势。

11.2.1　新建数据流对象的两种方法

SAP BW/4HANA 建模工具提供图形用户界面用于创建、编辑和记录数据流以及数据流中的各种数据对象。数据流定义了将数据从源传输到 SAP BW/4HANA 并进行数据清洗，整合和集成所需要的设计时和运行时的各种对象，处理后的数据可以用于分析、报告和计划。BW/4HANA 使用图形化的方式展现数据流中所有涉及的对象和它们之间的关系，即数据流图。SAP BW/4HANA 将数据流作为一类特定的建模对象进行管理，称为数据流对象，并提供了图形编辑器，可以对数据流中的各种对象及其相互关系进行可视化展现与编辑。

创建数据流对象有两种方法。

一种方法是在创建具体的数据模型之前，使用数据流对象描述需要使用各种对象及不同对象之间的数据流向，即逻辑数据流（蓝图）。逻辑数据流中的对象只有对象类型和名称，还没有具体的结构定义。这些对象只是草稿版本，并没有保存在数据库上，称为"非持久对象"。非持久对象只能在创建它的数据流中显示和使用。如果在退出数据流对象编辑器时没有将数据流保存为数据流对象，那么非持久对象将被丢弃。等逻辑数据流编辑定稿后，可以稍后再创建具体的 BW/4HANA 对象、转换和加载过程，将逻辑数据流中的非持久对象转化成在系统的元数据表中持久保存的物理模型。

另一种方法是基于已有的数据模型，探索不同数据模型之间的数据传输规则和数据传输进程。在展示这些数据模型的数据流时，系统会自动读取这些数据模型之间的数据传输规则和数据传输进程信息，生成对应的数据流图。这种从特定对象开始进行展示的数据流称为瞬态数据流。瞬态数据流的编辑器称为瞬态的编辑器。可以将瞬态数据流保存为数据流对象。读者可以回想一下第 4 章的系统演示，基于现有的数据模型探索数据流的操作方法。

下面使用第一种方法创建一个新数据流对象。具体操作步骤如下。

第一步，打开新建数据流对象向导。

登录 BW 建模工具，从 BW 项目的"BW 资源库"节点或所需的信息范围的右键菜单中选择"新建（New）"→"数据流对象（Data Flow Object）"，如图 11-4 所示。

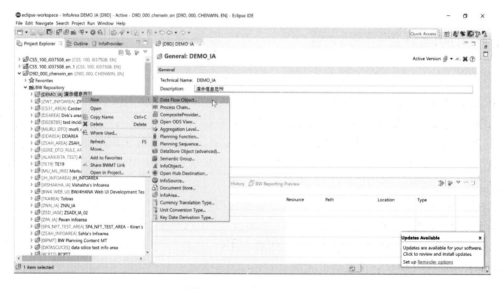

图 11-4 新建数据流对象

第二步，配置"新建数据流对象"向导。

系统弹出"新建数据流对象（New Data Flow Object）"对话框，如图 11-5 所示。

在"新建数据流对象"对话框中输入所需的项目。

1）检查或从下拉列表中选择信息范围。

2）选择是否添加到收藏夹，以便下次需要时可以快速调用数据流对象。

3）输入对象的名称和描述。

4）通过单击"从...复制（Copy From）"右边的"浏览（Browse）"按钮，可以选择数据流对象的模板，将指定模板的属性复制到新的数据流对象，并根据需要对其进行编辑。

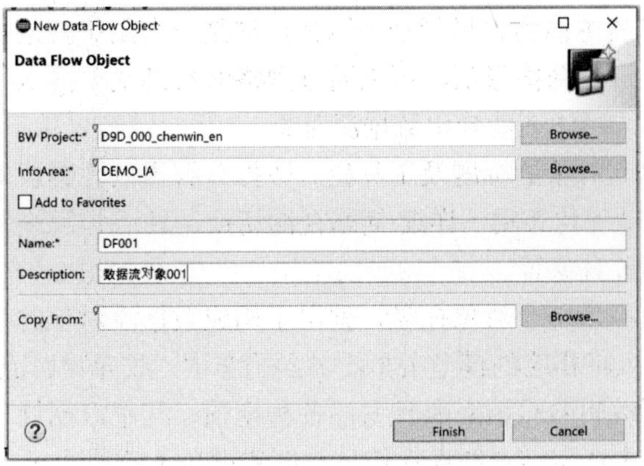

图 11-5 新建数据流对象对话框

配置完成后，单击"完成（Finish）"按钮，关闭向导对话框。

第三步，查看并编辑数据流对象。

系统在 BW 建模工具界面中打开新数据流对象的编辑界面，开始编辑数据流对象。

11.2.2 编辑数据流对象

数据流对象的编辑界面如图 11-6 所示。

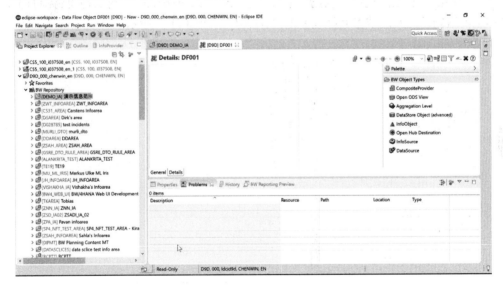

图 11-6 数据流对象编辑界面

数据流对象编辑界面包括"常规（General）"选项卡和"明细（Details）"选项卡。

1."常规"选项卡

在"常规"选项卡上，系统显示数据流对象的技术名称和描述。用户可以在这里更改该描述。

2."明细"选项卡

"明细"选项卡的界面如图 11-6 所示。

在"明细"选项卡的主体窗口显示一个网格，这是一个用于描绘不同数据对象及其数据流连接的画布。画布显示成网格形状，可以通过网格的右键菜单插入行、列和单元格，选择多个节点进行对齐操作，打印或者导出数据流对象。

画布的上方是数据流对象的标题及工具栏。数据流编辑器工具栏可以进行版本切换、视图缩放、显示文档、自动优化布局、详细/简略视图切换、显示/隐藏转换和数据传输进程、分享对象链接、删除数据流对象等。

画布的右边的子窗口是一个对象托盘，列出了构成数据流对象的各种数据模型的类型，通过拖曳或者点选，可以将相应的模型类型添加到画布中，成为数据流对象中的非持久对象。

画布的下方提供了编辑数据流对象相关的各种视图。其中，属性视图可以显示数据流对象元数据，显示编辑器中选定节点的连接信息，创建和显示数据流对象及其节点的文档。

下面，开始制作数据流对象图。

第一步，在画布中添加对象。

通过画布中的右键菜单或者拖曳操作，可以将各种对象添加到数据流当中。

1）非持久对象：从画布右边的对象托盘中拖曳相应的对象类型，并输入对象名称即可。

2）持久对象：即系统已有的数据模型。添加这类对象，可以在项目资源管理器中拖曳相应的对象，也可以双击画布中的非持久对象，新建对应类型的数据模型。

3）现有数据流对象：在画布中右键菜单添加系统已有的数据流对象，进行后续的编辑工作。

通过使用画布右边的托盘，从托盘上将"数据源（DataSource）"对象拖曳到画布上，并将画布上的数据源对象的技术名称改名为"DS001"，如图 11-7 所示。

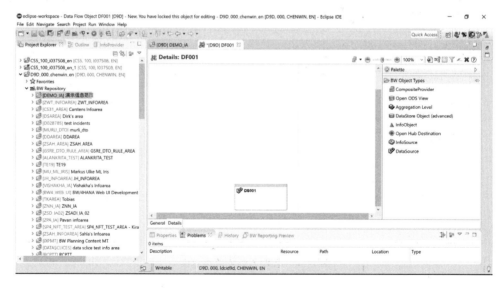

图 11-7　在数据流对象上添加数据源节点

画布中的数据源对象只定义类型和技术名称，并不是 BW/4HANA 系统里已有完整定义的数据源对象，这是一个非持久对象。

第二步，添加更多对象。

从右边的托盘中将"数据存储对象（DataStoreObject）"拖曳到画布上。同样地，将其技术名称改为"DSO001"。如图 11-8 所示。

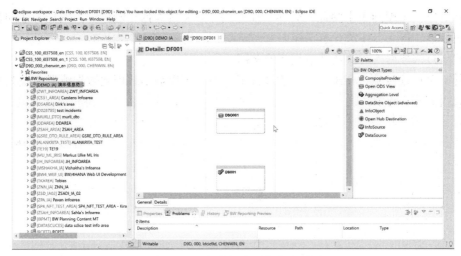

图 11-8 添加数据流对象节点示例

第三步，定义对象之间的连接。

通过目标对象的右键菜单或者拖曳操作可以操作对象之间的连接。使用拖曳操作时，要从源对象上边缘的灰色区域作为拖曳的起点，拉出一条虚线指向目标对象。根据创建连接操作的具体情境不同，连接操作的具体含义及代表的系统对象可能有以下几种情况。

1）转换：当目标对象是数据存储对象、信息对象、开放集成目标、信息源等对象时，系统将从源对象到这一目标对象的第一个连接线定义为转换。如果需要在同一个源对象和目标对象之间创建多个转换，就需要用右键菜单进行创建。

2）数据传输进程：当目标对象是数据存储对象、信息对象、开放集成目标、信息源等对象时，系统将从源对象到这一目标对象的第二个连接线及后续连接线定义为数据传输进程。

3）对象和其构成部分的关系：如果目标对象是复合提供者、开放 ODS 视图及汇总级别，则连接线说明源对象是目标对象的组成部分。此处的连接线是不带箭头的。

使用拖曳法在如图 11-8 所示的 DS001 和 DSO001 之间创建一个连接，结果如图 11-9 所示。

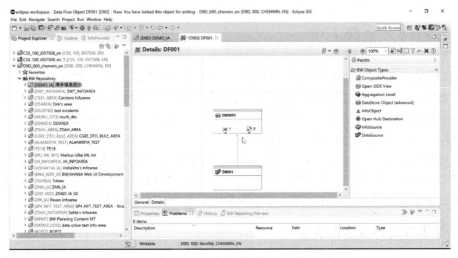

图 11-9 添加数据流连接示例

目标对象上出现两个小图标，分别代表连接是转换或数据传输进程。图标旁边的数字标明连接的数量。将鼠标停留在小图标上方，可以显示更多明细信息。

第四步，为数据流对象及其节点创建文档。

这是一个可选步骤。在画布下方的属性窗口下，可以显示或创建数据流对象及其节点的文档，如图 11-10 所示。

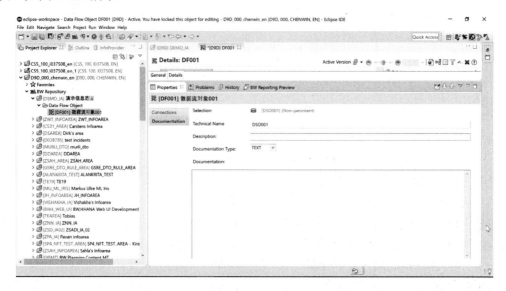

图 11-10　编辑数据流对象及其节点的文档

文档类型可以是纯文本文件或 HTML 文件。文档可以提供对数据流对象及其节点设计的更多细节和备注信息。系统设计师可以使用文档说明业务场景、描述数据流某个节点的作用、添加设计细节或者注释作为说明文档，并将设计方案交给技术专家进行实现。

第五步，保存并激活数据流对象。

最后，在编辑界面的工具栏上，单击"激活"按钮，保存并激活数据流对象。

11.3　是旅行，也是人生

我们规划的不仅仅是数据的流程，更是整个数据仓库系统的设计、管理和运维。

基于数据流对象，可以将对象中的非持久对象变成实实在在的 BW/4HANA 中的数据对象。系统会自动将这种变化反映在数据流对象中，数据流对象的每一个节点，每一条连接线与 BW/4HANA 中的数据对象都是一一对应的。

在这张设计图纸上，永远不用担心实际的施工效果与设计图出现偏差。数据流对象不仅可以用于设计阶段，还可以跟踪项目的实施进度。在项目结束后，它还可以用于支持项目的日常运维。数据流对象是一个支持 BW/4HANA 对象全生命周期管理的重要工具。

11.3.1　将非持久对象变为现实

数据流对象中的连接线可以代表不同数据对象之间的数据转换。在基于数据流对象中的连接线创建数据转换之前，需要先创建好数据转换的源对象和目标对象。

1．创建数据源对象

通过双击如图 11-9 所示数据流对象中的非持久对象数据源 DS001，创建数据源对象。完成创建的数据源对象如图 11-11 所示。

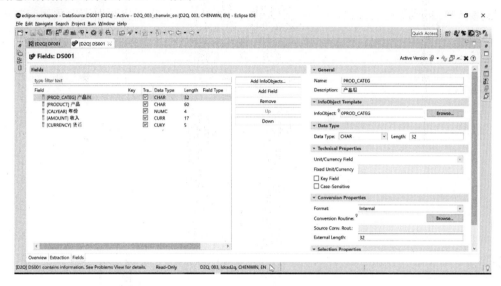

图 11-11　持久化的数据源示例

示例中的数据源 DS001 从文件源系统中获取数据。

2．创建数据存储对象

接下来，双击数据流对象中的非持久对象 DSO001，创建对应的数据存储对象。如图 11-12 所示。

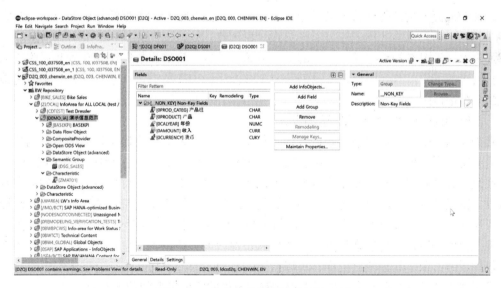

图 11-12　持久化的数据存储对象示例

无论是通过非持久的数据流对象节点创建数据源和数据储存对象，还是如前面几章介绍的，直接在 BW 建模工具界面的资源管理器中创建数据源和数据储存对象，其具体步骤都是

189

一样的，故不再赘述。

3. 查看自动更新后的数据流对象

在创建数据源 DS001 和数据存储对象 DSO001 之后，再打开数据流对象 DF001，更新后的结果如图 11-13 所示。

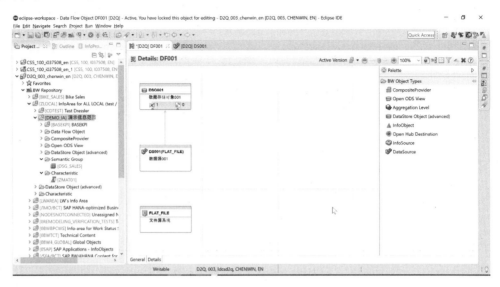

图 11-13　更新后的数据流对象

可以看到，系统自动将数据源对应的源系统显示在数据流对象中。

11.3.2　数据流对象拥有更广阔的用途

正如上面介绍的，使用数据流对象，一方面可以直观地描绘数据流中的所有对象和它们之间的关系，还可以为数据流对象及其节点对象创建文档进行详细说明；另一方面可以使用瞬态编辑器探索已有的数据模型之间的数据流关系，进而将瞬态数据流保存为数据流对象，并进行后续的编辑修改。因此，数据流对象在数据平台的蓝图设计、项目管理、系统运维等过程中都是很好用的工具。

1. 使用数据流对象进行系统蓝图设计

数据流对象支持在创建数据模型之前，使用非持久对象对数据流进行自上而下的建模。使用这一功能，就可以使用数据流对象直接在 BW/4HANA 系统中进行系统蓝图的设计。

在蓝图设计阶段，只需要指定数据模型的类型和名称即可，并可以设计数据的流向及处理过程。在设计过程中，可以对模型和数据处理过程进行优化及调整，同时可以不断地细化和完善设计文档，形成技术规格书。这时候的数据对象并没有真正地在系统里进行创建。

在系统实施阶段，可以在数据流对象中双击对应的节点，为非持久对象创建相应的系统数据模型或者对象。在创建过程中，可以参照文档说明的技术规格书，将技术细节和所需要的技术属性添加到这些对象中，生成 BW/4HANA 里的数据模型和数据对象。

2. 使用数据流对象进行项目管理，组织项目实施

数据平台或数据仓库项目往往是根据不同的业务主题和数据仓库分层对项目进行分割管理的，使用数据流对象可以对特定业务主题、特定数据仓库分层的所有数据对象进行组织和管理，有利于项目涉及的对象之间的管理，可以更加清晰地概览全局。

数据流对象与 BW/4HANA 元数据资源库是集成的，而且还集成了文档功能。通过文档及系统元数据资源库记录设计、开发的数据对象及数据流，可以确保文档与系统之间的一致性，方便地进行项目管理，有利于不同团队之间的协同工作。

在项目开始时，可以创建数据流对象模型作为模板，在创建其他数据流对象的时候可以利用这些模板快速、简单地进行复制并进行后续编辑。使用模板可以方便地在项目范围中形成统一的标准，可以推广使用统一的命名规范，防止数据模型冗余，降低项目开发的工作量与成本。

3．使用数据流对象探索、整理系统里已有的数据模型及数据流向

对于 SAP BW/4HANA 中已有的数据模型，可以在数据流编辑器中显示和分析与这一数据模型相关的数据流。这种由系统读取现有的数据模型及其数据流信息而生成的数据流称为瞬态数据流。使用瞬态数据流编辑器，可以直观地展现与分析瞬态数据流中的对象和它们之间的关系，也可以将瞬态数据流保存为数据流对象。

在瞬态数据流中将数据对象的数据流向在各个方向进行展开，可以找到一个对象和相应的数据流有关的各种问题的答案。例如：

1）某个数据对象是否存在向外输出的转换和数据传输进程？
2）某个数据对象被哪些其他数据对象消费了？
3）某个数据对象的数据从哪里来？

瞬态数据流编辑器可以用于添加数据流中缺少的对象。但是，编辑后的数据流要保存为数据流对象，不然退出编辑器时所做的编辑成果会丢失。

在将系统从低版本升级至 BW/4HANA 系统后，也可以利用数据流对象的这一功能对系统现有的模型进行组织整理，并将它们的关系保存为数据流对象进行永久保存。

11.4 本章小结

本章主要介绍了 SAP BW/4HANA 系统的数据流。SAP BW/4HANA 的数据流连接了数据源、信息对象、数据存储对象等多种类型的数据对象，定义了数据在这些不同对象之间的传输的路径。每一段数据流都有各自的起点对象和目标对象，还会使用转换、数据传输进程、信息源等各种对象。

SAP BW/4HANA 系统提供了数据流对象对数据流进行保存和管理。创建数据流对象可以基于系统中已有的数据对象和已有的数据流进行保存，也可以使用系统中还没有创建的非持久对象作为数据流的节点，先创建数据流对象再实现其中的节点。

使用数据流对象，可以方便地对系统的数据流进行自上而下的设计，用于对项目实施进行组织管理，也可以用于对系统里现有数据流的分析和管理。

第 12 章 处理：能文能武的修路人

要使蓝图成为现实，需要一帮实干家。

在数据流对象中，一条从源对象到目标对象的连接线可能代表了一个数据转换和一个数据传输进程。其中，数据转换详细地定义了从起点到终点实现途径的每一个细节。实现数据转换这样的功能，我们需要一位细致、认真的修路人。

在一马平川的原野上，修路人可以提供快速推进的作业方法。在崇山峻岭之间，修路人也要具备逢山开路、遇水搭桥的作业能力。修路人必须是一个多面手。BW/4HANA 数据转换正是这样一位修路人，它既提供了图形化的快速字段匹配、公式计算、单位换算、规则分组等定义转换规则的方法，也提供了嵌入式编程的增强开发方法。

12.1 一段路，一个转换

数据流中有很多段路，每一段路都有一个起点，一个终点。

在起点和终点之间，有数据转换（Transformation）。当数据从一个数据对象加载到另一个数据对象时，是经过转换的。在源对象和目标对象之间创建一个转换，将源对象的字段格式转变成目标对象的字段格式。

对数据进行转换就是对数据的合并、清理和整合。通过转换，可以实现不同的源数据在语义上的一致性。SAP BW/4HANA 的转换定义的是对数据进行处理的规则。参见图 11-2，可以看出转换在 SAP BW/4HANA 数据流中的地位和作用，其中信息提供者是信息对象、数据存储对象、复合提供者、开放 ODS 视图等对象的统称。

12.1.1 创建一个数据转换

下面，我们将接着上一章的演示示例，以数据源 DS001 和数据存储对象 DSO001 为源对象和目标对象，说明转换的创建过程。

首先，打开新建数据转换向导对话框。

转换是连接源对象与目标对象的，因此，可以在 BW 建模工具界面中的资源管理器中找到源对象或者目标对象，在其右键菜单中可以打开新建转换向导对话框。

当然，另一种方式是在数据流对象中打开新建转换向导对话框。双击如图 11-13 所示数据流对象中目标对象的数据转换图标，系统也会弹出创建数据转换对话框。

第二步，配置新建数据转换向导。

新建转换（New Transformation）向导对话框界面如图 12-1 所示。

对话框中自动带出了项目名称、目标对象、源对象等信息。从对话框的"对象类型（Object Type）"下拉列表中可以看出分别有哪些对象类型可以作为转换的源或目标。

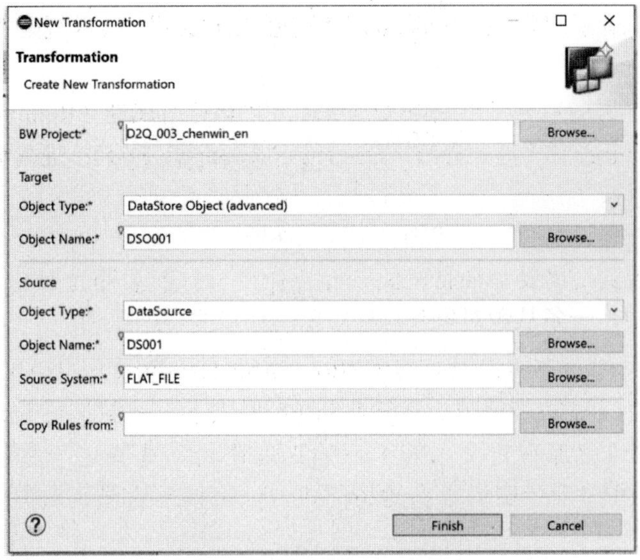

图 12-1 新建转换对话框

在 BW/4HANA 的诸多数据对象中，数据源、信息源、数据存储对象、信息对象、复合提供者、HANA 分析进程和查询都可以作为转换的源对象。而信息源、信息对象、数据存储对象、开放集成器都可以作为转换的目标对象。

在向导对话框中设置好转换的源对象和目标对象，在对话框中修改并检查信息无误后，单击"完成（Finish）"按钮。系统关闭对话框，进入转换的编辑界面。

第三步，编辑转换。

系统返回 BW 建模工具界面，用户可以进行后续的编辑工作。

12.1.2　编辑数据转换

新建的转换显示在转换编辑界面中，如图 12-2 所示。

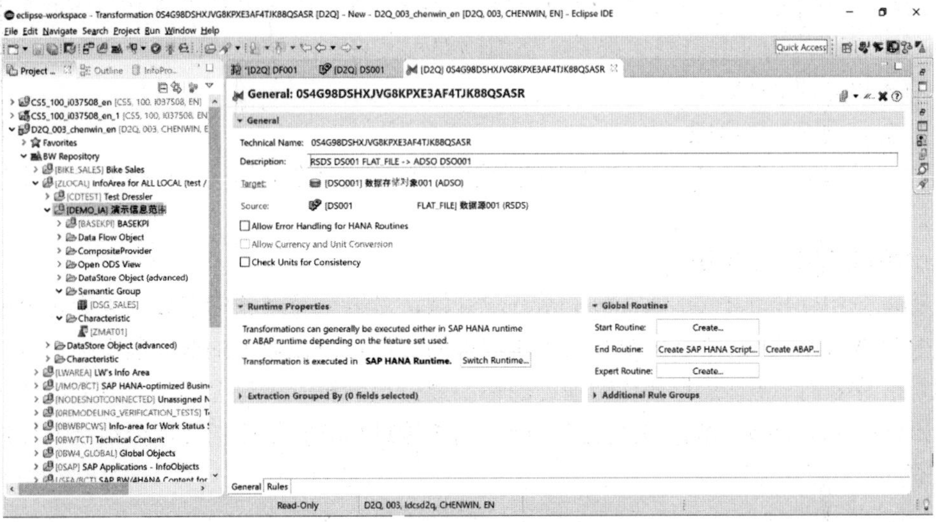

图 12-2　转换编辑界面-常规选项卡

转换编辑界面包含了"常规（General）""规则（Rules）""技术规则（Technical Rules）"等选项卡。

在"常规"选项卡中包含了"通用（General）""运行时属性（Runtime Properties）""全局例程（Global Routines）""提取分组（Extraction Grouped By）""规则组（Additional Rule Groups）"几个子区域。

1．"通用"子区域

"通用"子区域显示了转换的技术名称和描述，目标对象和源对象，还提供了以下三个选项。

1）允许 HANA 例程中的错误处理（Allow Error Handling for HANA Routines）：所谓例程就是一段程序代码。在例程中，BW/4HANA 提供了一段封装好输入接口和输出接口的代码，用户可以自己编程定义中间过程的处理逻辑。选择这一选项，在后续创建的 HANA 例程中，系统提供对错误数据的访问入口，可以针对错误数据编写代码，进行逻辑处理。

2）允许货币和单位转换（Allow Currency and Unit Conversion）：当转换的目标对象是信息源或者数据存储对象时，可以启用这一功能。启用这一功能要满足以下条件：目标对象中的所有货币和单位必须是目标对象的主关键字。对于数据存储对象，货币和单位要使用信息对象。

3）检查单位一致性（Check Units for Consistency）：选择这一功能，系统会对单位字段的值进行检查，防止出现非法的单位值。例如，可以防止在数据上载时出现空的单位值。

2．"运行时属性"子区域

在运行时属性（Runtime Properties）子区域中，可以指定转换的执行环境是在 HANA 运行时或者在 ABAP 运行时。系统默认值是选择 HANA 运行时，在切换不同的运行时的过程中，系统会检查现有的转换规则与例程是否仍然可用。

总体而言，选择 HANA 运行时可以获得比 ABAP 运行时更好的性能，特别是对于海量数据进行处理时效果更明显。但 ABAP 运行时更加容易使用，而使用 HANA 运行时要考虑更多技术细节。不同的运行时创建例程时，使用的编程语言也不一样，需要根据不同场景选择 HANA 脚本语言或 ABAP 语言。

3．"全局例程"子区域

在"全局例程（Global Routines）"子区域中，可以定义全局例程。将在 12.4 节中进行详细介绍。

4．"提取分组"子区域

在提取分组（Extraction Grouped By）子区域，可以从源对象的字段列表中选择一部分字段定义提取分组⊖，这些字段组合具有相同值的数据记录在数据抽取过程中会被分组在同一个数据包中进行处理。在数据传输进程的错误数据处理机制中也会涉及提取分组的定义和使用，如果启用这一错误数据处理机制，则数据传输过程和转换里的提取分组定义要统一设计和考虑。

⊖ 即以前版本 BW 系统中的语义分组（Semantic Grouping）。

5．"规则组"子区域

在规则组（Additional Rule Groups）子区域中，可以定义更多的转换规则组，将在 12.3 节中详细介绍。

一个转换可以包含多个转换例程与转换规则组。每个转换规则组可以有多个转换规则。下面，先介绍转换规则的设置。

12.2 字段与字段的对接

数据转换定义的是源对象与目标对象之间的连接关系。而具体的转换逻辑是在字段层面进行定义的，我们需要定义源对象的每一个字段与目标对象的每一个字段的映射和转换的逻辑，这就是转换规则。

12.2.1 设置转换规则属性

在数据转换的编辑界面中，切换到"规则（Rules）"选项卡，如图 12-3 所示。

"规则"选项卡中列出了数据源和数据存储对象的字段。如果转换的数据源的某个字段与转换目标的某个字段使用同一个信息对象，系统会自动生成字段映射的建议。可以手工指定字段之间的映射关系或者对系统建议的映射关系进行调整。

如图 12-3 所示，选中数据源中的一个字段，并拖至数据存储的相应的字段中，系统将生成一对字段间的映射，称为转换规则。

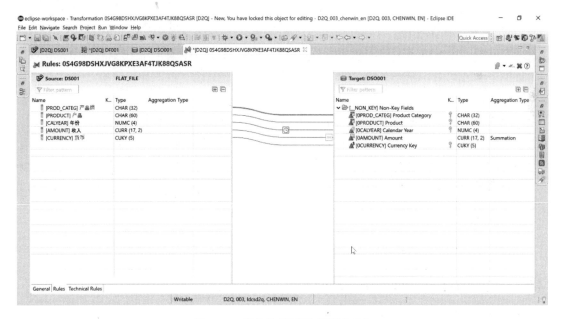

图 12-3 转换编辑界面-规则选项卡

双击代表转换规则的连接线，在属性窗口可以看到规则的明细，如图 12-4 所示。

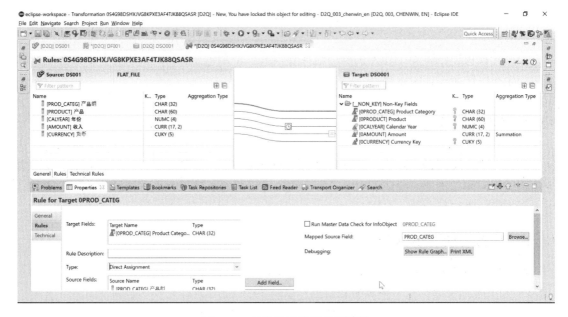

图 12-4　转换编辑界面-规则属性

在规则属性窗口中，即如图 12-4 所示界面的左下方，有"常规（General）""规则（Rules）""技术（Technical）"多个选项卡，主要的设置选项在"规则"选项卡中。在"规则"选项卡中可以进入如下设置。

1）目标字段和源字段

一个转换规则可以是简单的源字段与目标字段的一一对应关系，也可以是多个源字段到一个目标字段的赋值。源字段列表右边提供了添加字段和移除字段的操作按钮。

2）描述

可以为每个规则输入一个描述，否则系统自动以目标字段的名称作为规则的描述。

3）规则类型

赋值的方式有多种选项，称之为规则类型。

规则类型定义是否以及如何将特征/关键值或数据字段/关键值更新到目标字段。规则类型有多个可选项，将在后面详细介绍。

4）其他设置

其他设置选项大多和规则类型的选项相关，也在后面一并介绍。

12.2.2　通向目标字段的 7 种方式

常见的规则类型有以下选项可用。

1．常数

直接为目标字段指定一个常数值，而不是使用源字段。如图 12-5 所示。

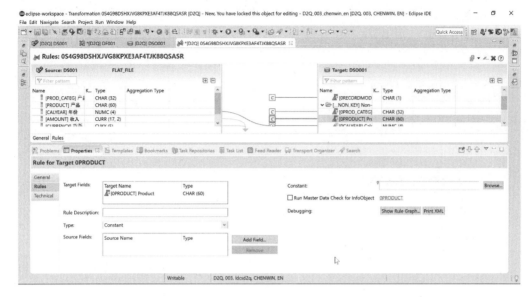

图 12-5　使用常数为目标字段赋值

具体配置步骤如下:

1) 在属性 (Properties) 窗口中的"规则 (Rules)"选项卡中,从"类型 (Type)"下拉列表中选择"常数 (Constant)"规则类型。

2) 单击常数值 (Constant) 输入框右方的"浏览 (Browse)"按钮,系统还可以提供目标字段对应的信息对象中已有的值的列表作为输入的帮助,当然,用户也可以输入一个列表中没有的新值。常数赋值的方式可以用来为某些值缺失又有特定的取值的字段赋值。例如,从某个数据源上来的数据都是属于某个子公司的,在目标字段"公司代码"中就可以直接填入这个子公司的公司代码。

3)"对信息对象运行主数据检查"(Run Master Data Check for InfoObject) 选项:可以启动对指定的信息对象进行数据参照完整性检查。在数据更新前,系统会检查即将写入的字段值是否有效,也就是说,新字段值是否在原来的信息对象中已经存在。如果字段值不存在,系统认定字段值无效,不会进行写入操作,并报告错误信息。

2. 直接分配

直接使用所选的源字段的值填充目标字段。这是最常用的一种赋值方式,图 12-4 的例子使用的就是这种方式。

3. 公式

通过公式的结果更新目标字段。在"类型"下拉列表中选择这一选项后,"规则"选项卡中会出现"公式 (Formula)"输入框。用户可以单击"公式"输入框右方的"编辑 (Edit)"按钮,系统会弹出公式编辑窗口,如图 12-6 所示。

公式编辑器 (Edit Formula) 的上半部分左边是公式的输入子窗口,用户可以通过鼠标单击右面的按钮进行输入,也可以直接输入公式内容。右边是计算符号以及用于输入常量的命令按钮。

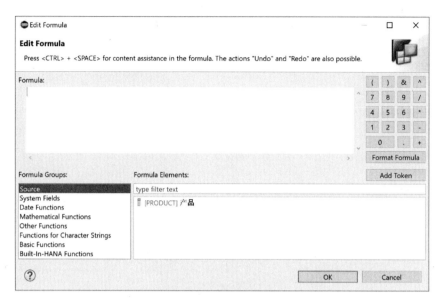

图 12-6 公式编辑窗口

在窗口的下半部分，左边列出了在公式中可以使用的各类字段和函数。其中包括在图 12-4 中选择的源字段、可用的系统变量，系统提供的基本函数、字符串函数、数据函数、日期函数和 HANA 内置函数等多种预定义的函数。

4．初始值/不更新

对于主关键字，即目标对象的键值，系统提供的选项是"初始值(Initial)"，系统自动根据目标字段的类型赋予一个初始值，如图 12-7 所示。

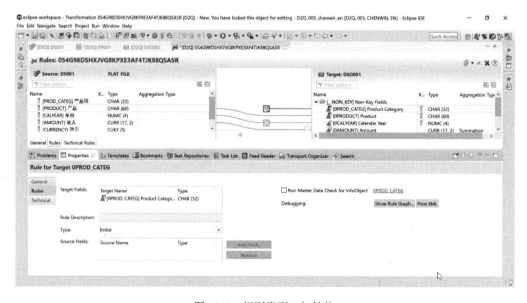

图 12-7 规则类型：初始值

对于非主关键字，系统提供的选项是"不更新(No Update)"，系统不在目标对象中更新目标字段，这使得目标字段保存原来的值成为可能，如图 12-8 所示。

图 12-8　规则类型：不更新

从图 12-8 中可以看出目标对象哪些字段是主关键字，哪些不是。从图中目标对象的主关键字（Key）一列是否显示钥匙图标可以判断出来。

5．读取数据对象

这里可以读取的数据对象包括带属性的信息对象（特性）和数据存储对象。如果读取的是信息对象，源字段需要对应特性的键值，通过源字段读取特性里的属性，用属性的值更新目标字段。因此，源字段必须包含特性的键值，而特性必须包含目标字段对应的信息对象作为属性。如果读取的是数据存储对象，系统会自动列出数据存储对象的所有键值字段，源字段需要提供这些字段对应的值，以确保读出准确的数据。

例如，产品组 0PROD_CATEG 是特性产品的一个属性，如图 12-9 所示。

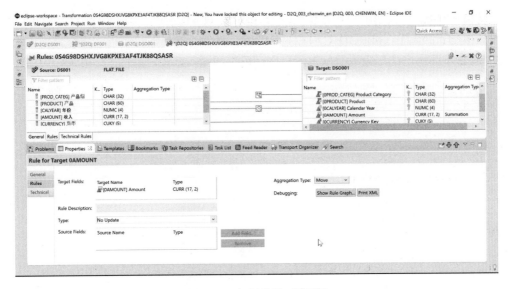

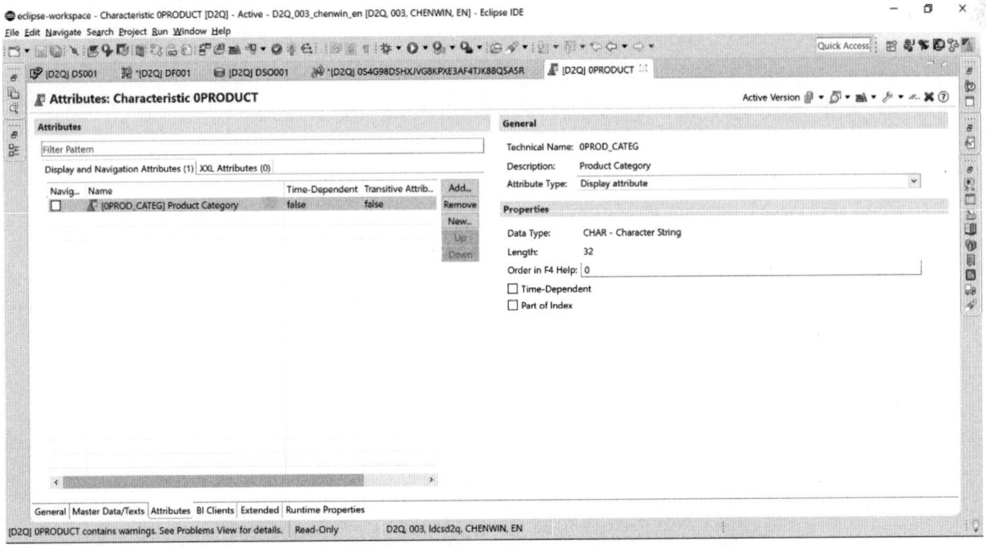

图 12-9　特性"产品"具有属性"产品组"

在转换规则中，可以使用转换类型"读取数据对象（Lookup）"，根据"产品（0PRODUCT）"的值来派生出"产品组（0PROD_CATEG）"的值。具体设置如下。

1）将源字段"产品"设为目标字段"产品组"的输入字段，如图 12-10 所示。

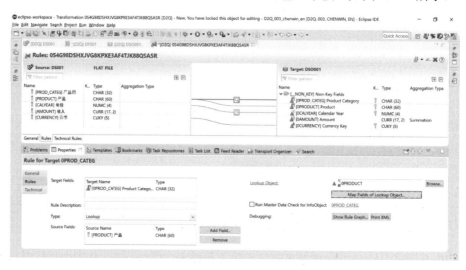

图 12-10　将"产品"设为"产品组"的输入字段

2）设置规则类型。在规则属性中，将规则类型设置为"读取数据对象（Lookup）"。

3）选择读取数据对象。单击读取对象（Lookup Object）右边的"浏览（Browse）"按钮，选择需要读取的数据对象。在本示例中，选择信息对象 0PRODUCT，如图 12-10 所示。

4）设置字段映射关系。单击"读取对象字段匹配（Map Fields of Lookup Object）"按钮，系统弹出"读取对象字段匹配（Map Fields of Lookup Object）"对话框，如图 12-11 所示。

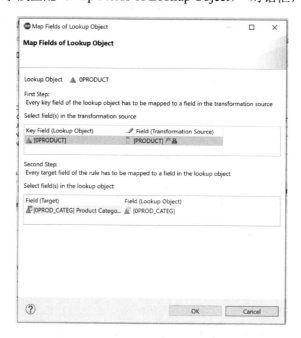

图 12-11　"读取对象字段匹配"对话框

按照对话框提示,首先将源字段(Field(Transformation Source))匹配到读取的数据对象的键值字段(Key Field(lookup Object)),再将读取的数据对象的输出字段(Field(lookup Object))匹配到转换的目标字段(Field(Target))。

6. 例程

在 12.1.2 小节中提到过,例程就是用户可以自己定义的程序代码。用户可以自己编程定义转换例程,为目标字段赋值。根据转换设置的运行时不同,这里的例程可能是 ABAP 例程或者 HANASQL 脚本例程。这里的例程可以有多个源字段作为输入字段,输出字段就是目标字段。

以收入字段的转换规则为例。

1)将规则类型设置为"例程(Routine)",如图 12-12 所示。

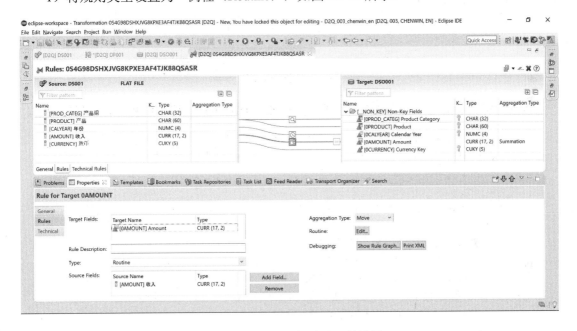

图 12-12 规则类型"例程"的设置

2)编写例程代码。单击"编辑(Edit)"按钮,系统进入例程的编辑界面。例程代码的编辑界面并不在 BW 建模工具视图中,而是在同样基于 Eclipse 的 ABAP 开发工具(ADT)视图里。如果是第一次登录,需要在 ADT 视图里创建相应的系统连接。此处示例的轮换设置的是 HANA 运行时,系统创建的是 HANASQL 脚本例程,如图 12-13 所示。

当创建一个 SAP HANA SQL 脚本例程时,系统会生成一个 ABAP 类(CLASS)。这个类的实现使用了 ABAP 管理的数据库存储过程(AMDP)的接口 IF_AMDP_MARKER_HDB,使这个 ABAP 类成为一个 AMDP 类。AMDP 类的实现方法可以写成一个数据库存储过程,AMDP 框架随后会为这一方法生成基于 SAP HANA 的数据库存储过程。

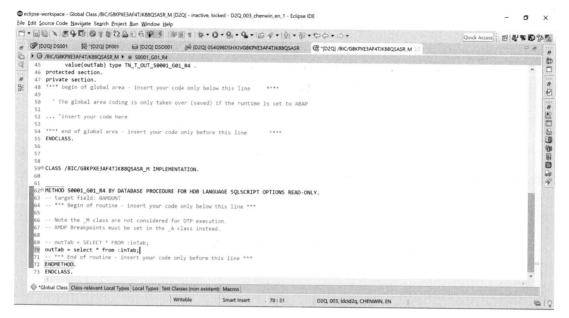

图 12-13 转换例程的编辑界面

例程编辑界面中已生成部分代码，采用的是 SAP HANA SQL 脚本编程语言。代码如下：

```
class /BIC/G8KPXE3AF4TJK88QSASR_M definition
  public
  create public .
public section.
  interfaces IF_AMDP_MARKER_HDB .
  types:
    begin of TN_S_IN_S0001_G01_R4_1,
      AMOUNT type P length 000009 decimals 000002,
      RECORD type C length 56,
      SQL__PROCEDURE__SOURCE__RECORD type C length 56,
    end of TN_S_IN_S0001_G01_R4_1 .
  types:
    begin of TN_S_IN_S0001_G01_R4.
      include type TN_S_IN_S0001_G01_R4_1.
    types end of TN_S_IN_S0001_G01_R4 .
  types:
    TN_T_IN_S0001_G01_R4 TYPE STANDARD TABLE OF TN_S_IN_S0001_G01_R4 .
  types:
    begin of TN_S_OUT_S0001_G01_R4_1,
      AMOUNT type /BI0/OIAMOUNT, " InfoObject: 0AMOUNT
      RECORD type C length 56,
      SQL__PROCEDURE__SOURCE__RECORD type C length 56,
    end of TN_S_OUT_S0001_G01_R4_1 .
  types:
    begin of TN_S_OUT_S0001_G01_R4.
```

```abap
        include type TN_S_OUT_S0001_G01_R4_1.
      types end of TN_S_OUT_S0001_G01_R4 .
    types:
      TN_T_OUT_S0001_G01_R4 TYPE STANDARD TABLE OF TN_S_OUT_S0001_G01_R4 .
    methods S0001_G01_R4
      importing
        value(i_req_dtp_name) type STRING
        value(i_req_logsys) type STRING
        value(i_req_src_name) type STRING
        value(i_req_src_type) type STRING
        value(i_req_tgt_name) type STRING
        value(i_req_tgt_type) type STRING
        value(i_req_requid) type STRING
        value(inTab) type TN_T_IN_S0001_G01_R4
      exporting
        value(outTab) type TN_T_OUT_S0001_G01_R4 .
  protected section.
  private section.
  **** begin of global area - insert your code only below this line     ****

   " The global area coding is only taken over (saved) if the runtime is set to ABAP

   ... "insert your code here

  **** end of global area - insert your code only before this line      ****
ENDCLASS.



CLASS /BIC/G8KPXE3AF4TJK88QSASR_M IMPLEMENTATION.


  METHOD S0001_G01_R4 BY DATABASE PROCEDURE FOR HDB LANGUAGE SQLSCRIPT OPTIONS READ-ONLY.
    -- target field: 0AMOUNT
    -- *** Begin of routine - insert your code only below this line ***

    -- Note the _M class are not considered for DTP execution.
    -- AMDP Breakpoints must be set in the _A class instead.

    -- outTab = SELECT * FROM :inTab;
    outTab = select * from :inTab;
    -- *** End of routine - insert your code only before this line ***
  ENDMETHOD.
ENDCLASS.
```

代码是系统生成的 AMDP 类的定义代码和实现代码。这个类与转换是一一对应的。类中可以包含多个方法（Method），每个方法对应一个字段的转换例程。可以在指定的部位插入自己的代码，其他部位的代码是系统生成的，不用修改。用户可以在代码中使用环境变量、读取数据库中的数据、对数据进行计算处理、在数据上载记录中写入记录信息等。在上面的示例中，在实现部分中的方法 S0001_G01_R4 中的内容是我们输入的代码，我们直接将输入的收入等字段赋值给目标字段，不做任何处理。

7．时间更新

除了以上的规则类型外，还有一类特别的规则类型，专门用于更新时间类型的字段。这就是"时间更新（Time）"。

由于时间字段的特殊性，系统提供了 3 种不同的时间更新的方式。

1）直接更新。系统直接将源字段的值赋予目标字段的值。这适用于源字段和目标字段类型相同的情况，例如都是日历年，如图 12-14 所示。

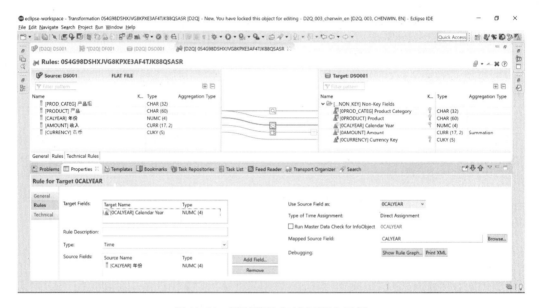

图 12-14　规则类型"时间更新"示例

2）时间转换。当源字段与目标字段的日期类型不一样时，系统会自动辨别源字段与目标字段的类型，可使用相应的时间转换函数。例如从日历天到日历年的转换，系统会自动使用时间转换。

3）时间分配。用于从大的时间单位向小的时间单位赋值。系统会自动将源对象的数据字段，即关键值，按比例分给目标字段的数据字段。

例如，源对象包含时间字段"日历月（0CALMONTH）"赋值给目标字段"日历周（0CALWEEK）"。如果源字段的值是 2020 年 7 月，其横跨了 2020 年的第 27 周至第 31 周。其中，第 27 周有 4 天，第 28、29、30 周有 7 天，第 31 周有 6 天。系统会自动将每一个数据字段的 4/31 放到 2020 年第 27 周的相应的数据字段中，将值的 7/31 各放到 2020 年第 28、29、30 周，将最后的 6/31 放到 2020 年第 31 周的相应的数据字段中。

12.2.3　关键值的聚集类型及单位转换

对关键值的更新，还会涉及关键值的聚集类型的问题，以及货币和其他计量单位的转换问题。

1．关键值的聚集类型

在规则明细里，对关键值的更新除了规则类型的设置，还可以设置聚集类型，参见图 12-15。聚集类型决定了关键值或者数据字段更新到目标数据对象的方式，有"覆盖（Move）"和"合计（Summation）"等不同的选项。选择"覆盖"选项时，对于主键相同的记录，后面的记录的值会直接覆盖以前的记录的值。选择"合计"选项时，对于主键相同的记录，后面的记录的值会与以前的记录值合计后，作为更新后的值。如果数据源只提供最后的结果，系统会建议使用"覆盖"选项。当然，也可以根据应用情景改变这一设置。例如想统计记录变化的次数，可以设置一个计数器字段，在更新规则中，将它的值设置为常数"1"，并将更新类型设置为"合计"。

对于其他一些不同类型的目标对象，在更新数值型的字段时，系统会使用特性 0RECORDMODE 来表明更新的类型。特性 0RECORDMODE 用于标志从 SAP 源系统的增量更新记录。如果不是将增量请求更新到数据存储对象，或者只是以文本文件作为数据源，则不必使用特性 0RECORDMODE。

2．货币与单位转换

当在如图 12-2 所示的转换常规选项卡中激活"允许货币和单位转换"选项时，系统会启动内置的货币与单位转换功能。如图 12-15 所示，货币及单位可以从源对象中直接转送到目标对象，也可以通过转换进行不同单位之间的换算。

图 12-15　货币与单位转换

如果不进行单位换算，只需要从源对象中选择相应的单位字段更新目标字段即可。如果需要进行单位换算，则勾选"转换类型（Conversion Type）"选项，并通过"浏览（Browse）"按钮选择一个转换类型。

系统提供了内置的转换类型，也支持用户自己定义转换类型。转换类型定义了单位换算的源单位、目标单位以及换算的因子。源单位和目标单位可以是变量，也可以是固定值。对货币而言，不同的转换类型决定了不同的换算时间、汇率类型。对其他计量单位而言，转换类型决定了转换的因子是来自源对象、参照信息对象、DSO还是系统配置表。系统会根据选定的转换类型自动进行数据的换算。转换类型不仅可以用在转换规则中，在运行报表时也可以调用转换类型对不同的单位进行实时换算。

12.3 开启立体交通模式

从起点到终点，可以修建多条道路。这就好比从源对象到目标对象，可以同时存在多个数据转换。

但是，在同一段道路中，还可能出现主路和辅路并存的情况，或者是普通路面与高架并存的情况。在 BW/4HANA 的一个数据转换当中，也会有立体交通模式存在。一个数据转换中可以有多个不同的规则组。

12.3.1 增加规则组

顾名思义，规则组是转换规则的组合。一个转换可以包含多个规则组。每一个转换至少包括一个规则组，称为标准组。其他的规则组都以标准组为参照。也就是说，如果标准组发生了变化，其他规则组自动发生与标准组同样的变化。

从转换规则的介绍中可以看出，所有关键值（数值字段）的更新都是与特定的特性（主关键字）相关的。关键值也只有与系统的特性相联系，才具有具体的业务含义。但是，对于有些关键值而言，需要同时更新不同的特性的组合。这时候，就需要多个规则组来实现关键值对不同特性组合的更新。

在转换的编辑界面可以增加或删除规则组，如图 12-16 所示。

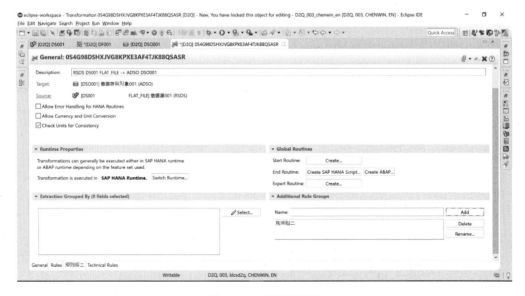

图 12-16　新增规则组

在常规选项卡中的规则组子区域下,在"名称(Name)"输入框中输入新规则组的名称,如"规则组二",并单击"添加(Add)"按钮。新增加的规则组会出现在下方的列表中,同时编辑页面增加一个与新规则组名称同名的选项卡,如图 12-17 所示。

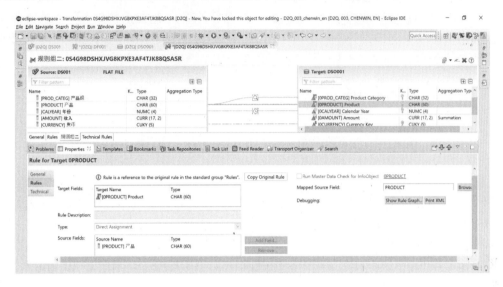

图 12-17　编辑新规则组

打开以新规则组命名的选项卡,就可以对新规则组进行编辑。在新的规则组里,已经有一些目标字段的更新规则显示成虚线,代表其更新规则与参照标准组的更新规则一致。如果需要对这些规则进行修改,则在规则属性窗口上单击"复制原始规则(Copy Original Rule)"按钮,可以将标准组的更新规则复制过来,之后就可以对更新规则进行编辑修改了。

12.3.2　使用多个规则组的业务场景

在一个数据转换中使用多个规则组,可以使数据转换更加灵活地满足业务需求。下面举两个业务应用场景的例子。

1. 按不同业务类型分别存储时间与金额

在下面的示例中,数据源对象和目标对象有不同的数据结构。在数据转换过程中,需要基于数据源的一条记录生成多条记录,存储到目标对象中。

例如,数据源对象中包含了 4 个字段:
- 订单时间
- 交货时间
- 开票时间
- 金额

但是目标对象有不同的字段结构:
- 交易类型
- 时间
- 金额

为了满足目标对象中按不同的交易类型和交易时间进行多条数据记录存储的需求,可以定义三个规则组，对每一条源记录在目标对象中分别生成三条不同的记录，如图12-18所示。

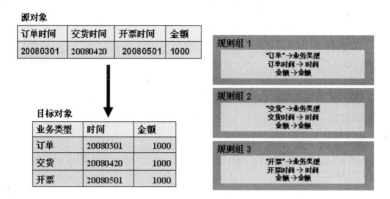

图 12-18　规则组示例一

每个规则组的"业务类型"都指定一个常数值，用源对象中不同的时间字段更新目标对象的时间字段，用源对象中的金额字段更新目标对象中的金额字段。

2．计算销售人员与经理的奖金

假设某公司在计算销售人员的奖金时是以销售额作为计算基数的。对于一线的销售人员，他们取得的销售额就是计算基数。对于经理人员，他们手下的销售人员的销售额的10%计入经理人员的奖金计算基数。

在系统实现时，源对象存储了销售的原始数据，目标对象存储奖金计算基数。这时，我们可以使用两个规则组实现，如图12-19所示。

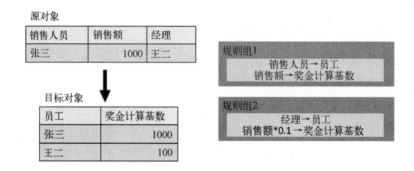

图 12-19　规则组示例二

对于一线的销售人员，可以直接使用相应的字段更新目标对象的奖金计算基数。同时，对于销售经理，使用另一个规则组计算出的经理的奖金计算基数，并同时更新到目标对象中。

从以上两个示例中可以发现，规则组的使用可以方便地解决由源对象的一条数据记录生成多条数据记录，并同时更新到目标对象的问题。

12.4　修路人的终极必杀技

在前面的介绍中，修路人尽显儒雅的风度，通过图形化界面的配置选项，就可以实现丰富的数据加工处理的功能，满足绝大部分业务需求。如果这些图形化的界面还是不能满足数据处理的需求怎么办呢？修路人自有妙计。

SAP BW/4HANA 数据转换规则的定义除了提供图形化的界面，也提供了各种编程的方法。例程就是 ETL 过程中最常用的一种编程的方法。例程使用 HANASQL 脚本或者 ABAP 对象编程技术实现，由预置的定义部分和实现部分组成。例程的输入、输出参数以及方法的标签是在定义部分就确定的。方法的具体实现逻辑由实现部分完成，用户可以自行定义方法实现的逻辑。在方法中可以进行对象声明。

12.4.1 转换中可用的例程

在转换规则里，用户可以使用例程来定义图形化界面无法完成的复杂的单个目标字段的数据转换规则。同样对于整个转换而言，SAP BW/4HANA 也提供了相应的例程类型，允许用户定义自己的转换。图 12-20 说明了这些例程在数据流中的位置。

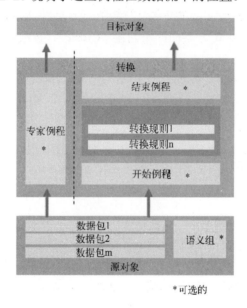

图 12-20 转换中的例程

图 12-20 中显示转换包含了 4 种类型的例程。

1）开始例程：开始例程在每个数据包开始进行转换时运行。开始例程没有返回的值，它直接对数据包进行计算、修改或删除，将操作的结果直接保存在数据包中进行后续的转换步骤。当然，开始例程也可以访问和操作 SAP BW/4HANA 系统中的其他数据库表。

2）特性或关键值的例程：这种例程是作为一种规则类型出现的，属于转换规则的一部分。它可以为一个关键值或一个特性定义一个单独的例程，在介绍规则类型时已做过详细讲解。

3）结束例程：结束例程对经过转换规则转换后的数据进行操作，它操作的是一个与目标对象字段结构一致的表结构。与开始例程一样，它也是逐个数据包进行处理的。在结束例程中，可以进行各种数据的操作，例如，删除不需要的数据、进行数据质量检查等。

4）专家例程：专家例程是系统提供的进行数据转换的另一个选项，这一类型的例程较少使用。一般只在 SAP BW/4HANA 提供的标准函数不能满足转换需要的时候，才使用专家例程；在已经知道数据库表逻辑时，出于提高性能的考虑，也可以使用专家例程而不使用图形界面；专家例程还可以更方便地将一条长记录分成多条短记录。使用专家例程可以编写系统提供的规则类型以外的任意转换，这时需要自定义写入数据加载日志的信息。专家例程与其他转换规则是互斥的，一旦为一个转换创建了专家例程，系统会删除同一转换内已经定义好的其他转换规则。

此外，还有一种特殊的例程，即反向例程，在上图中没有标识出来。它用于将目标对象在运行报表时的选择条件和输出字段转化为对源对象的选择条件和输出字段的要求。

12.4.2 新建与编辑例程

下面来看看各种例程具体的新建和编辑操作。

1．开始例程

（1）新建开始例程

在如图 12-2 所示的转换编辑界面"常规"选项卡的全局例程（Global Routine）子区域中，单击"开始例程（Start Routine）"后面的"创建（Create）"按钮，系统弹出创建开始例程对话框，如图 12-21 所示。

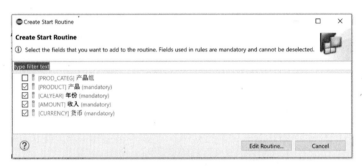

图 12-21　创建开始例程对话框

在对话框中列出了源对象里的字段，选择开始例程要使用的字段，并单击"编辑例程（Edit Routine）"按钮进入例程的编辑界面，如图 12-22 所示。

图 12-22　编辑开始例程

（2）例程代码的结构

编辑界面中已有一些程序代码。有些代码是系统预定义的部分，用户是不能修改的；有些代码是用户可以修改的部分。在编写例程代码时，如果对其中的一部分代码需要重用，可以将它们编写成函数、方法或子程序以供例程在其他地方调用。

与单个字段的例程结构类似，代码的第一部分是例程类的定义部分。源字段的一些字段，如产品组、产品等，系统均已做了声明。用户也可以自己声明其他需要用到的全局数据，在代码*** begin of global area 和 *** end of global area 之间输入用户的数据定义。

代码的第二部分是例程类的实现部分，具体定义了各种方法的实现逻辑。仍以开始例程为例，开始例程是类的一个方法，其实现逻辑由用户自行定义。

用户可以在代码 *** begin of routine ... 和 *** end of routine ... 之间进行程序代码编写。完成代码编写后，检查并保存代码。系统返回到转换的编辑界面。

（3）完成开始例程的编辑

此时，开始例程后面的按钮发生了变化，如图12-23所示。

图12-23　完成开始例程的编辑

单击开始例程后面的按钮可以对开始例程进行后续的编辑和修改。

2．创建结束例程

在HANA运行时，创建结束例程时可以选择创建HANA脚本例程或者ABAP例程。其创建过程及代码结构与开始例程大同小异。

3．创建专家例程

一旦创建了专家例程，系统会删除同一转换内已经定义好的其他转换规则。也就是说，专家例程会替换整个转换。因此在创建专家例程之前，系统会弹出提示信息。专家例程的代码结构、编辑界面与开始例程相似。其输入参数是所有源字段，输出是所有的结果字段。用户可以自定义其中的实现逻辑。完成代码编写后，检查并保存代码。系统返回到转换的编辑界面。

4. 反向例程

除了开始例程、特性或关键值的例程、结束例程和专家例程四类例程外，还有一类特别的例程，称为反向例程。反向例程将目标对象在运行报表时的选择条件和输出字段转化为对源对象的选择条件和输出字段的要求。

（1）反向例程的使用场景

当使用 SAP BW/4HANA 的报表跳转功能，从 SAP BW/4HANA 系统跳转到其他 SAP 系统的事务处理界面时，如果数据是经过例程转换的，需要使用反向例程将报表中相应的信息处理后再返回给其他的 SAP 系统。

目前，反向例程只有在转换设置成 ABAP 运行时才可用。

（2）编辑反向例程

对于上述的 4 种例程，在例程创建时，SAP BW/4HANA 自动生成了相应的反向例程。以专家例程为例，系统在专家例程的实现代码部分，除了前面介绍的实现方法外，还自动生成一个方法反向例程的实现方法，代码如下。

```
METHOD GLOBAL_EXPERT_INV.

* Note the _M class are not considered for DTP execution.
* ABAP Breakpoints must be set in the generated program instead

**** begin of routine - insert your code only below this line    ****

... "insert your code here

**** end of routine - insert your code only before this line    ****
ENDMETHOD.
```

用户同样在代码**** begin of routine 和**** end of routine 之间进行程序代码编写。完成代码编写后，检查并保存代码。系统返回到转换的编辑界面。

12.4.3 完成转换的编辑与设置

经过本节所有内容的介绍，我们可以创建转换、定义转换规则、增加规则组和使用例程。

在完成所有转换的设置后，检查设置并进行保存、激活，返回数据流对象编辑界面。刷新后，数据流对象编辑界面如图 12-24 所示。

在数据存储对象 DSO001 的图形上，代表转换的小图标已由灰色变成绿色，说明转换的状态是激活的。接下来，要通过数据传输进程的设置与执行来完成数据加载的过程。

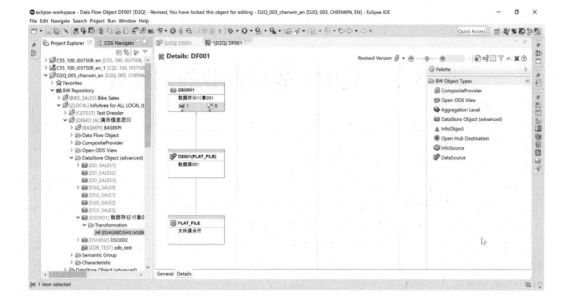

图 12-24　完成转换编辑

12.5　本章小结

BW/4HANA 中的数据转换用于连接数据源和不同的信息提供者,并对它们之间字段映射关系进行详细的定义。一个数据转换对应源对象和目标对象的连接,而源对象字段与目标对象字段之间的映射或转换逻辑是由转换规则定义的。

BW/4HANA 为数据字段的转换提供了 7 种转换规则类型,支持简单的图形化配置到编写特性或关键值的例程的不同方法。对于关键值的转换,系统还提供了不同的聚集类型和单位转换的配置功能。

一个数据转换可以有多个规则组,每个规则组有多个转换规则。规则组的使用可以方便地实现从源对象的单一记录生成目标对象多条记录的多种业务场景。除了使用系统提供的图形界面,数据转换还可以通过编程实现全局的例程功能。

第 13 章 处理：兢兢业业的调度员

路已在脚下铺就。

将数据送往目的地的工作万事俱备，只欠东风。

调度员就是这个东风。只待调度员一声令下，数据将根据之前确定好的规则，快速发往目的地。调度员要做好作业调度的批量和批次的管理，要监控作业的进展程度和完成状态，对出错的作业还要进行快速调整，重新安排补救措施。

数据传输进程就是这样一位兢兢业业的调度员。它能对数据的传输作业进行细致、周全的计划，对作业的执行方式进行详细的设置，还能确定是否对数据传输使用并行处理方式。它提供了数据传输进程监控器，能随时掌握数据传输的进度和各种明细信息，数据传输过程中的错误和警告信息一个也不落下。它还具备错误数据记录的处理机制，可以自动记录错误记录并重启错误数据加载进程。

13.1 谨小慎微，一丝不苟

转换定义了数据从源对象到目标对象进行转变的规则，而源数据进行转变并加载到目标对象这一动作的触发以及数据传输的具体方式则是由数据传输进程控制的。参见图 11-2，数据传输进程（简称 DTP）总是与特定的转换相联系的，它规定了转换所定义的动作的具体实现方式。

数据传输进程使数据仓库层的数据传输更具有透明性和可操作性。启用并行传输机制提高了数据传输的性能。如果同一源对象同时更新多个目标对象，可以使用独立的数据传输进程进行分别的增量管理和数据筛选，互不干扰。

13.1.1 创建数据传输进程

转换定义了 BW/4HANA 系统中不同对象之间的数据传输、变换的规则，而作为对转换动作的控制者，数据传输进程相应地控制着不同的数据对象之间的数据传输详细设置。下面，接着上一章的例子，说明数据传输进程的创建和设置。转换的创建是创建数据传输进程的前提。

第一步，打开新建数据传输进程向导。

BW 建模工具界面中，有多种操作途径可以打开新建数据传输进程向导。

1) BW 建模工具"文件（File）"菜单下的"新建（New）"菜单项。
2) BW 项目浏览器窗口中的 BW 项目的右键菜单。
3) BW 项目节点下相应的目标对象或者转换的右键菜单。
4) 在数据流对象编辑界面中的右键菜单。

以数据流对象编辑窗口为例，在数据流对象编辑窗口中，点击数据传输对象的图标，在右键菜单中选择"创建数据传输处理（Create DTP）"，如图 13-1 所示。

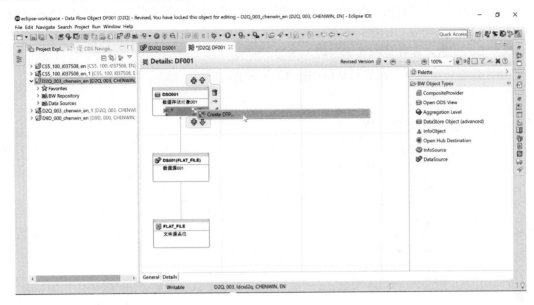

图 13-1　创建数据传输进程

第二步，选择相应的数据转换。

系统随后弹出"创建数据传输进程（Create Data Transfer Process）"对话框，列出可用的转换列表，如图 13-2 所示。

图 13-2　选择数据传输进程使用的转换

选择一个列表中的转换，单击"确定"按钮后，系统进入"新建数据传输进程（New Data Transfer Process）"向导对话框。

第三步，配置"新建数据传输进程"向导。

"新建数据传输进程"向导对话框如图 13-3 所示。

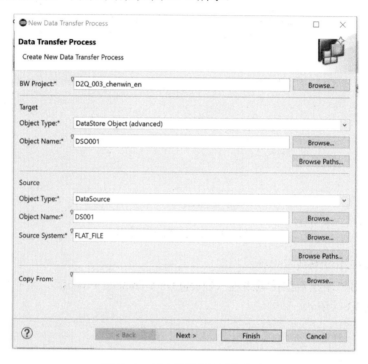

图 13-3　创建数据传输进程向导

根据创建数据传输进程的途径不同，系统给出了相关的信息。在这一向导界面上，可以对数据传输进程的目标对象和源对象进行修改。在修改数据源时，一般先指定数据源系统。

检查或修改完毕，单击"下一步（Next）"按钮，向导进入确定界面，显示数据传输进程的设置信息，检查无误后，单击"完成（Finish）"按钮，系统关闭向导。

第四步，编辑新建的数据传输进程。

系统返回 BW 建模工具界面，并打开数据传输进程的编辑界面。用户可以对新建的数据传输进程进行后续编辑。

13.1.2　数据传输进程的常规选项

数据传输进程的编辑界面如图 13-4 所示。

在数据传输进程的编辑界面中有"常规（General）""提取（Extraction）""更新（Update）"和"运行时属性（Runtime Properties）"等选项卡。在"常规"选项卡下，有"通用（General）""通用提取设置（General Extraction Settings）""执行（Execution）"三个子区域。

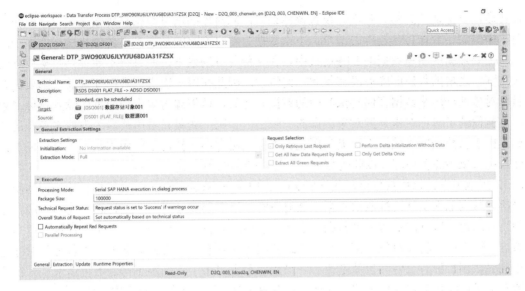

图 13-4　编辑数据传输进程：常规

1．"通用"子区域

在"常规"选项卡的"通用"部分，显示了数据传输进程的技术名称、描述、类型及目标对象和源对象。在这里，用户可以修改数据传输进程的描述，可以通过目标对象和源对象的链接，打开相应的数据对象进行编辑。

2．"通用提取设置"子区域

在"通用提取设置"的"提取设置（Extraction Settings）"部分，用户可以设置提取模式。提取模式有两种，即"全量更新"和"增量更新"。"全量更新"一次性提取源对象中所有的数据，而"增量更新"只是提取源对象从上一次数据更新到目前为止新增的数据。如果选择了"增量更新"，还可以在右边的"请求选择（Request Selection）"部分进行更多设置。

1）只提取最近的数据请求包（Only Retrieve Last Request）：一般情况下，源对象的数据是根据数据更新的时间不同，将数据按不同的数据请求包进行存储的。选择这一选项，就是指定在数据提取时，只提取源对象中最后一个数据包的数据。

2）执行无数据的增量初始化（Perform Delta Initialization Without Data）：一般情况下，增量数据提取的第一次操作会将源对象的现有数据全部提取到目标对象中，后续实现增量数据提取。但在一些情景下，有可能不再需要提取源对象里现有数据，选择这一选项，数据传输进程会将源对象里已有的数据标志为"已提取"，而实际上不将它们提取到目标对象中。在这之后源对象里新增加的数据才会作为增量数据被提取到目标对象里。

3）按数据请求包逐个提取所有新数据（Get All New Data Request by Request）：默认情况下，数据传输进程会对需要提取的数据进行重新打包，这时可能会出现一次读取源对象的多个数据包，生成一个大的目标对象的数据包的情况。选择这一选项，数据传输进程在提取数据时，一次只会读源对象的一个数据请求包，生成目标对象的一个数据包，依次处理，直到源对象的新数据全部处理完毕。

4）仅获取增量一次（Only Get Delta Once）：在一般情况下，不设置这一选项。如果前一次的增量数据在目标对象中被删除之后，系统在下次增量传输时，会自动将删除的数据再次

217

进行传送，以保证数据的完整性。设置该标识后，源对象的增量数据只传输一次。即使在目标对象中删除了数据传输进程的请求，下次数据更新时删除的数据不再传输。这一选项一般用在只需要最新的增量数据的业务场景中。在这种业务场景下，源系统不能提供数据变化的连续过程，之前的数据删除后没有保留任何线索。因此在每一次进行数据加载前，都要先删除目标对象（一般是数据存储对象）中的数据。之后，再将源对象中的数据传输到目标对象中，这就保证了目标对象与源对象数据的一致性。否则，如果只是用最新的数据去覆盖历史数据，由于新数据的主关键字可能与历史数据主关键字不一样，某些历史数据不会被覆盖，导致目标对象中还存储部分以前的数据，而造成数据的不一致。

5）提取所有的绿色数据请求包（Extract All Green Requests）：只有数据传输进程的源对象是所有数据输入队列的抽取层数据存储对象时，这一选项才可用。选择这一选项，源对象中的所有绿色（即状态正常）的数据请求包都会更新到目标对象中。如果不选择这一选项，则数据传输进程只将源对象中第一个黄色或者红色（状态不正常）的数据请求包之前的绿色数据包更新到目标对象中。也就是说，一旦源对象中出现了状态不正常的数据请求包，在这些数据请求包的状态被修复之前，其后的所有数据包都不会更新到目标对象中去。

3．"执行"子区域

在"执行（Execution）"部分，主要是与数据传输进程在执行时相关的设置，用户可以对数据传输进程的运行模式进行定义。

系统自动根据当前数据传输进程的特点选择不同的数据处理模式（Processing Mode）。处理模式描述了数据传输进程在运行时，对一个数据请求内部的多个数据包，各个数据处理步骤，即数据抽取、数据转换、数据加载执行的先后关系；同时，处理模式也决定了不同数据包是否进行并行处理。

在执行一次数据传输时，系统将所有传输的数据定义为一个数据请求，同时系统将数据打包成多个数据包进行传输，所以一个数据请求中包含多个数据包。数据请求有两类状态：一个是技术状态，另一个是总体状态。技术状态是由数据传输进程中是否有出错警告或错误信息决定的，表示请求在技术上是否正确。总体状态表示数据请求是不是可以用于后续的处理步骤，是不是可以用于在目标对象中出具报表。对于这两种状态用户都可以设置不同的选项。

用户可以进行以下设置。

1）数据包的大小（Package Size）：数据包大小就是数据提取器读取的单个数据包包含的记录数。

2）数据请求的技术状态（Technical Request Status）：当数据传输进程运行时出现警告信息时，数据请求的技术状态有两个选项：

① 如果出现警告，那么将请求状态设置为"绿色"；

② 如果出现警告，那么将请求状态设置为"红色"。

SAP BW/4HANA 的信息分为 3 种类型：正确、警告和错误。一般来说，用绿色表示正确；用黄色表示警告；用红色表示错误。但是对于数据请求而言，正确的状态可用于触发数据处理的后续步骤以及出具报表，错误状态的数据请求则不能。因此，对于发生警告信息的数据请求要指定一种处理方式。

3）数据请求的总体状态（Overall Status of Request）：当系统完成数据处理的技术部分后，

会设置数据请求的总体状态。用户可以设置确定当前数据传输进程生成的请求总体状态的方式。数据传输进程请求的总体状态的确定也有两种选项。

① 自动设置总体状态。在这种设置下，如果已完成请求的数据处理，其技术状态为红色或绿色，那么系统将总体状态自动设置为与技术状态相同的状态，用于作为系统后续处理的输入条件。

② 手动设置总体状态。在这种设置下，如果对数据请求的处理已结束，无论其技术状态为红色或绿色，数据请求的总体状态保持不变。也就是说，即使数据请求的技术状态为"绿色"，它也不能用于出具报表或进一步的处理工作，必须将数据请求的总体状态设置为"绿色"才能进行后续工作。这一动作可以由用户手动设置或者由处理链中的流程自动完成这一设置的目标主要是用于一些需要人工进行检查的数据，或者是一些由第三方的工具控制数据状态的场景。

4）自动重复"红色"数据请求包（Automatically Repeat Red Requests）：一般情况下，数据传输进程会包含在处理链中，周期性地执行。如果上一次数据加载时出现了"红色"数据请求包，并且激活了这一选项，在下一次运行数据传输进程时，系统会将目标对象中的"红色"数据请求包删除，并自动重新加载数据。如果不激活这一选项，数据传输进程再一次执行时会报错，需要手工对之前的错误数据包进行修复或者删除。

5）并行处理（Parallel Processing）：如果数据传输进程的处理模式不是顺序处理，就可以激活这一选项，并在"运行时属性"选项卡中指定并行处理的进程数。

13.1.3 设置数据提取选项

在数据传输进程的"提取"选项卡中显示了与数据传输进程的源对象提取数据相关的属性设置，可以对这些属性进行定义和修改，还可以定义数据提取的过滤器，以及数据提取时的提取分组。如图13-5所示。

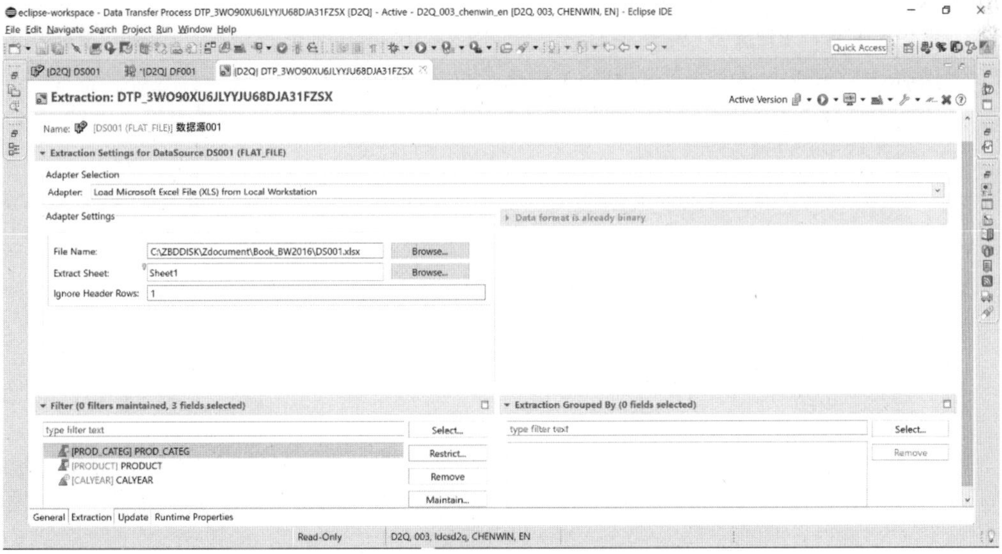

图13-5 编辑数据传输进程：提取

在"提取"选项卡下，包含了"数据源提取设置（Extraction Settings for Data Source）""过滤器（Filter）""提取分组（Extraction Grouped By）"等子区域。

1．"数据源提取设置"子区域

"数据源提取设置"部分显示了数据源对象及其数据提取的属性，这里可以进行与源对象相关的设置。根据数据传输进程的源对象类型不同，可以设置的内容也不尽相同。示例中的设置选项可以参考以前章节中关于数据源部分的详细介绍。

2．"过滤器"子区域

在"过滤器"部分，如果源对象提供了可筛选字段，可以在这里设置筛选条件。

1）单击"选择（Select）"按钮，可以对源对象的可筛选字段进行选择。系统弹出对话框如图 13-6 所示。

图 13-6　编辑数据传输进程：选择筛选字段

对话框列出了源对象所有可用的筛选字段，可以选择使用哪些字段进行筛选。单击"确定"按钮关闭对话框，返回编辑界面。

2）在"过滤器（Filter）"列表中选择一个字段，并单击列表右边的"限制（Restrict）"按钮，系统弹出限制条件对话框，如图 13-7 所示。

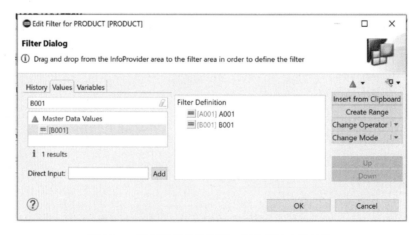

图 13-7　编辑数据传输进程：指定筛选字段的值

如图 13-7 所示，可以通过为筛选字段指定特定的值，或者使用变量对从源目标中提取的数据进行筛选。

3）另外，还可以在"过滤器"列表中选择一个字段，并单击列表右边的"维护（Maintain）"按钮，系统会弹出例程的编辑窗口，如图 13-8 所示。

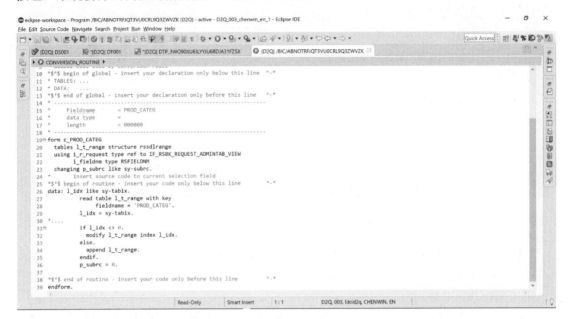

图 13-8　编辑数据传输进程：使用例程编辑筛选字段的值

这是一个 ABAP 例程，用户可以使用编程的方式指定过滤器的值。

利用过滤器，用户可以为同一源对象到一个或多个目标对象的数据传输进程定义多个相互独立的选择条件，只传输必要的数据或者对大数据量数据进行分组，从而避免大数据量的重复传输。

3．"提取分组"子区域

在"提取分组"部分，可以设置从源对象提取数据组成数据请求包时使用的提取分组字段。在编辑转换的工作界面中，也有关于"提取分组"的设置。正如前面提到的，这一功能的使用，要统一考虑设计转换和数据传输进程中的设置。

通过"选择（Select）"按钮可以从源对象中选择若干字段作为提取分组字段。这些字段组合具有相同值的数据记录在数据抽取过程中会被分组在同一个数据包中进行处理。提取分组的定义也会应用于数据传输进程的错误数据处理机制。当错误数据进行更正后，更正后的数据会根据提取分组的定义确定更新目标对象的顺序，确保数据更新的准确性。

13.1.4　设置数据更新选项

在"更新"选项卡下，显示数据传输的目标对象，可以进行与目标对象相关的设置，还可以进行错误数据处理的设置。如图 13-9 所示。

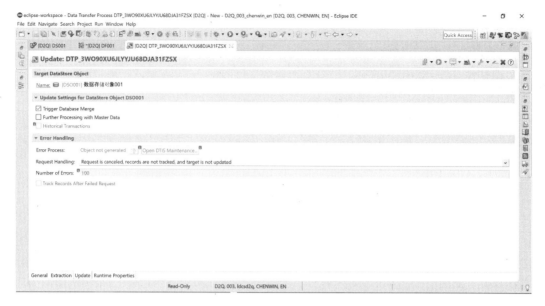

图 13-9 编辑数据传输进程：更新

"更新"选项卡包含了"数据传输目标对象（Target DataStore Object）""目标对象的更新设置（Update Settings for DataStore Object）"和"错误处理（Error Handling）"三个子区域。

1. "数据传输目标对象"子区域

通过"数据传输目标对象"部分的数据传输目标对象的链接，可以打开目标对象进行编辑。

2. "目标对象的更新设置"子区域

在"目标对象的更新设置"部分，根据数据传输目标对象的不同，可以进行不同的选项设置。

1）触发数据库合并（Trigger Database Merge）：默认启用这一选项，在完成对目标对象的数据更新后，系统自动启动数据库增量合并操作，将相应的 HANA 数据库表的增量队列与主表进行合并。

2）主数据进一步处理（Further Processing with Master Data）：启用这一选项，在完成目标对象的数据更新后，系统会自动对主数据进行后续处理。

3）历史交易（Historical Transaction）：如果源对象和目标对象中都包含了相同的非累计关键值，则只需要设置一个数据传输进程就可以实现非累计指标的初始化、非累计值变更及历史交易数据的同步更新。但如果只有目标对象包含非累计关键值，则需要分别使用初始化、非累计值变更及历史交易数据更新三个数据传输进程对其进行更新。其中，初始化数据传输进程有特定的数据源类型并使用专用的提取模式。非累计变更数据传输进程用于更新初始化时间点之后持续的业务数据，如收发货数据等。历史交易数据更新的数据传输进程是可选的，用于更新初始化时间点之前的历史数据，这里需要激活这一选项。

3. "错误处理"子区域

在"错误处理"部分，可以进行与错误数据记录处理相关的配置。有必要说明一下，启用数据传输进程的错误数据记录处理功能，需要在多个界面进行配置才能实现，这里的设置内容只是其中的一部分。此处先了解每个配置选项的功能。在后面的小节里，会对错误数据处理功能及配置步骤做一个全面的介绍。

1）激活错误数据传输进程（Error Process）。如果启用了数据传输进程的错误数据处理功能，数据传输进程会将错误数据记录写入错误数据堆栈中。在这些数据记录修复后，需要激活针对错误数据记录的数据传输进程，用于将修正后的错误数据再次上传到目标对象中。使用"打开 DTIS⊖维护（Open DTIS Maintenance）"按钮，可以打开错误数据的维护界面，对数据进行修复。

2）错误数据请求处理方式（Request Handling）。在错误数据请求处理方式下拉列表中，定义了发现错误数据记录时，正确的数据记录是否更新。存在以下选项。

① 取消数据请求，不跟踪数据记录，也不更新目标对象。

这是默认选项。在这一选项下，不启用数据传输进程的错误数据处理功能。一旦数据传输过程中出现错误记录，系统会终止整个数据请求的更新，并将这个数据请求的状态设置为"红色"，这个数据请求不更新到目标对象中。当然，在从目标对象出具报表时，也就不能看到这些数据。系统在出错后会继续检查其他记录。在源对象数据质量比较高的情况下，这一选项的性能是最好的。

在这一选项下，还可以决定是否勾选"数据请求失败之后跟踪数据记录"选项。如果勾选了这一选项，在下一次运行数据传输进程时，系统会跟踪错误的数据记录，发现产生错误的原因。

② 将数据请求设为"失败"，错误记录写入错误堆栈，有效记录更新目标对象。

这一选项会激活数据传输进程的错误数据处理功能。正确的数据记录会更新到目标对象中，但由于整个数据请求的状态设置为"失败"，这些数据不会用于出具报表。错误的数据记录被写入单独的错误堆栈。在错误堆栈中，可以手工编辑这些错误记录，并使用错误数据传输进程将这些修改后的记录更新到目标对象。这个选项能保证正确记录的更新。但是，只有在管理员检查完那些未更新的错误记录，并手动修改请求的状态后，更新的记录才能用于出具报表。也就是说，需要管理员在监视器的"状态"选项卡中手动设置请求的状态，从红色改为绿色。

③ 将数据请求设为"成功"，错误记录写入错误堆栈，有效记录更新目标对象。

这一选项也会激活数据传输进程的错误数据处理功能。正确的数据记录会更新到目标对象中。由于数据请求的状态设置为"成功"，系统更新正确的记录后，在目标对象出具报表时，立即可以看到这些更新后的数据。系统如果定义了后续的动作，会针对这些更新的数据记录自动执行后续操作。错误的数据记录被写入单独的错误堆栈。在错误堆栈中，可以手工编辑这些错误记录，并使用错误数据传输进程将这些修改后的记录更新到目标对象。

如果转换的运行时为 ABAP 运行时，还会有其他的一些选项，但总体功能大同小异，不再赘述。

3）错误数据记录的最大数量（Number of Errors）。"错误数据记录的最大数量"定义了错误数据处理允许发生的错误记录的最大条目数。在进行数据传输时，系统会标记出错误的数

⊖ DTIS 是指数据传输中间存储表（Data Transfer Intermediate Storage），系统利用 DTIS 存储数据传输进程中发现的错误数据记录，即将 DTIS 作为错误堆栈。

据记录。如果发生的错误数据记录的条目数超过了这里定义的数值，系统终止数据加载进程。如果在此输入 0 或者没有进行任何输入，则系统不会处理任何错误数据记录，这意味着不启动错误处理机制，一旦出现错误记录，系统会终止整个数据包的更新。

13.1.5　设置运行时属性选项

在运行时属性选项卡中可以进行临时存储表和 BW 后台处理参数的设置，如图 13-10 所示。

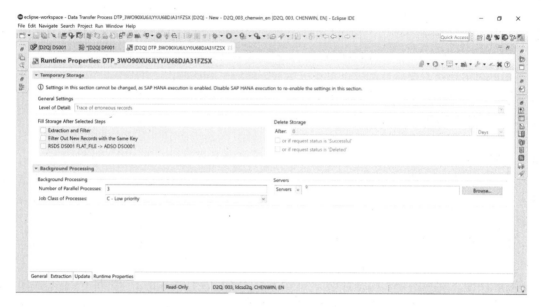

图 13-10　编辑数据传输进程：运行时属性

"运行时属性"选项卡包含"临时存储表（Temporary Storage）""后台处理（Background Processing）"两个子区域。

1．"临时存储表"子区域

临时存储表的设置只有在转换的运行时设置为 ABAP 运行时后才可用。临时存储表用于存储数据传输过程中特定步骤处理后的数据记录，既有正确记录，也有错误记录，并用不同的状态加以标志。临时存储表有助于在运行中出现有错误的数据记录时保证系统性能。在发现错误记录后，可以使用临时存储表中的数据对错误记录进行处理，而不必重新从源对象中加载数据，不会对性能造成较大影响。临时存储表可以设置以下选项。

1）存储的明细等级（Level of Detail）："明细等级"指定临时数据存储表存储的数据的明细程度，其下拉列表中有以下选项。

① 按数据包跟踪转换。

② 跟踪错误数据记录。

③ 按数据记录跟踪转换。

2）将指定步骤的处理结果写入临时存储表（Fill Storage After Selected Steps）：在下面的数据传输进程步骤列表中选择要保存数据的步骤。启动相应步骤的临时存储表后，在监视器中可以看到每一处理步骤的临时存储表，如果数据出现错误会标志出来。

3）指定删除临时存储表数据的条件（Delete Storage）：可以指定临时数据存储什么时候删除。有以下选项。

① 指定数据请求被处理结束一段时间后删除。
② 请求状态为绿色：即数据请求成功地传输到目标对象，临时存储意义不大。
③ 数据请求状态"已删除"：即数据请求被删除时，连同临时存储表一起删除。

2．"后台处理"子区域

BW 后台处理参数设置选项有：

1）并行处理的进程数量（Number of Parallel Processes）：定义可用于数据传输进程的最大工作进程数量。

2）进程的工作类别（Job Class of Processes）：系统将后台工作按其优先级分为 A、B、C 三类，A 类优先级最高。这里可以指定数据传输进程生成的后台工作的优先级。

3）服务器（Servers）：可以指定执行数据传输进程工作进程的服务器。

13.1.6　完成编辑数据传输进程

设置好数据传输进程之后，检查、保存并激活数据传输进程。激活数据传输进程后，数据传输进程编辑界面右上方的"执行"按钮和"显示监视器"按钮由灰色变成可用状态。如果打开数据传输进程的属性窗口，如图 13-11 所示。

图 13-11　查看数据传输进程属性窗口

数据传输进程属性窗口显示了多种信息。在"常规（General）"选项卡下，显示了数据传输进程所在的开发包、版本、修改人员、修改时间等管理信息。在"技术（Technical）"选项卡下，显示了数据传输进程的技术名称、类型及错误数据传输进程的技术信息。"使用（Usage）"选项卡显示了数据传输进程使用的场景，包括它的源对象、目标对象、转换，以及调用这个数据传输进程的处理链。"程序流（Program Flow）"选项卡显示了数据传输进程执行的具体步骤，在后面的操作过程中还会看到这些步骤的应用。

接下来，就可以执行数据传输进程了。

13.2 洞若观火，明察秋毫

数据传输进程这位调度员不仅为数据传输的调度工作提供了大量细致的设置选项，还为数据传输进程的执行过程提供了详细的监控界面。

数据传输进程可以手工运行，也可以嵌入到处理链中自动执行。这里，以手工执行为例说明如何运行数据传输进程并对其进行监控。

13.2.1 执行数据传输进程

在如图 13-11 所示的数据传输进程编辑界面上，单击界面右上方的"执行"按钮的下拉三角形，如图 13-12 所示。

图 13-12　执行数据传输进程

第一个选项是执行，这也是默认选项。根据数据传输进程不同，执行时可能是对话模式，也可能是后台执行模式。本示例是从本地上载数据文件，系统判定应该使用对话模式进行数据传输。在后台执行是更常见的场景。选择这一选项，系统打开数据传输进程的执行界面，如图 13-13 所示。

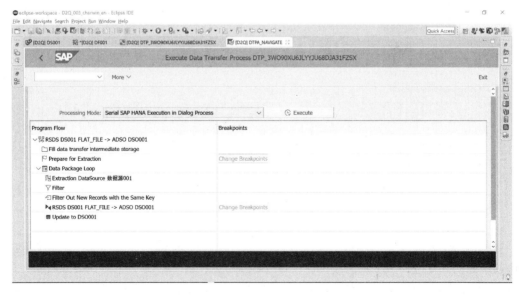

图 13-13　数据传输进程执行界面

数据传输进程的执行界面下，"程序流（Program Flow）"子窗口列出了数据传输进程执行的具体步骤，包括开始传输的数据准备和后续每一个数据包都循环执行的步骤。

第二个选项是在对话模式中模拟执行。使用这一选项，可以对数据传输进程进行调试。在这种模式下，数据请求是在一个对话进程中以同步方式处理的，而且数据的更新是模拟的，并不会真正写到目标对象。如果选择这一选项，系统会打开数据传输进程的模拟执行界面，如图 13-14 所示。

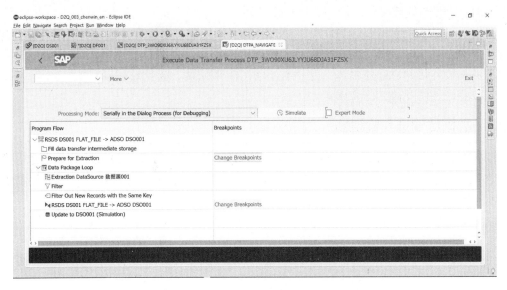

图 13-14　数据传输进程模拟执行界面

在这一模式下，"执行（Execute）"按钮变成"模拟（Simulate）"按钮；"程序流"子窗口中的"更改断点（Change Breakpoints）"按钮是可用的。用户可以在数据传输时设置断点，观察数据传输进程中的数据变化。例如，单击图中转换名称右边的"更改断点"按钮，系统列出这一节点处可用的断点设置。用户选择要添加断点的处理步骤，还可以输入指定数据包编号，对数据传输进程进行调试，如图 13-15 所示。

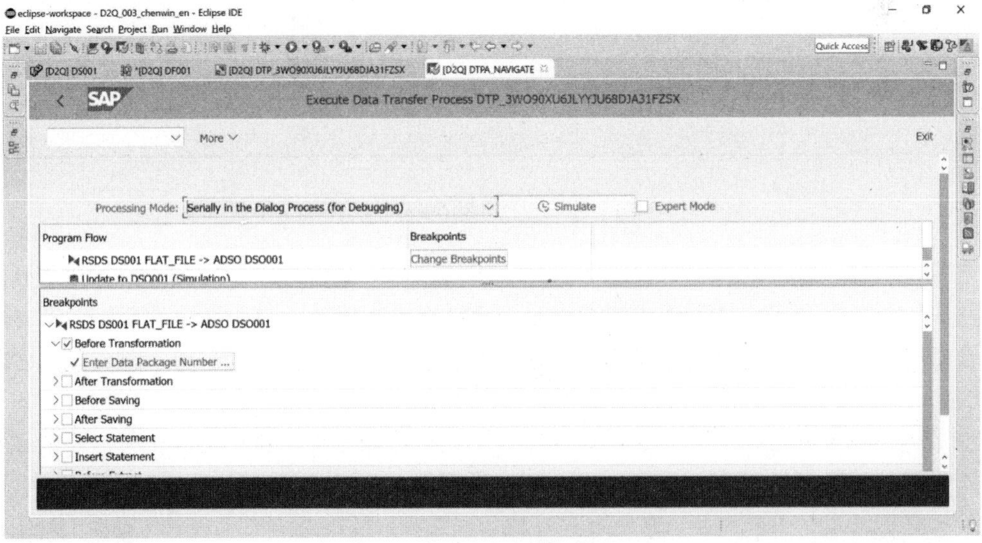

图 13-15　数据传输进程设置断点

如果选择了如图13-15"模拟"按钮右边的"专家模式（Expert Mode）"选项，在模拟执行时，会有更多的互动选项供用户选择。开始模拟执行后，系统会进入ABAP语言的调试界面，用户可以对执行过程进行跟踪分析。

下面，以正常模式执行示例的数据传输进程。

在如图13-13所示的执行界面中，单击"执行"按钮。系统便开始运行数据传输进程。同时，会弹出一个对话框，询问是否显示数据传输进程运行的监控信息。选择"是"，系统会自动进入数据传输进程监视器。用户也可以在任何时候，单击图13-13右上方的"显示监视器"按钮进入监视器工作界面。

13.2.2　数据传输进程监视器

监视器是用于监控数据传输进程运行情况的集成工具，可以按最后的数据请求、数据传输进程和处理链等多种方式查看数据传输进程的运行情况。数据传输进程监视器界面如图13-16所示。

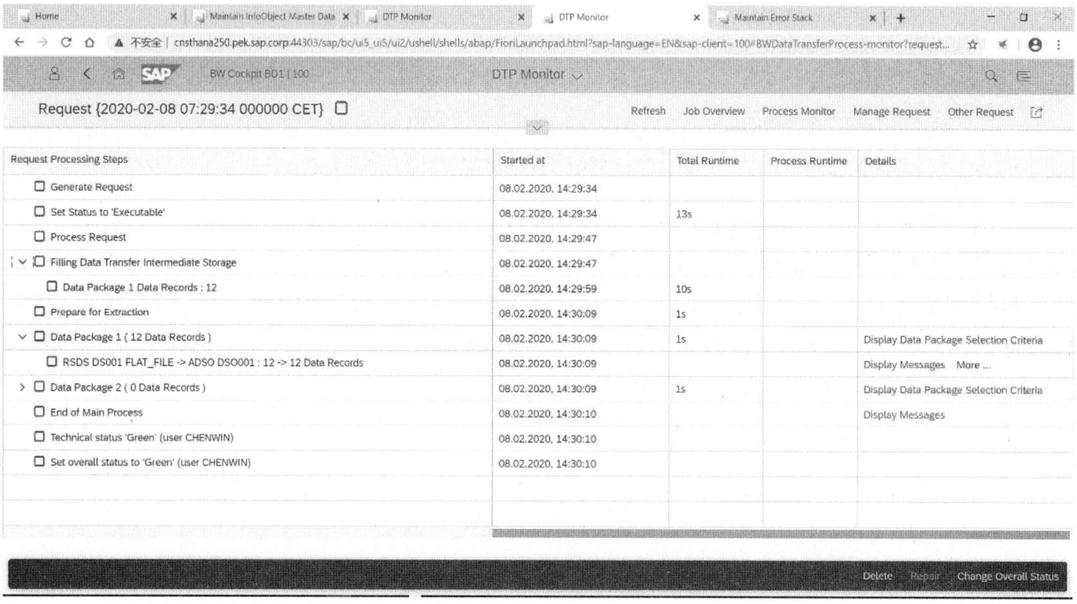

图13-16　数据传输进程监视器

在数据传输进程监视器上方显示了数据请求的编号。系统每次运行数据传输进程传输的数据生成一个数据请求，数据请求的编号是由系统自动生成的，每个数据请求编号都是唯一的。在屏幕的右上方，还提到了跳转到其他界面的一些常用链接，用户可以跳转到后台作业查看界面、流程监视器界面、目标对象的管理界面等。

在数据传输进程监视器的主体窗口，显示了数据传输进程在执行过程中每一步的详细信息。这里列出的步骤与图13-12和图13-13中程序流里的步骤是一致的。这里的信息会随着数据传输进程的运行不断更新，直至所有步骤运行结束。可以点击右上方的"刷新（Refresh）"按钮更新界面中的信息。监视器界面不仅提供了数据传输进程运行信息的记录和监控，还提供了数据记录的修复机制。如果出现错误，系统会对错误信息进行明细的记录，并提供改正错误的建议。

单击监视器界面主体窗口正上方的向下箭头，可以查看数据传输进程更多的信息，如图13-17所示。

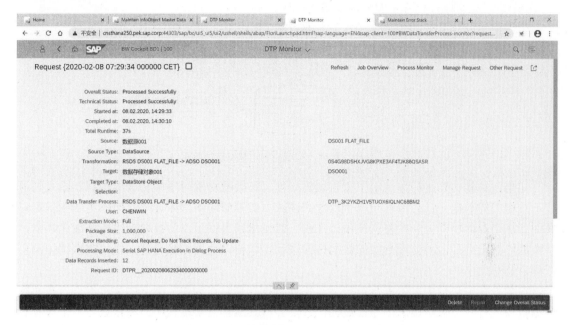

图13-17　数据传输进程监视器：更多信息

详细信息里显示了数据传输进程的总体状态、技术状态、运行时间等信息，以及与之相关的源对象、转换、目标对象等。

正如前面介绍的，用户可以手动修改数据请求的总体状态。在如图13-17所示的界面的右下方的工具栏上，提供了"删除（Delete）""修复（Repair）"和"修改总体状态（Change Overall Status）"等按钮，可以对当前数据请求进行操作。单击"修改总体状态"按钮，系统会弹出修改数据请求总体状态的对话框供用户进行修改。数据请求的总体状态决定了这一数据请求是否可用于后续的数据处理，是否可用于出具报表。

13.3　过而能改，善莫大焉

在数据传输的过程中，出现错误数据记录是常见的。因此，有一个良好的错误数据记录的处理机制也是数据作业调度的重要功能。

SAP BW/4HANA提供了对数据传输进程中出错或者是不满足要求的数据记录的处理机制。系统提供了不同的两种错误处理机制的实现方式和应用场景，通过配置或者与模型、查询设计相结合，可以灵活地应用错误数据记录的处理功能。

13.3.1　错误数据处理机制

系统提供的错误数据处理机制有两种不同的应用场景。

一种应用场景是在数据传输进程中，使用数据传输进程的错误数据处理功能进行错误数据处理。错误处理定义了在运行数据传输进程中，出现错误数据记录时的处理方式，如图13-18所示。

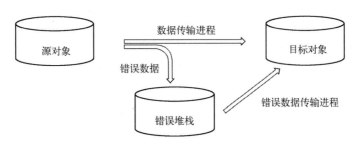

图13-18　数据传输进程错误数据处理机制

如果在数据传输进程里启用了错误数据处理，在数据传输时发生错误的数据记录及与这些记录相关的数据记录会被写到一个以数据请求方式存储的数据库表中，而不更新到目标对象中。这个存储错误记录的表就是错误堆栈。错误堆栈提供了对数据记录进行修改的功能，待数据修改正确后，再使用专门的数据传输进程，即错误数据传输进程，将这些数据记录更新到目标对象中。

在数据传输进程中，提取分组定义了错误数据处理时作为主关键字的字段组合。在执行数据传输进程时，系统标志出错误数据记录，并将其写到错误堆栈中。与错误数据记录具有相同的主关键字组合的所有数据记录也会写入错误堆栈。正确的数据记录会更新到目标对象中。用户可以手工修正错误堆栈中的错误数据记录或者隔一段时间重新上传这些数据。例如，在数据上传过程中，有些数据记录在系统中找不到相应的主数据，违反了数据参照完整性的要求，被标志为错误数据。在后续的数据加载中，主数据进行了更新。在主数据更新之后，就可以重新上传之前错误堆栈里的数据了。

第二种应用场景是使用转换中的例程实现对错误数据记录的识别，并利用额外的转换实现错误数据记录的自动修复或者手工修复。这种场景需要更多的建模和开发工作，但是同时也为错误数据后续处理提供了更大的灵活性。

例如，建模时在数据存储对象中增加一个字段，用于标志数据记录是否正确。在创建转换时，使用转换中的例程来更新这个字段的值。在例程的处理逻辑中，还可以将错误类型也存储在这个字段中，方便对错误数据记录的后续处理。通过这种建模方式，在执行数据传输进程更新目标对象时，将所有的数据记录都更新到目标对象中，同时将错误的数据记录标志出来。这样，错误的数据也可以在报表中查询得到。也可以使用数据存储对象中的错误标志字段进行筛选，以决定查询中要不要展示错误数据。

对于错误数据的后续处理，可以创建一个新的转换，以目标对象同时作为这个转换的源对象和目标对象，将错误数据记录处理后，更新回目标对象本身。也可以创建转换将错误的数据记录更新到其他的数据存储对象，使用系统提供的API和用户界面对错误的数据记录进行修复。修复后的数据记录可以写回原来的数据存储对象或者进行其他的后续处理。

这两种应用场景各有所长，总体而言，在转换设置使用 SAP HANA 运行时的情况下，推荐使用第二种应用场景。考虑到 SAP HANA 脚本中单个字段的转换例程性能开销比较大，一般使用结束例程对错误数据进行处理。

表 13-1 列出了在数据更新的过程中错误数据记录检查的时点及检查的内容。

表 13-1 错误数据记录检查示例

检查的时点	错误数据记录示例
在转换时	字段包含非法字符或者小写字符 在转换例程（conversion）中出现错误 货币换算时出错 例程的返回值不为 0 主数据中不存在数据记录的值 在读主数据时出错 客户指定的公式计算错误
在数据更新到主数据表或其文本表时	在主关键字或导航属性中存在非法字符 导航属性的主数据中不存在数据记录值对应的 SID 标识 文本表中没有定义语言字段 日期字段"从"和"到"非法 出现主关键字一样的重复的数据记录 时间区段重叠或者非法
在数据更新到数据存储对象时	主数据中不存在数据记录值对应的 SID 标识
检查信息对象对于主数据表或者数据存储对象的参照完整性时	主数据中不存在数据记录值对应的 SID 标识

13.3.2 配置错误数据处理机制

正如前面介绍的，要启用数据传输进程的错误数据处理功能，需要在多个界面中进行配置。下面介绍操作过程，并结合一个具体示例进行演示。

1）在数据传输进程的"提取"选项卡下，定义提取分组。

提取分组定义的是源对象数据的主关键字的组合。提取分组定义了从源对象读取数据后构建数据包的方式。具有相同的主关键字组合的数据记录被放到同一个数据包中。提取分组的设置也用于对错误记录进行处理，它确定了错误记录堆栈的主关键字。

如果对目标对象的更新方式采用的是"覆盖（Move）"方式，数据记录写入目标对象的先后顺序会直接影响目标对象的最后结果。因此，当发现错误记录时，所有后续具有相同主关键字的数据记录也会和错误记录一起写入到错误堆栈中，不会更新到目标对象。这是为了保证数据记录的正确更新顺序和连接处理。

对于不采用"覆盖（Move）"方式更新的目标对象，系统会自动将目标对象的所有主关键字作为错误堆栈的主关键字，不需要进行额外设置。

接着上面的示例，进入数据传输进程的"提取"选项卡，将产品定义为提取分组的主关键字。如图 13-19 所示。

图 13-19　错误数据处理机制配置：提取分组

2）在数据传输进程的"更新"选项卡下，激活错误数据处理功能。即，在"错误数据请求处理方式"部分选择以下两个选项之一：

● 将数据请求设为"失败"，错误记录写入错误堆栈，有效记录更新目标对象。
● 将数据请求设为"成功"，错误记录写入错误堆栈，有效记录更新目标对象。

3）在数据传输进程的"更新"选项卡下，设置好"错误数据记录的最大数量"。

在进行数据传输时，如果发生的错误数据记录的条目数超过了这里定义的数值，系统终止数据加载进程。特别要注意的是，如果在这里输入 0 或者留空，则系统不会处理任何错误数据记录，这也就相当于系统不启动错误处理机制。

在演示示例中，配置如图 13-20 所示。

图 13-20　错误数据处理机制配置：更新选项

4）在数据传输进程的"运行时属性"选项卡下，设置临时存储表。

正如前面提到的，临时存储表是只有在 ABAP 运行时才可用的配置选项。如果是在 HANA 运行时，则跳过这个步骤。

5）在激活正常的数据传输进程之后，就可以在数据传输进程的"更新"选项卡下，激活错误数据传输进程。激活错误数据传输进程后，在"更新"选项卡中可以看到错误数据传输进程的技术名称和描述，如图 13-20 所示。可以使用图 13-20 界面中的链接直接打开错误数据传输进程，如图 13-21 所示。

图 13-21　错误数据处理进程

错误数据处理进程的编辑界面和一般数据处理进程差别不大。从界面中可以看到，它的数据来源是一般数据处理进程。准确地说，是由一般数据处理进程在执行时产生的错误堆栈。错误 DTP 的提取模式不可设置，系统自动将错误堆栈中的数据记录全部传输到目标对象中。其他具体的设置与一般的数据传输进程是一样的。

13.3.3　使用错误数据处理机制

错误数据处理机制设置工作完成了。下面，可以运行一般数据处理进程，当发现其中有错误数据记录时，系统会分析错误数据记录并进行修正。

1. 运行数据处理进程之前的准备工作

在运行数据处理进程之前，需要对示例的数据和系统配置做一些修改，确保在数据传输过程中出现错误数据记录。

首先，修改加载的示例数据文件，如图 13-22 所示。

将文件中第 3 条记录的"产品组"改为一个主数据中不存在的值，将第 4 条记录的"货币"改为一个系统中不存在的货币代码。

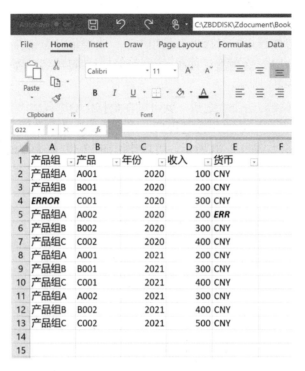

图 13-22　错误示例数据文件

接下来，检查数据传输进程对应的转换的设置，如图 13-23 所示。

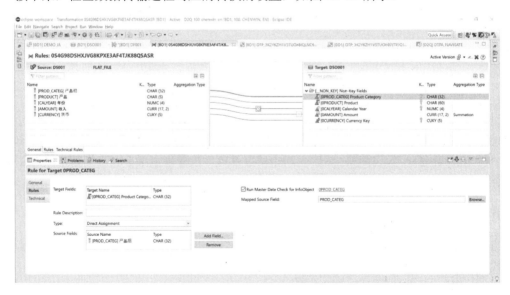

图 13-23　启动"运行主数据检查"选项

在"产品组"的转换规则属性里勾选"对信息对象 0PROD_CATEG 运行主数据检查"，启动对指定的信息对象进行数据参照完整性检查。信息对象 0PROD_CATEG 之前已经保存了"产品组 A""产品组 B""产品组 C"这些正常值，但"ERROR"是一个新的值，在信息对象 0PROD_CATEG 中并不存在。启动这一选项，系统会识别到有这样一个异常值并报告错误信息。

2．执行并监视一般数据传输进程

完成上面的准备工作后，开始执行并监视一般数据传输进程。执行数据传输进程，并进入监视器界面，如图 13-24 所示。

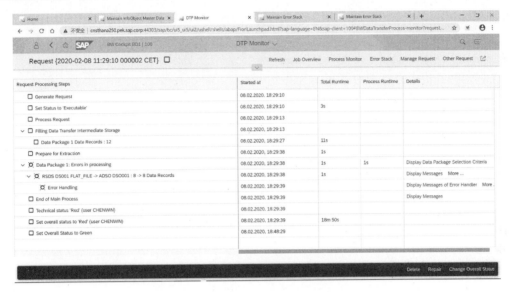

图 13-24　运行一般传输进程并查看结果

从运行结果中可以看出，12 条数据记录中，有 8 条数据记录写入目标对象中，而另外 4 条数据记录进入了错误堆栈中。

3．分析错误原因并修改错误数据

通过监视器界面右上方的"错误堆栈（Error Stack）"按钮或者数据传输进程"更新"选项卡中的"打开 DTIS 维护"按钮，可以打开错误堆栈的维护界面，如图 13-25 所示。

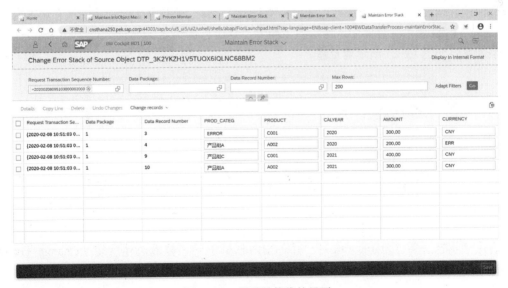

图 13-25　错误堆栈维护界面

235

认真分析错误堆栈中的数据，不难发现，之前修改过的两条数据记录都被系统自动识别出来了。同时，分别和这两条数据记录在同一个"提取分组"，即具有相同的"产品"字段值的另外两条数据记录也被写入错误堆栈，以保证数据更新的先后次序不受影响。

在这个界面下，可以对错误数据进行修改、保存。修改后的结果如图13-26所示。

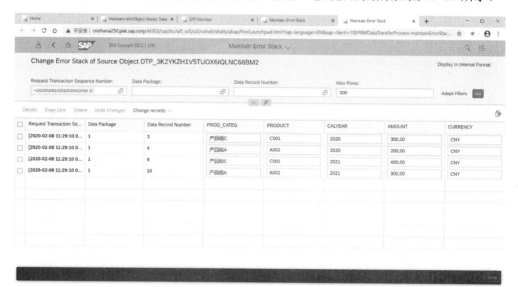

图13-26　修复错误堆栈数据记录

4．修改数据请求总体状态

在发现错误数据并进行修复后，就可以运行错误数据传输进程加载修复后的数据了。在这之前，由于选择的错误数据处理方式是将数据请求设为"失败"，错误记录写入错误堆栈，有效记录更新目标对象，而不是将数据请求设为"成功"，错误记录写入错误堆栈，有效记录更新目标对象。此时，一般数据传输进程的总体状态还是"失败"的状态。因此，在运行错误数据传输进程之前，要先在数据传输进程监视器中，将一般数据传输进程的状态设置为"成功"。在图13-24所示的界面中，单击右下角的"修改总体状态（Change Overall Status）"按钮，系统弹出如图13-27所示对话框。

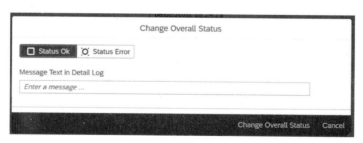

图13-27　修改数据请求的总体状态

选择"状态正常（Status OK）"，并单击对话框中的"修改总体状态（Change Overall Status）"按钮，一般数据传输进程的总体状态就显示正常状态了。

5．运行错误数据传输进程

接下来，就可以运行错误数据传输进程了。错误数据传输进程可以手工运行，也可以嵌入到处理链中运行。在图 13-21 所示的界面中手工运行错误数据进程，在系统弹出的对话框中，选择"执行并打开监视器"，进入监视器界面，如图 13-28 所示。

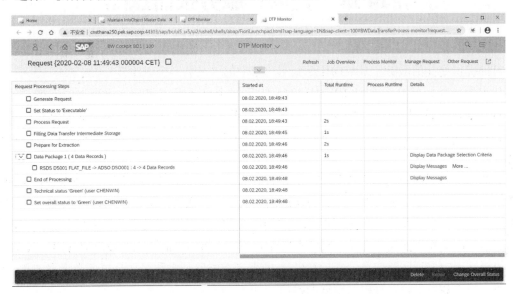

图 13-28　查看错误数据传输进程运行结果

错误数据传输进程运行结果显示，4 条修复的数据记录已成功更新到目标对象中。

13.4　本章小结

数据加载的动作是由数据传输进程实现的。SAP BW/4HANA 为数据传输进程提供了详尽的配置选项，用户可以对数据传输进程的执行方式、源对象的数据提取方式、目标对象的写入方式等进行详细的配置。

SAP BW/4HANA 为数据传输进程的执行过程提供了配套的监控和分析工具，即数据传输进程监视器。用户可以在模拟执行模式中查看数据传输进程执行过程中的数据变化的详细过程。在实际执行过程中，数据传输进程监视器不仅提供了详细的监控信息，还提供了互动操作选项，用户可以在监控器中编辑、修复有问题的数据传输请求。

SAP BW/4HANA 数据传输进程还提供了错误数据处理机制。错误数据处理机制可以有不同的实现方法和使用场景。本章详细讲解了其中一种使用方法的配置，并使用实例演示了错误数据的加载、修复和再次加载的过程。

第 14 章　查询：服务按需点配

对外提供便捷的服务，是数据传递到用户手中的"最后一公里路"。

从本章开始，将介绍 SAP BW/4HANA 的另一个重要组成部分——查询。它解决的是数据查询和展现的问题。在 BW/4HANA 的建模工具中，集成了查询的定义和预览的所有功能。查询可以供 SAP 的报表工具或者第三方报表工具使用，实现各种形式的数据展现功能。

大数据平台对企业的数据进行整合、加工，使不同结构、不同来源、不同业务含义的数据变成结构化的、易于理解的信息。但是这还远远不够，像数据仓库、ETL、OLAP，这些都算是后台产品，主要集中在数据层面或是应用服务层面。信息最终需要以友好的方式展现在用户面前，这就需要前端的产品。它们直接面向用户，将用户的请求转发给服务层、数据层，同时也要向用户展现所需信息。BW/4HANA 的查询功能就是大数据平台与各类报表工具之间的桥梁，是大数据平台对外提供数据的接口。

14.1　从一个简单的查询开始

SAP BW/4HANA 中的数据按特定的结构存储在信息提供者中，查询的作用就是基于信息提供者定义各种满足业务需求的数据结果。基于多维的数据源（OLAP 报表）分析数据，可以同时分析多个维度，比如时间、地点和产品等。

SAP BW/4HANA 提供了一个易学易用的查询设计工具，报表设计人员通过图形界面定义查询，指定要分析研究的信息对象和字段（特性和关键值），并可以进行灵活的计算、限制等，而不需要了解底层的数据模型设计技术，也无须编程。

下面，通过一个简单的例子说明查询的基本使用方法。

14.1.1　新建查询

新建一个查询的操作分为三个步骤。

第一步，打开新建查询向导。

在项目浏览器中，选择一个 BW 项目或者项目中的一个信息提供者，在其右键菜单中选择"新建（New）"，并在下一级菜单中选择"查询（Query）"，如图 14-1 所示。

第二步，配置"新建查询"向导。

系统弹出"新建查询（New Query）"对话框，如图 14-2 所示。

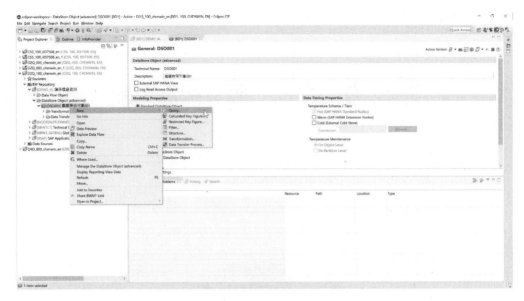

图 14-1　新建一个查询

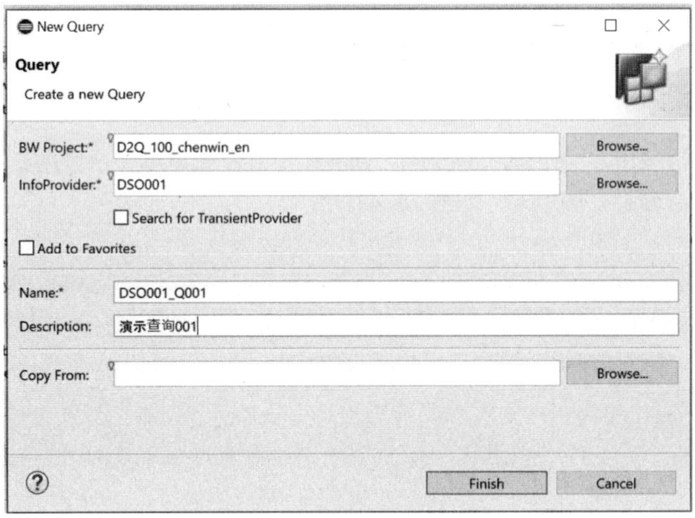

图 14-2　新建查询对话框

新建查询对话框会带出 BW 项目及信息提供者的名称等信息，检查确认这些信息，或者通过"浏览（Browse）"按钮选择其他的项目或者信息提供者。

在 BW/4HANA 中，不仅可以基于信息提供者创建查询，也可以基于核心数据服务（CDS）视图创建查询。勾选"搜索瞬态提供者（Search for Transient Provider）"选项，可以通过"浏览"按钮查看到可用的 CDS 视图。

在新建查询对话框中输入查询的技术名称和描述，单击"完成（Finish）"按钮，就完成查询的创建，进入查询的编辑界面。

第三步，在查询编辑器中编辑查询。

系统在 Eclipse 编辑器中打开新建的查询。查询编辑界面如图 14-3 所示。

图 14-3　查询编辑界面：常规

查询编辑界面包含了"常规（General）""筛选器（Filter）""表单定义（Sheet Definition）""条件（Conditions）""例外（Exceptions）""关联关系（Dependencies）""运行时属性（Runtime Properties）"等选项卡。先不修改默认的设置，只进行必要的查询定义。

14.1.2　定义筛选器

选择查询编辑界面的"筛选器"选项卡，同时打开 BW 资源库（项目浏览器）窗口中的"信息提供者（Info Provider）"选项卡，如图 14-4 所示。

图 14-4　编辑查询：筛选器

信息提供者视图中，显示了查询所用的信息对象的字段列表，并按字段的类型做了分类。这里列出的字段包含了前面章节的示例中定义的数据字段，也包含了一些系统生成的技术字段等。随着对后面内容的深入学习，读者会发现，这里还会列出在查询编辑界面中定义的，可以重用的一些组件。

在查询编辑界面的"筛选器"选项卡下，可以对特性或者关键值指定筛选条件。这里设置的筛选条件对整个查询起作用。在"筛选器"选项卡中有两个不同的筛选器区域。

1）使用固定值进行筛选（Filter：Fixed Values）：本列表中的特性字段指定的筛选值在查询运行时，不能动态地修改。

2）使用默认值进行筛选（Filter：Default Values）：本列表中的特性字段指定的筛选值是查询初始展现时的默认值，在查询运行时可以动态地修改或者删除这些筛选条件。

将"产品组"从信息提供者视图中手动拖入"使用默认值进行筛选"列表，并在其右键菜单上选择"限制（Restrict）"菜单项，如图 14-5 所示。

图 14-5　编辑查询：限制特性值

系统弹出编辑筛选器（Edit Filter for）对话框，如图 14-6 所示。

图 14-6　编辑筛选器对话框

编辑筛选器对话框提供了对特性值进行筛选的不同方法：
- 使用单一特性值
- 使用特性值范围
- 使用特性值变量

- 使用层级结构节点
- 使用层级结构节点变量

在编辑筛选器对话框左边部分列出了不同筛选方法可用的变量或者值列表，右边提供了定义筛选方法的操作按钮，中间窗口是筛选的结果窗口。示例选择了"产品组"的三个单一特性值。

完成筛选条件的定义后，单击"确定"按钮，关闭对话框，返回编辑查询界面，如图 14-7 所示。

图 14-7　编辑查询：完成筛选器定义

14.1.3　设置查询表单定义

选择查询编辑界面的"表单定义"选项卡，如图 14-8 所示。

图 14-8　编辑查询：表单定义

查询编辑界面"表单定义"选项卡的主屏幕的左边分出了三个区域:

1) 列（Columns）：用于定义查询中列中包含的字段。

2) 行（Rows）：用于定义查询中行中包含的字段。

3) 自由（Free）：用于定义查询中可以自由添加到行或者列中的字段。

运行查询时，查询的内容是可以灵活地进行互动的。也就是说，查询的行和列格式是可以动态调整的，可以增加或者减少分析的字段，进行行和列互换等。所以，这里指定的是查询运行的默认的格式。"自由"列表中定义的字段，就是在默认的格式里不出现在查询中的字段。但是在查询运行时，用户可以将自由字段插入行或者列中，从行或者列中减少的字段也会出现在自由字段列表中。从这种意义上讲，定义一个查询本质是定义了信息提供者的一个数据的子集。行、列、自由字段指定的是数据字段的子集。而前面筛选器定义的是数据记录条目的子集。因此，定义查询可以对信息提供者的数据进行更有针对性、更快速的分析。对查询定义得越详细，查询执行和分析的速度就越快。

接下来，在信息提供者视图中的字段列表中，选择查询需要用到的字段，用鼠标拖到列、行或者自由区域中。示例如图 14-9 所示。

图 14-9　编辑查询：表单定义示例

示例中，在定义"筛选器"时用到的特征会默认显示在"自由特性"列表中，将"产品组""产品"和"年份"放到行上，将"收入"放到列上。

14.1.4　预览查询结果

定义查询后，必须先将其保存。单击查询编辑界面工具栏中的保存按钮，就可以预览查询结果了。

在查询编辑界面的右上方，单击预览按钮右边的小三角形，系统提供了两个不同的预览工具，如图 14-10 所示。

图 14-10　选择预览查询界面

选择"报表预览（Reporting Preview）"，系统在 BW 报表预览窗口中显示 Eclipse 界面自带的报表界面，如图 14-11 所示。

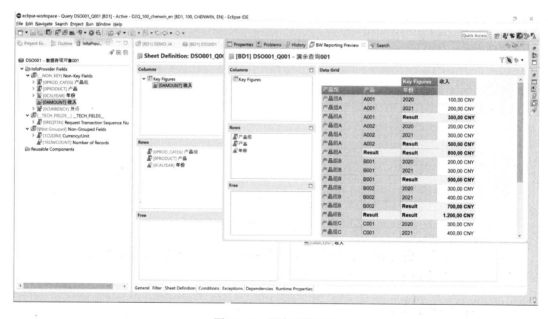

图 14-11　报表预览界面

在这个预览界面中可以使用左边的导航界面，动态修改行和列中显示的字段，进行互动分析。

如果选择"BW 主控室预览（BW Cockpit Preview）"，则在 BW 报表预览窗口中显示如图 14-12 所示的网页界面。

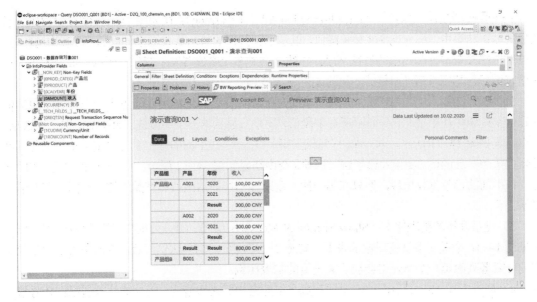

图 14-12　BW 主控室预览界面

在这个界面里,同样可以使用界面上的"数据(Data)""图表(Chart)""格式(Layout)""条件(Conditions)""例外(Exceptions)"等选项卡进行实时的互动操作。

14.2　配置查询服务选项

在上一小节的示例操作中,演示了查询的快速创建。因此,在演示过程中大都使用了系统默认的属性设置。查询编辑过程中的各类属性设置选项众多,既有查询的属性设置,也有查询包含的特性字段和关键值字段的属性设置。熟练掌握这些选项的使用,可以灵活调整查询的展现方式和计算方式,做出更加符合业务需求的查询。

14.2.1　设置查询属性

在查询的"常规"选项卡中,如图 14-3 所示,有多个不同的区域,可以设置查询的多种属性。

1. "通用(General)"区域

这里显示了查询的技术名称、描述、信息提供者或关键日期。用户可以在这里修改查询的描述。

"关键日期(Key Date)"是查询中的一个重要概念。在 BW/4HANA 的各类模型中,有不少与时间相关的数据。比如,特性中与时间相关的属性,或者与时间相关的层级结构等。在不同的时间点上,它们的取值是不一样的。因此,只要查询里包含时间相关的数据,就需要指定一个关键日期,用来确定时间相关的值。默认情况下,关键日期是在查询运行时手工输入的,也可以在这里使用"编辑(Edit)"按钮指定一个日期值,或者使用变量来给关键日期赋值。

2. "输出设置(Output Settings)"区域

这个区域对数据的输出格式进行多个选项的设置。

1）刷新查询后调整格式（Adjust Formating After Refreshing）：在如图 14-11 和图 14-12 所示的报表预览结果中，系统对特性和关键值，以及小计数据的显示格式是不一样的。在查询运行时，可以动态修改查询行和列中的特性字段，导致查询的单元格位置发生变化。所以一般情况下，在刷新查询后，都要重新调整格式，这也是默认的选项。

2）不显示重复的主关键字（Suppress Repeated Key Values）：用于设置当一个特性字段的值在查询结构中多次出现时，是显示所有字段值，还是只显示第一个字段值。如果不勾选这一选项，查询结果如图 14-11 所示，同一个"产品组"和"产品"在不同的行中重复出现，每行都显示产品组的值和产品的值。如果勾选了这一选项，查询结果如图 14-12 所示，同一个"产品组"和"产品"在不同的行中重复出现，但只在第一次出现时显示产品组的值和产品的值，后面相同的值不显示。

3）显示度量的制表比例（Show Scaling of Measures）：查询中的关键值可以设置制表比例，参见图 14-16 中关于关键值属性的设置。勾选"显示度量的制表比例"后，查询结果中关键值所在的行或者列的第一个单元格会显示关键值的制表比例。

4）符号格式（Sign Format）：设置负数在单元格中的显示格式。可用的选项包括：负号显示在数字前面，负号显示在数字后面，负数用括号表示。

5）0 的显示格式（Zero Format）：可用的选项有以下几种。
- 显示为零，并显示币种或单位。
- 显示为零，不显示币种或单位。
- 显示为空格。
- 用户自定义显示内容，例如，显示为"-"。

3．"小计位置（Result Location）"区域

这个区域下可以设置行和列的"小计""总计"所在的位置。在如图 14-11 和图 14-12 的报表预览结果中，行中每个"产品"值和"产品组"的值对应的小计都显示在最后一行，即明细数据的下方。

4．"不显示 0（Zero Suppression）"区域

当一行或者一列的查询结果为 0 时，可以设置是否显示这一行或者列。

首先，选择这个设置是否应用于行或者列。

其次，在下拉列表中选择不显示行或列的条件：

1）只需要小计值为零：行或列中包含多个特性时，只要小计或总计的值为 0，这些数据就不在查询结果中显示。

2）必须所有值都为 0：只有行或列中的所有单元格的值都为 0，这些行或列才不显示在查询结果中。

5．"远程访问（Remote Access）"区域

当使用外部的报表工具访问查询，将查询作为数据源时，这里用于查看和设置查询的远程访问选项。

1）OLAP 用的 OLEDB 接口：如果第三方报表工具使用 OLAPOLEDB 接口连接数据源，则选择这一选项将查询发布为相应的数据源。

2）OData 接口：使用 SAP BW/4HANA 和 SAP 网关，可以将查询发布为 Odata 查询，供移动场景使用。使用 OData 访问查询要使用 REST 访问。

3）外部 SAP HANA 视图：如果查询所在的信息提供者支持外部 SAP HANA 视图，也可以指定这一选项让查询生成相应的 SAP HANA 视图，供第三方报表工具调用。

6．"统一显示层级结构（Universal Display Hierarchy）"区域

在这个区域可以设置将行或者列中的多个特性按照层级结构的方式进行展示，还可以指定查询第一次显示结果时，展开到层级结构的哪个层级。例如，设置查询的行按层级结构显示，并且将显示层级设置为 2，即展现"产品组"和"产品"两个层级，如图 14-13 所示。

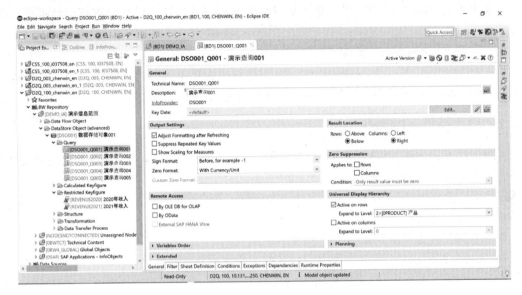

图 14-13　设置"统一显示层级结构"

在查询预览界面中预览查询，结果如图 14-14 所示。

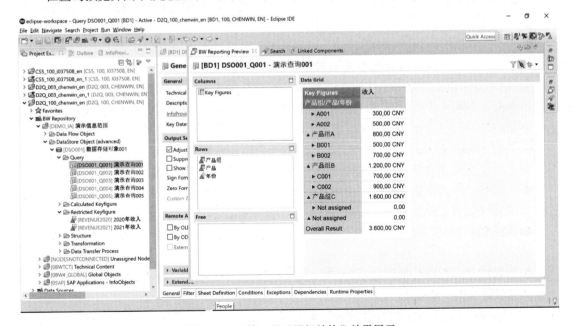

图 14-14　"统一显示层级结构"效果展示

查询中将行上的特性作为一个层级结构进行展示，并且初次打开时，只显示到"产品组"和"产品"，不显示"年份"。在后续的互动操作中，可以手动展开更详细的信息。

7．"变量顺序（Variables Order）"区域

如果查询里包含多个变量，可以在这一区域设置查询运行时的用户输入界面中，变量显示的顺序。

8．"计划（Planning）"区域

如果信息提供者启用了计划功能，相应的查询也可以在这一区域设置计划数据录入的选项。

9．"扩展（Extended）"区域

这一区域可以设置，在查询运行时读取信息提供者里某个状态的数据请求，是否读取冷数据存储中的数据，是否显示数据对应的文档链接等。

14.2.2 设置特性字段属性

在查询的"筛选器"选项卡或者"表单定义"选项卡上，都可以对进入查询的字段使用屏幕右边的属性窗口进行设置，如图14-7或图14-9所示。

在特性字段的属性窗口中，包含"常规（General）"和"层级结构（Hierarchy）"两个选项卡。

1．"常规"选项卡

在"常规"选项卡上，可以设置的选项有：

1）修改字段的描述，这里的描述可以不同于信息对象本身的描述，只应用于当前查询。

2）在"值输出格式（Value Output Format）"区域，可以设置当前字段的每个字段值的显示方式，是显示技术名称还是文本描述。

3）在"排序（Sorting）"区域，可以设置当前字段的排序方式。排序可以使用当前信息对象的主键，也可以使用信息对象包含的属性字段；排序的依据可以使用技术名称，也可以使用文本描述；可以升序排序或者降序排序。

4）在"结果输出格式（Result Output Format）"区域，可以设置当前字段的每个字段值都显示小计，以及小计的计算是否采用累计求和的方式。

5）在"显示级别（Display Level）"区域，可以设置当前字段作为过滤条件时，在何种级别的界面上显示。一般情况下，会将一些技术字段的"显示级别"设置为仅在明细界面上才会显示。

6）在"扩展（Extended）"区域，可以设置当前字段的哪些字段值会显示在查询结果和筛选器中，以及当前字段的刷新方式。查询结果和筛选器的字段值选项有如下几个：

- 主数据：当前字段主数据中的所有值都会显示在查询结果中。即使信息提供者中没有相应的数据记录，查询结果也会显示主数据中存在的字段值。
- 记录值：这是默认选项。只有在信息提供者中有存储的记录值，才会显示在查询结果中。
- 特性关系：查询结果只显示之前维护了对应的特性关系的字段值。

2．"层级结构"选项卡

"层级结构"选项卡的设置选项如图14-15所示。

图 14-15　编辑查询：设置特性属性-层级结构

如果特性包含了一个或者多个层级结构，可以在这里设置查询使用的层级结构及其版本。在"显示节点（Display of Nodes）"区域，可以设置子节点是向上展开还是向下展开，是否显示只有唯一子节点的父节点等。在"排序（Sorting）"区域，可以设置排序依据的字段及方向。

14.2.3　设置关键值字段属性

对于关键值字段，用户可以设置不同的属性选项。在特性字段的属性窗口中，包含"常规（General）""换算（Conversion）"和"计算（Calculations）"三个选项卡。如图 14-16 所示。

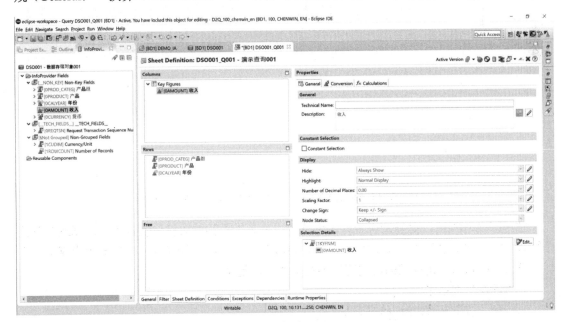

图 14-16　编辑查询：设置关键值属性-常规

1．"常规"选项卡

在"常规"选项卡上，可以设置的选项有：

1）关键值的技术名称和描述。

2）"常数选择（Constant Selection）"选项：一般情况下，关键值在查询的单元格中显示的值会根据单元格所在的行列位置对应的特性值不同而变化。本例中不同行上显示的收入值分析对应不同的"产品组""产品"和"年份"。如果勾选了这一选项，则关键值不会随单元格所在位置不同而变化。这样的关键值一般会作为计算百分比的分母。

3）"显示（Display）"区域：可以设置关键值是否显示、是否高亮、小数位、制表单位等进行设置。

4）"选择明细（Selection Details）"区域：可以通过右边的"编辑"按钮，为关键值添加筛选条件。具体操作及效果，可以参照后面小节介绍的"限制关键值"。不同的是，此处的限制条件对当前关键值在全查询范围内起作用；而"限制关键值"可以视为另一个独立的关键值，一个查询中可以基于同一个基本关键值定义多个"限制关键值"而不互相冲突。

2．"换算"选项卡

"换算"选项卡如图 14-17 所示。

图 14-17　编辑查询：设置关键值属性-换算

"换算"选项卡可以对查询中带有货币单位或者计量单位的关键值设置币种换算或者单位换算的功能。这里用到的"换算类型（Conversion Type）"和在转换部分介绍的"换算类型"是一样的，可以用系统标准的，也可以根据需要自己定义。

3．"计算"选项卡

"计算"选项卡如图 14-18 所示。

图 14-18　编辑查询：设置关键值属性-计算

在"计算"选项卡中可以设置关键值的小计和单项的计算方式，及计算的方向。

14.3　本章小结

通过使用查询，BW/4HANA 可以灵活方便地为各类报表分析工具或者下游系统提供数据。查询编辑界面提供了完整的查询定义、预览和分析的环境，通过将导航窗口中信息提供者视图里的字段或者信息对象拖到查询编辑界面的"表单定义"选项卡中，就完成了快速定义一个查询的操作，并可以在"报表预览"和"BW 主控室预览"界面中预览查询结果。

BW/4HANA 查询编辑工具对于查询结果的展现还提供了大量的属性设置选项。这些属性设置选项既有查询的属性设置，也有查询包含的特性字段和关键值字段的属性设置。这些设置选项会影响查询数据格式的显示方式、小计及总计计算与显示的方式、对外远程服务的提供方式、层级结构的显示方式，等等。

第 15 章　查询：个性化的派生指标

用户对分析指标的需求是多样性的。而数据模型中的指标大多只保存了基础指标。也就是说，在数据模型中提供了计算指标的基础数据，但是指标的计算逻辑还是需要进一步定义的。这部分工作也是由查询来完成的。BW/4HANA 查询提供了根据基础指标定义派生指标的丰富的功能。

BW/4HANA 查询编辑界面还提供了一系列高级功能。用户不仅可以实现多维度的数据分析，还可以实现同一维度里不同维度成员的数据的差异分析，如计划–实际比较、不同财务年度比较等。查询编辑界面还可以定义个别单元的例外计算逻辑。

15.1　派生指标的不二法门

在上一章演示的查询例子中，使用的是数据模型里的原有的字段。这样的查询是比较简单的，直接使用信息提供者中的数据字段进行显示就可以满足需求，不需要对数据进行任何加工、计算。而在实际的报表应用中，对基础指标的数据进行进一步的加工和计算是非常普遍的。

仍然以前面章节中使用的数据存储对象为例，结合常见的查询指标的加工与计算需求，进一步了解 BW/4HANA 查询编辑器的指标派生方法。

15.1.1　业务场景示例

例如，表 15-1 所示的查询格式就是一个比较常见的例子。

表 15-1　查询报表示例

		2020 年收入	2021 年收入	增长率
产品组 A	产品 A001			
	产品 A002			
产品组 B	产品 B001			
	产品 B002			

对数据（关键值）进行限制一般对查询是必需的。在实际应用中，数值只有在特定的上下文中，才具有业务意义。例如，上表中将不同年份的收入数据进行比较，不能简单地使用筛选器对整个查询的数据进行限制，而是要赋予关键值"收入"更多的业务含义和限定条件，要使用某一个具体的"年份"对"收入"做出限定。当需要使用多个维度对某个关键值进行限定时，就需要使用 BW/4HANA 查询中的"限制关键值"功能。

限制关键值是对信息提供者中的关键值指定附加的限制条件，使用同一信息提供者中的一个或者多个特性指定取值范围，用于限定关键值的取值结果。受限的关键值可以是信息提供者的基本关键值，也可以是再对限制关键值进行进一步限制。限制的方法与筛选器类似，可以使用特性的单值、取值范围、层级结构节点或者变量等指定限定条件。限制关键值是可以在多种查询中重复使用的。

以表 15-1 为例，表中的"2020 年收入"要求对"收入"进行限定，以便明确收入的具体时间是 2020 年。这里使用时间维度对"收入"进行了限定。根据报表分析需要，还可以同时使用多个维度对一个关键值进行限定，例如"2025 年计划收入"，需要同时使用时间维度"2025"和数据版本"计划版本"（相对于"实际版本"）进行限定。

示例报表中的最后一列是基于前面两列的结果计算出来的。在查询中定义这样的指标可以使用 BW/4HANA 查询中的"计算关键值"来实现。计算关键值是使用信息中已有的关键值，定义计算公式而形成的一种关键值。它使用的关键值包括信息提供者中的基本关键值、限制关键值，也可以使用其他已定义好的计算关键值。计算关键值也是可以重用的组件。

下面通过系统操作演示，介绍限制关键值和计算关键值的创建、编辑和使用。

15.1.2 赋予指标更多业务含义

使用若干维度的信息对基础关键值进行限定，从而派生出具有更加具体业务含义的新的派生指标，是派生指标常用的方法之一。

在 BW/4HANA 中，新建"限制关键值"的操作步骤如下。

第一步，打开新建限制关键值向导。

在"BW 资源库"窗口的"信息提供者"选项卡下，右键单击"可重复使用组件（Reusable Components）"，如图 15-1 所示。

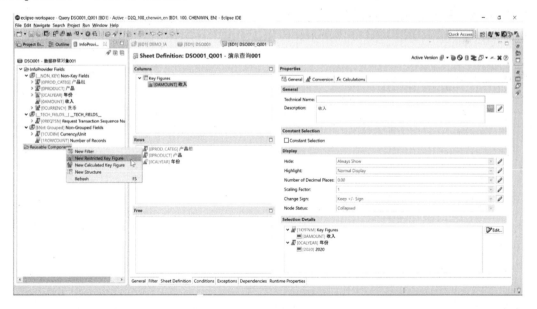

图 15-1　新建可重用组件

由右键菜单中的选项可以看到，可以新建的可重用组件包括筛选器、限制关键值、计算关键值和结构等。选择"新建限制关键值（New Restricted Key Figure）"，系统弹出新建限制关键值（New Restricted Key Figure）向导对话框，如图 15-2 所示。

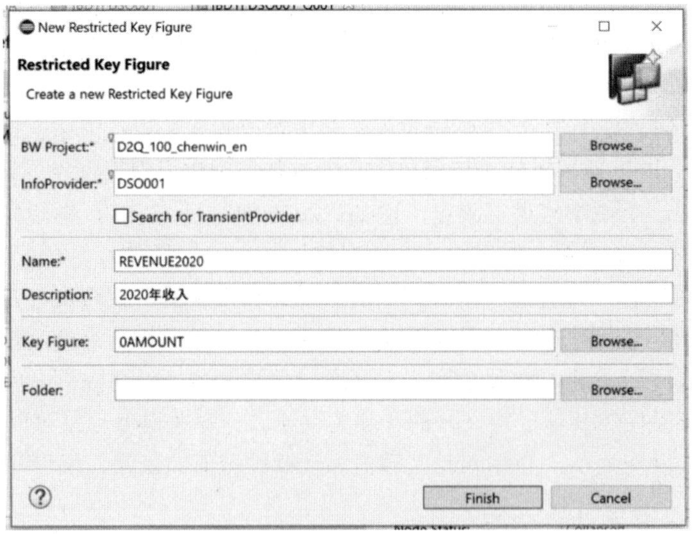

图 15-2　新建限制关键值对话框

第二步，配置新建限制关键值向导。

在对话框中输入限制关键值的技术名称、描述，通过"浏览（Browser）"按钮选择当前信息提供者的一个关键值。如果对可重用组件建立了子目录结构，还可以在对话框中选择一个子目录。完成设置后，单击"完成（Finish）"按钮。系统关闭对话框，打开限制关键值的编辑界面。

第三步，编辑"限制关键值"。

限制关键值编辑界面如图 15-3 所示。

图 15-3　编辑限制关键值：常规

15.1.3 编辑限定关键值

限制关键值的编辑界面包括"常规（General）""选择（Selection）""依赖关系（Dependencies）"等选项卡。

1. "常规"选项卡

"常规"选项卡下可以设置限制关键值的描述，描述中可以包含变量值。将在后续章节中介绍变量。"常规"选项卡还包含了"常规（General）""换算（Conversion）""计算（Calculation）"三个子选项卡，其设置选项与查询中的关键值属性类似。

2. "选择"选项卡

"选择"选项卡如图 15-4 所示。

图 15-4　编辑限制关键值：选择

为限定关键值添加维度限制条件的具体操作步骤如下。

（1）添加特性

首先，通过右键菜单，或者直接从信息提供中窗口中拖曳，将作为限制条件的特性添加到"选择（Selection）"列表中。如示例中的"年份"。

（2）配置特性筛选器

接下来，使用右键单击作为限制条件的特性，选择"限制（Restrict）"菜单项。系统弹出编辑筛选器（Edit Filter for）对话框，如图 15-5 所示。

在筛选器对话框中，可以使用单值、值范围、层级结构节点、变量等多种方式对特性的值进行限定。此处选择单值 2020 年作为限制条件，单击"确认"按钮关闭对话框。

（3）完成限定关键值定义

系统返回限制关键值编辑界面，如图 15-6 所示。

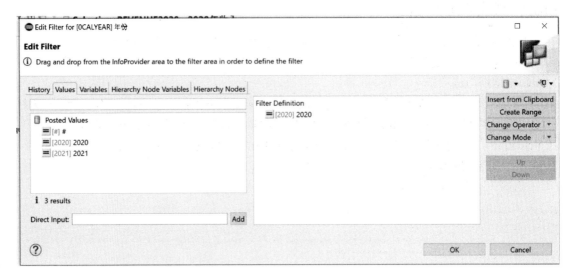

图 15-5　编辑限制关键值：筛选器

图 15-6　完成编辑限制关键值

3．"依赖关系"选项卡

"依赖关系"选项卡显示了当前限制关键值与其他对象的依赖关系，方便对这些对象的维护与管理。

完成编辑后，点击工具栏中的"保存"按钮进行保存。

最后，重复以上的步骤，新建与编辑第二个限制关键值："2021年收入"。具体定义如图 15-7 所示。

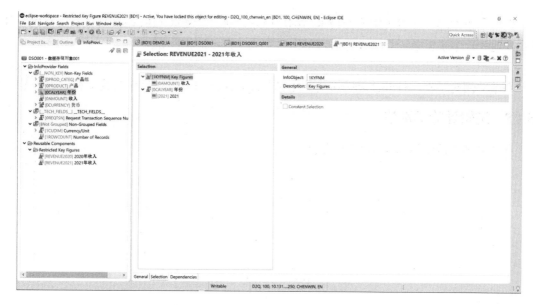

图 15-7　限制关键值"2021 年收入"

15.1.4　通过计算派生新指标

通过现有指标的进一步计算，得出新的指标，这也是派生指标常用的方法之一。

在 BW/4HANA 中，新建"计算关键值"的操作步骤如下。

第一步，打开计算关键值向导。

在"BW 资源库"窗口的"信息提供者"选项卡下，右键单击"可重复使用组件"，在如图 15-1 所示的界面中选择"新建计算关键值"菜单项。

第二步，配置新建计算关键值对话框。

系统弹出新建计算关键值（New Calculated Key Figure）对话框，如图 15-8 所示。

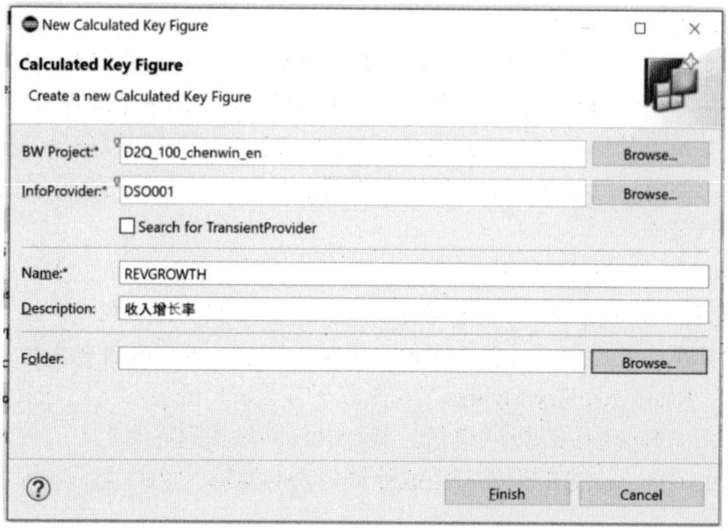

图 15-8　新建计算关键值对话框

在对话框中输入计算关键值的技术名称、描述，通过"浏览（Browse）"按钮可重用组件目录结构的一个子目录。完成设置后，单击"完成（Finish）"按钮。

第三步，编辑计算关键值。

系统关闭对话框，打开计算关键值的编辑界面。用户需要进行后续的编辑和设置。

15.1.5 编辑计算关键值

计算关键值编辑界面如图 15-9 所示。

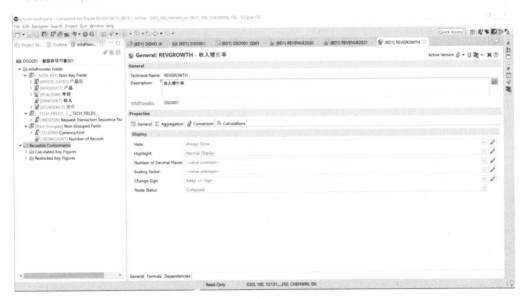

图 15-9　编辑计算关键值：常规

计算关键值的编辑界面包括"常规（General）""公式（Formula）""依赖关系（Dependencies）"等选项卡。

1. "常规"选项卡

"常规"选项卡下可以设置计算关键值的描述，还包含了"常规（General）""聚合（Aggregation）""换算（Conversion）""计算（Calculations）"四个子选项卡。"聚合"子选项卡可以定义计算关键值的例外聚合方式及参考特性，其定义方式可以参见信息对象相关章节中对关键值的介绍部分。其他几个子选项卡的设置选项与查询中的关键值属性类似。

2. "公式"选项卡

"公式"选项卡如图 15-10 所示。

公式的编辑界面与转换中的公式编辑界面类似。在界面的左下角，列出了公式中可用的字段和函数，包括基本关键值、计算关键值、限制关键值、变量及各种函数。在示例中，选择"限制关键值（Restricted Key Figures）"，在右下方的窗口处显示出当前信息提供者中的所有限制关键值，双击列表中的限制关键值，就可以将其添加到界面上方的公式编辑窗口中。使用限制关键值及界面右上方的操作符完成计算公式的编辑，"%"是系统提供的用于计算增长率的操作符。

图 15-10　编辑计算关键值：公式

完成编辑后，保存计算关键值。

3．"依赖关系"选项卡

切换到"依赖关系"选项卡，如图 15-11 所示。

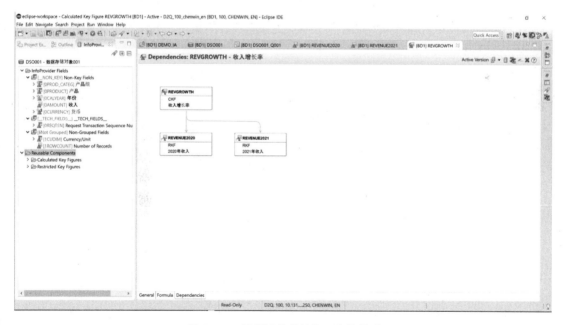

图 15-11　编辑计算关键值：依赖关系

"依赖关系"选项卡，显示了当前计算关键值与其他两个限制关键值之间的引用关系。在对复杂的计算关键值进行修改之前，可以先查看这些关系，方便对这些对象的维护与管理。

15.1.6 在查询中使用的新指标

新建一个查询,命名为 DSO001_Q002,如图 15-12 所示。

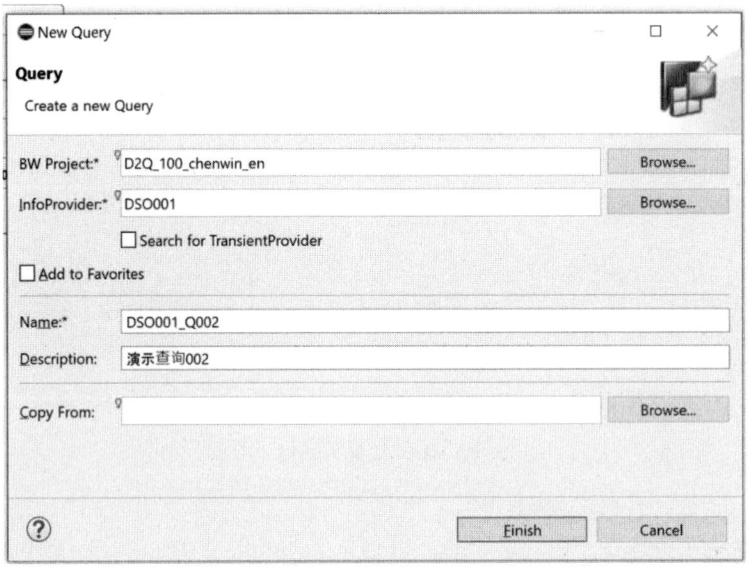

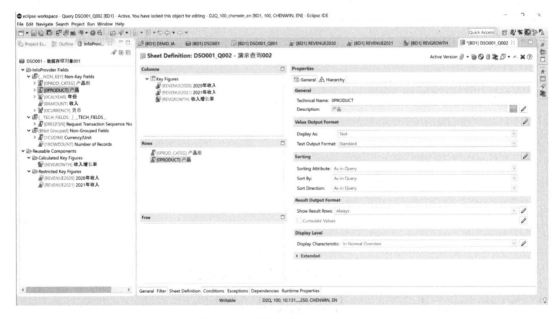

图 15-12 新建查询:演示查询 002

在查询的编辑界面的"表单定义"中,使用限制关键值和计算关键值定义新的查询,结果如图 15-13 所示。

图 15-13 演示查询 002 表单定义

完成查询定义后，保存查询，并在 BW 主控室中预览，结果如图 15-14 所示。

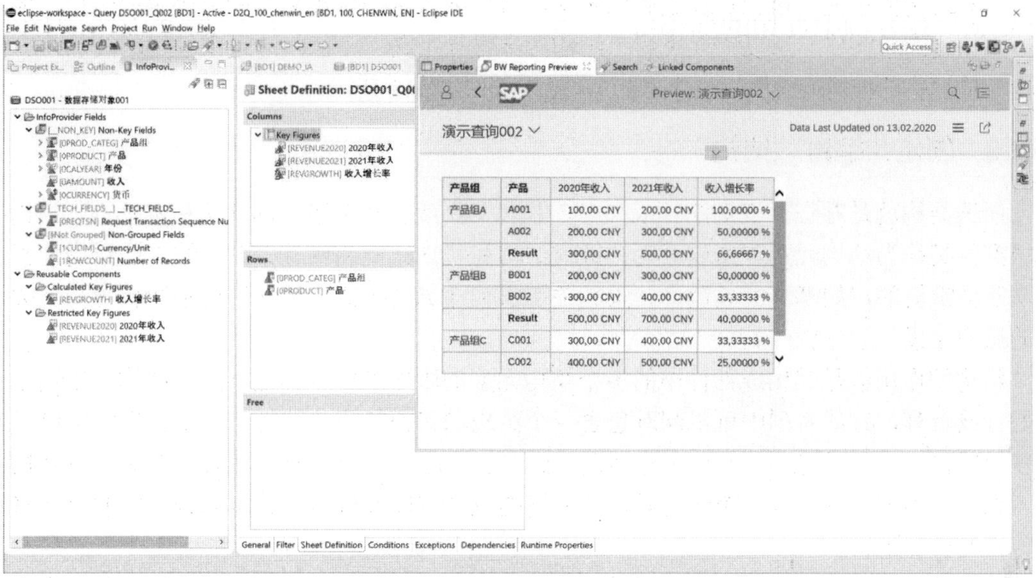

图 15-14　演示查询 002 预览

预览结果与业务场景要求的表单设计一致，查询设计完成。

15.2　这个单元格与众不同

在一些业务场景中，报表中的某些单元格不能通过其对应的行和列的限制条件进行定义，它们有特别的计算逻辑。在这种情况下，就需要使用查询中的结构和单元格的功能了。

15.2.1　业务场景示例

仍然以上一小节中的报表为例。报表格式和整体的计算逻辑不变。但是，由于产品 A002 在 2021 年的收入数据采集不完全，需要进行特别的调整。调整的逻辑是，将信息提供者中采集到产品 A002 的 2021 年的数据，再加上产品 A002 在 2020 年收入的 1/12，作为产品 A002 在 2021 年的估计数据。用公式表达如下：

产品 A002 在 2021 年的调整后收入=产品 A002 的 2021 年收入+产品 A002 在 2020 年收入*1/12

报表中的其他产品的计算逻辑与上一小节一样，不需要进行例外调整，如表 15-2 所示。

表 15-2　具有例外计算逻辑的查询报表示例

	2020 年收入	2021 年收入	增长率
产品 A001			
产品 A002		需要例外计算逻辑	
产品 B001			
产品 B002			

261

要对特定的单元格进行计算逻辑的定义，首先要查询的行和列有相对固定的结构，才能定位到特定的单元格，所以需要使用"结构"来进行定义。下面，通过系统操作演示，介绍结构和单元格的使用方法。

15.2.2　创建并编辑"结构"

所谓结构就是存在于查询的行或列中，包含一个或者多个组成部件的基本架构。结构的组成部件又称为结构元素。结构分为关键值结构和特性结构两种。关键值结构的结构元素总是基于关键值的，如基本的关键值、限制关键值和计算关键值。特性结构不能包含基于关键值的结构元素。

结构的作用就是其构成部件中的多个结构元素的顺序和数量固定下来。结构可以用于查询的行或者列，行或者列中可以同时包含一个结构和其他若干个特性。一个查询中可以不包含任何结构，也可以包含一个或者最多两个结构。一个查询最多只能包含一个关键值结构。当查询的行和列中各包含一个结构时，单元格的位置就能够确定，就可以为指定的单元格定义特定的计算逻辑。

新建结构时，可以在信息提供者的"可重复使用组件"目录下创建可重用组件，也可以在查询里进行定义。下面演示后一种方法。

1．新建查询，并在查询列上定义关键值结构

新建一个查询，并按上一小节的操作将限制关键值"2020 年收入""2021 年收入"和计算关键值"收入增长率"拖到查询列中，如图 15-15 所示。

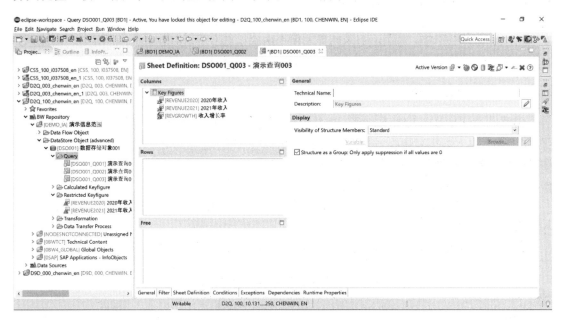

图 15-15　创建关键值结构

和前面小节一样，系统自动在列中生成一个描述为"Key Figure"的结构，这是一个关键值结构。在屏幕右边可以设置结构的属性。

1）设置结构的技术名称和描述。
2）设置结构要素是默认全部显示，还是在查询运行时使用变量选择要显示的结构要素。
3）设置如果结构要素的值全部为0，是否显示在查询结构中。

2．在查询行上创建特性结构

（1）新建结构

首先，在查询"表单定义"选项卡的行区域单击右键，在右键菜单上选择"新建结构（New Structure）"，系统默认生成一个描述为"Structure"的结构。

（2）定义结构要素

接着，要给这个新生成的结构定义结构要素。在结构上单击右键，如图15-16所示。

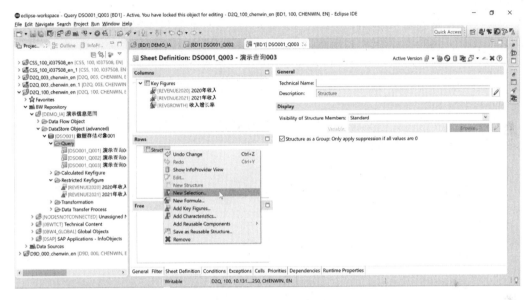

图15-16　创建结构要素

在右键菜单中有两个菜单项可用于创建结构要素：一个是"新建选择（New Selection）"，另一个是"新建公式（New Formula）"。"新建选择"的操作方式与定义"限制关键值"类似。不同的是，如果新建的"选择"是用于特性结构的，只需要定义相应的特性及其取值范围，不需要包含任何关键值。而"新建公式"的操作方式与定义"计算关键值"类似。

下面，根据业务场景中要求的报表格式，定义特性结构的第一个结构要素，即产品A001。

在如图15-16所示的菜单界面中选择"新建选择"，系统弹出"编辑选择（Edit Selection）"对话框，如图15-17所示。

编辑选择对话框的左边窗口中列出了当前信息对象的可用字段，包括特性、关键值、技术字段、可重用组件等。对话框的右边窗口是选择的定义窗口。展开左边窗口中的可用字段列表，先找到特性"产品"，再进一步展开"产品"包含的特性值列表，将特性值"A001"拖放到右边的列表中，如图15-17所示。单击"确定"按钮，关闭编辑选择对话框，返回查询编辑界面。

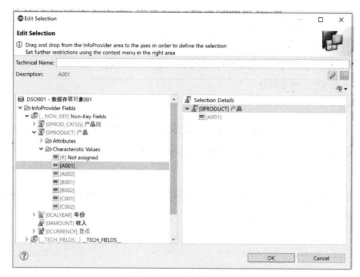

图 15-17　编辑选择

（3）定义更多结构要素

重复上面的操作，分别定义其他的三个特性结构要素，即产品 A002、B001、B002。完成定义的结果如图 15-18 所示。

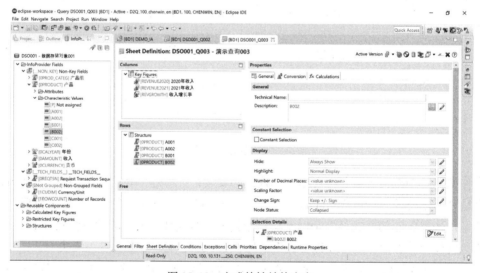

图 15-18　完成特性结构定义

15.2.3　编辑单元格

结构的创建确定了查询的行或列中特性值或关键值的数量和顺序。所以，如果在查询里使用两个结构，例如，在列中使用一个关键值结构，在行中使用一个特性结构，这个查询就有固定的行和列，查询的格式就是固定的。

对于具有两个结构的查询，查询编辑界面会自动增加"单元格（Cells）"和"优先级（Priorities）"两个选择卡，可以对个别单元格进行取数逻辑的定义。选择如图 15-18 所示界面中的"单元格"选项卡，进入单元格的编辑界面，如图 15-19 所示。

图 15-19　单元格选项卡

在"单元格"选项卡中，编辑界面的左上方，根据查询的"表单定义"的设置，显示了查询的行和列的结构，以及由行、列交叉定义而构成的每一个单元格。根据单元格在计算过程中的作用不同，系统提供了多种类型的单元格定义。

1. 定义"参考单元格"

"参考单元格"是在查询中存在的单元格，它可用于定义其他单元格的计算逻辑。例如示例业务场景中的"产品 A002 在 2020 年收入"，它是查询中的一个单元格，又被用于定义"产品 A002 在 2021 年的调整后收入"。

在"产品 A002 在 2020 年收入"对应的单元格单击右键，系统弹出右键菜单，如图 15-20 所示。

图 15-20　新建参考单元格

选择"新建参考单元格（New Reference Cell）"，系统随后将这一单元格标志为"参考单元格"，并根据其所在单元格的定义自动生成相应描述，完成界面可参见图 15-21。

265

图 15-21 新建帮助单元格

2. 定义"帮助单元格"

在"单元格"选项卡左下角的区域是定义"帮助单元格（Help Cells）"的区域。"帮助单元格"是在查询以外的单元格，但它在定义其他单元格的计算逻辑时也需要用到。例如示例业务场景中的调整之前的"产品 A002 的 2021 年收入"，它被排除在查询结果之外，但会用于"产品 A002 在 2021 年的调整后收入"的计算公式。所以，在定义这个例外计算逻辑之前，要先在"帮助单元格"区域定义调整之前的"产品 A002 的 2021 年收入"，用于"帮助"实现例外计算逻辑的定义。

在"帮助单元格"区域单击右键，系统弹出右键菜单，如图 15-21 所示。

新建帮助单元格有两个选项，一是"新建公式单元格（New Formula Cell）"，二是"新建选择单元格（New Selection Cell）"。它们的创建逻辑分别与"计算关键值"和"限制关键值"类似。选择"新建选择单元格"，系统弹出"编辑选择（Edit Selection）"对话框，定义"产品 A002 的 2021 年收入"如图 15-22 所示。

图 15-22 编辑选择单元格

系统自动生成以"Help Cell"打头的一串描述，用户也可以自定义技术名称和新的描述。单击"确定"按钮，完成帮助单元格的定义，完成界面可参见图15-23。

3．定义"例外单元格"

"例外单元格"就是在查询中计算逻辑与众不同的单元格。例如示例业务场景中的调整之前的"产品A002在2021年的调整后收入"。在"单元格（Cells）"区域中对应的单元格，单击右键，如图15-23所示。

图 15-23　新建例外单元格

从右键菜单选项可以看到，新建例外单元格也同样有两个选项，一是"新建公式单元格（New Formula Cell）"，二是"新建选择单元格（New Selection Cell）"。根据示例的业务场景，选择"新建公式单元格"，系统弹出"编辑公式（Edit Formula）"对话框。定义"产品A002在2021年的调整后收入"的计算公式，如图15-24所示。

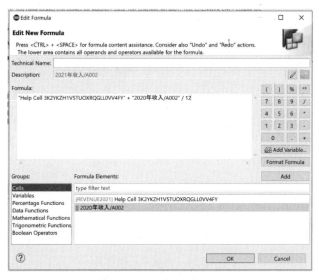

图 15-24　编辑公式单元格

完成公式定义后,单击"确定"按钮关闭对话框,返回"单元格"选项卡界面。

除了这个例外单元格之外,产品 A002 的增长率的计算逻辑也发生了变化,要使用调整后的 2021 年收入进行计算,因此,还要定义产品 A002 的增长率的例外单元格。增长率例外单元格的定义使用了 2021 年收入例外单元格和参考单元格,如图 15-25 所示。

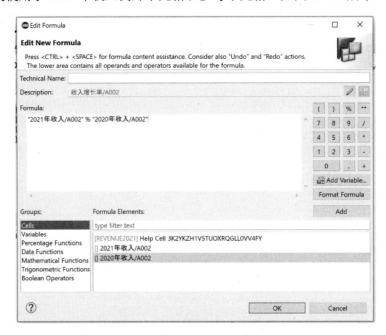

图 15-25　编辑增长率例外计算公式

这样,就完成了所有单元格的定义,结果如图 15-26 所示。

图 15-26　完成单元格定义

15.2.4 设置"优先级"选项卡

当查询的行和列中都包含了结构时，行和列的属性都有各自的设置，因此系统要考虑如何处理行和列的属性设置可能造成的冲突。系统在查询编辑界面中自动生成"优先级"选项卡，用于设置在行或列的定义产生冲突时，系统以哪个定义为准备，即谁的优先级更高。在默认情况下，系统根据设置的时间先后确定优先级，设置时间越晚，优先级越高。"优先级"选项卡下可以修改这些优先级的设定。

查询编辑界面的"优先级"选项卡如图 15-27 所示。

图 15-27 设置"优先级"选项卡

在查询的"优先级"选项卡的左上方，是一个选择属性的下拉列表。下拉列表的选项包括：高亮显示、小数位数、制表比例、正负变号、公式定义冲突、是否可输入等。对于这些属性的设置选项，可以参见在查询字段的属性设置小节中的介绍。编辑界面的中间窗口中，按钮查询的定义列出了每个单元格的位置。在界面的下方，提供了"应用行设置值（Apply Row Value）""应用列设置值（Apply Column Value）"按钮及"保留单元格设置值（Keep Explicit Cell Values）"选项。具体设置操作如下：

1）选择下拉列表中需要检查或者设置的属性。

2）在中间窗口部分选择需要更改设置的单元格。如果需要更改单元格定义的属性，要先去除默认勾选的"保留单元格设置值"选项。

3）单击界面下方的"应用行设置值"按钮或者"应用列设置值"按钮，设定行列设置的优先级。

如果修改了设置，界面上会显示向左或者向上的箭头图标，标明单元格属性的应用优先级。

15.2.5 运行查询结果

保存查询，在 BW 主控室预览查询结果，如图 15-28 所示。

图 15-28　预览查询结果

对比查询结果与业务场景的需求，可以确认查询结果达到设计要求。

15.3　本章小结

给一个基础指标赋予更多的业务含义，是定义派生指标的一种常见方法。例如，"2020年收入"就是"收入"指标的一个派生指标。BW/4HANA 查询编辑工具提供了"限制关键值"，用于定义这一类型的派生指标。基于现有的指标进行计算，得出新的指标，也是常用的派生指标的方法。BW/4HANA 提供了"计算关键值"用于定义这一类型的派生指标。

对于报表中具有特殊计算逻辑的指标，BW/4HANA 查询编辑工具也提供了深入到个别单元格的定义具有特殊逻辑的计算指标的功能。首先要确保查询在行和列都有固定的"结构"，也就是说，这是个固定格式的报表。其次，BW/4HANA 提供了多种类型的单元格定义，并用于定义具有特殊计算逻辑的单元格中。

"限制关键值""计算关键值"和"结构"都是可以重复使用的查询要素，完成定义后，可以用于多个查询。

第 16 章　查询：只给你想要的

如果查询结果的数据量比较大，如何能让用户一眼便看到关注的数据？

这就需要将查询结果中的重点数据或者问题数据，由系统自动基于规则进行关联，将这些数据高亮显示。这样，可以让用户在分析查询结果时更加直观、方便地找到需要的信息。

在 BW/4HANA 查询建模工具中，可以使用条件、例外等功能，设定数据显示的规则与方式，使查询结果更方便用户进行分析。另外，还可以借助变量等更多功能的应用，使报表分析更加灵活、方便。

16.1　满足条件才显示

在查询中往往需要突出一些重要的数据。每个查询展现的业务场景不同，查看报表结果的人关注的重点也不一样。报表分析人员有时关注绝对值，有时关注相对的比例；有时关注时点数据，有时关注变化的趋势；有时关注表现好的指标；有时关注例外的指标。在 BW/4HANA 的查询里，可以使用"条件"和"例外"功能，突出查询结果中重点关注的部分，提高分析效率。

16.1.1　编辑条件

条件是 SAP BW/4HANA 查询中的一种构成对象，可以用来控制查询结果的显示，让查询只显示满足条件的部分结果。但是，条件对于汇总行没有影响。汇总行仍然显示所有查询结果的汇总数。可为一个查询定义几个条件，它们之间是"和"的逻辑关系。也就是说，只要多个条件都是活跃的，它们同时影响查询的显示。

下面，将前面章节中演示用的查询 DSO001_Q002 复制成查询 DSO001_Q004，并为它增加条件定义。我们将定义一个条件，只显示每个"产品组"和"产品"组合对应的"2021 年收入"前 2 名的数据。

1. 新建"条件"

打开查询编辑界面的"条件"选项卡，如图 16-1 所示。

在"条件"选项卡的"条件（Conditions）"区域中单击右键，在右键菜单中选择"新建条件（New Conditions）"，如图 16-1 所示。系统在"条件"区域中生成一个默认描述为"Condition 1"的条件。

2. 设置条件属性

系统会在界面右边显示条件的属性设置窗口，如图 16-2 所示。

图 16-1　新建条件

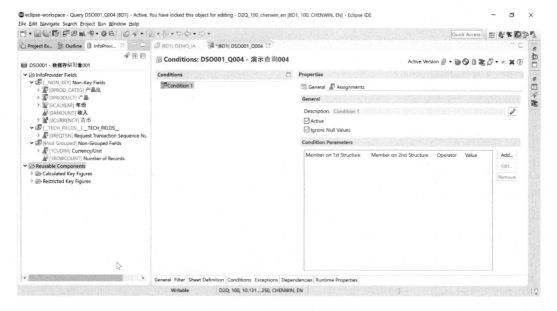

图 16-2　编辑条件：常规

条件的属性窗口包含"常规（General）"和"特性分配（Assignments）"两个子选项卡。

（1）"常规"选项卡

在"常规"选项卡下，可以修改条件的描述，选择是否激活条件，是否忽略空值，以及设置条件参数。

单击"条件参数（Condition Parameters）"区域右边的"添加（Add）"按钮，系统弹出"定义条件参数（Define Condition Parameters）"对话框，如图 16-3 所示。

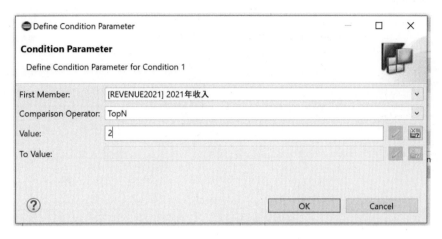

图 16-3　定义条件参数

在对话框的"第一成员（First Member）"下拉列表中选择一个结构要素，用于定义条件。如图 16-3 所示，选择"2021 年收入"作为定义条件的基础关键值。如果查询中有两个结构，则对话框里还会出现"第二成员"下拉列表供选择。

在"比较运算符（Comparison Operator）"下拉列表中选择合适的运算符。系统为定义条件提供了多种比较运算符，这些运算符可以分为两种类型。

1）一种是绝对条件，条件设定一个特定的阈值或者值范围。如果一个显示结果行的关键值不满足条件限定，就不在查询中显示。可用的限制有：
- 等于/不等于。
- 少于/大于。
- 少于或等于/大于或等于。
- 在两者之间/不在两者之间。

2）另一种是等级清单，将所有的查询结果行列出，对比它们之间的相互关系从而决定是否显示部分行结果，经常是通过自动排序实现。对于等级清单，以下操作可用。
- 顶部 N，底部 N：等级清单反映在排序中最前面或者最后面的特定的数目（N）的查询结果。
- 顶部百分比，底部百分比：等级清单反映排序中占到特定百分比部分查询结果。
- 顶部求和数，底部求和数：等级清单反映排序中占到特定加总数值的部分结果。

选择"顶部 N"选项，并在"值"字段中输入"2"，表明只显示前 2 名的查询结果。

（2）"特性分配"选项卡

从"常规"选项卡对条件参数的定义来看，它对查询结果的描述还是不够准确的。结合具体的业务场景，"2021 年收入排名前 2 名"可能有多种解释，可能是按"产品组"的总收入进行排名，也可能按"产品"收入进行排名。因此，在定义条件时，还需要指定"特性分配"，进一步明确条件的含义。"特性分配"选项卡如图 16-4 所示。

图 16-4　编辑条件：特性分配

特性分配模式（Mode）有以下四个选项，其中前三个在"特性分配"下拉列表中。

● 与特性无关：

选择这一选项，系统会针对查询中的每一个展开分析的特性分别进行关键值的比较运算，确定显示结构。查询中展开明细分析的特性不同，也会得到不同的显示结果。以示例查询为例，查询结果会按大小顺序显示收入前两名的产品组。在每个产品组内，按大小顺序显示收入前两名的产品。

● 行中最明细的特性：

选择这一选项，系统会针对查询行中的最明细的特性进行关键值的比较运算，确定显示结果。行中最明细的特性，是指查询行中最后一个特性。以我们的示例查询为例，系统只会针对"产品"特性进行结果的比较运算。查询结果会显示所有产品组，在每个产品组内，按大小顺序显示收入前两名的产品。

● 列中的所有特性：

选择这一选项，系统会针对查询列中的最明细的特性进行关键值的比较运算，确定显示结果。列中最明细的特性，是指查询列中最后一个特性。

● 个别特性：

这个选项的设置不在下拉列表中，而是要在"选择个别特性"区域的列表中，直接勾选需要的特性。选择一个或者多个特性，系统会基于这些特性的组合确定关键值，用于条件的比较运算。在示例中，选择这个选项，在列表中勾选"产品组"和"产品"特性，明确指定按"产品组"和"产品"的组合确定的收入进行排序。

16.1.2　在查询运行时使用条件

保存查询，并在 BW 主控室中进行预览，查询结果如图 16-5 所示。

图 16-5　查看包含条件的查询结果

对比图 16-5 和图 16-4 的查询结果，可以发现我们定义的条件起了作用，但是定义条件只是将不满足条件的数据隐藏了，并没有改变查询的总结果，这两个查询最后的总计行的 2020 年收入值是一样的，都是 1500。

在运行查询时，也可以动态地定义条件。单击查询结果界面上方的向下箭头，打开查询的导航操作界面，选择"条件（Conditions）"选项卡，如图 16-6 所示。

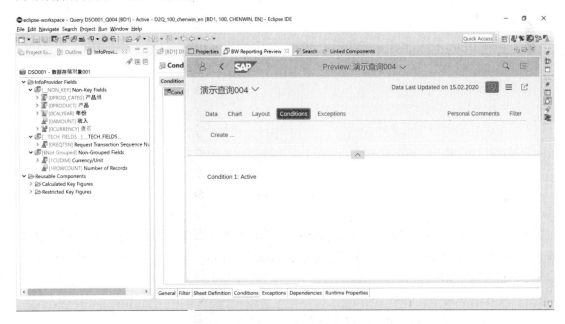

图 16-6　运行查询时使用条件

在"条件"操作界面下,可以看到之前定义的"Condition 1",这里可以修改它的激活状态。在这个界面下,还可以通过"创建(Create)"按钮创建新的条件。

16.2 例外情况要关注

在 SAP BW/4HANA 的查询中,除了使用条件对查询结果进行隐藏或排序之外,还可以使用例外,将满足例外定义状态的查询结果使用红、黄、绿色彩加亮显示。除了加亮显示外,这些例外也可作为定义不同级别报警的基础。例外是 SAP BW/4HANA 查询中的一种构成对象,可以使用不同的颜色显示偏离预期结果的异常值。例外状态是由用户自行定义的,即用户可以定义查询结果超过阈值或低于阈值时的状态。

16.2.1 编辑例外

下面,以上面的查询为例,为查询中的收入值设置三类不同的预警状态。

1. 新建"例外"

打开查询编辑界面的"例外"选项卡,如图 16-7 所示。

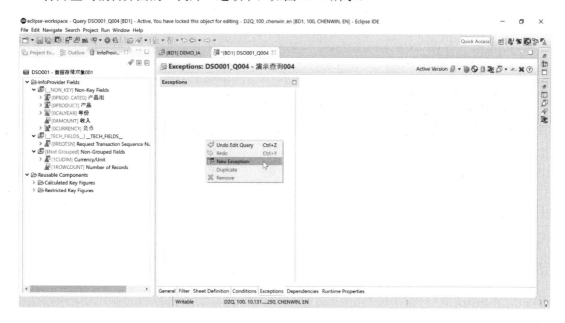

图 16-7 创建例外

在"例外"选项卡的"例外(Exceptions)"区域中单击右键,在右键菜单中选择"新建例外(New Exceptions)",如图 16-7 所示。系统在"例外"区域中生成一个默认描述为"Exception 1"的例外。

2. 设置例外属性

系统会在屏幕右边显示例外的属性设置窗口,如图 16-8 所示。

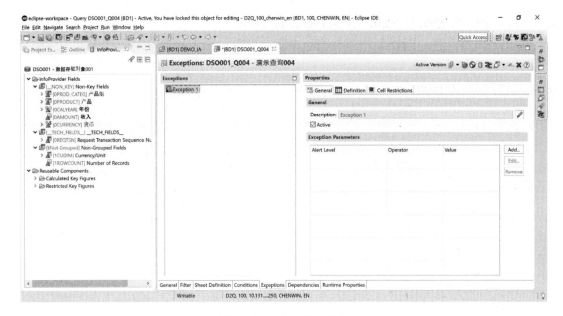

图 16-8　编辑例外：常规

例外的属性窗口包含"常规（General）""定义（Definition）"和"单元格限制（Cell Restrictions）"三个子选项卡。

（1）"常规"选项卡

在"常规"选项卡下，可以修改例外的描述，选择是否激活例外，是否忽略空值，以及设置例外参数。单击"例外参数（Exception Parameters）"区域右边的"添加（Add）"按钮，系统弹出"定义例外参数（Define Exception Parameters）"对话框，如图 16-9 所示。

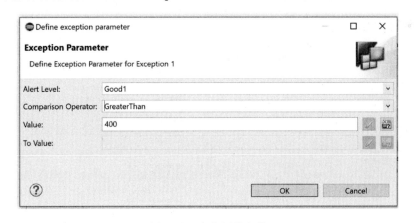

图 16-9　定义例外参数

在对话框的"报警级别（Alert Level）"下拉列表中选择一个报警级别。系统预置了 9 个报警级别，如图 16-9 所示，选择"Good1"第一个报警级别。

在"比较运算符（Comparison Operator）"下拉列表中选择合适的运算符。系统为定义条件提供了多种比较运算符，用于设定一个特定的阈值或者值范围，基本上与定义条件的第一类运算符号相似。在示例中，选择"大于"运算符，并在值字段中输入阈值 400。

277

单击"确定"按钮，完成第一个例外参数的设置。

重复上面的步骤，创建另外两个例外参数。完成例外参数定义后的结果如图 16-10 所示。

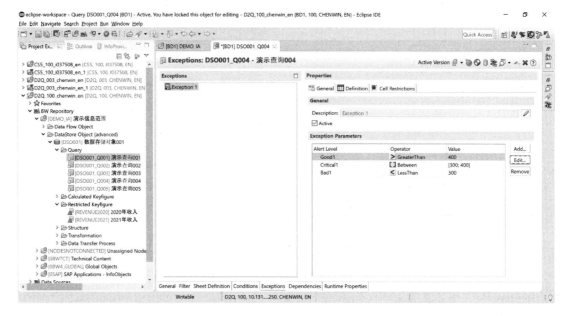

图 16-10　完成例外参数定义

（2）"定义"选项卡

"定义"选项卡界面如图 16-11 所示。

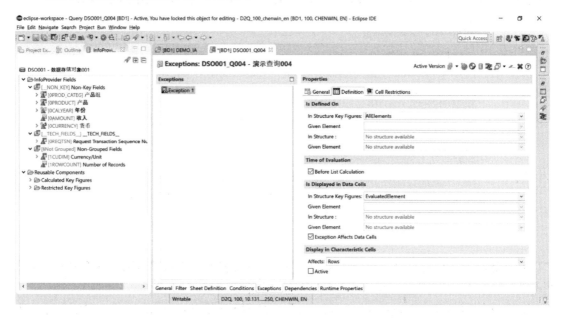

图 16-11　编辑例外：定义

在"定义"选项卡中，可以设置例外起作用的结构元素、时间和方式等。

- 在"定义对象（Is Defined On）"区域，设置例外对哪些关键值起作用，可以选择结构中的所有元素，也可以指定特定的结构元素。
- 在"评估时间（Time of Evaluation）"区域，设置例外运行的时间是在本地公式计算之前，还是本地公式计算之后。
- 在"数据单元格是否显示（Is Displayed in Data Cells）"区域，设置例外运行的结果是否显示在数据单元格。如果显示在数据单元格上，是应用于评估的结构元素，指定结构元素还是所有结构元素。
- 在"特性单元格是否显示（Display in Characteristic Cells）"区域，设置例外运行的结果是否显示在特性单元格。如果显示在特性单元格上，是应用于行上的特性还是列上的特性，或是行列上的特性单元格都显示。

（3）"单元格限制"选项卡

"单元格限制"选项卡界面如图 16-12 所示。

图 16-12　编辑例外：单元格限制

在"单元格限制"选项卡中，可以设置例外起作用的单元格。

- 在"不在列表中的特性的标准操作（Standard operator for all characteristics not listed）"区域，设置不在下方"单元格限制（Cell Restrictions）"列表中的特性应用例外的范围。选项有两个，一个是对所有单元格都进行例外评估，另一个是只对合计数进行例外评估。
- 在"单元格限制"区域，可以使用"添加（Add）"按钮添加多个条目，针对特定的特性设置其对应的单元格如何运行例外评估。

16.2.2　在查询运行时使用例外

保存并运行查询，结果如图 16-13 所示。

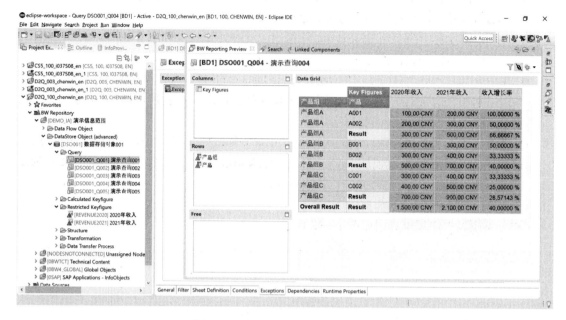

图 16-13　查看包含例外的查询结果

根据例外的定义，查询结果中用三种背景颜色显示了不同提取范围的关键值，方便报表分析人员找到重点分析的异常数据。

当然，如果在 BW 主控室中进行预览，也可以动态地定义例外。除了正在运行的例外，可以动态定义更多的例外，并设置例外是否启用，如图 16-14 所示。

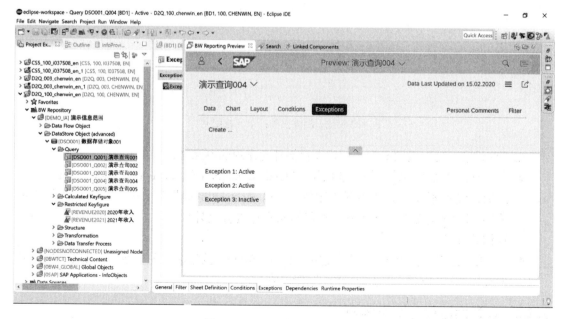

图 16-14　运行查询时定义例外

16.3 变量的 5 种类型和 7 种处理方式

与筛选器、结构、限制关键值和计算关键值一样，变量也是可以重复使用的对象。也就是说，一个变量可以用于多个不同的查询中。与其他可重用对象不同的是，变量不是定义在信息提供者之中，而是基于信息对象的。对一个信息对象定义的变量在所有使用这个信息对象的信息提供者中都是可以使用的。

使用变量可以极大地提高查询的灵活性和可用性，减少查询的维护工作量。SAP BW/4HANA 提供的变量有多种类型和用途。在本小节的示例中，基于"产品组"创建一个变量，用于在筛选器中让用户输入查询的选择条件。

16.3.1 创建一个变量

创建变量的操作步骤如下。

第一步，打开创建变量向导。

用户可以在 BW 资源库窗口的"项目浏览器"选项卡中找到信息对象"产品组"，也可以在 BW 资源库窗口的"信息提供者"选项卡里，找到当前信息提供者中包含的信息对象"产品组"，在"产品组"上单击右键，选择"新建变量（New Variable）"，如图 16-15 所示。

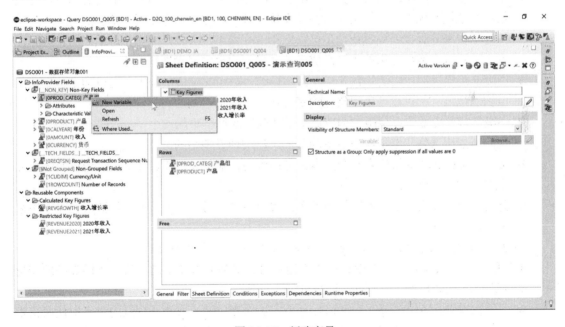

图 16-15 新建变量

第二步，配置新建变量向导。

系统弹出"新建变量（New Variable）"对话框，如图 16-16 所示。

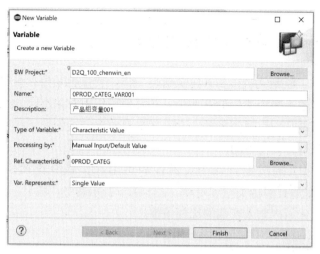

图 16-16　新建变量对话框

新建变量对话框要根据上面操作步骤的信息自动带出 BW 项目和参照特性的值。其他内容则需要在对话框中进行设置。

1）输入变量的技术名称和描述。

2）从"变量类型（Type of Variable）"下拉列表中选择一个变量类型。

SAP BW/4HANA 内置了 5 种变量类型。

- 特性变量：特性变量代表特征值，用于限制特性的值。在前面介绍的内容当中，能用指定特性值的地方，一般也能用特性变量代替。例如，定义限制关键值的时候，使用指定年份来限制收入关键值，是可以用年份变量来代替指定的年份值的。又例如，在本小节示例查询中使用的"产品值"的变量，用来定义筛选器。

- 层级结构变量：层级变量代表层次。同样的，在定义查询过程中，可以指定特定层级结构的地方，都可以使用层级结构变量代替，增加查询的灵活性。

- 层级结构节点变量：层级结构节点变量代表层级结构中的一个节点，是在限制一个层次的节点或选择一个层次节点下的部分层次的地方使用的。

- 文本变量：文本变量代表一个文本并可在查询、限制关键值、计算关键值以及结构元素的描述中使用。

- 公式变量：公式变量代表数值并可在公式中使用。另外，公式变量的数值也可以用来限制例外和条件。

3）从"处理方式（Processing by）"下拉列表中选择一个处理方式。

变量的处理方式决定了一个变量在查询运行时，如何获取变量的取值。不同类型的变量可用的变量处理方式也会有所不同。常见的变量处理方式有：

- 手工输入/缺省值：需要在查询运行时手工输入变量的值或者在变量的定义中使用指定的默认值。该处理方式对所有变量类型可用。我们在示例中选择这一处理方式。

- 替换路径：在查询执行时根据配置的替换规则自动赋予变量的值。该处理方式对特性变量、文本变量和公式变量可用。

- BRFplus 出口：BRFplus 是 SAP 系统自带的规则引擎，称为业务规则增强框架。用户可以在业务规则增强框架中定义好业务规则引擎函数。在定义变量时，选择 BRFplus

出口作为处理方式，可以访问业务规则引擎函数，获取变量的取值。
- SAP 出口： SAP BI 业务内容中预置了大量常用的变量，采用这种处理方式预定义了取值逻辑，用户可以直接使用。
- 客户出口：可以在"客户出口"中编程实现特定逻辑来获得变量的值，或者在"客户出口"对用户输入的值进行检查或其他处理。所有的变量类型（特征、层次节点、层次、公式和文本变量）都可使用该处理方式。
- SAP HANA 出口：SAP HANA 出口是一种特别的客户出口，它使用 AMDP 类实现变量取值的定义。如果需要让查询自动生成供外部使用的 HANA 视图，在使用客户出口时就需要选择 SAP HANA 出口。
- 权限：可以根据运行查询的用户的权限的值自动为变量赋值。该处理方式对特征变量和层次节点变量可用。例如，不同的用户可以查看的产品的权限是不同的。在定义查询时没有必要定义不同的查询，只需要基于"产品"定义一个处理方式为"权限"的变量，放到筛选器中。不同用户运行查询时系统会读取用户的权限数据，根据用户各自的权限而得到不同的查询结果。

4）从"变量显示（Var.Represents）"下拉列表中选择变量的显示方式。
- 单一值：变量显示为单一特性值。
- 取值范围：变量显示为包含起始值"从"和结束值"到"的取值范围。
- 多个单一值：变量显示为可以选择多个单一特性值。
- 选择选项：变量显示为单一值和取值范围的任意组合。

如果选择的处理方式是"替换路径"或者"BRFplus 出口"，会弹出"下一步（Next）"按钮，进行替换规则或者业务规则引擎函数的设置。

完成设置后，单击"确定"按钮，关闭新建变量对话框。

第三步，编辑变量。

系统打开变量编辑界面，如图 16-17 所示。

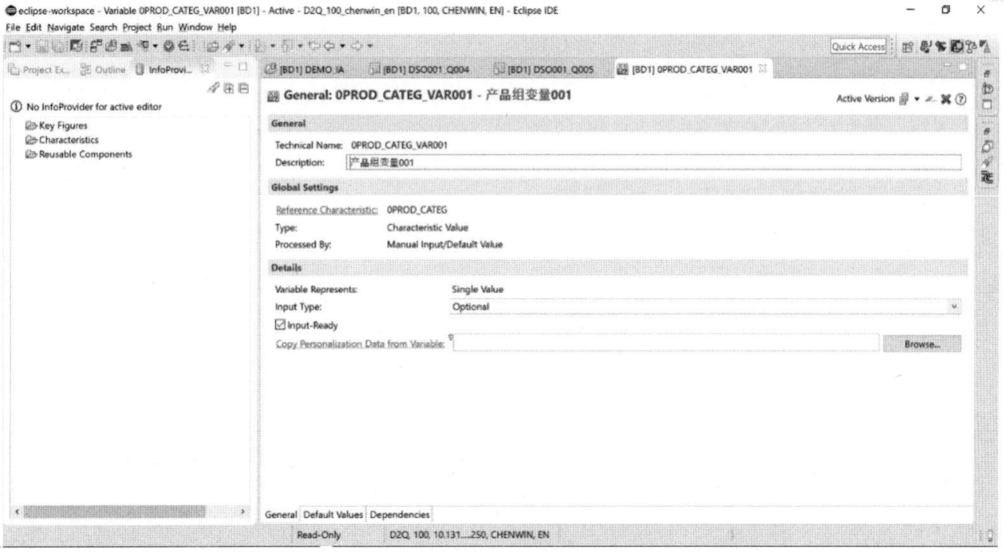

图 16-17 编辑变量界面

不同类型的变量的编辑界面会有所不同。在编辑界面中，可以修改变量的属性，设置变量的默认值。完成编辑后，保存变量。

16.3.2 使用变量定义筛选器

接下来，以示例查询 DSO001_Q002 为模板，复制一个新查询 DSO001_Q005，并在"筛选器"选项卡中为产品组定义一个筛选器，如图 16-18 所示。

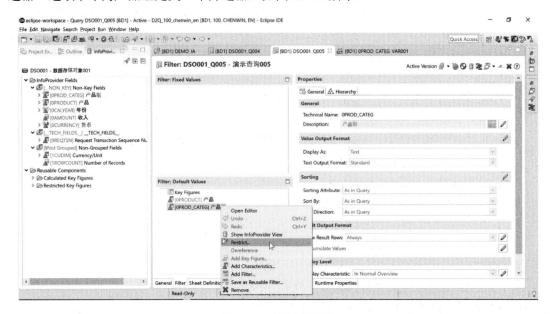

图 16-18　新建筛选器

在右键菜单项中选择"限制（Restrict）"，系统弹出"新建筛选器（Edit Filter for）"对话框，如图 16-19 所示。

图 16-19　新建筛选器对话框

在左上角的众多选项卡中，选择"变量（Variables）"选项卡，在变量列表中显示了系统中现有可用的变量。上一小节创建的变量也在其中。将这一变量拖放到右边的筛选器定义窗口中，完成筛选器的定义。

16.3.3 运行使用变量的查询

保存并预览查询，系统变量值的输入界面如图 16-20 所示。

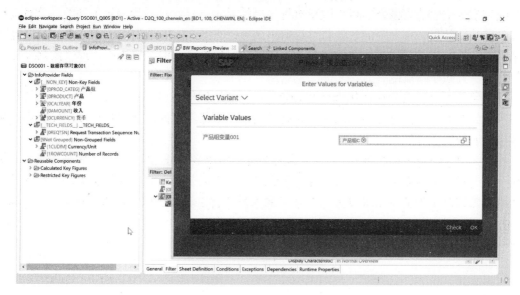

图 16-20　输入变量值

直接输入变量值，或者从下拉列表中选择可用的取值，此处选择"产品组 C"，并单击"确定"按钮。

系统使用获取的变量值运行查询，结果如图 16-21 所示。

图 16-21　查询结果

从查询结果可以看到，筛选器发生作用，只选择"产品组 C"的数据。通过使用变量，就可以在查询运行时动态地决定查看哪个产品组的数据。

16.4　本章小结

通过在查询中使用条件，可以改变查询结果的显示方式，只显示满足条件的部分查询结果，隐藏其他结果。查询中的条件与过滤器不一样，它并不实际改变查询的结果，而只是改变了查询结果的显示方式。另外，查询条件作用的对象是查询的结果数据，而过滤器是作用于信息提供者的原始数据。

使用例外也可以改变和优化查询结果的呈现。使用例外，可以将查询分为不同的等级，将用户关注的数据高亮进行显示。例外状态是由用户自行定义的，即用户可以定义查询结果超过阈值或低于阈值时的状态。

变量在 BW/4HANA 查询中有广泛的使用场景。SAP BW/4HANA 内置了特性变量、层级结构变量、层级结构节点变量、文本变量和公式变量 5 种变量类型。不同类型的变量支持不同的处理方式。常见的变量处理方式有手工输入或缺省值、替换路径、BRFplus 出口、SAP 出口、客户出口、SAP HANA 出口和通过权限赋值等多种方式。

第 17 章　日常管理和运维：看家护院一条龙

看家护院的工作并不简单。

SAP BW/4HANA 是一个庞大而复杂的系统，要真正地用好 SAP BW/4HANA 解决方案，掌握 SAP BW/4HANA 系统的日常管理和维护是必要的。

SAP BW/4HANA 系统的各个功能在使用时是相互依赖的，从数据收集、数据应用到数据的展现是一个完整的业务流程。同时，日常的数据收集和更新工作又是机械而重复的。SAP BW/4HANA 系统如何进行日常管理和运维？对于这些机械重复的工作，又有没有什么好的办法或工具呢？

17.1　看家护院主控室

SAP BW/4HANA 主控室是一个 SAP Fiori 风格的基于 Web 的用户界面，是 BW/4HANA 系统管理的中心入口。主控室包含许多 SAP Fiori 应用程序，可用于系统流程控制、系统监视和系统管理。

17.1.1　SAP BW/4HANA 主控室

在 BW/4HANA 建模工具栏中，选择"打开 BW/4 主控室"按钮，或者直接在浏览器中输入网址，可以打开 SAP BW/4HANA 主控室，如图 17-1 所示。

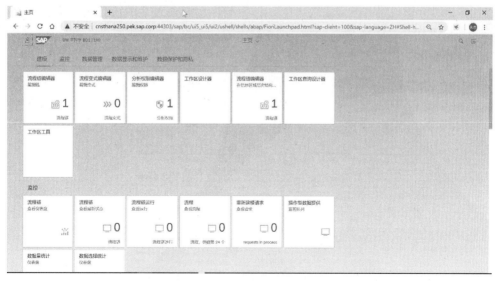

图 17-1　BW/4HANA 主控室

SAP BW/4HANA 主控室列出了当前用户权限内可以使用的各种应用程序。这些程序以磁贴的方式显示在页面中，并按不同的使用场景进行分组。Fiori 界面提供了很高的灵活性，用户可以对个人界面进行个性化的设置。这个界面也可以很好地适用各种显示设备，在 PC 端、Pad 端和手机端都能方便地使用。

1．个性化主页

用户可以根据自己的工作风格和任务要求对主页进行个性化设置。"单击" SAP BW/4HANA 主控室界面左上方的"个性化设置"图标，系统打开个性化设置面板，如图 17-2 所示。

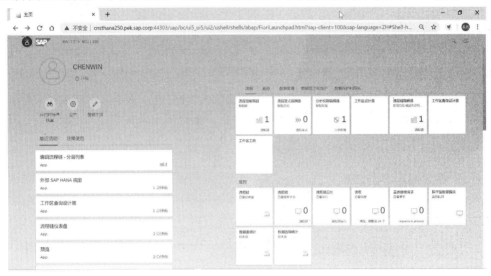

图 17-2　BW/4HANA 主控室个性化设置

在个性化设置面板，用户可以查看自己最近操作过的应用程序和最常用的应用程序，还可以进行以下操作。

（1）应用程序查找器

使用应用程序查找器可以查看用户在 BW/4HANA 中能够使用的所有应用程序，包括 SAP Fiori 应用、SAP GUI 程序和 Web Dynpro ABAP 应用。如图 17-3 所示。

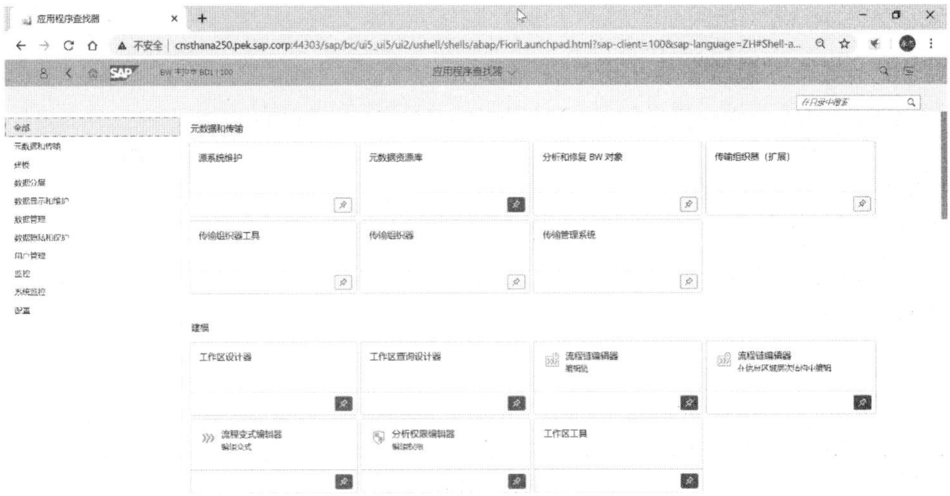

图 17-3　BW/4HANA 主控室应用程序查找器

通过单击磁贴右下角的大头针图标,可以选择是否将磁贴显示在个人主页中。

(2) 个性化设置

可以打开设置对话框,如图 17-4 所示。

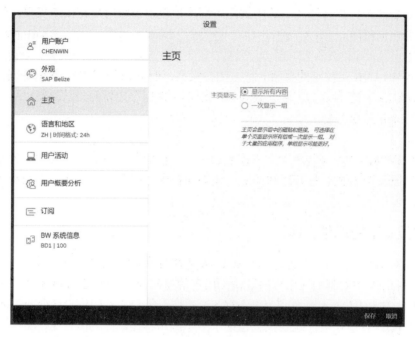

图 17-4　BW/4HANA 主控室个性化设置

在设置对话框中,用户可以查看或者设置多个选项。

1) 用户账户:用户可以查看自己的账户信息,如用户名称、电子邮件或服务器地址等。

2) 外观:用户可以选择不同的主题和显示设置。比如可以设置磁贴之间的距离和是否显示动画等,以满足触屏操作或者鼠标操作的不同需求。

3) 主页:选择是在主页上显示所有组,还是一次只显示一个组。在主页顶部显示了不同分组的名称。如果选择了前者,则主页上会显示所有组的磁贴,当用户在主页顶部选择了一个组时,屏幕会滚动到该组的内容。如果选择后者,则主页顶部分组名称和选项卡类似,用户选择一个组,主页将显示该组的内容。当系统有大量应用程序的组,一次显示一个应用程序可能是更好的选择。

4) 语言和地区:语言和地区显示登录语言以及日期和时间格式。

5) 用户活动:指定是否跟踪用户最近使用和经常使用的应用程序。

6) 用户概要分析:设置是否允许系统收集用户有关搜索行为的数据,这些数据将用于改进未来的搜索结果。

7) 订阅:用户可以在这里设定条件,系统将向各用户发送满足条件的 BW/4HANA 对象的信息。

8) BW 系统信息:查看 BW/4HANA 系统的服务器、内核、操作系统和数据库的信息。

(3) 编辑主页

选择这一功能,则 BW/4 主控室主页会进入编辑模式。用户可以新建分组,重组组织现有磁贴的分组，可以对分组和磁贴重新命名，对分组和磁贴重新排序，等等。

2．主页下拉面板

在 BW/4HANA 主控室的页面上部中间，还有一个主页下拉面板。打开此面板，可以按不同的分组查看当前用户可以使用的所有应用程序，包括那些用户有操作权限，但是没有显示在主页中的应用程序。

3．搜索

通过 BW/4HANA 主控室的页面右上方的搜索栏，可以搜索 BW/4HANA 系统的应用程序或者 BW/4HANA 的各种对象。用户还可以把搜索结果保存为新的磁贴方便以后使用，或者将结果通过 Email 发送出去。

4．通知

在 SAP BW/4HANA 主控室中，系统会根据用户的业务角色显示与之相关的通知。单击页面上方的"通知"按钮会打开通知面板。通知面板中会按不同的日期、类型和优先级显示不同的信息。

17.1.2 主控室中的管理工具

SAP BW/4HANA 主控室包含许多 SAP Fiori 应用程序，可用于执行管理任务。用户在 SAP BW/4HANA 主控室中看到的应用程序取决于用户的角色分配了哪些 Fiori 启动面板目录和应用程序组。SAP BW/4HANA 预置了 BW/4HANA 建模人员（SAP_BW4_Modeler）的标准角色，提供了基本的系统管理权限，这些权限包括了多个应用程序，分为多个组。其中常用的应用程序介绍如下。

1．建模

1）流程链编辑器

流程链又称处理链。流程链编辑器显示了系统中所有处理链列表。应用程序提供了图形编辑界面，用户可以新建、编辑或者删除这些处理链。

2）流程变式编辑器

流程变式，或称进程变式，是构成处理链的各种类型的组件。流程变式编辑器显示系统中所有进程变式的列表。用户可以在这里为多种进程类型创建进程变式，供处理链使用。

3）分析权限编辑器

管理员可以在这里创建分析授权。

4）工作区设计器、工作区查询设计器、工作区工具

工作区，又称为工作空间（Workspace），是 BW/4HANA 为不同的用户组提供的个性化的工作环境，方便这些用户在全局环境的基础上进行个性化的建模，设计个性化的查询等，满足不同用户组个性化的需求，提高统一的数据平台对个性化需求的响应速度。同时，系统提供了一系列工具方便用户对工作区进行设计和管理。

2．监控

1）流程链-查看仪表板

显示了各种图表，提供流程链和流程链运行的重要统计信息。用户也可以从这个界面导航到流程链监视列表或流程链运行列表。

2）流程链-查看最新状态

显示了所有流程链的列表及其状态信息。用户可以排定或修改流程链的运行计划，查看当前运行的流程链的日志，修复有错误的流程链。

3）流程链运行-查看运行

显示系统中所有流程链每一次运行的列表以及状态信息。用户可以调用运行日志来分析错误，修复运行错误的流程链。

4）流程-查看流程

显示所有流程及其状态信息。从这里导航到更多详细信息。

5）重新建模请求

用于管理重新建模请求。重新建模工具是 SAP BW/4HANA 提供的修改现有数据模型的工具，用户可以修改模型而不需要重新加载模型中已有的数据；系统会自动生成重新建模请求，在后台处理模型的修改及模型中已有数据的修改。

6）运营数据提供

BW/4HANA 支持使用运营数据提供（ODP）框架对其他 SAP 系统提供数据，使用这个应用程序可以查看 BW/4HANA 运营数据提供（ODP）数据源的增量数据队列。

7）数据量统计

数据量统计系统显示内存使用情况概览。

8）数据选择统计

数据选择统计信息显示 BW/4HANA 系统中哪些数据最常用于查询。

3．数据管理数据

1）数据存储对象-管理请求

显示有关数据存储对象内容的技术信息。用户可以查看数据存储对象各种请求的详细信息，并执行管理任务，如删除和激活请求。对于归档请求，还可以查看详细信息并创建新的归档请求。用户还可以查看所有请求的日志。

2）信息对象-管理请求

显示有关信息对象内容的技术信息。用户可以查看信息对象各种请求的详细信息，并执行诸如删除和激活请求之类的管理任务。用户可以查看所有请求的日志。

3）开放数据目标

用于管理系统中的开放数据中心目标（Open Hub Destination）。利用这一功能，可以把数据仓库中的信息提供者、信息对象、信息源、数据源中的数据存储为文本文件或者一个数据库表，以提供给其他系统使用。

4）外部 SAP HANA 视图

用于管理 BW/4HANA 对象生成的外部 SAP HANA 视图。

5）数据分层摘要

显示了所有数据存储对象及其不同温度的分区存储。

6）数据分层维护

用于维护和管理数据存储对象不同温度分区存储的选项。

7）元数据资源库

在 SAP BW/4HANA 元数据资源库中，所有的 BW/4HANA 对象和它们之间相应的链接都在这里集中管理。可以使用搜索功能快速地访问到元对象。元数据也可以导出，在不同的系统之间交换。

4．数据显示和维护

这里，信息对象主数据维护用于维护信息对象的主数据。

5．数据保护和隐私

1）数据保护工作清单

显示了系统中的数据保护工作列表。用户可以打开数据保护工作台并删除数据存储对象和信息对象中涉及法规保护的敏感数据。

2）数据保护通知

显示了来自源系统（SAP商务套件或SAP S/4HANA）的关于数据保护的通知。用户可以选择通知并将其分组到工作列表中。

17.2 处理链的一条龙服务

在一个BW/4HANA系统中，有大量日常的管理和维护工作需要完成。例如，每天晚上进行数据的抽取、转换和加载，对加载完成的数据进行预计算，并把计算好的报表发送到需要的用户的电子信箱中等。这些工作往往具有固定的工作流程，而且不同的操作之间往往有固定的先后关系。

这些工作有可能是需要定期执行的，也有可能是由特定的系统事件触发的。例如，当事务处理系统中出现新记录，或者文件接口服务器增加新的数据文件时，系统自动启动数据加载进程。SAP BW/4HANA为简化这些管理工作，提供了处理链这一工具。

17.2.1 了解处理链的功能

处理链，又称进程链，是SAP BW/4HANA提供的一个用于在后台完成批量工作的工具。处理链使系统管理员可以轻松地定义日常的管理工作，并对这些工作进行集中管理。

1．处理链的设计原则与特点

（1）处理链的设计原则

处理链的功能强大，其设计充分考虑了开放性、安全性和灵活性的基本原则。

1）开放性。一个进程是一个具有明确的开始和结束的处理过程，完成一个特定的系统操作动作。它为各种类型的处理操作提供了开放性。也就是说，SAP BW/4HANA系统中的各种操作类型都可以集成到处理链中。开放性原则不仅适用于SAP BW/4HANA的标准操作，用户自定义的程序和系统进程都可以用于处理链。此外，处理链也可以包含其他的处理链作为处理节点，称为元处理链。元处理链可以调用本系统中的处理链，也可以调用其他系统中的处理链。也就是说，使用处理链可以将多个系统的处理进程进行统一调度。

2）安全性。基于后台管理的设计理念，使用处理链提供了高度的处理安全性；处理进程是基于事先的规划运行机制的，运行过程使用批量监控功能进行监控；不同进程之间可以定义依赖关系，后台事件启动后续的处理进程；系统可以识别不同节点处理结果，如成功完成、出错等情况并分析进行处理。

3）灵活性。后续的处理进程要正确地运行，需要从前一个节点得到它需要的所有信息。这使得新的处理节点可以方便地插入到处理链中，而不需要对现存的节点进行调整。

（2）处理链的操作特点

在系统操作方面，处理链也提供了极大的便利，它具有以下几方面特点。

1）自动化：在 SAP BW/4HANA 系统事件驱动机制的帮助下，实现灵活的计划工作。

2）可视化：管理员可以通过图形编辑界面，使用拖放方式定义不同系统操作进程的先后顺序及其依存关系，完成对处理链的定义。

3）集中管理和监控：处理链集成了各作操作的监控、日志及分析和错误修复功能，管理员在统一的管理界面中即可完成所有管理及监控操作。

2. 处理链的构成

一个处理链是由若干个节点构成的。这些构成处理链的节点就是进程。各种进程是构成处理链的主要元素。处理链使用事件将多个进程互相连接，这些事件由前一个进程触发，又启动下一个进程的执行。可以将进程分为开始进程、应用程序进程、收集器进程和决策进程等类型。一个处理链是由一个开始进程、若干个应用程序进程、若干个收集器进程和若干个决策进程组成的。

每个处理链都有且只有一个开始进程，它定义了处理链的开始方式，所有其他的进程都是由开始进程运行后产生的后续的事件触发执行的。应用程序进程是实际的处理进程，它们一般是典型的 SAP BW/4HANA 系统操作。收集器进程可以将多个处理链条合并成一个处理链条。决策进程可以根据处理链节点的多个不同输出结果，从处理链中多个可能的后续运行路径中确定实际运行的路径。

3. 了解进程

一个进程是一个具有明确的开始和结束的处理过程，完成一个特定的系统操作。在使用进程的过程中，要了解进程以下几方面的内容。

1）进程类型。进程类型即进程的种类，例如，加载进程。进程类型决定了进程完成的是哪一种工作任务，也决定了这一进程在进行维护时具有哪些属性。

2）进程变式。进程变式同时也是进程的名称。一个进程变式是与特定的进程类型匹配的，进程变式保存了一个进程类型在特定处理链中的一个具体的配置。进程变式根据不同的进程类型而具有不同的配置内容，一个进程类型可以有不同的变式。进程变式可以在进行处理链定义时设置，例如，对于加载进程而言，数据传输进程就是一个进程变式。进程变式也可以在创建处理链之前事先定义好。用户可以使用 BW/4HANA 主控室主页中建模分组的"流程变式编辑器"来定义进程变式。

3）进程实例。进程实例是进程运行时产生的实例。它包含了进程与后续进程交流的重要信息。例如，在加载进程中，进程实例就是数据请求的名称。当进程结束时，进程实例信息保存在处理链管理系统，进程实例中包含了进程运行的详细日志。

进程分为开始进程、应用程序进程、收集器进程和决策进程等类型。

17.2.2　了解处理链进程的类型

除了开始进程以外，应用程序进程、收集器进程和决策进程都包含了多个进程类型，进一步介绍如下。

1. 应用程序进程

应用程序进程是实际的处理进程，它们一般是典型的 SAP BW/4HANA 系统操作。我们又将应用程序进程细分为以下几类。

（1）一般服务

一般服务进程包括：

1）"中断进程"用于定义处理链中断运行。处理链会在"中断进程"处停止执行。只有在"中断进程"中定义的条件满足后才会执行后续的进程。

2）"执行 ABAP 程序"用于在处理链中运行 ABAP 程序，程序可以与其他进程同步或者异步运行，可以在本地或者其他服务器上运行。

3）"执行操作系统命令"用于执行应用服务器上的操作系统命令。

4）"启动本地处理链"即把其他处理链作为本处理链中的一个节点。加入的处理链如果是本系统内的处理链，就是本地处理链。

5）"启动远程处理链"把其他 BW 或者 BW/4HANA 系统的处理链，即远程处理链，作为本处理链中的一个节点运行。

6）"数据服务作业"用于启动远程 SAP Data Service 系统中的作业。

（2）装载处理和后续处理

装载处理和后处理进程包括：

1）"删除 DSO 的重复请求"用于删除重复的数据请求。

2）"数据传输进程"用于执行数据传输进程，具体的数据传输进程名称是在进程的变式中指定的。

3）"设置数据质量状态"在完成数据传输进程后设置数据请求的总体状态，确定数据请求是否用于查询和后续的数据处理步骤。

4）"触发增量合并"：当多个数据源同时更新一个数据对象时，并不需要在每个数据传输进程中触发增量数据合并操作，只需要在处理链中完成所有数据加载后，使用这一进程类型触发增量数据合并。

5）"启动 SDI 订阅"：对于使用实时复制数据功能的数据源，可以使用这一进程类型进行增量数据的初始化工作，即启动远程数据订阅、初始化数据传输和数据复制。

6）"DataHub 工作流"用于启动远程 DataHub1.0 系统中的任务工作流。

7）"DataHub 图"用于启动远程 DataHub2.0 或者 SAP 数据智能系统中的图，即数据工作流。

8）"触发 BW 事件"用于在 SAP BO 商务智能平台上触发 BW 事件，进行触发 SAP BO 商务智能平台上的后续操作。比如在 BW/4HANA 完成数据加载后，触发 SAP BO 商务智能平台的自动报表分发动作。

（3）数据目标管理

所谓数据目标，就是在数据传输进程中的数据传输的目标对象，也就是各种信息提供者。在 BW/4HANA 中可以对信息提供者进行各作管理操作，这些操作同样可以在处理链中完成。数据目标管理进程包含以下进程类型：

1）"调整数据分层"用于定义数据对象或其分区的分层存储的不同温度。

2）"激活 DSO 数据"用于激活数据存储对象的数据，可以参见 DSO 部分的内容，了解 DSO 的工作机制。

3）"删除数据目标"用于删除目标数据对象中的所有数据。

4)"执行数据归档流程"可以完成对信息提供者的数据的自动归档工作。

5)"清理冷存储"用于删除数据归档请求。

6)"清理 DSO 请求"用于清理 DSO 对象中的过时数据请求,节约存储空间。

7)"激活主数据"用于激活主数据。

8)"主数据-从日志中移除旧请求"用于清理主数据中过时的数据请求。

(4)其他 BW 处理进程

其他 BW 处理进程包括:

1)"复制权限":SAPBW/4HANA 可以自动生成外部 HANA 视图。使用这一进程类型可以复制在 SAPBW/4HANA 系统中和 SAP HANA 系统中的权限。

2)"执行计划顺序":SAPBW/4HANA 系统内置了计划功能,这一进程类型可以用于自动执行相关计划的编制动作。○

3)"切换为计划模式":SAP BW/4HANA 系统的计划功能使用了计划类型的 DSO。这类 DSO 有两种数据操作方式,一是计划模式,二是装载模式。也可以在处理链中对这两种模式进行切换。

4)"切换为装载模式":参见上一条。

5)"分析流程"用于执行 SAP HANA 分析流程。通过使用 SAP HANA 分析流程,用户可以在 BW/4HANA 中使用 SAP HANA 数据库的各种函数进行数据分析。

(5)BPC 流程类型

BPC 是 SAP 的业务计划与合并报表解决方案,是基于 BW 和 BW/4HANA 系统之上构建的。○BPC 系统的大量系统操作都使用了 BW 和 BW/4HANA 系统的平台功能,也同样可以集成在处理链中执行。这些进程类型的功能不在本书介绍范围,不再赘述。

(6)其他进程

1)"启动 CPS 作业":SAPCPS 是 SAP 合作伙伴开发的一款集中作业调度解决方案,使用这一进程类型可以启动 CPS 作业。

2)"触发 CPS 事件"用于触发 CPS 事件,进而自动触发后续的系统操作。

3)"数据库统计(SDA)":SAP BW/4HANA 的信息提供者可以使用 SAP HANA SDA 方式访问远程数据库的虚拟表。使用这一进程类型收集虚拟表的数据库统计信息,可以优化这些信息提供者上运行的查询性能。

2. 收集器进程

在编辑处理链过程中,收集器进程用于收集多个处理链分支,形成一个执行路径。处理链管理模块处理收集器进程的方式比较特别。系统确保收集器进程变式的名称唯一,并保证这个进程变式被多次调用后的多个进程实例触发同一事件。在此基础上进行逻辑判断,将收集器进程接收到的多个处理链分支形成一个处理链链条,用户也不必为了实现这一功能而对进程链进行多次调度。

收集器进程包括:

1)"和进程(最后一个)":只有在接收到所有前置进程触发的事件,即前置进程的执行

○ 关于 BW 系统中内置的计划功能,参见拙著《SAP 商务智能完全解决方案》,机械工业出版社,2008 年。

○ 参见拙著《SAP 计划与合并完全解决方案》,机械工业出版社,2012 年。

结果满足定义的条件（成功或失败），才会启动后续进程的执行。如果要合并处理链链条，并且后续的处理步骤依赖于所有前置任务，就需要使用这个收集器进程。

2)"或进程（每个）"：只要接收到的任何一个前置进程结果满足定义的条件，则启动后续进程。如果要避免对后续的进程进行重复调度，就需要使用这个收集器进程。

3)"异或进程（第一个）"：只有在接收到的第一个前置进程的结果满足条件时才开始后续节点的进程。如果要并行执行多个处理链链条，并在其中任何一个链接执行结束后启动后续无关的处理链链条，就可以使用这个收集器进程。

3．决策进程

决策进程可以根据处理链节点的多个不同输出结果，从处理链中多个可能的后续运行路径中确定实际运行的路径。

1)"启动工作流"用于触发一个工作流。工作流可以是本地系统的工作流，也可以是远程系统的工作流。工作流执行后，可以有多个不同的输出结果，影响后续处理链的执行路径。

2)"决定"进程类型又称为"多个备选项的决定"，可以定义多个条件，对应不同的选择。用户可以使用公式编辑器来设定选择的判断逻辑，公式编辑器提供了大量函数可以使用，其中有些函数是处理链专用的。

3)"前一次运行是否活动"用来检查处理链上一次运行是否完成。这一进程类型会返回上一次处理运行的状态是"活动"或者"不活动"两种情况，从而决定本次处理链如何运行后续的步骤。

4)"优化应用程序"是属于 BPC 系统的一个进程类型，用于优化 BPC 使用的数据模型并返回不同的结果。

4．用户自定义处理类型

当然，用户还可以利用 BW/4HANA 的 ABAP 开发平台来定制自己的进程类型，这与简单地将 ABAP 程序集成到处理链中有一定区别。一般而言，在以下情况下，定义自己的处理类型比 ABAP 程序进程更合适。

- 将应用程序的日志显示在处理链维护界面中。
- 实施用户自己的监控器功能。
- 实施比程序参数更复杂的客户化界面。
- 在程序中访问处理链的前置进程。
- 将程序中的错误结果纳入考虑或者程序有多种结果状态（参见"多个备选项的决定"）。

从上面的各种进程类型不难看出，处理链具备各种系统操作与日常管理的功能，是系统管理的一个有力工具。处理链进程类型也会随着 BW/4HANA 的功能拓展和它与不同应用系统的集成而不断调整变化。

17.2.3 创建处理链

在如图 17-1 所示的 SAP BW/4HANA 主控室中，打开"建模"分组下的"流程链编辑器"应用程序，如图 17-5 所示。

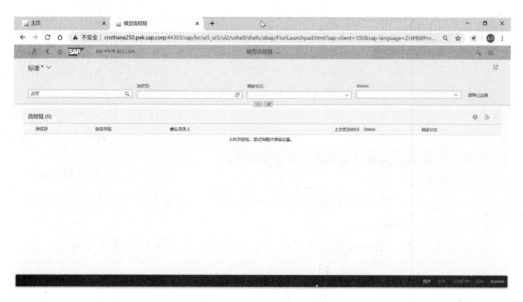

图 17-5　处理链编辑器界面

处理链编辑器的主界面中列出了系统现有的处理链，用户可以编辑现有的处理链或者创建新的处理链。在界面的右下方，工具栏提供了处理流程链的各种功能。单击工具栏中的"创建"按钮，系统打开创建处理链界面，如图 17-6 所示。

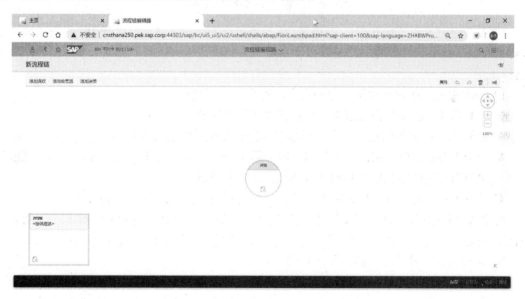

图 17-6　新建处理链

如果用户是在 BW 建模工具中创建处理链的，系统也会打开如图 17-6 所示的图形编辑界面。

1. 编辑"开始"进程

在图形编辑界面的画布上，系统已经显示了一个"开始"进程。单击"开始"进程图形下方的"显示属性"按钮，打开"开始"进程的属性设置对话框，如图 17-7 所示。

图 17-7 "开始"进程属性设置

"开始"进程又称为触发器,它定义了处理链运行的触发条件。在"开始"进程的属性设置对话框中,提供了"常规"选项卡和"邮件"选项卡。在"常规"选项卡中可以进行以下设置:

1)调度类型:在调度类型下拉列表中,用户有以下选项:
- 立即启动:由用户在系统前台操作直接运行处理链。
- 基于日期/时间的调度:在用户指定的时间在系统后台运行处理链。
- 基于事件的调度:用户可以使用 API(即 RSPC_API_CHAIN_START)调用处理链,也可以使用特定系统事件或者操作模式触发处理链的运行。
- 基于工作日的调度:根据系统提供的工作日历设置后台运行处理链的时间。

处理链也可以嵌套调用。调用其他处理链的处理链称为元处理链(metachain)。元处理链中使用进程类型"启动本地处理链"或者"启动远程处理链"来调用其他处理链。

2)重复模式:设置处理链重复运行的周期。
3)工作日限制:设置如果计划运行的日期是非工作日,是否将运行日期调整到工作日。

在"邮件"选项卡中,可以设置在处理链运行完成后,接受系统通知的邮件列表。

在本示例中,在"常规"选项卡中选择"立即启动"选项,并不设置重复模式。

2. 添加新节点

在处理链编辑画布的左上方有三个按钮可以添加新的处理链节点。"添加流程"用于添加应用程序进程,"添加收集器"用于添加收集器进程,"添加决策"用于添加决策进程。

单击"添加流程"按钮,系统在画布上新增一个应用程序进程节点,如图 17-8 所示。

图 17-8 添加应用程序进程

此时的应用程序进程节点只是一个空的点位符，而不是实际的进程。新节点总是插入到当前选定节点之后，并与其连接。如果在插入之前未选择节点，则新节点将单独显示在画布上。用户可以用鼠标拖曳的方式连接指定节点的端口到新插入节点的端口。

单击新插入节点下方的"显示属性"按钮，系统弹出"流程的属性"对话框，如图 17-9 所示。

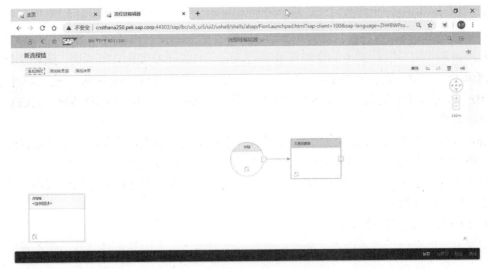

图 17-9 设置应用程序进程属性

299

应用程序进程属性的编辑对话框提供了三个选项卡。

1)"常规"选项卡：在"流程类型"下拉列表中，系统列出了上一小节中介绍的所有应用程序进程类型。根据选择的流程类型不同，后续的选择参数也有所不同。此处选择"装载处理和后续处理-执行数据传输流程"。并在随后的"数据传输流程"输入框中选择 BW/4HANA 系统中现有的一个数据传输流程。单击"确定"按钮，关闭对话框，完成对应用程序进程属性的编辑。

2)"运行时"选项卡：对于应用程序进程或者决策进程节点，系统提供了"运行时"选项卡，用户可以设置进程调试运行的参数，如延迟时间、重复次数等。

3)"邮件"选项卡：设置在应用程序节点成功运行时可以发送邮件通知的邮件列表，以及节点运行失败时的邮件通知列表。

3．添加更多处理链接节点

重复以上的操作步骤，可以在处理链编辑界面中添加更多的处理链节点。在本示例中，又添加了一个"数据装载和后续处理-设置质量状态"节点和一个"数据目标管理-激活 DSO 数据"，并进行相应的属性设置，选择同一个数据加载进程和同一个 DSO 对象。这样就可以让处理链自动完成从数据加载、数据请求总体状态设置、数据激活的全部过程。完成编辑后的处理链如图 17-10 所示。

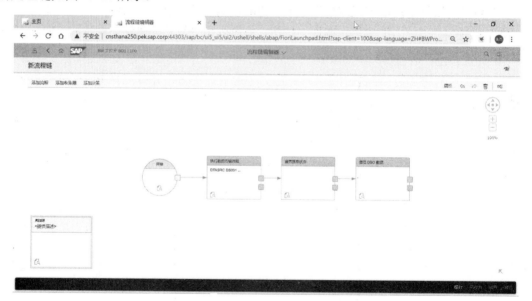

图 17-10　完成处理链节点设置

从图 17-10 中的应用程序节点中可以看到，每个节点都有两个输出端口，一个是节点运行成功，另一个是节点运行失败。在不同的输出结果之后，可以挂接不同的后续进程节点进行处理。对于收集器进程类型，可以有多个输入端口，只有一个输出端口。决策进程类型则有一个输入端口，有多个输出端口。

4．编辑处理链属性

单击处理链编辑画布右上方的"属性"按钮，或者单击编辑画布左下角流程链图标上方的"显示属性"小图标，可以打开处理链的属性对话框，如图 17-11 所示。

图 17-11　设置处理链属性

在处理链的属性设置对话框中，可以显示和更改以下属性。

1）常规（General）属性
- 描述（Description）：创建或更改处理链的描述。
- 信息范围（InfoArea）：为编辑的处理链分配一个信息范围，方便对处理链进行分类管理。信息范围可以用作排序标准，也方便处理链在 BW 建模工具中进行分组显示。

2）调度（Scheduling）属性
- 运行服务器（Execution Server）：可以选择运行处理链所有作业的服务器或服务器组。如果不进行选择，后台管理程序自动将作业分布到可用的服务器上。
- 运行用户（Execution Server）：在默认设置下，使用 BW 后台用户运行处理链。用户可以更改默认设置，方便根据运行用户跟踪分析不同的处理链运行情况。
- 作业优先级（Job Priority）：设置处理链中所有作业的优先级。
- 仅限当前 Client（Current Client Only）：指定处理链是否只能运行在当前的 Client 里。选择这一选项，处理链能在当前 Client 中显示、编辑、计划和运行。
- 流模式：指定处理链是否在流模式下运行。流模式下系统可以频繁地运行处理链。

3）监视处理链属性
- 自动监控：设置是否激活系统对处理链的自动监视。
- 自动复位：如果处理链中的进程运行失败，失败的进程实例可能会存于数据目标中，影响下一次处理链运行。选择这一选项，系统会在下一次运行处理链之前自动清除失败的进程实例。例如，数据传输进程。
- 出错时发出警报：设置如果处理链中发生错误，则发送警报。
- 主进程轮询：处理链的某些进程在集群环境中会分布式运行，如数据加载进程。选择这一选项，处理链运行时会保留主进程进行轮询，直到进程本身运行结束。
- 将局部失败的处理链标志为成功：适用于元处理链，如果子链运行失败，不影响将元处理链的状态标志为成功。

5. 流模式运行处理链

流模式（streaming）运行的处理链可以非常频繁地启动和执行，并且可以将数据实时更新到数据存储对象。在处理链的属性中可以设置处理链是否应用流模式运行。

在 BW/4HANA 中，高频率地运行处理链需要有相应的机制保障。由于处理链运行完成一个进程需要占用一定的时间，如果在这段期间内处理链启动了多次，当第二次、第三次或后续执行到达当前正在运行的进程时，系统需要有相应的处理机制。处理链的运行模式不同，高频率运行处理链时处理方式也有所不同。处理链有以下三种运行方式。

1）处理链在后台运行（默认后台模式）

如果在后台执行处理链时，当第二次执行到达当前运行的进程时，系统将等待 10min。如果在此期间内前一个进程仍然没有完成，则系统取消第二次执行，并且报告第二次运行处理链中断失败。如果前一个进程在 10min 内完成，则开始第二次执行该进程。然而，第三次执行将同样会进入等待状态。在后台执行处理链期间，多个后台作业会因此并行等待。当等待执行的处理链数量越来越多时，往往最后会导致处理链的执行失败。在设计处理链时，加入决策进程节点"前一次运行是否活动"用来检查处理链上一次运行是否完成，可以避免出现多个后台作业并行等待的情况。

2）处理链是同步运行的

如果处理链是同步运行的，则当前进程是否允许并行运行取决于进程类型。如果进程不允许并行运行（如加载进程），则处理链框架将无限期地等待上一次进程运行完成。由于同步运行通常在对话模式中运行，这可能会导致处理链运行由于超时而取消。

3）处理链以流模式运行

如果处理链是以流模式运行的，系统会设置一个运行进程的请求队列，当第二次、第三次或第四次运行请求到达当前进程时，系统会将运行进程的请求写入队列，随后释放资源，不再等待。同时，系统会安排多个"worker"作业从请求队列中获取下一个进程。当前进程完成后，"worker"作业将从请求队列中获取这一进程的所有执行请求，并且只执行最后一个请求。这意味着第二次和第三次执行请求将被终止，第四次执行请求将继续运行。

流模式运行的处理链可以以任何频率启动，而不用担心处理链中的某些进程运行需要消耗较长的时间。在极端情况下，这会导致处理链中的所有进程都在并行运行。在处理链日志中，显示处理链中每个进程的最新运行情况，而不区分进程是在哪一次处理链运行的。也就是说，在监视器中可以看到任何进程的最新状态，但看不到最近一次运行处理链的状态。在流模式的处理链属性设置中，可以指定要保留的日志数，默认值为 1440 个日志。如果处理链每分钟启动一次，则此设置意味着日志将保留一天。属性中还可以设置每个进程的最大报错次数。如果一个进程重复失败的次数超过此处设置的次数，则下次运行处理链时将跳过这一进程。

流模式运行的处理链中的进程类型必须满足特定的要求。这些进程类型必须能够独立地确定其工作列表，而不依赖于同一处理链运行中的其他进程。从流模式处理链的角度，可以将进程类型分为三种。

1）可以触发流模式处理链的进程

- 使用实时传输的 SAP HANA 数据源的数据传输进程：系统以"拉"的方式每 60s 检查一次数据源中的增量数据。
- 使用实时传输的 ODP 数据源的数据传输进程：系统基于 ODQ 守护进程事件的消息主

动向数据目标推送数据。
- 开始进程：在开始进程中设置高频率的执行方式，或者调用 API 启动处理链。

2）可在流模式处理链中使用和运行的进程
- 数据存储对象激活：如果这类数据存储对象成为全量数据抽取或者增量数据初始化抽取的数据源时，流模式下的激活操作将暂停，直到数据抽取结束后才继续数据激活动作。
- ABAP 程序。
- 决策进程。
- 收集器进程：即和、或、异或进程。
- 在使用新的请求管理机制的对象之间传输增量数据的数据传输进程。
- 直接从远程源对象传输增量数据的数据传输进程。

3）流模式处理链中不允许使用的进程

所有其他进程，例如删除数据和执行日常运维操作的进程都属于这类进程。

6．保存并激活数据传输进程

完成处理链的设置后，单击编辑界面右下方工具栏的"保存"按钮。系统弹出对话框，要求输入处理链的名称和描述，如图 17-12 所示。

输入处理链的描述和名称后，单击"确定"按钮关闭对话框，处理链的名称和描述将显示在编辑界面的左上方以及画布左下角的处理链属性节点中。如图 17-13 所示。

图 17-12 提供处理链描述和名称

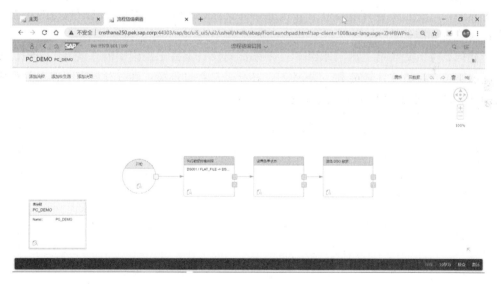

图 17-13 完成处理链保存

保存完成后，在画布右上角将会出现"元数据"按钮，可以查看处理链的元数据信息。接下来，使用编辑界面右下方工具栏的"检查""激活"按钮，检查、激活处理链。完成激活操作后，当前处理链的版本状态将由"新建"变为"活动"状态，显示在流程链编辑界面的右上角。

17.2.4 运行处理链

在如图 17-1 所示的 SAP BW/4HANA 主控室中,打开"监控"分组下的"流程链-查看最新状态"应用程序。如图 17-14 所示。

图 17-14 处理链监控界面

处理链的监控界面显示了当前系统中所有的处理链的列表及其最近的运行状态等信息。在这个界面中,用户可以调度或修改处理链的运行计划,查看当前运行的流程链的日志,修复有错误的流程链。

选择列表中的处理链"PC_DEMO",并单击列表右下方工具栏中的"调度"按钮。系统弹出提示信息"激活并计划链 PC_DEMO",并开始执行处理链。通过列表右下方工具栏中的"刷新"按钮可以刷新处理链的运行状态,如图 17-15 所示。

图 17-15 刷新处理链运行状态

用户也可以单击列表中的处理链，跳转到处理链的运行日志界面，查看明细的运行日志信息。如图 17-16 所示。

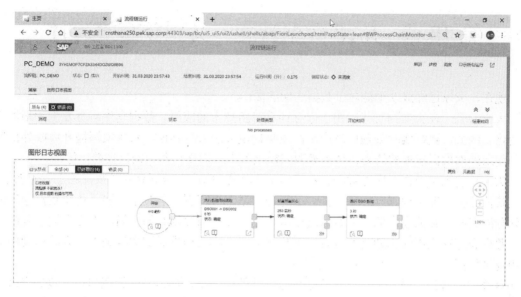

图 17-16　查看处理链运行日志

这个界面与"使用流程链运行-查看运行"应用程序打开的界面是一样的。处理链运行日志界面提供了处理链运行的详细日志信息。用户可以调用运行日志来分析错误，修复运行错误的流程链。

17.3　本章小结

本章重点介绍了与 SAP BW/4HANA 系统日常管理相关的主要工作。SAP BW/4HANA 主控室是一个 SAP Fiori 风格的用户界面，是 BW/4HANA 系统管理的中心入口。主控室包含许多 SAP Fiori 应用程序，可用于系统流程控制、系统监视和系统管理。

系统维护是一件长期、艰巨的工作，SAP BW/4HANA 通过一系列的工具、方法为系统的维护工具提供了有力支持。处理链可以用来计划并自动执行绝大部分的系统操作，同时集成了监控和分析功能，有利于帮助系统管理员发现和解决问题。

BW/4HANA 改进了处理链运行机制，支持以流模式运行处理链。在流模式下，处理链可以非常频繁地启动和执行，并且可以将数据实时更新到数据存储对象。在大数据时代，这一方法可以更好地处理物联网数据，实现对 IoT 数据的实时处理。

第 18 章　SAP 数据智能：又到登高望远时

现在，大家已经成功地翻越了数据仓库的高山。

大家看到了在大数据时代，由于内存计算等新技术的应用，数据仓库自身发生的根本性的变化。例如，数据实时处理广泛应用，逻辑建模方法大行其道，系统大幅提升集成外部数据和使用外部数据建模的能力，传统模型积极融入半结构化和非结构化数据，等等。

大家也看到了数据仓库与数据源系统的不断融合的趋势。数据仓库以数据湖作为源系统，将高价值数据提取到数据仓库中，扩大了管理数据分析范围，同时也扩展了传统数据仓库的逻辑分层架构。数据仓库的企业存储层模型扩充了传统的数据存储空间，将冷数据融入数据湖。数据仓库在应用端也通过开放目标对象将加工后的数据推送到数据湖中，为数据湖中的应用提供数据。

这样的融合是不是足够了？在数据分散存储的前提下，如何统一管理和使用数据仓库、数据湖、云存储和外部各种数据，实现数据的快速定位和按需提取？如何方便地调用和管理企业自己开发的和外部提供的各种服务？如何快速挖掘数据价值，创造新的业务模式，实现智能应用？

18.1　构建完整的大数据平台

随着实践的不断丰富，许多大公司不仅建设了传统的关系型数据仓库，也使用 HDFS、Spark、Kafka、S3 等技术构建了大数据系统，或称数据湖。如何整合、协调这两套系统，充分发挥传统数据仓库和数据湖各自的优势，有效支持业务发展与数据分析的需求，提上了很多企业 CIO 的议事日程。

然而，这一过程并不简单。既要有恰当的工具，也要有正确的思路。

18.1.1　最后一块拼图

大数据平台的概念在越来越多的公司和行业中深入人心。很多业界的案例都说明大数据存储和处理环境是可以与传统关系型数据仓库互为补充，相辅相成的。数据湖技术不仅提供了处理半结构化和非结构化数据的方法，如照片、视频、声音、文本等，还提供了成本低廉的明细数据存储介质，比如传感器数据和日志数据。

在数据湖中，提供数据获取层，使用成本低廉的存储，收集来自多个数据源的数据，比如成千上万个传感器的数据。数据源也提供了数据处理和提炼层，如对大型文件或者大量文件的分布式处理。而关系型数据库提供具有丰富语义的、结构组织良好的数据，供业务人员使用分析工具进行交互分析。

许多公司都有相似的发展过程。这些公司都运行了多年的关系型数据仓库，现在都在不断发展，并与大数据技术相互补充。BW/4HANA 提供了关系型数据仓库的完整解决方案，并能够通过各种连接选项在与大数据系统在同一个环境中实现互补。然而，BW/4HANA的目标不仅是将数据湖作为数据源和冷数据的存储介质。

SAP的目标是提供一个能够将BW/4HANA的数据与Hadoop等数据湖数据进行统一管理和调整的系统性的解决方案。完整的方案应用能够对企业相关的所有的数据进行管理，能够方便地追踪Hadoop的数据变化，能够补足Hadoop缺乏业务应用场景的短板，方便地支持各种智慧应用程序的开发。

基于这样的目标，SAP推出了数据智能解决方案。BW/4HANA能够与SAP数据智能进行良好的集成。SAP数据智能能够管理数据湖系统的数据摄取层和数据处理层，并与BW/4HANA中的数据消费和快速处理层进行数据协同工作。图18-1展示了SAP提供的大数据平台解决方案的软件组件架构。

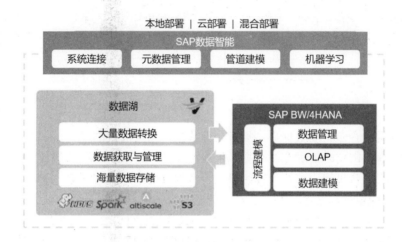

图18-1　SAP大数据平台架构

BW/4HANA与SAP数据智能紧密集成，具有以下特征。

1）在数据流的集成层面：BW/4HANA与SAP数据智能的工作流可以双向触发，数据智能的数据管道可以成为BW4HANA处理链的一部分，反之亦然。

2）在数据的集成层面：BW/4HANA与SAP数据智能或者Vora可以实现双向数据移动，并高度优化。例如，统一数据类型，减少多种类型引起的系统开销。

3）在元数据的集成层面：BW/4HANA与SAP数据智能共享资源库，系统之间实现互操作，实现跨系统的血缘分析和影响分析。

4）在数据分层存储层面：BW/4HANA通过SAP数据智能Vora组件实现数据的冷存储，并支持高速的读取访问。

在数字化和物联网的时代，传统关系型数据库，需要使用大数据领域的工具、引擎和基础架构进行完善。这才是完整的大数据平台方案。BW/4HANA、数据湖和SAP数据智能都是这一完整拼图中不可缺少的部分。

18.1.2　大数据平台融合思想

在大数据平台发展过程中，人们提出的不同的大数据平台建设的思想，解决了在大数据量的情况下,如何实现数据实时处理的需求问题。这些思想对我们构建 BW/4HANA、数据湖和 SAP 数据智能一体化的大数据平台是非常有借鉴意义的。

1. 大数据平台 Lambda 架构

Lambda 架构由 Storm 的作者 Nathan Marz 提出,旨在设计出一个能满足实时大数据系统关键特性的架构,具有高容错、低延时和可扩展等特点。Lambda 架构解决了一个公司大数据批量离线处理和实时数据处理的需求。

Lambda 架构的主要思想就是将大数据系统构建为三层架构:批处理层、实时处理层、服务层,如图 18-2 所示。

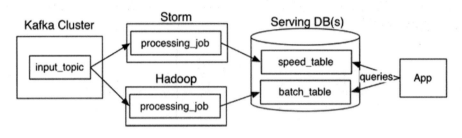

图 18-2 大数据平台 Lambda 架构

1)批处理层:存储主要数据集,批量处理数据,生成离线结果。
2)实时处理层:实时处理在线数据,生成增量结果。该层处理的是最近的增量数据流。
3)服务层:结合离线、在线计算结果,将数据推送给最终数据集。

数据从底层的数据源开始,经过各种各样的格式进入大数据平台,在大数据平台中经过 Kafka、Flume 等数据组件进行收集,然后分成两条线进行计算。一条线是进入流式计算平台(例如 Storm、Flink 或者 Spark Streaming),计算实时的一些指标;另一条线是进入批量数据处理离线计算平台(例如 Mapreduce、Hive,Spark SQL),计算实时性要求不高的相关业务指标,这些指标往往需要隔日才能看见。

Lambda 架构经历多年的发展,它的优点有:
1)实时性:可以低延迟处理数据,快速给出结果。实时计算部分的计算成本可控。
2)可重计算性:由于数据不可变,重新计算一样可以得到相同的结果。
3)容错性:由第二点特性带来的,当出现程序错误、系统问题时,可以通过重新计算得到正确结果。
4)复杂性分离、读写分离。

Lambda 架构也存在不足。它最大的缺点是带来了开发和运维的复杂性。Lambda 需要将所有的算法实现两次,一次是为批处理系统,另一次是为实时系统,还要求查询得到的是两个系统结果的合并。

2. Kappa 架构

Kappa 架构是 LinkedIn 的 Jay Kreps 结合实际经验和个人体会,针对 Lambda 架构进行深度剖析,分析其优缺点后设计的替代方案。Lambda 架构的一个很明显的问题是需要维护两套分别运在批处理和实时计算系统上面的代码,而且这两套代码需要产出一模一样的结果。

Kappa 架构的核心思想是通过改进流计算系统来解决数据全量处理的问题，使得实时计算和批处理过程使用同一套代码。此外 Kappa 架构认为只有在有必要的时候才会对历史数据进行重复计算，而如果需要重复计算时，Kappa 架构下可以启动很多个实例进行重复计算。

Kappa 架构如图 18-3 所示。

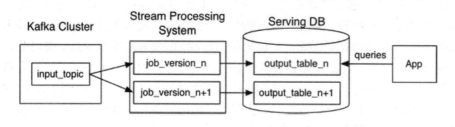

图 18-3　大数据平台 Kappa 架构

Kappa 架构的核心思想包括以下三点：

1）用 Kafka 或者类似 MQ 队列系统收集各种各样的数据，需要几天的数据量就保存几天。

2）当需要全量重新计算时，重新起一个流计算实例，从头开始读取数据进行处理，并输出到一个新的结果存储中。

3）当新的实例做完后，停止老的流计算实例，并把老的一些结果删除。

Kappa 架构的优点在于将实时和离线代码统一起来，方便维护而且统一了数据口径的问题。缺点是流式处理对于历史数据的高吞吐量力不从心。所有的数据都通过流式计算，即便通过加大并发实例数亦很难适应 IoT 时代对数据查询响应的即时性要求。

借鉴大数据的 Lambda 和 Kappa 架构思想，可以更好地理解和定位 BW/4HANA、数据湖和 SAP 数据智能各自的功能和作用。对于实时处理要求高的数据，可以利用 BW/4HANA 和 HANA 的快速处理能力，将其作为实时处理层进行数据处理。Hadoop 可以定位为批量处理层进行批量作业处理。同时 Hadoop 也作为历史数据存储介质，存储全量数据。数据分层技术本身为查询提供了统一的视图，用户可以同时查询到最新的数据和历史数据。那么，SAP 数据智能在这个架构中可以发挥什么样的作用？又有哪些典型的应用场景呢？下面就来深入了解一下 SAP 数据智能方案。

18.2　挖掘数据中的金矿

谁都知道数据中蕴含着能量和机会，但目前很多企业想从收集和存储的数据之海中提取价值太难了。怀着探索社交媒体和洞察物联网新世界的初衷，人们在大数据系统上投入巨大精力，使用各种厂商和各种开源社区的各种最先进的大数据平台技术，收集、存储和处理着各种来源的数据。而这些数据与日俱增，数据湖、企业级数据仓库、数据集市、云应用、云存储和商务智能工具不断扩大的数据源和数据目标使企业数据系统布局持续增长。

数据使用人员抱怨大数据项目环境管理混乱，数据没有达到可用状态；企业 IT 负责人发现大数据平台经常缺乏管控，缺乏整合的、安全的、可管理的环境；在尝试将大数据（特别是非结构化数据）与企业主数据交易数据结合的时候，同样困难重重，大数据的到来使得企业负责数据管理的人员捉襟见肘。企业的数据系统布局日益复杂，已对企业管理敏捷性造成了限制；企业存储数据中有大量数据不能快速地提供给业务相关人员访问。如果能简化大数据访问的方式，企业将能激活更多的潜能，带来更多商机。

18.2.1 如何简化大数据访问方式

数据智能就是对各种形式的数据进行分析，辅助企业扩展服务或进行投资。数据智能还可以帮助企业使用内部数据来分析运营情况或员工队伍，提高决策水平。业务绩效、数据挖掘、在线分析和事件处理等都是企业数据智能的应用目标。数据智能与传统的商业智能有相似之处，但也存在一些关键区别。数据智能更加注重对分布在不同存储位置的数据的统一调度和使用，更加注重对不同类型的数据，特别是非结构化数据的处理和应用，更加注重运用人工智能和机器学习等新的技术对数据进行分析。

从2016年开始SAP结合客户的反馈，着力将大数据仓库的想法变成现实的产品。2017年SAP发布了SAP数据枢纽（Data Hub）方案。2019年，SAP将其机器学习方案与SAP数据枢纽进一步整合，推出SAP数据智能方案。

SAP数据智能是一种管理分布式数据处理管道的软件方案，提供企业级的大数据系统布局的管理和监控能力。它在构建数据驱动的应用范式的同时，关注元数据管理和数据治理，为企业的数据应用提供统一的管道建模和机器学习模型开发平台。它能够帮助企业克服数据系统复杂的难题，从庞杂的数据中驱动可观的价值。

SAP数据智能的核心是强大的数据管道容器引擎，可以灵活地衔接各种可重用的、可配置的数据操作（比如Spark SQL、Python、Scala等），连通各类消息系统（比如Kafka、MQTT、NATS和WAMP）和数据库（比如SAP HANA、Oracle、MySQL、DB2、SQL Server等），利用JavaScript引擎处理数据，并可随时写入HDFS和S3或从中读取数据。在数据管道中还可以集成各类人工智能和机器学习功能，执行各种代码，比如机器学习/图像处理/客户化操作代码等。

SAP数据智能为企业方便地利用数据的众多场景提供了适用的解决方案。

1）了解和管理企业内外部环境中的所有数据。

2）创建商业智能仪表盘或可视化数据。

3）基于企业内外部的数据运行机器学习算法，能够灵活选择使用R或Python语言，并可以使用系统提供的人工智能与机器学习服务。

4）帮助用户将Jupyter Notebook上已运行好的机器学习实验结果部署到生产环境中。

5）使用智能机器人流程自动化工具（iRPA）将一些重复性的工作自动化。

6）在系统的用户交互界面添加语音对话功能。

18.2.2 了解SAP数据智能的架构与功能

大部分情况下，企业将数据存储在不同的系统与平台上，有些存储在云上，有些存储在本地不同的系统里。同时，还必须处理不同类型的数据，结构化数据可能保存在HANA系统中，非结构化数据，如时间序列数据，可能保存在一些专用数据库、Hadoop或者亚马逊S3。因此，企业需要有一个平台，既可以方便地连接到企业所有数据源，查看这些系统的元数据、数据之间的血缘分析和统计信息，对这些系统里的数据进行清理和丰富，又能够方便地使用机器学习技术和人工智能技术对这些数据进行加工和挖掘，发现数据的业务价值。

这正是 SAP 数据智能的功能和价值所在。SAP 数据智能是基于 HANA 构建的逻辑应用，提供管理企业级大数据系统布局的功能，其系统架构如图 18-4 所示。

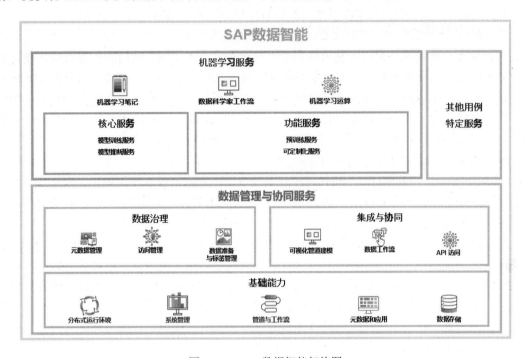

图 18-4　SAP 数据智能架构图

从图中可以看出，SAP 数据智能包括四个主要的功能组件。

1）系统平台基础管理：提供对企业内外异构系统布局的统一管理视图，管理从源文件存储（如 S3，AWS）、Hadoop 到 HANA 或 BW/4HANA 等系统的各种类型的数据；划分和管理不同的数据区域，便于解决大数据的治理和数据生命周期管理问题，比如 IT 部门管理生产环境、数据科学家管理实验环境；对系统运行环境进行监控和管理，设定用户访问策略，管理用户权限。

2）数据治理：在复杂的系统布局环境中提供对元数据的统一管理和分析功能；对数据集进行剖析和预览，对数据集进行统一发布管理；提供丰富的数据编目和标签管理功能，提供数据集和系统的血缘线性跟踪分析功能。

3）数据集成与协同管理：提供数据处理的管道建模功能，基于预置操作，在数据源存储和大数据之间进行复制和加载，预置操作包括操作和任务库、流处理、执行代码，定义复杂的数据管道；针对大数据存储的复杂数据变换的数据流（例如数据质量函数、数据遮蔽），在数据所处位置进行这些流操作，无须数据抽取；在企业内外系统布局中统一调度数据流和复杂的管道模型，统一调度多系统协同任务，例如在一个任务链中集成 SAP DS、SDI；通过现代的简洁的用户界面实现全方位监控。

4）机器学习服务：集成了 Jupyter Notebook，帮助用户将 Jupyter Notebook 上已运行好的机器学习实验结果部署到生产环境中；为企业数据科学家提供了从数据准备、数据加工、模型训练到模型应用的全流程管理环境；基于企业内外部的数据运行机器学习算法，能够灵活选择使用 R 或 Python 语言，预置了大量人工智能与机器学习服务，支持使用智能机器人流程自动化工具（iRPA）和语音用户交互功能。

使用 SAP 数据智能，能够帮助企业挖掘数据中的金矿，在以下方面带来收益。

1）加速数据平台项目的实施落地，扩展数据平台的业务应用场景和范围。

在 SAP 数据智能平台，可以通过可视化界面实现快速建模，并提供模型开发配套管理功能，可以加速开发进程；平台的易用性也便于更多的企业内部用户利用大数据技术工作，包括数据管理人员、数据模型设计人员和数据科学家等。利用 SAP 数据智能统一管理企业内外部数据的能力，利用统一的视图管理分散的数据系统布局，克服企业数据孤岛的困境；统一的平台方案也有利于降低项目复杂度，减少多个单独的工具之间的整合工作。

2）帮助企业更快地从复杂的企业内外部数据中了解业务运营状况。

SAP 数据智能可以突破不同业务系统的边界，对跨系统的数据统一编排数据处理流程。SAP 数据智能提供了预置的对不同数据源的连接接口，无论云或本地部署，大数据或企业级数据仓库，SAP 系统或者非 SAP 系统都能够方便地接入数据。数据接入后，系统还提供了大量预置的数据清洗、流程、转换操作，大大加速对数据的加工和利用进程。

3）帮助企业构建敏捷的数据驱动应用，创新业务流程。

SAP 数据智能通过统一的数据编排和工作流定义，快速扩展项目，自动化端到端流程，在数据流设计中，可以结合数据的即时变化，自动触发和驱动后续的业务流程。在数据处理过程中，可以根据计算能力需要指定或者自由扩展计算能力所使用的服务器，实现数据处理能力的动态扩展，除了系统自带的数据处理方法和算法外，还可以方便地利用任何外部的算法库、代码或脚本，在当前数据流中内嵌复杂算法。

4）提供企业级的数据治理规范，满足企业服务等级要求。

利用 SAP 数据智能提供的数据治理功能，方便企业用户理解全部系统布局的数据谱系和数据质量，实现从数据源到数据应用目标全过程的管理，动态贯彻企业的数据访问和安全管理策略；支持对敏感数据进行遮蔽和匿名化处理，确保敏感数据安全。

18.2.3　SAP 数据智能有哪些典型应用场景

SAP 数据智能并不是要取代企业已有的开源的大数据技术，而是要从企业级应用的视角管控大数据相关技术、项目及相关人员。SAP 大数据方案能帮助企业用低风险、高可靠的系统化方式开展数字化创新。SAP 数据智能可以帮助企业快速实现真正的数据智能和企业人工智能。在企业引入和应用 SAP 数据智能时，要结合具体的业务需求寻找合适的应用场景，和现有系统配合，构建合理的应用场景。下面介绍引入 SAP 数据智能时四种典型的系统架构和使用模式。

1. 物联网（IoT）数据采集和编排

物联网数据的实时处理与应用是大数据应用的一个重要场景。很多公司都在使用物联网技术远程收集传感器数据，这可以最大限度地减少现场访问的开销，也可以提高数据采集的效率。对信息系统的挑战是如何快速处理这些数据，并能将这些数据与现场作业系统的数据、企业资源计划系统数据、客户数据等等相结合进行分析，才能迅速发现问题或者发现潜在的机会，带来实实在在的业务价值。

如图 18-5 所示，SAP 数据智能可以接入和处理实时流数据，并利用管道建模技术对流数据进行实时处理。处理后的输入数据，如果需要进行历史数据的保存或者进行其他批量数据处理作业，则将其存储到数据湖中。如果是需要提供给前端用户实时访问的数据，则写入 HANA 平台中。用户可以通过实时数据查询工具，或者 IoT 应用程序访问这些数据。

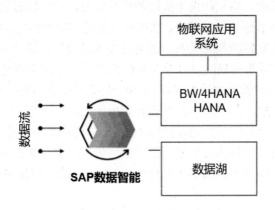

图 18-5 物联网数据采集和编排

在 SAP 数据智能平台上接入物联网数据，是一个典型的应用场景，可以利用机器学习来对物联网数据进行分析建模，监控设备的状态，优化设备维护流程，降低成本，并发现满足客户需求和扩展业务范围的新机会。

2．数据科学和机器学习数据管理

随着信息技术的广泛应用，在企业的内外部都积累了大量的数据。如何应用好这些数据，挖掘数据中的金矿，成为各个公司面临的一个重大课题。如图 18-6 所示，可以使用 SAP 数据智能平台构建一个合理的信息系统架构，一方面能对接数据湖等大数据存储平台，方便地获取机器学习模型训练过程中需要的各种形式的数据，确保数据准备过程方便快速，另一方面在机器学习模型训练和模型推断的过程中，能够方便地引用各种机器学习模型和算法，管理机器学习实验过程中模型的训练和迭代、回滚等过程。

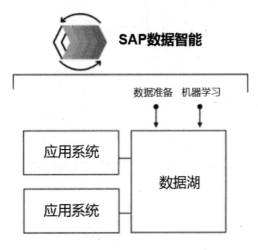

图 18-6 数据科学与机器学习数据管理

例如，企业可以使用生产线上采集的实时数据和 ERP 等系统中的管理数据，利用机器学习技术来预测和改进产品质量。在生产线上，原材料经过多个工序的加工制造，逐渐成型。在这个过程中，红外摄像机会拍摄材料的图像，传感器实时捕捉生产环境中的压力和温度等数据。借助机器学习算法，将从图像中提取的信息以及从传感器数据中捕获的温度和压力测量数据，与 ERP 系统中的原材料的规格、供应商等信息，以及产成品质量检测数据等相结合，发现生产过程与产成品质量的相关关系。利用机器学习模型，通过组合三种数据，评估多个参数，提高检测过程的质量和精度，以及质量检查的效率，减少浪费和重复的工作量。

使用 SAP 数据智能的管道建模方式，能够统一协调多个分散的计算资源集成和处理图像、传感器信号和 ERP 数据。在 SAP 数据智能建模中，可以创建一个管道模型，使用 Python OpenCV 库在 Hadoop 上运行图像信息提供功能。同时，构建另一个管道模型，与 Apache Kafka 集成，用于采集、分析来自压力传感器的流数据。最后，创建第三个管道模型将前两个管道的结果关联起来，并与 ERP 中的材料主数据对接，基于整合的数据可以在 HANA PAL 引擎中执行预测分析算法。

使用 SAP 数据智能进行数据科学和机器学习数据管理的主要优点是，数据科学家能够灵活地使用他们偏好的开源工具，例如 Python，来进行不同类型的处理。比如示例场景中的图像处理模型。而且，在这种情况下，不必集中所有数据。图形数据存储于数据湖上，图形处理引擎也在数据湖上运行，只是在数据源平台处理完成图形数据后，将高价值数据移动到 HANA 进行后续应用。

3．智能数据仓库

在基于数据湖和企业数据仓库平台上构建融合的企业大数据仓库的架构中，SAP 数据智能起着重要的作用。如图 18-7 所示，使用 SAP 数据智能，可以连接跨技术平台的大数据湖存储和包括 SAP HANA，BW/4HANA 在内的多种企业数据仓库，快速集成和使用新数据源，建立统一的元数据管理体系，基于多系统的数据使用管道建模技术进行智能应用开发，并在这个过程中灵活地使用各个技术平台上的机器学习和人工智能技术，实现机器学习建模的全生命周期管理。有效地开发和利用企业内外部的数据，是实现智能数据仓库的一个重要目标。

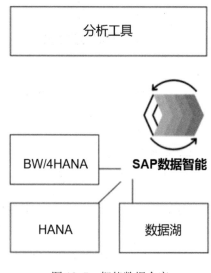

图 18-7　智能数据仓库

企业在大数据时代面临的挑战主要是难以集成和关联外部数据,以及无法管理和操作并行业务流程,SAP 数据智能使并行业务流程变得容易。从这个应用场景的架构图中可以看到,SAP 数据智能能够方便地实现与数据湖、SAP HANA 或者 SAP BW/4HANA 系统实现数据共享,使用这些数据构建智能应用。最后,结果将提供给 SAP 分析云或者其他分析工具,用于仪表板和执行报告,并进一步分析总体趋势。

4. 数据治理和数据编目

SAP 数据智能提供了统一的元数据浏览器,可以在 SAP 数据智能系统中保存、管理和查看对企业内外部数据的元数据,在 SAP 数据智能上建设统一的语义数据湖。如图 18-8 所示,SAP 数据智能能够连接到企业内外部的各种应用系统、数据湖、企业数据仓库、物联网数据及各类分析工具。在此基础上,SAP 数据智能可以对各类源系统中的数据进行分析、读取元数据信息、统一定义数据类型、对数据进行标签管理、形成统一的数据编目。

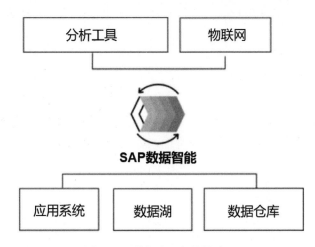

图 18-8　数据治理与数据编目

SAP 数据智能可以配合和扩展企业原有的信息管理能力,提供数据内容的全生命周期管理、对数据进行数据编目管理,统一提供用户与企业数据互动、消费选项,将企业原有的信息管理方面的投资扩展到大数据场景中,并保持在单一的管理界面中进行控制。在元数据浏览器中拥有统一的数据编目和元数据管理之后,可以更好地利用数据,将不同来源的数据应用于机器学习模型训练等应用方案。

18.3　初识 SAP 数据智能

下面,我们就来进入系统,认识一下 SAP 数据智能,了解其中的功能在系统界面中体现为哪些具体的构成组件,SAP 数据智能系统是如何管理和部署的,它又是如何连接到各类系统,组建统一的企业大数据架构的。

18.3.1　启动面板中的功能组件

打开 SAP 数据智能系统的登录链接,如图 18-9 所示。

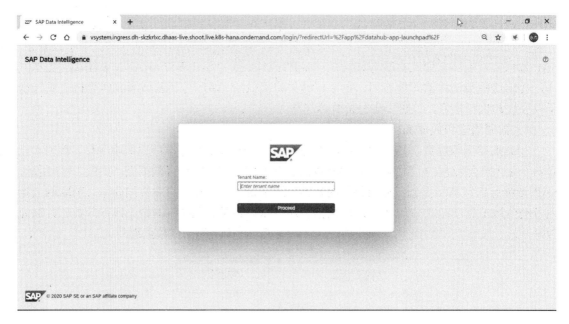

图 18-9　SAP 数据智能登录界面一

　　SAP 数据智能使用多租户方式进行部署，需要在登录界面中输入要登录的租户，并选择"前进（Proceed）"按钮，进入下一个系统界面，如图 18-10 所示。

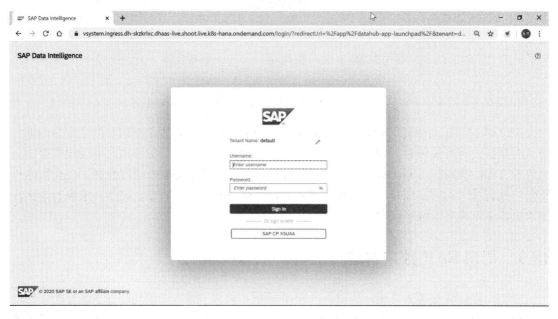

图 18-10　SAP 数据智能登录界面二

　　在如图 18-10 所示登录界面中输入用户名和密码，点击"登录（Sign In）"按钮进入 SAP 数据智能启动界面，如图 18-11 所示。

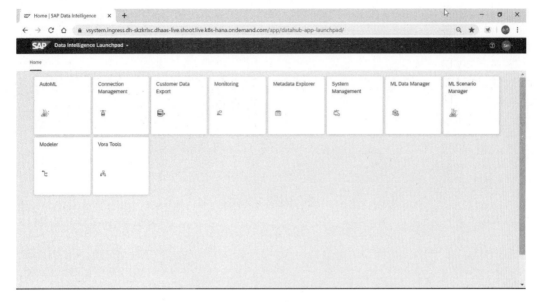

图 18-11　SAP 数据智能启动面板

界面上显示了 SAP 数据智能的所有组件，如连接管理、用户数据导出；元数据浏览器；系统监控和系统管理；机器学习相关的自动机器学习、机器学习数据管理和机器学习场景管理器；管道建模器以及 Vora 工具等。

SAP 数据智能启动界面遵循 SAP Fiori 设计模式，它为 SAP 数据智能的所有应用程序和组件提供了单一入口。和其他 SAP Fiori 界面一样，SAP 数据智能启动界面可以方便地进行扩展，可以根据用户权限和使用习惯进行个性化配置。单击界面右上角的用户名称，在下拉菜单中选择"编辑主页"，可以对启动界面进行个性化编辑。通过编辑界面上的"添加"按钮，可以在启动界面上添加更多 SAP 数据智能的应用或者其他已安装在数据智能之上的应用，并对应用进行分组。

页面右上角还有一个问号，可以跳转到当前组件（SAP 数据智能启动界面）的在线帮助文档，或者跳转到 SAP 数据智能不同组件的详细在线帮助文档，还可以用于获取有关 SAP 数据智能和当前组件（SAP 数据智能启动界面）的版本信息。

通过启动界面左上角的下拉菜单或者界面主体窗口上的磁贴，可以进入相应的功能模块。

18.3.2　多租户部署与应用程序分布

SAP 数据智能系统支持多租户部署。每一个租户都是一个相对独立的 SAP 数据智能实例，其中有一个系统租户，运行 SAP 数据智能系统全局的配置和工具。例如，可以用不同的租户创建 SAP 数据智能系统的开发环境和测试环境，或者根据项目和公司的组织结构设置不同的租户。每个租户都有自己的用户管理、软件包配置、工作空间和系统连接。每个租户和系统租户都有一个系统管理组件，用于管理应用程序、用户和文件。

在如图 18-11 所示的 SAP 数据智能启动面板中，双击"系统管理（System Management）"，进入系统管理界面，如图 18-12 所示。

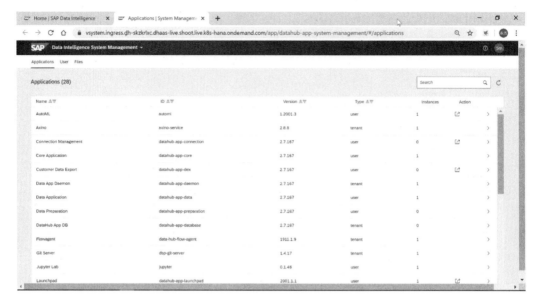

图 18-12　SAP 数据智能系统管理界面

系统管理界面顶部的选项卡有三个选项卡，分别用于管理应用程序（Applications）、用户（User）和文件（Files）。

1．管理应用程序

应用程序选项卡中列出了当前可用的所有应用程序。这些应用程序都是安装在租户中的。

1）应用程序名称（Name）。

2）应用程序 ID（ID）。

3）应用程序版本号（Version）。

4）应用程序类型（Type）：一种是租户应用程序（Tenant），租户中的所有用户使用一个应用实例。另一种是用户应用程序（User），每一个用户一个应用实例。

5）实例数（Instances）：显示当前应用程序拥有的实例数。系统中的应用程序可能没有运行的实例，也可能有一个或者多个实例。新的实例可以按需创建。

SAP 数据智能将一些消耗资源较少的应用程序打包并部署在一个 pod 上。Pod 是 Kubernetes 中能够创建和部署的最小单元，是 Kubernetes 集群中的一个应用实例，总是部署在同一个集群节点上。这些打包部署的应用程序称为嵌套应用程序。例如 SAP 数据智能连接管理、监视器、元数据浏览器都是嵌套应用程序。这些嵌套应用程序的路由由核心应用程序管理，消耗核心应用程序所在的单个 pod 中的资源。一般来说，当用户启动一个嵌套应用程序时，SAP 数据智能会在核心应用程序中为其创建一个稳定实例。在系统管理界面中，嵌套应用程序的实例数显示为 0，用户不能为这一类型的应用程序创建新实例。

6）行动（Action）：有些应用程序支持在这里进行操作，打开相应的程序界面。这些应用程序也是在 SAP 数据智能启动面板中的各个组件。

7）查看应用程序明细：以系统管理应用为例，单击"查看应用程序明细"，系统打开应用程序明细界面，如图 18-13 所示。

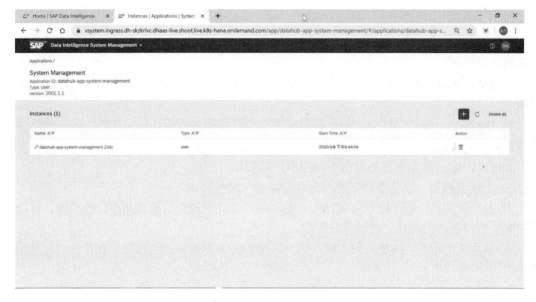

图 18-13　查看应用程序明细

应用程序明细界面中列出了当前应用程序的所有实例。通过列表右上方的"添加"按钮可以创建新的实例，也可以通过列表中的删除按钮删除指定的实例。

2．管理用户

系统管理的用户管理选项卡如图 18-14 所示。

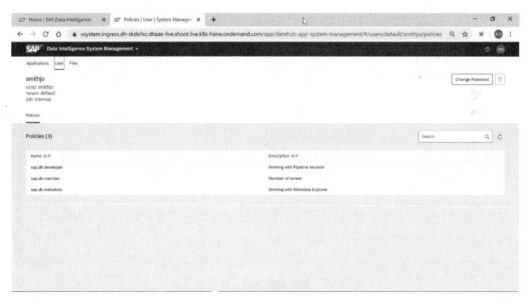

图 18-14　SAP 数据智能用户管理界面

系统通过为用户分配策略（Policy）来管理用户权限，根据分配给用户的策略不同，用户的类型和权限也不同。SAP 数据智能系统提供以下默认的策略。

1）sap.dh.admin：提供租户中部署所有的应用程序的访问权限，这一策略分配给租户管理员。

2）sap.dh.developer：提供对连接管理、建模工具和 SAP Vora 工具的访问权限及其他一些默认的访问权限。

3）sap.dh.metadata：提供对连接管理和元数据浏览器的访问权限及其他一些默认的访问权限。

4）sap.dh.member：提供对 SAP 数据智能系统管理和监控器的访问权限。这一策略分配给租户成员。

相应地，SAP 数据智能系统有不同的用户类型。

1）系统管理员：负责集群管理，拥有创建租户的权限。

2）租户管理员：拥有创建和管理用户的权限，可以重置自己和其他用户的密码，可以查看和删除用户创建的实例，可以分配策略。

3）租户成员用户：成员用户可以在用户管理界面中更改自己的密码，查看自己分配到的策略。

每个用户拥有各自的工作空间、运行自己的应用程序，在 SAP Vora 数据库中拥有自己的命名空间。

3．管理文件

在系统管理组件中运行的应用程序可以访问共享文件系统。这一文件系统在所有应用程序实例中同步。系统管理的文件管理选项卡如图 18-15 所示。

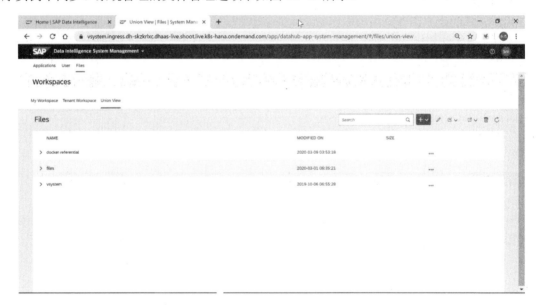

图 18-15　SAP 数据智能文件管理界面

在文件管理界面中，显示了三个不同的视图。

1）我的工作空间（My Workspace）：每个用户拥有自己的工作空间，在文件管理界面中显示为"我的工作空间"。

2）租户工作空间（Tenant Workspace）：对租户中的所有用户都是可见的。

3）联合视图（Union View）：联合视图中显示了以上两个工作空间的内容。

工作空间中的内容非常丰富，包含了与各个应用程序的相关内容。

1）管道模型或图：工作空间中包含了管道模型中的所有管道模型的配置文件和相关文件。例如，在/files/vflow/graphs/com/sap/scenarioTemplates 目录下，可以找到管理建模工具提供的场景模板的文件，如图 18-16 所示。

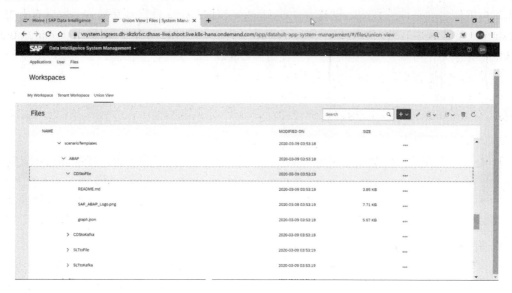

图 18-16　SAP 数据智能管道模型文件

每个场景模板都包含了一个定义模型的 json 文件、Markdown 说明文件和一个场景模板图标文件。这些场景的具体介绍可以参见 21.5.1 小节。

2）运算节点：工作空间中包含了管道模型中的所有运算节点的文件。例如，在/files/vflow/operators/com/sap/dh 目录下，可以找到管理建模工具提供的数据工作流运算节点的相关文件，如图 18-17 所示。

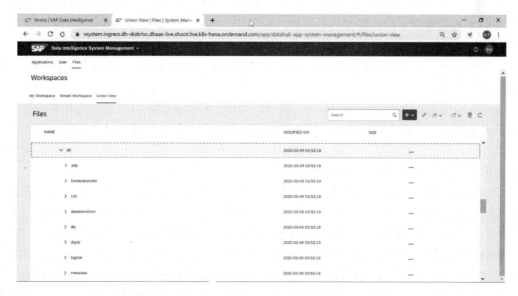

图 18-17　SAP 数据智能运算节点文件

这些运算节点的具体介绍可以参见 21.5.2 小节。

3）Dockerfile：SAP 数据智能系统中，所有新的管道模型和运算节点都是基于 Docker 容器技术实现的，可以在管道模型运行时动态地扩展硬件资源。Dockerfile 是一个 Docker 镜像的描述文件，包含了构建 Docker 镜像的一系列指令。管道模型在运行时，可以根据运算节点分组的标签信息动态地选择或者创建合适的 Docker 镜像。在文件管理系统中，可以查看每个 Dockerfile 及其标签信息。以数据工作流运算节点为例，在/files/vflow/dockerfiles/com/sap/dh/workflow/目录下，可以查看这些运算节点使用的 Dockerfile 及其标签信息，如图 18-18 所示。

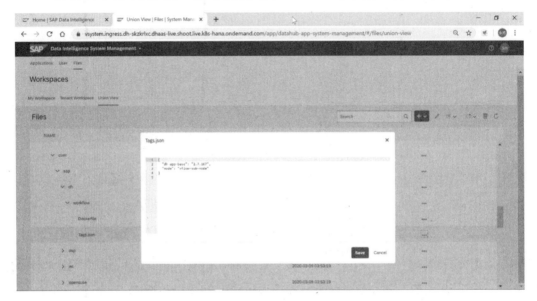

图 18-18　SAP 数据智能系统 Dockerfile 及其标签文件

在 21.3.2 小节会提供一个创建运算节点分组和使用 Dockfile 及其标签信息的示例。

4）证书：在 SAP 数据智能系统连接管理组件连接外部系统时，有时需要将外部的证书导入到 SAP 数据智能系统连接管理组件中，方便系统之间进行通信。在/files/ca 文件目录中可以查看如图 18-22 所示的证书文件。

5）系统配置：文件管理系统中还包含了大量的其他系统配置文件，例如管道建模工具的字段组类型定义等。

这些内容可能是由应用程序创建的，也可能是由用户创建的，或者是以文件和解决方案包的形式从外部导入到文件系统中。用户可以将工作空间中的文件或者文件夹以解决方案包的形式导出。解决方案包是一个与工作空间具有相似的资料库结构的压缩文件，可以用于在 SAP 数据智能系统之间共享方案，也可以用于外部系统，如 Git 等。

"我的工作空间"是用户的个人工作空间。用户在这个工作空间中可以使用文件列表右上方的按钮进行创建文件或者文件夹、修改文件或文件夹名称、导入或者导出文件和文件夹等操作。但用户所做的任何修改只存在用户的工作空间中，仅对进行修改的用户可见。

如果想要使其他用户也可以使用和编辑这个文件，必须将该文件移动到"租户工作空间"中。对"租户工作空间"中文件的修改对所有其他用户及其应用程序立即可见。同样地，也可以将文件从"租户工作空间"移动到"我的工作空间"。这一操作将使"租户工作空间"中的其他用户看不到这个文件，只有当前用户可见。

18.4 管理企业大数据架构

要管理企业的大数据，需要有一个能够连接各种类型系统的统一的大数据管理平台。连接是第一步，也是基础功能。有了这个基础，才能进行大数据的统一管理，进行跨系统的应用建模，开启全新的应用场景。

18.4.1 SAP 数据智能可以管理哪些系统

如图 18-11 所示的 SAP 数据智能启动面板中，双击"连接管理（Connection Management）"应用，可以进入连接管理组件。如图 18-19 所示。

SAP 数据智能连接管理界面下有三个选项卡，分别是"连接类型（Connection Types）""连接（Connections）"和"证书（Certifications）"。

"连接类型"选项卡系统界面如图 18-19 所示。

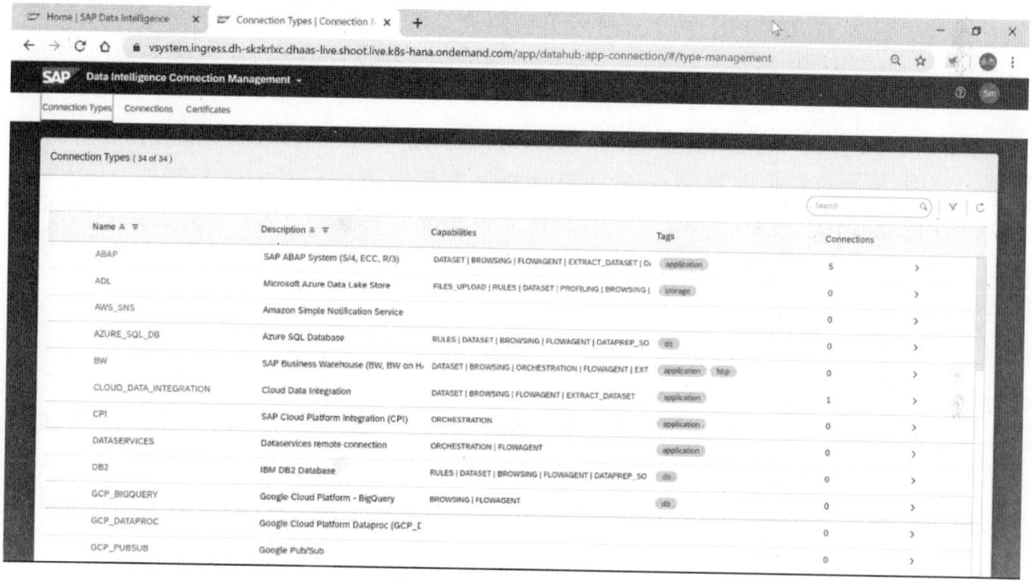

图 18-19　SAP 数据智能连接管理-连接类型

SAP 数据智能提供了一系列预定义的连接类型，每个连接类型代表了一个特定种类的远端系统资源。"连接类型"选项卡中列出了 SAP 数据智能支持的所有连接类型的名称（Name）、描述（Description）、每一类连接类型支持的操作能力（Capabilities），类型标签（Tags），当前类型的系统连接数量（Connections）及跳转链接。

单击每一个连接类型的名称，系统会显示相应连接类型的在线帮助文档，对连接类型进行详细说明。

SAP 数据智能支持的系统连接类型比较多，使用"标签（Tags）"功能可以对连接类型进行分类管理，方便对连接类型进行搜索。利用标签功能，可以将系统连接类型大致分为以下几大类。

1）数据库类型的连接：这里的连接类型包括 SAP HANA 数据库、SAPIQ 数据库、SAPVORA 数据库、Oracle 数据库、MySQL 数据库、IBM DB2 数据库、Microsoft SQL Server 数据库、Microsoft Azure Cloud SQL 等，这类连接处理的对象大多是数据库表和视图，支持在元数据浏览器中对连接系统的数据进行搜索、浏览，执行数据校验规则，在数据准备操作中作为数据源，支持在管道建模器中使用 FLOWAGENT 等操作。

2）大数据存储类型的连接：这些连接包括 SAP 数据湖（SDL）、Hadoop 分布式文件系统（HDFS）、Amazon 简单存储服务（S3）、Google 云存储（GCS）、Microsoft Azure 数据湖存储（ADL）、Microsoft Windows Azure 存储大对象（WASB）、阿里云对象存储服务（OSS）等。这类连接处理的对象是大数据存储常用的 CSV 数据文件、ORC 文件和 PARQUET 文件，支持在元数据浏览器中对连接系统的数据文件进行增、删、改操作，支持分区文件操作，对数据进行数据编目管理，对数据进行搜索、浏览，对数据进行质量探查，执行数据校验规则，进行数据转换，在数据准备操作中作为数据源或者作为数据目标；支持在管道建模器中使用 FLOWAGENT，在数据传输运算工作流节点中作为数据传输的来源或者目标等。

3）应用系统类连接：一般是针对特定的应用系统提供的连接，根据应用系统的功能不同，连接所能提供的操作能力也不一样。有些应用系统是处理业务数据的，如 SAP ABAP 系统（即 SAP ERP 等基于 ABAP 技术平台的应用系统，包括 S/4, ECC, R/3 等）、SAP 云数据集成（提供与 SAP 云应用系统的连接，包括 Fieldglass、C/4 销售云和服务云、S/4 HANA 云等）等，与这些系统的连接大多支持对远端系统的数据进行搜索、浏览以及进行数据编目管理的操作。有些应用系统是侧重数据开发的，如 DataService 远程连接，SAP 云平台集成（CPI），SAP HANA 应用开发系统（HANA_XS），这类连接大多支持与远端系统进行数据协同处理的操作。其中，SAP BW（包括 BW、BW/4HANA）连接兼具以上两类应用系统的特点，也同时支持两类系统连接的各种操作。

4）其他连接：其他连接类型中包括一些通用接口技术和开放接口，例如开放数据协议（ODATA）、HTTP、IMAP、SMTP、OpenAPI 等；还有一些连接类型是针对特定厂商特定服务的，如 SAP 云平台开放连接器（OPEN_CONNECTORS）、Amazon SNS 消息推送服务、Google Pub/Sub 消息服务、Google 云平台 Dataproc 服务，SAP 数据智能还提供了 KAFKA 连接类型，可以连接到 Kafka 集群接收或者发布消息。这类连接类型大多在管道建模工具中可以找到相应的运算节点与之配合使用。

18.4.2 对不同类型系统能进行什么操作

对于不同的连接类型，SAP 数据智能常见的可用操作有以下几种。

1）数据集（DATASET）：具备这一操作能力的连接类型，支持在元数据浏览器中对连接进行搜索。参见 19.2 小节关于发布数据集的介绍。

2）浏览（BROWSING）：支持使用元数据浏览器浏览远端数据内容。参见 19.4 小节关于数据事实表单中预览数据的操作。

3）数据画像（PROFILING）：支持使用元数据浏览器对远端数据内容进行数据画像，查看远端数据内容中每个字段的值域分布情况，缺失值的比重等等。参见 19.4 小节关于数据画像的介绍。

4）协同（ORCHESTRATION）：支持与远端系统协同数据处理流程。比如在连接类型 BW

中运行这一操作，即可以在连接的 BW 或者 BW/4HANA 系统中触发运行 BW 处理链。参见 21.5.2 小节中对于管道模型数据工作流运算节点的介绍。

5）数据转换（DATA_TRANSFORM）：支持将远端系统的源数据集转换成目标数据集。参见 21.2.2 小节中，对数据转换运算节点的配置与功能介绍。

6）流代理（FLOWAGENT）：支持在管道建模工具里使用 FLOWAGENT 运算节点对连接系统进行操作。FLOWAGENT 是 SAP 数据智能管道引擎中的一个子引擎，提供了一系列系统连接、数据摄取和数据转换的运算节点。参见 21.2 节中对各类 FLOWAGENT 运算节点的配置与功能介绍。

7）提取数据集（EXTRACT_DATASET）：支持使用发布功能或者索引功能提取连接数据的元数据。提取的元数据信息作为元数据浏览器编目索引用于用户搜索，或者发布到数据编目目录。参见第 19 章中元数据管理相关功能的介绍。

8）提取血缘（EXTRACT_LINEAGE）：支持提取连接系统中数据集的数据血缘信息，即记录数据来龙去脉的信息。元数据浏览器中可以查看提取的数据集的血缘信息，进行血缘分析。参见第 19 章中元数据管理相关功能的介绍。

9）分区文件（PARTITION_FILES）：支持浏览连接系统中的分区文件，并对其进行操作。

10）数据传输目标(DATA_TRANSFER_TARGET)：在 SAP 数据智能管道建模工具中，这一类型的系统可以作为数据传输工作流运算节点进行数据传输的目标系统。参见 21.5.2 小节中对于数据传输运算节点及其他相关运算节点的介绍。

11）数据传输来源（DATA_TRANSFER_SOURCE）：在 SAP 数据智能管道建模工具中，这一类型的系统可以作为数据传输工作流运算节点进行数据传输的来源系统。参见 21.5.2 小节中对于数据传输运算节点及其他相关运算节点的介绍。

12）数据准备来源（DATAPREP_SOURCE）：在元数据浏览器中进行数据准备操作时，支持将这一类型的连接系统的数据集作为源数据集，从中获取部分样例数据，并使用内置的转换修改样例数据。参见 19.5 节对于用户操作的介绍以及第 20.4 节中对数据准备生成的管道模型的详细介绍。

13）数据准备目标（DATAPREP_TARGET）：在元数据浏览器中进行数据准备操作时，支持将这一类型的连接系统的数据集作为目标数据集，将在转换后的数据写入当前连接的新数据集中。参见 19.5 节对于用户操作的介绍以及第 20.4 节中对数据准备生成的管道模型的详细介绍。

14）规则（RULES）：支持在元数据浏览器中对这一连接类型的数据集执行基于规则的数据校验。参见第 20 章对规则、规则手册及其应用的介绍。

15）文件上传（FILES_UPLOAD）：允许在元数据浏览器中编辑远端数据源的内容，如上传、删除或者重命名数据集和目录。这些编辑操作同时要求连接类型具有数据集（DATASET）操作能力。参见 19.2 节关于发布数据集的介绍。

16）DW 连接器（DW_CONNECTOR）：支持使用 DW 连接器访问远端数据源。

上述这些操作，在后续的元数据浏览器和管道建模工具的具体介绍中会进行详细的介绍。

18.4.3 创建或修改系统连接

在"连接"选项卡中，列出了系统里已经定义好的连接，如图 18-20 所示。

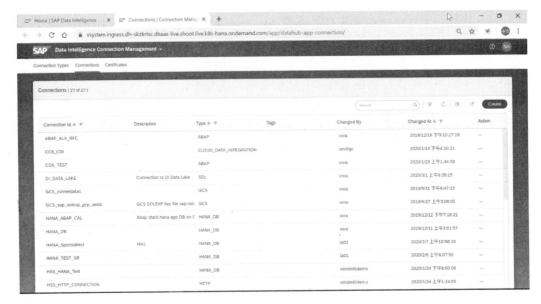

图 18-20　SAP 数据智能连接管理-连接

通过界面右上角的"创建（Create）"按钮，可以创建新的连接。双击列表中的连接 ID 可以打开相应连接的编辑界面窗口。连接 DI_DATA_LAKE 是一个大数据存储系统的连接，现在以这个连接为例，看看连接是如何创建和修改的。双击这一连接，系统弹出连接编辑（View Connection）窗口，如图 18-21 所示。

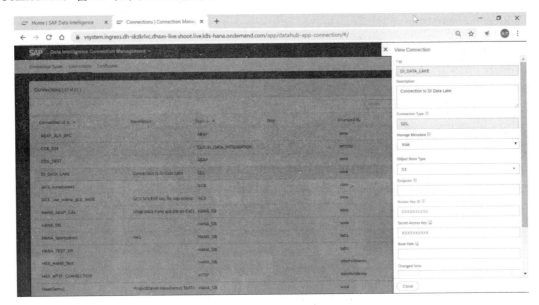

图 18-21　创建与编辑连接

在连接创建或修改界面中，需要提供以下信息。

1）连接 ID（ID）：如果是新建连接，要首先给连接定义一个唯一的 ID。连接 ID 一旦确定，就不能修改。SAP 数据智能的管道建模工具将会使用连接 ID 指向外部的资源。

2）连接描述（Description）：这是个可选项，也可以在连接创建后进行修改。

3）连接类型（Connection Type）：从下拉列表中选择一个连接类型。下拉列表中的可用选项就是上一小节"连接类型"选项卡中显示的连接类型。选择的连接类型不同，后续需要提供的连接信息也会不同。连接类型在创建连接后也是不可修改的。

4）管理元数据（Manage Metadata）：如果连接类型具有 DATASET 操作能力，就会开启这一选项。选择"True"时，在元数据浏览器中可以使用这个连接。选择"False"时，元数据浏览器中不能使用这个连接。

5）其他连接信息：连接类型不同，需要提供的系统连接信息也会不同。

6）自定义标签：这是个可选项。在标签文本框中直接输入标签文字并回车，或者从下拉列表中选择之前定义过的标签，都可以将标签添加到标签列表中。标签列表中可以有多个标签。使用标签，可以方便对连接进行过滤。

在完成连接的创建或者编辑后，可以使用编辑界面右下方的"测试连接"按钮进行测试。示例中的连接是系统自带的连接，没有这个测试选项。如果提供的连接信息有问题，测试连接会提示详细的反馈信息。测试连接成功后，就可以保存连接了。

18.4.4 导入与管理远端系统证书

使用 SAP 数据智能连接管理模块可以管理远端系统的证书，能够将远端系统的连接证书导入到连接管理模块中，如图 18-22 所示。

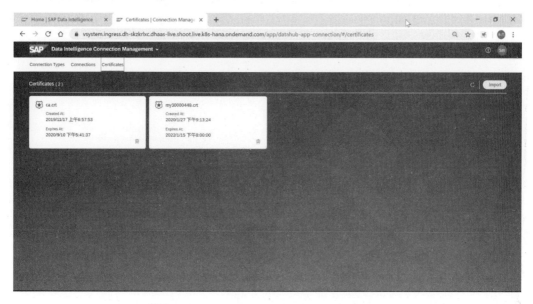

图 18-22　SAP 数据智能连接管理-证书

"证书"选项卡中列出了已经导入系统的证书列表，使用界面右上角的"导入（Import）"按钮可以导入更多的证书。

在 SAP 数据智能建模工具中，有一些运算节点会使用 HTTPS 作为基础传输协议，使用 TLS 传输加密功能与远端系统进行交互，因此必须获取远端系统的信任证书。要将远端系统的证书导入信任链，首先要从远端系统获取证书，然后使用连接管理模块将证书导入 SAP 数据智能系统。

18.5 本章小结

通过对现有企业仓库系统的改造与数据湖系统的建设，可以在功能和架构上将两套系统进行融合。业界在融合架构上也做了大量有益的探索和实践工作。大数据融合架构不是简单的数据接口和功能定位的区分，要构建完整的大数据平台，还需要能够对企业内外部的所有大数据进行统一的管理和应用的调度。因此，还需要引入数据智能应用系统。

SAP 数据智能提供了连接与管理多种类型系统的基础能力，能够对不同类型的系统数据进行统一的数据治理和元数据管理，基于不同系统的数据提供实时的跨系统数据调度和建模能力，并为开发机器学习和人工智能应用提供了一体化的工具。

进入 SAP 数据智能系统界面，可以直观地了解 SAP 数据智能系统多租户的部署方式及各个功能组件的灵活分布。SAP 数据智能的连接管理功能提供了对不同类型远程系统进行连接管理的统一界面，并为不同类型系统提供了丰富的数据管理与流程操作功能。

第 19 章　数据编目管理：建立数据图书馆

图书馆里有大量的图书。

通过对图书进行统一的编目管理，读者很容易就可以找到需要的书籍。

应用庞大的数据之前，也要先对数据进行注册登记。需要知道企业可用的数据都有哪些，在哪里，如何调用。传统的数据仓库是将数据物理集中在一起进行管理的。在大数据背景下，数据物理集中不可能也不必要。但是，对数据的统一管理仍然是需要的。

19.1　轻装上阵的元数据浏览器

SAP 数据智能通过元数据浏览器对不同系统的数据进行统一的管理。但元数据浏览器并不需要把所有数据全部复制到本地来。

元数据浏览器收集有关数据的位置、属性、质量和敏感性的信息。有了这些信息，管理员可以更好地决定要发布哪些数据集，并确定哪些用户有权使用或查看有关数据集的信息。

通过 SAP 数据智能的启动界面，可以打开元数据浏览器，如图 19-1 所示。

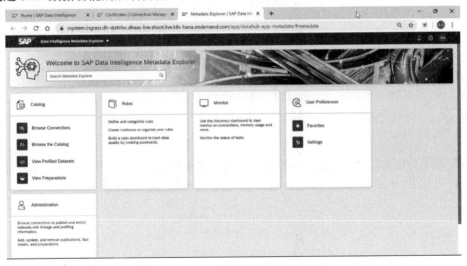

图 19-1　SAP 数据智能元数据浏览器

在元数据浏览器中，可以对企业内外部的所有数据进行统一的管理，使用元数据浏览器可以进行数据发布、数据画像、数据准备和任务监视等操作。元数据浏览器主页包含多个操作卡片，方便用户跳转到以下几类具体操作。

1）数据编目（Catalog）管理：可以查看 SAP 数据智能系统中已有的连接，预览数据集中的数据，发布数据集以供其他用户使用数据；对数据集进行数据编目管理，使用标签标记数据集，并对标签进行组织和管理，方便用户搜索和使用数据集；对数据集进行数据画像，分析这些数据集，获取数据集的数据分布等方面的统计信息；进行数据准备操作，对数据集进行数据加工，改进数据质量；进行数据血缘分析，了解数据集在何处使用以及如何转换。

2）数据规则（Rules）管理：制定数据验证规则，确保数据通过数据质量标准；创建计分卡，以查看不同的数据集、数据类别和规则手册的数据质量分数；使用规则仪表板组织和管理计分卡。第 20 章将对数据规则管理进行详细介绍。

3）系统任务监控（Monitor）：可以监控系统中运行的各类任务的执行状态，如数据发布、数据画像、数据血缘分析、执行数据质量规则和数据准备操作等。

4）用户偏好设置（User Preferences）：可以管理用户的个人收藏夹，进行用户个性化设置。

5）日常管理工作（Administration）：可以管理系统中的各类操作结果，如数据发布、数据画像、数据血缘分析、数据准备结果等。

19.2　对远程系统的数据进行发布

一个数据集好比图书馆里的一本书。

在 SAP 数据智能中，对于远程系统的数据是以"数据集"为单位进行管理的。数据集的具体类型根据远程系统的类型不同而不同。一个数据集可以是一个文件、一张数据库表或者一个视图等。

对图书进行管理的第一步是将图书进行登记造册。在 SAP 数据智能中，也要做类似的操作，就是要对远程系统中的数据集进行发布。数据集经过数据发布后，用户能够看到相应的数据集。而且，SAP 数据智能系统也会对发布后的数据集进行后续的操作，例如打标签。

19.2.1　查看远程系统中的数据集

单击数据编目管理卡片中的"查看连接（Browse Connections）"，可以进入元数据浏览器查看连接界面，如图 19-2 所示。

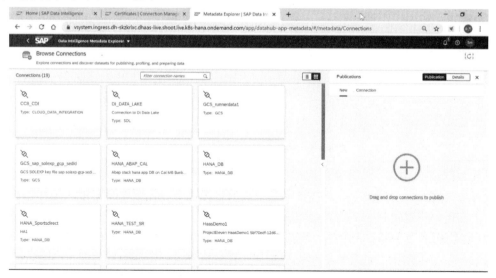

图 19-2　SAP 数据智能元数据浏览器-查看连接

这里显示的连接只是上一章连接管理部分创建的连接中的一部分。正如前面介绍的，只有那些具有"DATASET"操作能力并且在创建连接时将"管理元数据"属性设置为"TRUE"的连接，才会显示在这里。

连接视图的上方提供了连接搜索框，可以快速查找需要操作的连接。在连接视图的右上方列出当前视图中的可用操作。在连接列表视图中可以切换连接的显示方式，使用列表显示或者网格显示，两种显示方式都会显示连接的 ID、描述和类型。

在界面右边显示的是当前列表中的对象的智能操作面板。操作面板的内容要随着左边主体窗口中列表的内容变化而调整。将鼠标停留在连接列表对象上方，网格的右下角也会显示"更多操作"按钮，单击这一按钮可以查看当前对象可用的操作。对于连接而言，可用的操作是查看或新建当前连接系统（或者目录）下的数据发布，或者查看连接的明细信息。连接的明细信息中会显示当前连接支持的系统操作能力。

以连接"DI_DATA_LAKE"为例，双击这一连接，可以查看远端系统的具体内容。根据连接类型不同，支持的操作类型也会有所不同。在"DI_DATA_LAKE"连接的系统中，可以查看远端系统中目录结构及文件对象。在目录视图中，可以进行文件的上传、排序等操作，对于目录对象，则可以进行发布操作，还可以进行目录的创建、修改和删除操作。对于文件对象，可以进行发布操作（New Publication），查看元数据（View Metadata）、查看数据文件事实表单（View Fact Sheet），查看数据编目（View in Catalog），进行数据画像（Start Profiling），准备数据操作（Prepare Data），删除（Delete）或者重命名（Rename）数据文件。如图 19-3 所示。

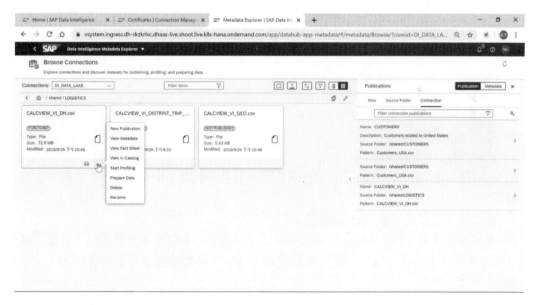

图 19-3　SAP 数据智能元数据浏览器-操作文件对象

19.2.2　发布远程系统中的数据集

发布数据集的操作，实际上是将远端数据集的元数据复制到 SAP 数据智能系统中的数据编目中，方便用户对数据集进行搜索，添加备注，或者打标签。如果连接类型支持获取血缘分析信息，还可以提取发布数据集在远端系统的血缘分析信息。一般而言，在本地数据编目中查看数据集信息会比查看远端系统的数据集更快。

首先，打开发布数据集操作界面。

使用对象上的"更多操作"选项或者元数据浏览器界面右边的智能操作面板进行操作，可以新建或者编辑现有的发布数据集。还可以将列表视图中的对象直接拖曳到智能操作面板中创建新的发布数据集。发布数据集操作界面如图19-4所示。

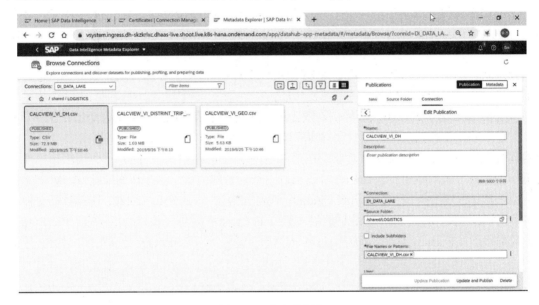

图19-4　发布数据集

第二步，维护发布数据集相关信息。

发布数据集需要提供以下信息：

1）名称（Name）

2）描述（Description）

3）系统连接（Connection）

4）数据源目录（Source Folder）：系统支持发布目录中的某个文件，也允许将整个目录进行发布。

5）是否包含子目录（Include Subfolders）

6）文件名或模式（File Names or Patterns）：可以指定一个或者多个具体的文件名，或者指定一类文件的命名模式。比如，使用命名模式"*.csv"可以将指定目录中所有csv文件进行发布。

7）如果远端系统的连接类型支持提取数据血缘分析信息，在发布时，需要指定数据血缘分析的层级数量的上限。可以指定1～100的层级数量范围，如果指定数据为0，则不从源系统中读取任何数据血缘分析的信息。SAP数据智能的数据血缘分析既包括从远端系统获取的信息，也包括在SAP数据智能本身的管道建模工具的工作流中对数据的处理步骤的信息。

第三步，发布数据集。

完成发布数据集的编辑之后，就可以单击发布数据集操作界面下方的"更新并发布

（Update and Publish）"按钮，进行发布数据集的操作。系统会在后台运行发布数据集的工作，通过元数据浏览器中的系统监控功能，可以查看发布任务的进度及执行情况。对于已发布的数据集，通过同样的操作，可以对发布数据集进行"更新（Update Publication）"、"更新并发布"及"删除（Delete）"等操作。

19.2.3 查看发布后的数据集

发布后的数据集，在数据编目管理界面中就可以查看了。在如图19-1界面中的数据编目管理卡片中选择"查看数据编目（Browse the Catalog）"，打开数据编目管理界面，如图19-5所示。

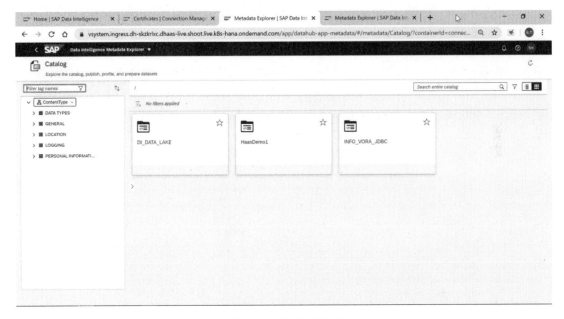

图19-5　数据编目管理

在数据编目管理界面中能看到的对象是如图 19-2 所示的查看连接界面中显示的对象的一个子集，只有包含了已发布数据集的系统连接、目录或者已发布文件才会显示在数据编目管理界面中。

在如图19-3所示的查看连接界面或者如图19-5所示的数据编目管理界面中都可以对数据集进行查看元数据、查看事实表单、运行数据画像、准备数据等操作，我们将在数据编目管理界面中进行介绍。

19.3 给数据集打标签

SAP 数据智能提供了一个按层级结构管理的标签系统，用于组织和管理数据标签。用户可以创建和修改自己的标签体系，并为数据集或者数据集里的数据列打标签，可以使用这些标签作为关键字，方便对数据集进行搜索。在数据编目管理、血缘分析和事实表单等界面中都可以查看、使用这些标签。

19.3.1 管理标签层级结构

如图 19-5 所示，SAP 数据智能数据编目管理界面的左边是标签体系的操作面板。

系统内置了一个名为"内容类型（Content Type）"的层级结构的标签体系。系统使用这个标签体系自动给数据集打标签。当用户发布一个数据集并对数据集进行数据画像操作后，系统会发现数据集里面匹配的数据内容类型，并自动给相应的数据打上标签。例如，数据集有地址数据，其中一列是国家，系统会自动为这列打上"地点/国家"的标签。用户可以修改系统自动打标签的结果，但不能增加或者删除"内容类型（Content Type）"标签体系里的标签。

除了这个系统内置的标签体系外，用户还可以创建自己的标签体系。具体操作步骤如下。

第一步，打开管理标签层级结构对话框。

将鼠标停留在标签层级结构的操作面板中的项目上，在每个项目的右边都会出现"更多操作"按钮。在层级结构的第一个项目，也就是当前层级结构的根节点上，可用的操作有"在层级结构中添加标签""设置为默认层级结构""管理标签层级结构"。选择"管理标签层级结构"，系统弹出"管理标签层级结构（Manage Tag Hierarchies）"对话框，如图 19-6 所示。

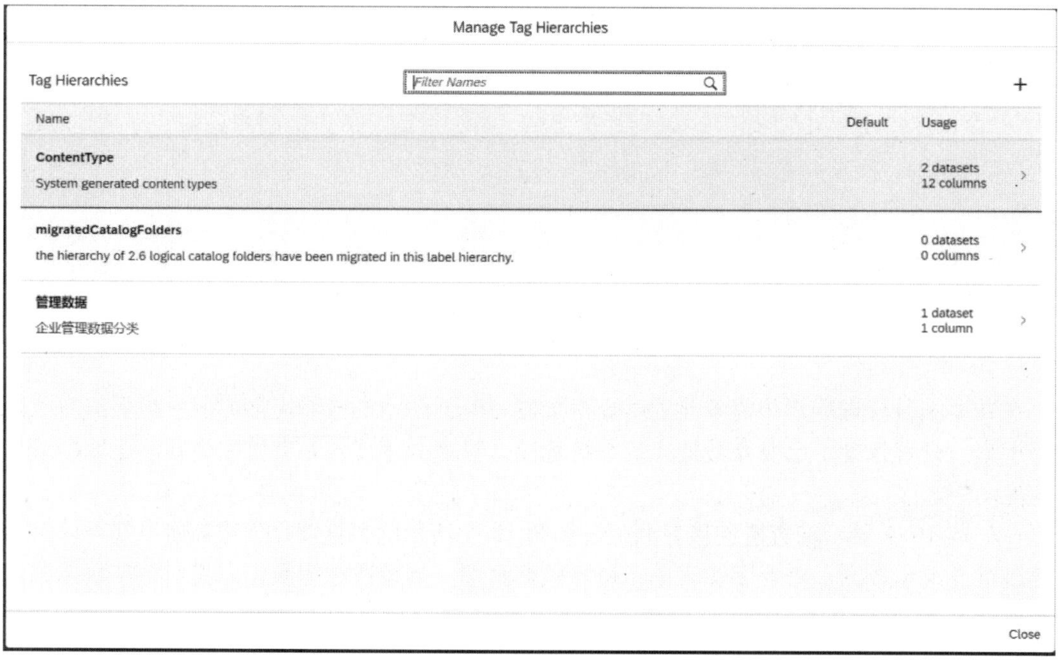

图 19-6 管理标签层级结构对话框

对话框中列出系统现有的标签层级结构。

第二步，创建或修改标签层级结构。

用户可以使用对话框右上角的"添加"按钮，创建新的标签层级结构；也可以单击列表中的标签层级结构，修改层级结构的名称和描述，如图 19-7 所示。

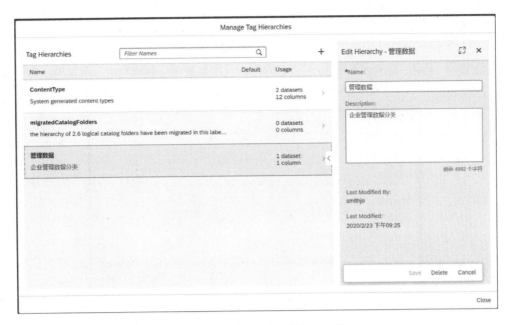

图 19-7　创建或修改标签层级结构

完成编辑后，单击"关闭"按钮，关闭对话框。

19.3.2　编辑标签层级结构的标签

创建标签层级结构，只是创建了这个标签层级结构的根节点。用户还需要维护这个层级节点中的具体的各个标签节点。

首先，切换标签层级结构。

单击如图 19-5 中标签层级结构名称右边的向下的箭头，将面板中显示的层级结构切换为需要编辑的层级结构，如图 19-8 所示。

图 19-8　修改标签层级结构的标签

335

第二步，添加标签。

选择一个标签层级结构中的一个节点，在节点右边"更多操作"选项中选择"在层级结构中添加标签（Add Tag to Hierarchy）"，系统弹出"添加标签（Add Tag）"对话框，如图 19-9 所示。

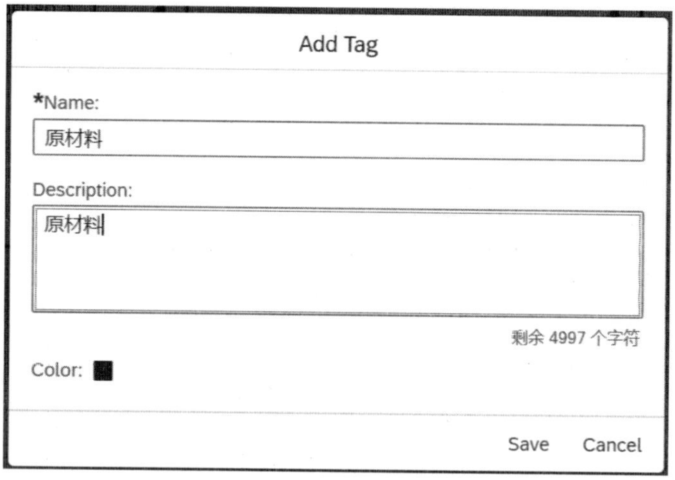

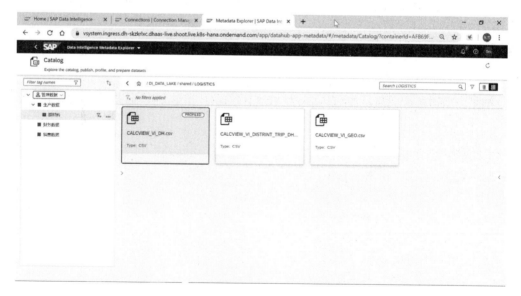

图 19-9 添加标签

输入新建标签的名称与描述，还可以选择标签显示的颜色。

第三步，完成添加标签。

完成编辑后单击"保存"按钮，系统会将新创建标签作为子节点，显示在原来的标签项目下，如图 19-10 所示。

图 19-10 完成添加标签

类似地，可以选择如图 19-8 中显示的其他操作选项编辑当前的标签层级结构。例如，选择"编辑标签属性"，可以打开与图 19-9 类似的编辑界面，修改当前标签的名称、描述和显示颜色。

重复以上步骤，可以完成整个标签层级结构的编辑。

19.3.3 给数据打标签

对于系统内置的"内容类型（Content Type）"标签层级结构中的标签，系统会自动给数据集打标签。当用户发布一个数据集并对数据集进行数据画像操作后，系统会发现数据集里面匹配的数据内容类型，并自动给相应的数据打上标签。对于用户自己创建的标签层级结构，用户可以在查看数据集过程中手动给数据集打上标签。当然，如果有一定的规则可循，也可以通过一定的规则，给数据集自动打标签。

1．在数据集列表中给数据集打标签

在如图 19-10 所示的界面中，展开标签层级结构，将选定的标签拖曳到主体窗口中的数据集上。这可以为这一数据集打一选定的标签。在打标签时，系统会自动将选定的标签及其所有上级标签都添加到相应的数据集中。如果选择的标签包含子标签，子标签不会添加到相应的数据集中。以图 19-10 中的标签层级结构为例，如果选择的标签是"原材料"，数据集显示的标签是"生产数据/原材料"。如果选择的标签是"生产数据"，数据集显示的标签是"生产数据"。

2．查看数据集元数据，给数据列打标签

在查看数据集的元数据时，可以为数据集里特定的列打标签。在如图 19-3 所示的查看连接界面或者如图 19-10 所示的数据编目管理界面中都可以查看数据集的元数据。前者查看的是数据集在远端系统的元数据信息，后者查看的是复制到 SAP 数据智能系统里的元数据信息。在大部分情况下，二者是一致的。如果出现数据不一致，需要重新做数据发布操作。

以如图 19-10 所示的数据编目管理界面为例，在数据集"CALCVIEW_VI_DH"的"更多操作"选项中选择"查看元数据"，在界面右边的智能操作面板中显示元数据信息，如图 19-11 所示。

图 19-11　查看数据集的元数据

在元数据浏览器界面右边显示元数据智能操作面板。元数据面板显示了"信息（Info）"选项卡和"列（Columns）"选项卡。

"信息"选项卡显示了当前数据集的名称、类型、大小、最近修改时间、所有者、使用的系统连接、所有数据目录、数据状态、发布时间、数据集的标签等。根据连接类型不同，信息选项卡显示的内容也会有所不同。在信息选项卡中，可以删除数据集已有的标签。

"列"选项卡详细地列出了每一个数据列的名称、类型及数据列中包含多少个标签。单击列项目右边的箭头，还可以查看列更多的详细信息。此时，可以将标签层级结构里的标签拖曳到元数据面板的某个列上，给这个数据列打上相应的标签。当然，这里也可以删除数据列的标签。

此外，在查看数据集的数据事实表单时，也可以给数据集打标签。SAP 数据智能提供对数据集进行数据画像的功能，经过数据画像，事实表单可以提供更多关于数据集中的数据的信息。因此，在查看数据集的数据事实表单之前，先来了解一下数据画像操作。

19.4 给数据画像提取更多信息

数据发布操作只是将数据集在远程系统中的元数据复制到 SAP 数据智能系统。SAP 数据智能系统还提供了对数据集的数据进行进一步分析，提取数据集的更多信息，增强数据集的元数据的功能。这一功能就是数据画像。

19.4.1 进行数据画像操作

对数据集进行数据画像，SAP 数据智能自动对数据集中的数据进行分析，从而了解并记录有关数据集的更多信息。例如，可以知道数据集的每个字段是否有空值，字段中有哪些不同的取值，字段的最小值和最大值，字段的平均长度等。数据集经过数据画像后，可以在数据集的事实表单中查看这些信息。操作步骤如下。

1．启动数据画像作业

在元数据浏览器的查看连接界面，如图 19-3 所示，或者数据编目管理界面，如图 19-11 所示，都可以进行数据画像操作。以图 19-11 所示的数据集"CALCVIEW_VI_DH"为例，在这一数据集的"更多操作"中选择"开始数据画像"，系统会弹出对话框，用户单击"确认"按钮后，系统开始数据画像作业。

2．查看数据画像作业完成状态

进入元数据浏览器的任务监控界面，就可以看到数据画像作业的状态。在如图 19-1 所示的元数据浏览器主页的监控卡片里选择"监控任务状态（Monitor the status of tasks）"，进入如图 19-12 所示的监控界面。

元数据浏览器任务监控界面列出了数据浏览器里所有数据发布、数据画像、数据准备和规则手册运行任务的状态。监控界面详细列出了任务的名称、类型、状态、用户、完成时间和运行时间等信息。

刚刚启动的数据画像任务就在列表中。在数据画像任务完成后，监控界面里任务的状态显示为"完成"，说明系统已收集好数据集更多的信息。完成数据画像后，系统将创建并存储当前数据集的一个事实表单。

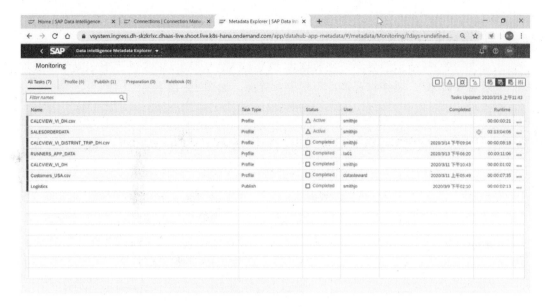

图 19-12　元数据浏览器任务监控界面

3．查看数据集数据画像

完成数据画像任务后，通过元数据浏览器的数据编目管理卡片上的"查看数据集数据画像（View Profiled Datasets）"功能，如图 19-1 所示，可以查看系统中所有做过数据画像的数据集，如图 19-13 所示。

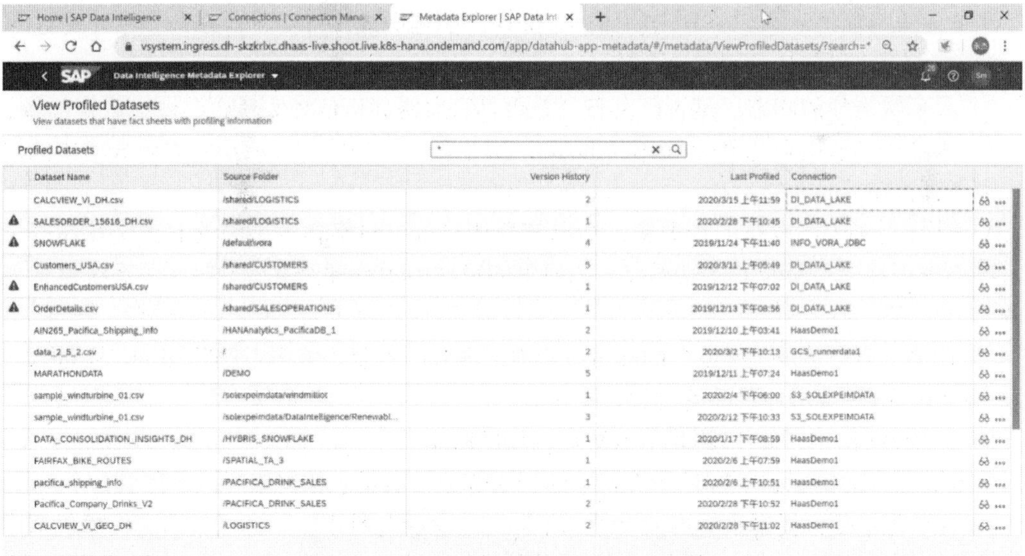

图 19-13　查看做过数据画像的数据集

在这个界面里，可以对数据画像进行统一管理，查看或删除数据画像的历史版本，启动新的数据画像操作，查看数据画像提供的事实表单等。

下面就可以进入数据集的事实表单查看数据画像提供的信息了。

19.4.2 事实表单的概要信息

进入如图 19-11 所示的界面，在数据集"CALCVIEW_VI_DH"的"更多操作"选项中选择"查看事实表单"，系统打开查看事实表单界面，如图 19-14 所示。

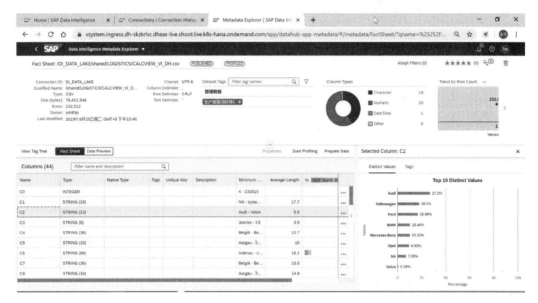

图 19-14 查看数据集的事实表单

事实表单界面的标题部分显示的信息及能进行的相应操作有：

1）事实表单描述的数据集的名称。

2）显示数据集的状态：是否已发布，是否具有血缘分析信息，是否已做过数据画像。

3）事实表单适用筛选器（Adapt Filters）：用于对界面主体部分的事实表单表格中的内容进行筛选，将在后面介绍。

4）评级：对于已发布的数据集，标题部分还显示了与事实表单相关的评级和评论。用户可以单击评级的星星及其旁边数字，在弹出的窗口中进行评级并输入评论。系统显示平均得分。

5）评论：用户单击"评论"图标可以查看、添加、答复、编辑或删除评论，还可以按日期对注释进行排序或者通过关键词搜索评论。

6）删除按钮：用户可以删除所有数据画像的版本。

事实表单界面的标题下方是事实表单的表头部分，显示了数据集的以下信息：

1）元数据摘要：根据系统连接类型的不同，信息会有所不同。这里显示的信息包括连接ID、对象类型（CSV、ORC、数据库表、视图等）、大小、行数、所有者以及最近修改时间。根据数据集类型不同，会显示更多元数据摘要信息，如字符集、列分隔符等。

2）数据集标签（Dataset Tags）：在事实表单界面中，也可以对数据集的标签信息进行添加和删除。如果数据集标签比较多，可以使用标签筛选器进行筛选。

3）列类型图（Column Types）：列类型图是显示数据集中数据列类型的圆环图，显示了字符、日期时间、数字和其他类型数据列的数量和占比。

4）趋势图（Trend）：这是一个折线图，最多显示最近五个版本的事实表单。通过使用下拉列表，可以切换不同的趋势图。

- 行数的变化趋势：显示最近几个事实表单中数据集（数据文件或者数据库表）行数的变化趋势。
- 数据集大小的趋势：显示数据库表或文件大小的变化趋势。

单击图中的数据点，选择 "更多详细信息"可以显示对应版本的事实表单的更多信息。

- 版本号：显示事实表单的版本。根据数据画像的次数，最多有五个版本可用。
- 数据画像日期：列出数据画像的日期和时间。
- 行数：显示数据画像时数据集包含的行数。
- 大小：显示数据画像时数据集的文件大小。
- 运行时间：显示数据画像的处理时间。
- 状态：表示数据画像是否成功。如果数据画像过程出错或者被取消，提供链接可查看有关错误的详细信息。

19.4.3 事实表单的详细信息

事实表单界面的下半部分是主体部分。在事实表单的表头和主体部分之间的箭头按钮可以隐藏或显示事实表单表头部分的内容。事实表单界面的主体部分显示了更多明细信息，详细介绍如下。

1．查看标签树

使用"查看标签树（View Tag Tree）"按钮，可以显示或者隐藏标签层级结构区域。显示标签层级结构时，可以使用标签层级结构给数据集或者数据集中的数据列打标签。如图19-15所示。

图 19-15　在数据集事实表单中打标签

如果要向数据集添加标签，将标签拖曳到屏幕表头部分的"数据集标签（Dataset Tags）"区域。或者也可以选择标签项目的"更多操作"中的"向数据集添加标签"。如果要向数据列添加标签，则直接将标签拖曳到屏幕主体部分显示的数据列名称上。同样，也可以先选择一个数据列，然后在标签项目的"更多操作"中选择"向数据列添加标签"。

2．查看事实表单

用户可以在"事实表单（Fact Sheet）"和"数据预览（Data Preview）"两个视图中进行切换。事实表单提供了数据画像过程中记录的数据集每一列的更多详细的元数据信息。

1）在查看事实表单的表格时，可以对表格中的信息进行筛选，有以下几种筛选方法。

- 事实表单的表格上方，提供了一个筛选器：在其中输入列名或者描述包含的关键词，事实表单的表格只显示匹配的列。
- 使用屏幕标题部分的"事实表单适用筛选器"：单击屏幕标题部分的"事实表单适用筛选器"，系统弹出"适用筛选器（Adapt Filters）"对话框，如图19-16所示。

图19-16　事实表单适用筛选器

事实表单适用筛选器可以使用事实表单表格中的多个列进行筛选，也可以使用表头部分中的"列类型"和"趋势图"进行筛选。在每个筛选条件的右边，都有一个"在表头显示（Show on Header）"的复选框。选择这一复选框，相应的筛选条件就会显示在表头部分，方便操作。它也控制着表头部分是否显示列类型图和趋势图。

- 使用屏幕表头部分的列类型图：在图中单击其中一种数据类型，事实表单的表格只显示该种数据类型的列。例如，如果选择"数值（Numeric）"，则表格中只显示数值类型的列。
- 使用屏幕表头部分的趋势图：单击趋势图中的一个版本，可以选择该版本的数据画像信息。

2）事实表单表格中的详细信息。

事实表单的表格中显示了每一列的详细信息，并在右边的面板上提供补充信息。如图19-14所示。详细介绍如下：
- 名称（Name）：数据列名称。
- 类型（Type）：数据列类型及长度。如果数据集没有经过数据画像操作，则只有数据列名称和类型等少数几列有值，其他列都为空。
- 原始数据类型（Native Type）：显示远端系统中使用的数据类型。
- 标签（Tags）：显示添加到该列的标签数。要查看或者编辑标签，可单击右侧面板中的"标签"选项卡。
- 唯一键（Unique Key）：如果有值，将鼠标悬停在数字上时，会显示一个以逗号分隔的数字列表。具有相同数字的列是一个唯一键组。
- 描述（Description）：提供列包含信息的说明。
- 最小值~最大值（Minimum-Maximum）：显示该列字段取值的分布范围，即显示字段值的最小值和最大值。
- 平均长度（Average Length）：显示该列字段取值的平均长度。
- 缺失值/空格/零值百分比（%Null/Blank/Zero）：显示该列字段取值中出现的缺失值（Null，即没有值）、空格值（Blank，字段取值为空格）或者零值（Zero，字段取值为0）的百分比。
- 唯一值：显示该列字段在数据集中有多少种不同的取值，即显示字段唯一值的数目。在右侧面板中的"唯一值（Distinct Values）"选项卡中，可以查看字段取值中最常出现的前10个不同值及其所占百分比。
- 唯一性：通过对该列字段的唯一值的数量及百分比的统计，对该列字段的取值分布情况进行描述。唯一性分为三种类型。一是稀疏（Sparse）：当该字段有超过90%的列值缺失或者是空格时，系统对唯一性的描述是稀疏。二是低基数（Low Cardinality）：该字段列中不同值的数目小于数据集行数的2%，说明同一个字段值在不同的数据行上大量重复出现。三是唯一性（Unique）：该字段列中的所有值在每个数据行上都是不同的。例如，数据库表的关键字。

3）更多操作。

在事实表单表格每一行的右边，单击"更多操作"可以选择"属性"或者"列预览"操作。"属性"操作可以查看有关列的其他信息。例如，对于ABAP连接类型的系统，可以查看数据域、数据元素、长度、上次更改等信息。"列预览"操作可以显示指定列名的前100行数据。

3．进行数据预览

单击"数据预览"按钮，切换到数据预览视图。如图19-17所示。

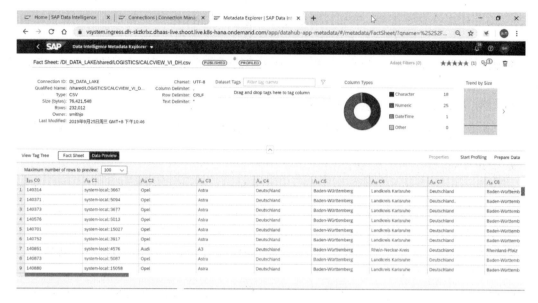

图 19-17 事实表单数据预览视图

在事实表单的数据预览视图中，可以查看数据集的数据。默认设置是查看 100 行，在"预览的最大行数（Maximum number of rows to preview）"下拉列表中，可以选择 500 行或者 1000 行数据进行预览。

此外，在事实表单主体部分的右上方，系统还提供了查看属性、启动数据画像和准备数据操作的功能。例如，如果系统连接类型是 ABAP 连接，单击"属性（Properties）"按钮可以查看 ABAP 开发包（Package）、应用程序组件、租户信息、数据类型（主数据或交易数据）、内容类型（应用数据或配置数据）、CDS（核心数据服务）类型等。

19.5 让数据准备过程自动运行

现在，在我们的数据图书馆里，不仅有数据集最原始的元数据信息，还有企业全局角度多个标签体系的标签信息，还有使用数据画像生成的关于数据集的更多元数据及其历史变化过程的信息。

了解数据的目的是为了更好地应用数据。在数据集的原始状态和它的可用状态之间往往还会有一些差距，这就需要对数据进行一定的加工和处理工作。为了方便这一数据准备过程，并实现数据准备过程自动化，SAP 数据智能系统提供了数据准备操作功能。

SAP 数据智能的数据准备操作为业务用户和数据科学家提供了一个类似电子表格的交互式界面，用于查看不同来源的数据。用户首先按照使用数据目的要求对样本数据进行编辑修改；接着，对修改过程中的操作步骤进行编辑，确定最终的修改方案；最后，将最终修改方案应用于全量数据集，并将修改后的数据存储到指定的目标区域。

19.5.1 启动数据准备操作

首先，在元数据浏览器中找到需要编辑的数据集，启动数据准备操作。

在 SAP 数据智能系统中，运行数据准备操作的数据集和对象类型包括 CSV 文件、ORC 文件、parquet 文件、数据库表和视图等。启动数据准备操作有多种方法，仍然以数据集 CALCVIEW_VI_DH 为例，在如图 19-11 所示的元数据浏览器界面中，选择这一数据集的"更多操作"选项中的"准备数据"。

如果当前数据集在以前进行过数据准备操作，系统会打开查看数据准备界面。如图 19-18 所示。

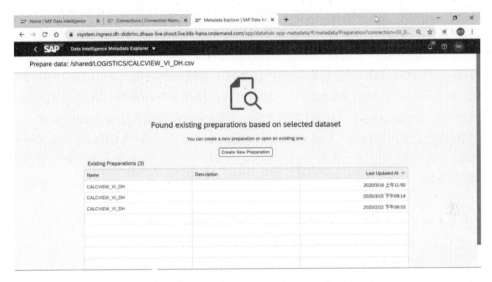

图 19-18　当前数据集的数据准备操作列表

屏幕中列出当前数据集的每一次数据准备操作的名称（Name）、描述说明（Description）和上次更新的时间（Last Updated At）。用户可以单击选择其中一个数据准备操作的名称，并进行后续操作，也可以单击列表上方的"创建新的数据准备（Create New Preparation）"按钮，创建新的数据准备操作。进入数据准备操作界面，如图 19-19 所示。

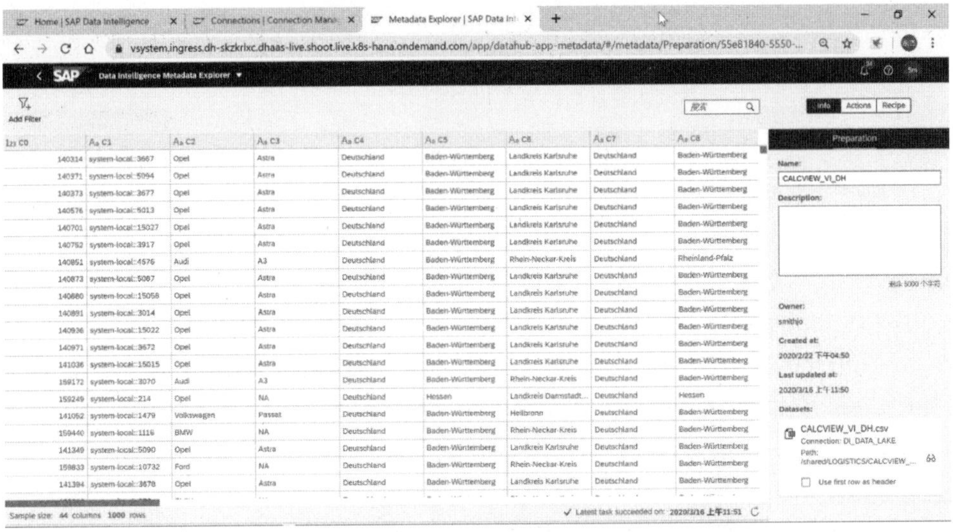

图 19-19　数据准备操作界面

数据准备操作界面的主体窗口显示了数据集的样本数据。屏幕左上角提供了"添加过滤器（Add Filter）"功能，可以对样本数据进行多个条件的过滤。屏幕左下角显示加载的样本数据的列数和行数。在数据准备操作界面的右边提供了一个智能操作面板，包括"信息（Info）""行动（Actions）""操作步骤（Recipe）"三个选项卡。

1)"信息"选项卡显示以下内容：
- 名称（Name）：数据准备操作的名称。默认情况下，名称与数据集名称相同。因为可以在同一数据集上创建多个数据准备操作，可以更改名称使数据操作的名称具有唯一性。
- 描述（Description）：输入当前数据准备操作的说明。
- 所有者（Owner）：自动显示创建当前数据准备操作人员的系统用户名。
- 创建时间（Created At）：显示创建当前数据准备操作的时间。
- 最近修改时间（Last Updated At）：显示当前数据准备操作最近一次修改的时间。
- 数据集（Datasets）：显示数据集的名称，并提供查看数据集事实表单的链接。
- "使用第一行作为标题（Use first row as header）"选项：有些 CSV 文件的第一行是列名称，就需要选择这一选项。修改这一选项后，系统会弹出确认对话框，并重新获取样本数据。

2)"行动"选项卡

"行动"选项卡列出了针对当前数据集可用的所有数据准备操作的选项，用户可以在这个选项卡中进行数据准备操作的详细定义。具体内容将在后面详细介绍。

3)"操作步骤"选项卡

"操作步骤"选项卡自动记录了用户对当前数据集进行的每一个操作动作，并提供了对这些操作步骤的管理功能。具体内容将在后面详细介绍。

19.5.2 对数据列进行加工

选择样本数据中的一个列，并单击智能操作面板中的"行动"选项卡，如图 19-20 所示。

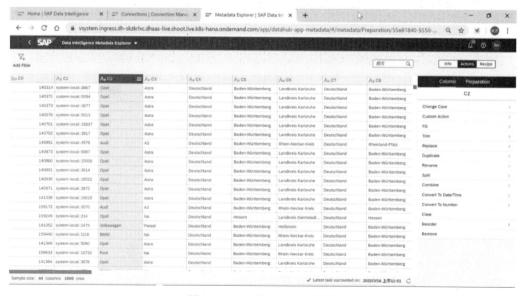

图 19-20　对数据列进行操作

"行动"选项卡中列出了针对数据列的可用操作。

1）更改大小写（Change Case）：将列中的文本改为大写或小写。适用于对文本类型的字段进行操作。

2）用户自定义操作（Custom Action）：用户可以自定义一个表达式，对列中的值进行编辑修改。选择这一操作，在智能操作面板的后续界面中，用户需要输入一个表达式，单击表达式输入框右边的按钮，系统弹出表达式编辑器，如图 19-21 所示。

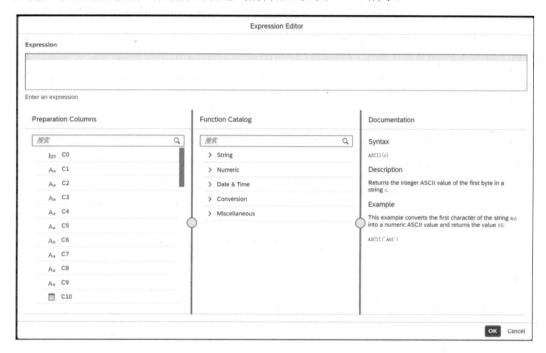

图 19-21　表达式编辑器

表达式编辑器提供了数据集中的数据列、系统可用的处理不同数据的各种函数，还提供了对函数的使用说明及示例。用户可以在表达式编辑框中输入一个常数值，也可以使用表达式编辑器提供的数据列和函数编辑一个表达式，指定列的取值逻辑。系统会自动对表达式的有效性进行检查，如果表达式不合语法，表达式编辑窗口右下方的"确定"按钮是不能使用的。

3）填充（Fill）：用指定的字条填充字符串的左端或右端，直到达到指定的长度。比如，在订单编号的前面补 0，让所有订单编号的长度都为 20 个字符。这一操作适用于文本类型的数据列。

4）修剪（Trim）：移除字符串左边、右边或者两边的指定字符。可指定的字符选项有空格、逗号、冒号、分号。

5）替换（Replace）：可以使用查找替换功能，将字段中的特定字符串、缺失值（NULL）、空格等替换为指定的字符串。

6）复制（Duplicate）：将选定列复制出新的一列，为新列指定名称。这一操作对文本类型、数值类型和日期类型的字段都适用。

7）重命名（Rename）：将列名更改为指定的新名称。

8）拆分（Split）：将文本类型的字段根据指定的分割符拆分为两个文本列。用户需要指定分割符以及拆分出的新列的名称。如果分割符在字段值中出现多次，则按第一个分割符进行拆分。

9）合并（Combine）：将当前文本字段与其他文本字段合并成一个新的字段，同时指定两个字段值中间的分割符及新合并列的名称。

10）转换为日期/时间（Convert to Date/Time）：按文本类型的字段值转换为指定格式的日期/时间，不能转化成有效日期/时间的字段值将被清空（NULL）。

11）转换为数字（Convert to Number）：按文本类型的字段值转换为数值，不能转化成有效数值的字段值将被清空（NULL）。

12）转换为文本（Convert to Text）：按数值类型或者日期/时间类型的字段值转换为文本类型的字段值。

13）清空（Clear）：将指定字段的所有值清空（NULL）。

14）重新排序（Reorder）：将当前列移动到指定的位置。

15）删除（Remove）：删除当前列。

19.5.3 对数据集数据准备的操作

在"行动"选项卡下，除了针对列的操作，还有针对数据准备的操作。单击"行动"选项卡的"数据准备（Preparation）"子选项卡，如图 19-22 所示。

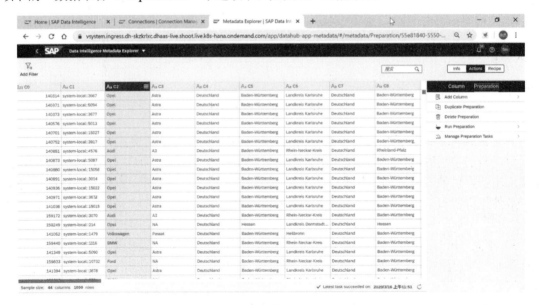

图 19-22 针对数据准备操作的行动选项

在"数据准备"子选项卡中的可用操作有：

1）添加列（Add Column）：在当前数据集添加一列，用户需要指定列名及列的取值逻辑。列的取值逻辑用表达式来指定，如图 19-21 所示。

2）复制数据准备（Duplicate Preparation）：创建当前数据准备操作的一份副本，包括操作步骤也会被复制。新复制的数据准备操作会有新的创建时间戳，用户可以在信息选项卡中修改新数据准备操作的名称。

3）删除数据准备（Delete Preparation）：删除包括操作步骤在内的当前数据准备操作。

4）运行数据准备（Run Preparation）：运行数据准备操作，即将操作步骤中的所有操作步骤应用于整个数据集。具体内容将在稍后介绍。

5）管理数据准备任务（Manage Preparation Tasks）：显示当前数据准备操作最近几次运行的状态和结果。具体内容将在稍后介绍。

19.5.4 管理操作步骤

单击智能操作面板上的"操作步骤"选项卡，如图 19-23 所示。

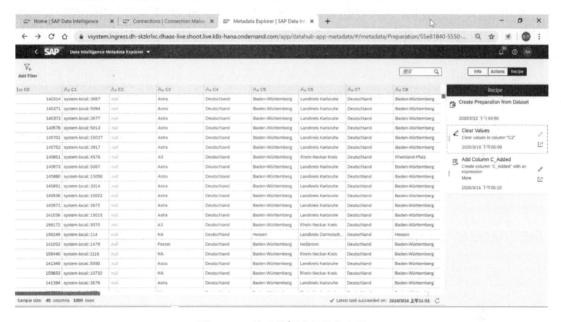

图 19-23　管理数据准备操作步骤

"操作步骤"选项卡下，列出了当前数据准备时对数据进行处理的所有操作。操作步骤列表中列出了每一个操作的名称、执行操作的日期和时间。如果是针对列的操作，还会显示列的名称及操作中使用的相关信息，如表达式等。

用户可以对操作步骤列表中的操作步骤进行以下操作。

1）编辑：使用操作步骤右上方的"编辑"按钮，可以对操作步骤进行修改。例如，图 19-23 示例中的"添加列"操作，就可以再进行编辑，修改添加列的名称和表达式。

2）禁用或启用：单击操作步骤右下方的"更多操作"选项，并选择"禁用"按钮，可以将当前操作步骤标记为"禁用"，并将其修改过的数据还原为原来的数据。这只会影响当前步骤的操作，而不会影响这个操作步骤之前或之后的其他操作状态。比如，图 19-23 示例中的"清空"操作，选择将其禁用，禁用后，列 C2 会恢复原来的值。类似的，已禁用的操作步骤可以重新启用。

3）删除：单击操作步骤右下方的"更多操作"选项，并选择"删除"按钮，可以将当前操作步骤删除。删除操作会将当前操作步骤从操作列表中永久删除，并将其修改过的数据还原为原来的数据。

4）重新排序操作步骤：直接使用鼠标拖曳，可以对列表中的操作步骤进行重新排序。系统会自动按排序后的新顺序重新执行操作步骤，修改样本数据。

19.5.5 运行数据准备操作

在完成所有操作步骤的设置，并对操作步骤进行调整之后，可以确定数据准备操作的最终方案。在数据准备操作方案确定后，就可以运行数据准备操作，将配置好的操作步骤应用于整个数据集。

1. 运行数据准备操作

打开"行动"选项卡下的"数据准备"子选项卡，如图 19-22 所示。选择"运行数据准备（Run Preparation）"，系统显示运行数据准备详细操作选项，如图 19-24 所示。

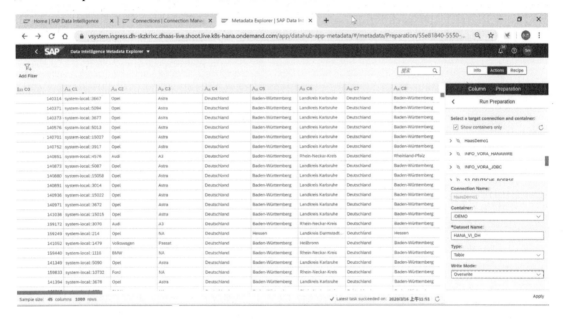

图 19-24　运行数据准备

具体操作步骤如下。

1）选择一个目标连接和容器（Select a target connection and container）：展开目标连接层级结构并选择要输出数据集的文件夹。容器在这里指的是文件夹。在如图 19-24 示例中，选择将处理后的数据写入远程 HANA 数据库，连接名称为"HaasDemo1"，文件夹路径为"/DEMO"，这是 HANA 数据库的一个 SCHEMA。

2）数据集名称（Dataset Name）：选择现有数据集，或者输入目标数据集的名称。如果要选择现有的数据集，首先要去除"仅显示容器（Show containers only）"选项，才能在目标连接的层级结构中查看现有的数据集。当然，也可以直接在"数据集名称"框中输入现有数据集的名称，或者输入新的数据集名称。示例中，在数据集名称中输入"HANA_VI_DH"，作为数据写入的目标。

3）在"类型（Type）"下拉列表中指定要输出的数据集类型。不同的连接类型可用的数据集类型也不同，在 HANA 数据库下，可用的选项为"数据库表"。

4）写入模式（Write Mode）：如果要将更新的数据追加到现有的数据集。首先在步骤 2）选择一个现有的数据集，并在"写入模式"下拉列表中选择"插入/附加"。如果要将处理后的数据保存在新的数据集，或者用于替换现有数据集，则将"写入模式"设置为"覆盖"。

5）最后，单击"应用（Apply）"按钮，系统开始运行数据准备操作。

2．管理数据准备任务

返回"行动"选项卡下的"数据准备"子选项卡，如图 19-22 所示。选择"管理数据准备任务（Manage Preparation Tasks）"，如图 19-25 所示。

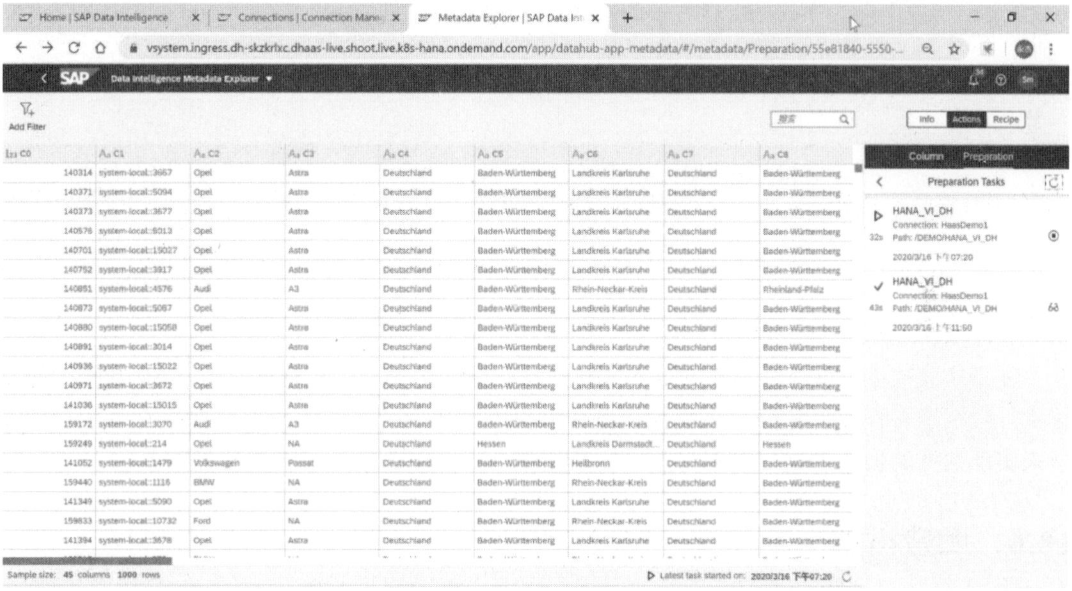

图 19-25　管理数据准备任务

管理数据准备任务界面中列出了当前数据准备操作最近几次运行任务的状态和结果，包含以下信息：

1）数据准备操作的名称。

2）数据准备操作的目标连接及目标数据集。

3）数据准备任务运行的日期和时间。

4）在任务项的左边显示了数据准备任务的状态：列表用不同的小图标表示数据集数据准备任务的状态。这些状态包括：

- 正在初始化管道模型。
- 正在执行管道模型：如示例图中的第一个任务的状态。
- 任务成功完成：如示例图中的第二个任务的状态。
- 任务已完成，但有错误。

5）在任务项的左边显示了任务执行的时间。

6）任务项右边的小图标显示了当前可执行的操作。例如示例图中，用户可以停止正在运行中的任务。对于成功完成的任务，用户可以查看目标数据集的事实表单。以完成任务后的目标数据集为例，其事实表单如图 19-26 所示。

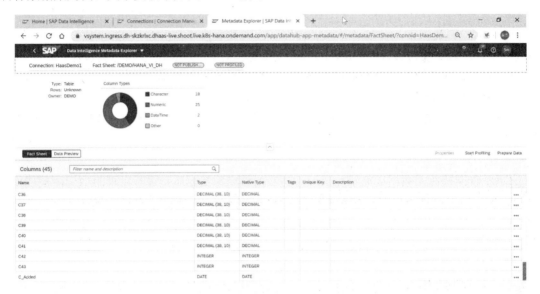

图 19-26　查看目标数据集的事实表单

在事实表单中，可以看到数据准备操作过程中新建的列"C_Added"。在 SAP 数据智能系统执行数据准备操作任务时，系统根据操作步骤自动生成一个管道模型，并执行这个管道模型来实现数据的加工过程，将其写入目标数据集。后面将详细介绍管道模型的使用。

19.6　本章小结

SAP 数据智能系统在连接管理模块建立与各类远程系统连接的基础上，使用数据编目管理功能对所有远程系统中的数据进行了统一管理。数据编目管理的对象是所有远程系统中的数据集。

首先，数据编目通过数据发布功能将远程系统中数据集的元数据复制到本地，方便本地用户对数据进行查询和访问。其次，数据编目提供了管理数据标签体系和为数据集打标签的功能。系统内置的数据标签体系能够自动完成数据打标签的工作，用户自定义的数据标签体系也可以在多个操作界面中进行数据打标签的操作。第三，数据编目管理还提供了数据画像功能，通过对同一个数据集进行多次跟踪分析，了解数据集的数据构成及历史变化情况，并通过事实表单的方式进行呈现。

最后，数据编目管理还提供了数据准备操作功能。在数据准备界面中，系统自动记录了用户按照使用数据目的要求对样本数据进行编辑修改的步骤，并允许用户对修改过程中的操作步骤进行编辑，确定最终的修改方案。系统将这一修改方案自动生成后台的管道模型，并应用全量数据集运行模型，完成全量数据准备的工作。

第 20 章　数据规则管理：规矩与方圆

不依规矩，不能成方圆。

SAP 数据智能管理的数据来源五花八门，要提高对不同来源数据质量的管理，就要为这些数据建立规矩。

SAP 数据智能元数据浏览器提供了使用数据规则对数据质量进行管理的功能，根据规则确定数据是否符合业务要求。系统使用规则分类对规则进行管理，在每个规则分类下创建若干规则并提供规则的测试功能。按规则的应用目标组成不同的规则手册，将规则绑定到数据集，运行规则手册，创建仪表板以查看规则运行的结果。

20.1　在规则中使用多个参数和表达式

数据的规则涉及不同的领域，有技术上的规则，也有业务上的规则；有通用规则，也有针对特定系统的规则，等等。为了方便对规则进行管理，可以建立不同的规则分类，对规则进行分类管理。

20.1.1　提升数据质量的 8 个标准

在元数据浏览器的主页界面中，如图 19-1 所示，选择规则卡片中的"定义及分类规则（Define and categorize rules）"，进入规则的管理界面，如图 20-1 所示。

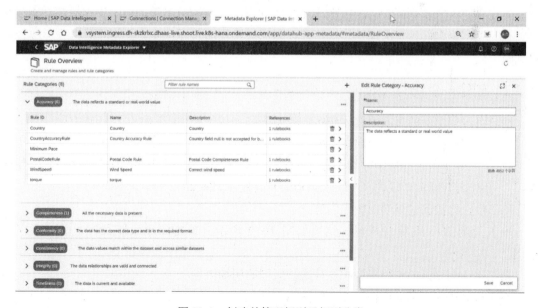

图 20-1　创建并管理规则及规则分类

规则管理界面的主体窗口显示了系统预置的 8 个规则分类（Rule Categories），在每一类规则下包含若干规则。

系统预置的 8 类规则提供了一个很好的规则分类的示例，这也是数据质量管理中常见的要求，介绍如下。

- 准确性（Accuracy）：数据描述的是标准或者是真实的情况。例如一个地址数据必须在现实世界中真实存在。
- 完整性（Completeness）：数据必须包含所有必要的信息。例如一个完整的订单必须包含产品、价格和数量。
- 合规性（Conformity）：数据具有正确的数据类型，并且采用所需的格式。例如，出生日期必须是日期类型，并具有 YYYY/MM/DD 格式。
- 一致性（Consistency）：数据在当前数据集之中以及它与相关的其他数据集之间互相匹配，不存在相互矛盾的情况。例如产品下架了，不应该再有销售该产品的数据出现。
- 整体性（Integrity）：数据之间的关系必须存在并且有效。例如，客户名称和有效地址之间必须相互关联；否则该记录就是孤立的，不具备整体性。
- 即时性（Timeliness）：数据必须是最新的。例如，企业报表都面临时间的压力，必须在要求日期前出具季报、半年报和年报。
- 唯一性（Uniqueness）：数据没有重复的记录、甚至要求不能有同音词或同义词。例如，给新产品命名，要求不能与同类产品名称一样，或者发音相似。
- 有效性（Validity）：数据能够经受政策、结论或者测量的验证。例如，新产品数据标明产品重量，数据应该能经受独立测试的验证。

用户可以使用预定义的类别，也可以使用主体窗口右上方的"添加"按钮创建新的规则分类。系统支持最多 100 个规则分类。如图 20-1 所示，规则分类只需要维护名称和描述。在规则分类的"更多操作"选项里，用户可以选择编辑当前的规则分类、删除规则分类或者新建规则。

20.1.2 创建一个新的规则

用户可以创建新的规则，具体操作步骤如下。

第一步，打开添加新规则向导面板。

在如图 20-1 所示的规则分类管理界面中，单击规则分类的"更多操作"选项里的"新建规则"，系统打开添加新规则（Add New Rule）面板，如图 20-2 所示。

第二步，维护新建规则面板中的信息。

输入规则 ID、名称及描述，结果如图 20-2 所示。单击向导面板右下方的"保存"按钮。

第三步，在规则的维护界面中继续维护规则的明细信息。

系统自动进入规则的维护界面，如图 20-3 所示。

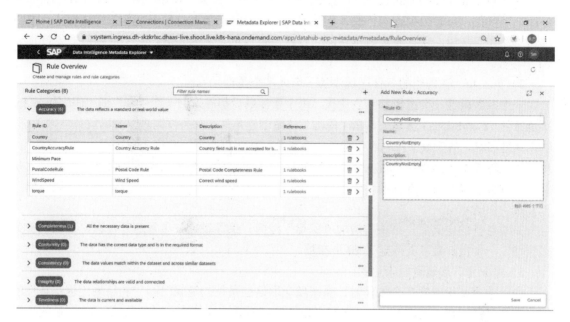

图 20-2　新建规则

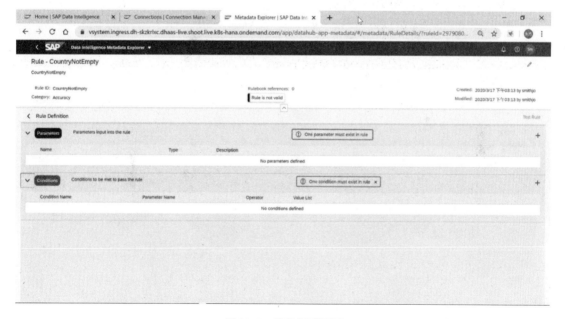

图 20-3　维护规则界面

20.1.3　维护规则明细

规则明细维护界面抬头部分显示了规则的名称、描述、ID 及所在的规则分类，引用该规则的规则手册数量，规则是否有效，以及规则的创建和修改时间。

1）第一步，在规则明细的主体窗口的参数区域定义规则的参数。

在规则参数（Parameters）区域可以定义规则使用的参数。单击参数区域右边的"添加"按钮创建参数，在参数列表部分输入参数名称，选择数据类型，输入参数的描述说明。最后单击"保存"按钮，保存参数。重复这一过程，可以创建更多参数，一个规则最多支持定义10个参数。

2）第二步，在规则的条件区域添加一个或多个条件。

一个条件就是一个逻辑判断表达式，每个条件最后都能返回一个"真"或"假"的结果。单击条件（Conditions）区域右边的"添加"按钮创建条件。在条件列表部分出现条件输入框，输入条件名称，从参数下拉列表中选择一个参数，从运算类型下拉列表中选择一个运算类型。可用的运算类型包括判断是否为空值（NULL）、大小比较、是否条件特定模式、是否包含在某个数据集中等。根据选择的运算类型不同，用户需要使用更多的参数或者输入其他信息，以完成条件的定义。

完成条件的定义后，单击右边的"保存"按钮，保存条件。重复这一过程，可以创建更多条件，一个规则最多支持定义20个参数。

3）第三步，编辑逻辑表达式。

当一个规则里包含多个条件时，系统默认取这些条件的逻辑"和"的结果。这些条件的组合关系就是规则的逻辑表达式，用户可以通过逻辑表达式（Logical Expression）右边的编辑按钮修改多个条件的逻辑组合。

完成编辑后的规则如图20-4所示。

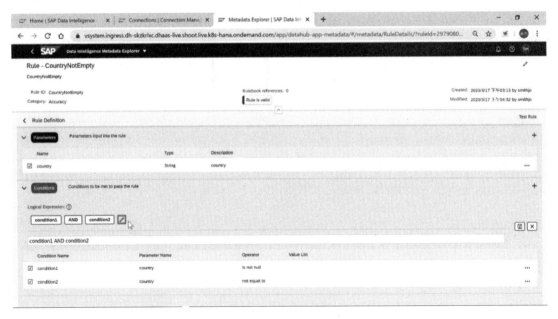

图20-4　完成规则维护

4）第四步，测试规则。

完成规则的编辑后，可以单击规则明细窗口右上方的"测试规则（Test Rule）"按钮，进行规则测试。测试界面如图20-5所示。

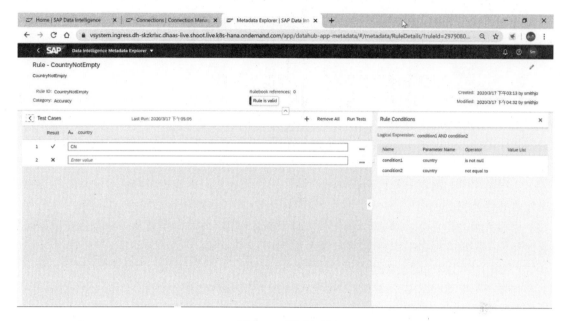

图 20-5　测试规则

测试界面的主体窗口是测试用例（Test Cases）列表。使用列表右上角的"添加"按钮可以添加测试用例。每一个测试用例需要为规则中的每个参数输入一个值。在如图 20-5 所示的界面中，创建了两个测试用例。完成测试用例的输入后，单击"运行测试（Run Tests）"按钮。通过测试的用例会显示绿色的√标记，失败的测试用例显示红色的×标记。

完成测试后，单击左上角的"返回"按钮，返回如图 20-4 所示的规则维护界面。再单击规则维护界面的"返回"按钮就可以返回如图 20-1 所示的规则管理界面。完成创建后的规则出现在对应的规则分类的列表中。如果后续需要对规则进行修改，可以单击规则右边的"规则明细"按钮，进入规则维护界面。

20.2　使用规则手册批量运行规则

规则手册是一组规则的集合。在运行规则对数据进行校验时，与其运行单个规则，不如运行包含多个规则的规则手册更加高效。规则手册里的规则可以来自多个不同的规则分类，并且不同的规则可以绑定不同的数据集。在规则手册里，用户还需要设置规则通过的百分比阈值，用于判断在运行规则手册之后，规则手册的状态是通过、失败还是警告。设置阈值提供了规则手册检查后数据质量的总体情况。下面，来看看规则手册的具体操作。

20.2.1　新建一个规则手册

SAP 数据智能系统的元数据浏览器中提供了专门管理规则手册的界面。在如图 19-1 所示的元数据浏览器主页的规则卡片中选择"创建规则手册（Create Rule books）"，系统进入规则手册概览界面，如图 20-6 所示。

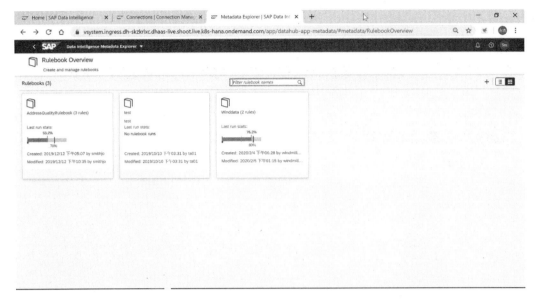

图 20-6　规则手册概览

在规则手册概览界面上，显示了系统现有的规则手册。在规则手册图标中，详细显示了每个规则手册的名称、描述、最近运行的结果、创建时间和修改时间。这些规则手册图标的"更多操作"选项里，可以查看规则手册的运行结果，可以修改规则手册的名称和描述，或者删除规则手册。直接单击规则手册图标可以进入规则手册的编辑界面。

在这个界面中，新建一个规则手册需要三个步骤。

第一步，打开新建规则手册向导面板。

在如图 20-6 所示的界面中，创建一个新的规则手册，需要单击主体窗口右上角的"添加"按钮，系统在屏幕右边弹出新建规则手册（Create Rule book）操作面板，如图 20-7 所示。

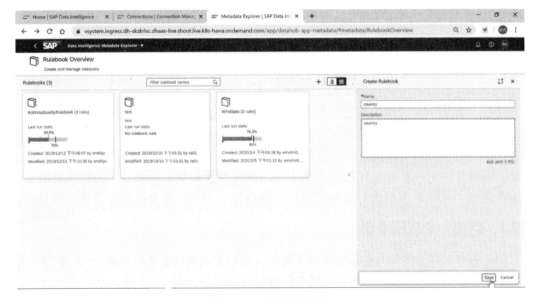

图 20-7　新建规则手册

第二步，维护规则手册向导面板中的必要信息。

在新建规则手册操作面板中输入规则手册名称和描述，单击"保存"按钮。

第三步，在向导维护界面中维护规则手册的明细信息。

系统自动进入规则手册的维护界面，如图 20-8 所示。

图 20-8　规则手册维护界面

20.2.2　向规则手册中导入规则

在如图 20-8 所示的规则手册维护界面中，单击规则列表窗口右上角的"导入规则"按钮，系统弹出导入规则（Import Rules）对话框，如图 20-9 所示。

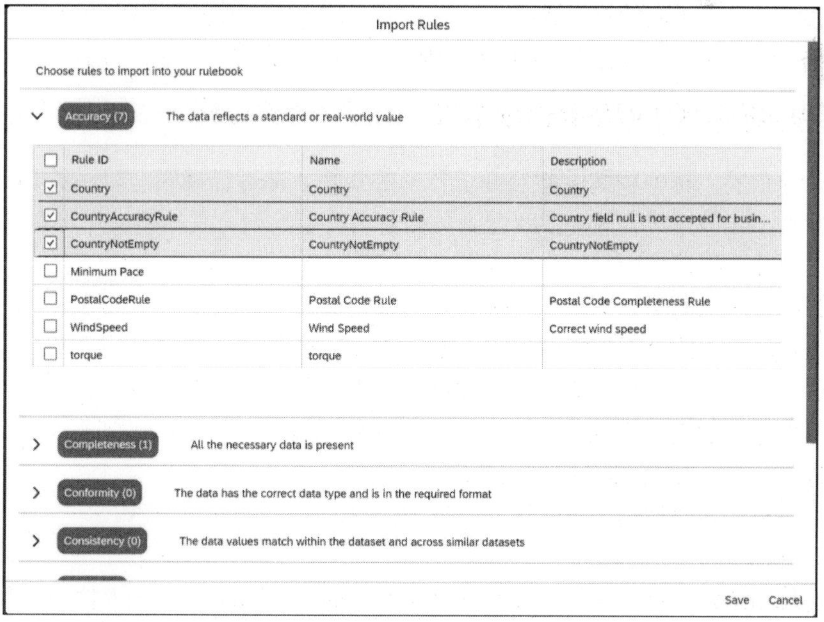

图 20-9　导入规则对话框

导入规则对话框列出了系统现有的所有规则分类及规则，展开规则分类，然后选择要导入的规则前面的复选框。完成选择后点击对话框右下方的"保存"按钮，系统关闭对话框，返回规则手册的维护界面，并将选择的规则导入规则手册，如图 20-10 所示。

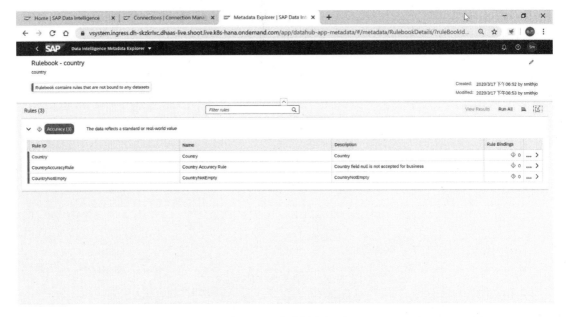

图 20-10　完成导入规则

导入的规则按不同的规则分类显示在规则列表中。

规则与规则手册是多对多的关系。也就是说，一方面，一个规则手册可以导入多个规则，而且这些规则可以来自不同的规则分类；另一方面，同一个规则可以出现在不同的规则手册中。一个规则手册中最多可以包含 1000 条规则。

20.2.3　将规则绑定到数据集并匹配参数

正如前面介绍的，每个规则中都包含了若干的参数。在运行规则之前，需要把规则绑定到特定的数据集，并将规则中的参数匹配到数据集中特定的列。具体的操作步骤如下。

第一步，打开"新建规则绑定"向导面板。

在如图 20-10 所示的规则列表中，选择要编辑的规则，仍以规则"Country Not Empty"为例，单击规则最右边的"查看规则绑定（Rule Bindings）"箭头小图标，系统在屏幕右边弹出"规则绑定"操作面板。再一次单击"规则绑定"操作面板右上方的"添加"按钮，系统将"规则绑定"操作面板切换到屏幕左边，并在屏幕右边弹出"新建规则绑定（Create Rule Bindings）"操作面板，如图 20-11 所示。

第二步，维护"新建规则绑定"操作面板的信息。

1）选择数据集

在"新建规则绑定"操作面板的"合法名称（Qualified Name）"输入框中，单击右边的"查看"按钮，系统弹出"选择数据集（Select Dataset）"对话框，如图 20-12 所示。

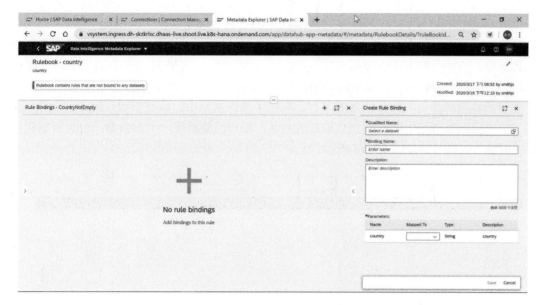

图 20-11　新建规则绑定操作面板

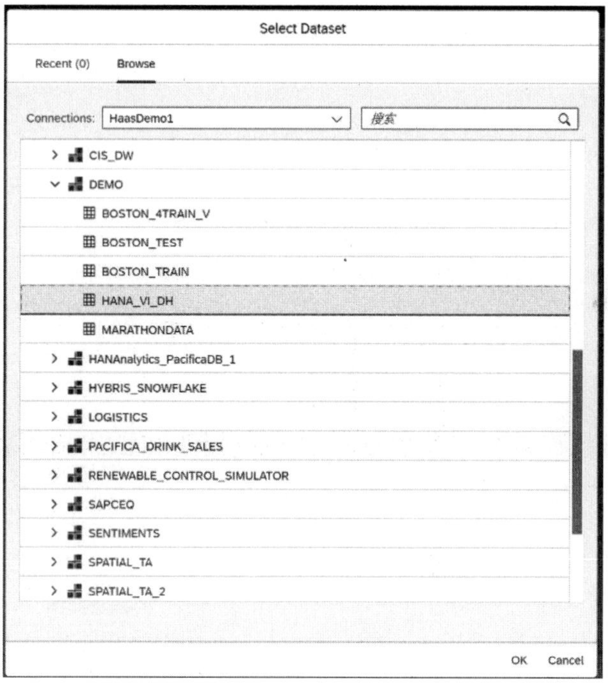

图 20-12　选择绑定数据集对话框

在选择数据集对话框的"最近（Recent）"选项卡中，显示了最近使用过的数据集，可以直接选择。也可以在"浏览（Browse）"选项卡中，选择可用的系统连接，再进一步选择可用的数据集。在搜索和查看可用的系统连接和数据集时，系统只显示那些支持规则并且包含支持相应列类型的数据集的系统连接。

完成数据集的选择后，单击"确定"按钮返回"新建规则绑定"操作面板，系统默认将数据集的完整路径作为"合法名称",将数据集名称作为"绑定名称(Binding Name)"。用户可以修改"绑定名称",并在描述文本框中输入更加详细的描述说明,方便在当前规则手册中标识此规则。

2)匹配规则参数

在"新建规则绑定"操作面板的下方,列出了当前规则中的所有参数(Parameters),参数后方的下拉列表中可以选择当前数据集的列名,用户需要将每一个参数名映射到数据集列名。完成操作后的界面如图 20-13 所示。

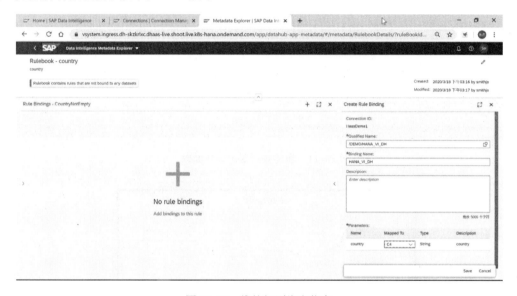

图 20-13　维护规则绑定信息

第三步,返回规则手册维护界面。

单击操作面板右下方的"保存"按钮,系统返回规则手册维护界面,如图 20-14 所示。

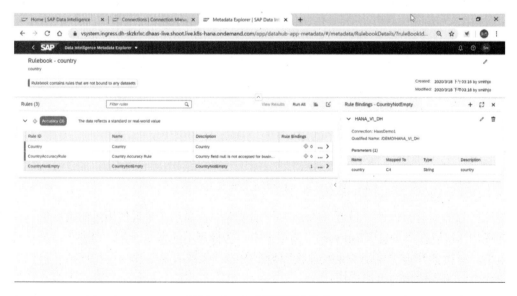

图 20-14　完成规则绑定操作

"规则绑定（Rule Bindings）"操作面板中列出了当前规则绑定的数据集及参数映射的信息。

重复以上操作，可以将一个规则绑定到多个数据集。一个规则也可能多次绑定到同一个数据集。例如，示例中的数据集存在多个表示"国家"的列，每个列都可以绑定同一个规则进行校验。

对列表中其他的规则也进行同样的操作，将规则绑定到需要校验的数据集中。一个规则手册中最多可以有 10 个数据集。

20.2.4 设置规则手册运行结果的阈值

在如图 20-14 所示的规则手册维护界面中，单击规则列表窗口右上角的"配置规则手册阈值"按钮，系统弹出"编辑阈值（Edit Threshold）"窗口，如图 20-15 所示。

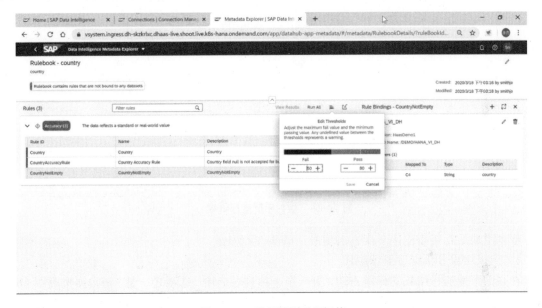

图 20-15　配置规则手册阈值

规则手册的阈值设置用于指示规则手册运行的结果，其结果使用通过（绿色）、失败（红色）和警告（橙色）三种状态表示。例如，将通过的阈值设置为 80%。只有当数据集中 80%以上的数据记录通过规则手册中的规则，规则手册的运算结果才会显示为通过状态。如果规则手册中有多个规则，所有的规则都要满足阈值的要求，整体状态才会显示为通过。如果规则手册中的某些规则没有绑定数据集，则运行结果不考虑这些规则。

20.3　运行规则手册并查看结果

规则手册是规则的一个集合，用于对规则进行批量运行。同时，规则在运行时是在具体的数据集甚至是数据集中的某些数据列层面对数据质量进行检查的。所以在查看规则手册运行结果时，可以按数据集的维度进行分析。此外，规则本身还有另一个维度，就是规则分类。规则分析也是分析规则手册运行结果的一个重要维度。

20.3.1 运行规则手册并查看结果

将规则手册中的规则绑定到数据集,并设置好阈值后,就可以运行规则手册了。在如图 20-15 所示的规则手册的维护界面上,单击规则列表右上方的"全部运行(Run All)"按钮,系统开始运行规则手册。运行任务结束后,规则列表窗口右上方的"查看结果(View Results)"从灰色变为可用状态。单击"查看结果"按钮,规则手册运行结果如图 20-16 所示。

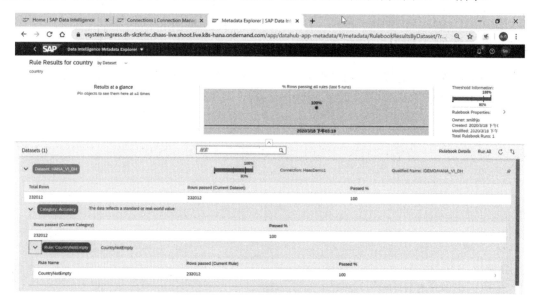

图 20-16　规则手册运行结果

规则手册运行结果提供了丰富的信息,具体内容如下。

1. 选择结果分析维度显示顺序

在规则手册运行结果的标题右边,有一个下拉列表选项。选项之一是"按数据集查看(by Dataset)",选择这一选项,在主体窗口中展开规则手册运行结果时,第一层级打开的是数据集,第二层级展开是不同的规则分类,最后一层才是每一个规则的运行结果。这种展示方式可以方便用户深入了解一个数据集的运行结果。另一个选择是"按规则分类查看(by Category)",选择这一选项,规则手册运行结果是按规则分类、数据集、规则的顺序展开的,方便查看第一个规则分类的运行结果。

2. 查看历史变化趋势

在结果界面的抬头部分,会按数据集或者规则分类显示规则手册最近五次运行的结果及变化趋势图。如图 20-16 示例中显示的是数据集中通过所有规则的行数的百分比及变化趋势。

3. 调整规则手册的阈值设置

抬头的右方还显示了规则手册的阈值设置信息。在这里单击图形,也可以调整规则手册的阈值设置。

4. 查看规则手册运行结果

结果页面的主体部分详细显示了按数据集、规则分类、规则逐级展开的通过校验规则的行数据数及百分比。

20.3.2　创建仪表盘查看数据质量信息

元数据浏览器提供了仪表盘功能，方便查看规则手册运行的结果。在如图 19-1 所示的元数据浏览器主页的规则卡片中选择"创建规则仪表盘（Build a rules dashboard）"，系统进入规则仪表盘概览界面，如图 20-17 所示。

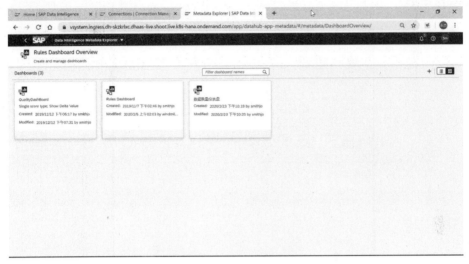

图 20-17　规则仪表盘概览

在规则仪表盘概览界面里，显示了系统现有的规则仪表列表。用户可以创建带有自定义计分卡的仪表板，显示关注的数据集、规则分类的规则手册运行结果。一个仪表盘可以包含多个计分卡，还可以对计分卡进行分组，方便对计分卡进行组织和展现。用户可以通过向导方便地定义新的仪表盘，也可以编辑现有仪表盘。具体操作如下。

1. 打开规则仪表盘编辑界面

单击列表中的仪表盘，可以进入仪表盘的查看和编辑界面。如图 20-18 所示。

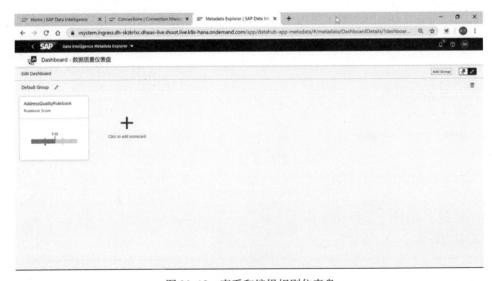

图 20-18　查看和编辑规则仪表盘

通过查看和编辑规则仪表盘右上角的"查看"和"编辑"按钮,可以在仪表盘的查看和编辑模式之间进行切换。如图 20-18 所示是仪表盘的编辑界面,用户可以在其中创建组和添加计分卡。

2. 在仪表盘中添加计分卡

单击主体窗口中的"添加计分卡"按钮,系统弹出"计分卡向导(Scorecard Wizard)",如图 20-19 所示。

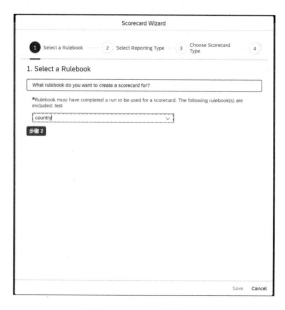

图 20-19 计分卡向导

按照计分卡向导的要求,选择一个规则手册,选择报告对象(数据集、规则分类或者规则手册)、选择计分卡类型、设置计分卡详细选项、指定计分卡的标题和子标题等。完成向导要求的操作后,单击"保存"按钮,创建计分卡就完成了,如图 20-20 所示。

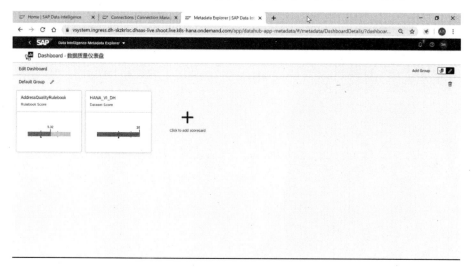

图 20-20 完成创建计分卡

完成仪表盘的编辑操作后，可以切换回"查看"模式。

20.4 本章小结

　　SAP 数据智能系统的元数据浏览器除了提供数据编目管理功能以外，还提供了数据规则的管理功能。规则按不同的规则分类进行管理。每个规则可以包含多个参数，使用多个条件表达式，并使用逻辑表达式给出规则是否通过的最后结论。这样的设计提高了规则的可重用性。通过参数匹配的设置，一个规则可以用于不同的数据集。

　　为了方便规则运行，元数据浏览器使用规则手册对规则进行批量运行。规则与规则手册是多对多的关系。一个规则手册可以包含多个规则，一个规则也可以出现在多个规则手册中。这也为规则手册的定义提供了很大的灵活性，比如，规则手册可以按特定的数据质量检查目标进行定义。规则与数据集的绑定，以及规则参数的匹配设置也是在规则手册的编辑过程中完成的。

　　对于规则手册运行的结果，用户可以使用规则手册、数据集、规则分类和规则等多个维度进行灵活查看，可以跟踪分析规则手册运行结果的历史变化情况。系统还提供了规则仪表盘及创建规则仪表盘的向导，方便用户使用多种图形化方式综合查看多个规则手册的运行结果。

第 21 章　跨系统按需调用数据

数据是分散的，但提供服务的目标是一致的。

要基于大数据平台打造全新的业务应用场景，在数据分散存储的情况下，是否能够实时地协调调用不同系统中的数据，共同完成一个业务服务，是一个很重要的能力。了解不同系统数据的状态，规范不同来源数据的质量，只是跨系统调度数据、提供服务的前提条件之一。

要跨系统提供统一的服务并不简单，这需要有跨系统建模的能力，有跨系统进行作业调度的能力，要有调用不同系统资源进行分布式计算的能力，还要有动态调整计算资源、优化计算资源分配能力，等等。

21.1　大数据世界的管道修理工

大数据世界的天地广阔，管道修理工也可以大有作为。

这个管道修理工就是 SAP 数据智能建模工具。它使用图形化的方式编排数据的处理步骤，形成数据处理流图。这些数据处理流图又称为图（Graph）或者管道（Pipeline）。管道模型图中的每一个数据处理节点称为运算节点（Operator），节点和节点之间的连线表示数据流。

SAP 数据智能建模工具提供了大量预定义的运算节点，这些节点提供了开发大数据应用程序需要具备的从各种源系统数据摄取和转换数据的功能。比如，SAP 数据智能提供了连接 SAP HANA 等数据库系统、Apache Kafka 之类的消息队列和 HDFS 或 S3 之类的数据存储系统的连接运算节点，也提供了大量数据清理、数据转换并将数据存储到各种目标系统的运算节点。

SAP 数据智能不仅提供了管道建模的工具，也提供了一个在 Kubernetes 容器化环境中运行管道模型的运行时组件。通过使用容器技术，SAP 数据智能提供了在运行管道模型时动态调整硬件资源的能力。

21.1.1　认识管道修理工

访问这位修理工的入口早就出现在我们的视野中了。

通过如图 21-1 所示的 SAP 数据智能的启动界面，双击"建模工具"图标，可以进入建模工具界面，如图 21-1 所示。

在 SAP 数据智能建模工具中，提供了不同类型的操作面板和工具栏，可以执行不同的操作。

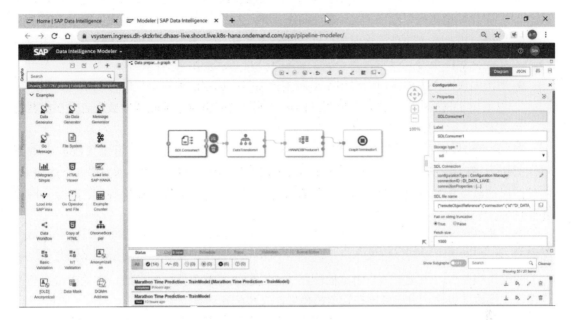

图 21-1 管道建模工具

1）导航面板：

在建模工具用户界面的左边是导航面板。通过导航面板可以访问 SAP 数据智能建模工具会使用到的各种组件，包括图形、运算节点、资料库、字段组类型（Type）和控件（Control）等。每一类组件都有一个对应的选项卡。

- 图（Graphs）：即管道模型，按不同类别列出了 SAP 数据智能内置的各种图和用户创建的图。
- 运算节点（Operators）：按不同类别列出了 SAP 数据智能内置的运算节点和用户创建的运算节点。
- 资料库（Repository）：按不同的建模组件的类型提供多个文件目录，用户可以创建子目录，还可以导入或导出文件。对于图、运算节点和 Dockerfile 目录，用户还可以创建相应类型的组件对象。
- 字段组类型（Types）：每一个字段组类型是一个 JSON 文件，包含了若干属性字段，并定义了每一个属性字段的名称、标题、描述、数据类型、是否必须、用户界面控件、是否只读、是否可见等属性。字段组类型文件可以用于定义运算节点的配置信息或者运算节点的配置信息中的输入输出参数。在这个选项卡中可以新建字段组类型文件，或者选择现有的字段组类型文件进行编辑修改。
- 控件（Controls）：列出了不同的用户界面元素，例如按钮、图标、图像、图表等。用户可以在场景（scene）编辑器中使用这些控件创建图形化的用户界面。

2）主体编辑窗口：

根据编辑对象类型不同，主体编辑窗口的布局和操作选项也有所不同。

- 工具栏：在管道模型的主体编辑窗口的上方是编辑器工具栏，提供了运行、停止、保存管道模型等操作选项。
- 主体窗口：显示的是编辑对象。在工具栏的右边，用户可以选择管道模型在主体窗口中是采用图形方式显示，还是使用 JSON 文件方式显示。
- 明细面板：在主体窗口右边用于显示主体窗口中选定的编辑对象的明细信息。用户可以使用工具栏中的按钮，选择明细面板显示的是编辑对象的配置参数或者是在线帮助文档。

3）信息面板：在界面的底部是信息面板，包含了状态（Status）、日志（Log）、规划（Schedule）、跟踪（Trace）、有效性（Validation）和场景状态（Scene Status）等多个选项卡。信息面板可以查看管道模型运行状态、查看各种日志、查看管道模型运行规划、跟踪分析重要信息等。

21.1.2 一件已经完成的作品

管道模型是一个由运算节点组成的网络图，这些运算节点使用输入端口和输出端口相互连接以进行数据传输。用户可以在管道模型中定义和配置运算节点。

在 19.5 节中，我们创建了一个数据准备操作。这个数据准备操作首先读取了 SDL 中的一个数据集文件，在数据集上新建了一个数据列，然后将数据集写到 HANA 系统的目标数据集当中。SAP 数据智能就是利用管道模型来处理这个过程的。下面以这个管道模型为例，介绍如何创建和编辑管道模型。

在导航面板中选择"图（Graphs）"选项卡，在搜索栏中输入"data preparation"进行搜索，可以找到系统自动生成的数据准备操作的管道模型。双击打开这个管道模型，结果如图 21-1 所示。

在工具栏中选择"另存为（Save as）"，系统弹出对话框如图 21-2 所示。

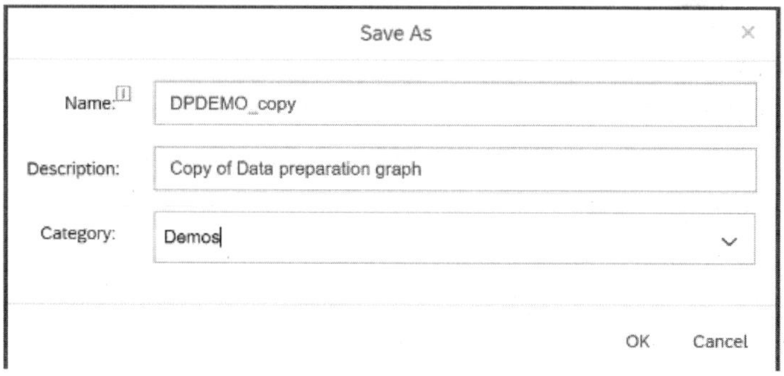

图 21-2　保存管道模型

修改对话框中的名称（Name）和描述（Description），并在管道模型分类（Category）下拉列表中选择一个分类。单击"确认"按钮后，系统将原有模型另存为新的模型。如图 21-3 所示。

屏幕右边的配置（Configuration）界面显示了管道模型的属性，可以修改管道模型的描述，设置图标文件名称等属性。

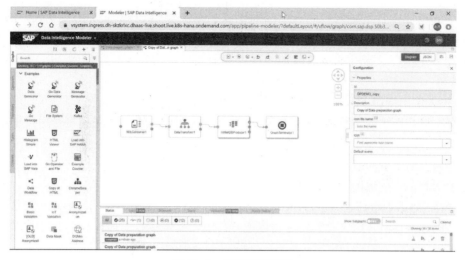

图 21-3　新建管道模型

21.2　每个运算节点完成不同的工作

一个管道模型由若干不同的运算节点构成。运算节点类型不同，完成的工作也不一样。每个运算节点都有各自的输入和输出端口，有不同的配置参数。不同的运算节点紧密配合，共同完成管道模型的任务。

下面就根据在数据准备操作中完成的各项数据操作任务，结合系统生成的管道模型中每个运算节点的功能和配置，深入地理解这个管道模型是如何工作的。

21.2.1　配置 FLOWAGENT 文件消费器

单击如图 21-3 所示界面中管道模型中的第一个运算节点"SDLConsumer1"。如图 21-4 所示。

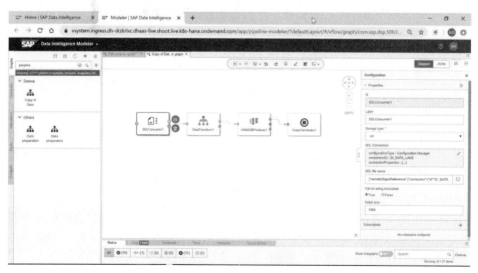

图 21-4　编辑运算节点

这个运算节点是系统内置的一个标准运算节点类型"FLOWAGENT 文件消费器（Flowagent File Consumer）"，在导航面板的"运算节点"选项卡中，可以搜索到这个运算节点。这个运算节点可以从云存储或者本地文件中读取文件，它在执行时使用 FLOWAGENT 子引擎。

1．输入输出端口

这个运算节点输入参数是"in File Name"，它是一个远程文件名称，字符串类型。这个输入参数是可选的，可以在运算节点的配置参数中提供输入的远程文件名称，因此这个运行节点可以作为管道模型的起始节点。

这个运算节点的输出参数有两个。

一个是"outConfig"，类型为 string.flowagent.config。这是一个 Flowagent 类型的接口，提供文件的连接信息，将文件作为字符串进行传输，要求接收的运算节点也使用相同的接口类型。

另一个是"outError"，字符串类型。如果管道模型中有后续的运算节点对接了这个接口，当前运算节点运行的出错信息会通过这个接口传输到下一个运算节点进行后续处理。如果没有后续运算节点对接这个接口，当前运算节点运行出错后，管道模型会停止运行。

2．配置参数

在如图 21-4 所示的界面中，选中运算节点，在运算节点的右边会出现两个小按钮："打开配置"和"删除节点"。选择"打开配置"按钮，在屏幕右边明细窗口的属性区域可以查看当前运算节点的配置信息。配置参数介绍如下。

1）ID：由系统自动生成的唯一标识。

2）标签（Label）：这是个可选字段，用户可以输入一个描述。

3）存储类型（Storage Type）：必输项。下拉列表显示了运算节点支持的连接类型，从列表中选择源文件所在源系统的连接类型。

4）连接文件详细参数：连接文件的参数会根据连接类型不同而不同。示例中提供了连接类型的名称（SDL Connection）和数据集文件的名称（SDL file name）。

5）字符串截断时失败（Failed on string truncation）：这是一个可选项，默认值为"真"。这一参数指定如果源文件中的实际数据长度超过运算节点参数中定义的参数字符串的长度，导致运算节点只读取部分文件数据，即发生了字符串截断的情况时，消费器运算节点是否应退出并设置为失败状态。"本地"存储类型的源文件没有这一选项，遇到字符串截断时将不报错。

6）获取大小（FetchSize）：可选项，指定在每个数据请求中从源文件获取的行数。对于宽表，这个值应该设置小一些。而对于列数较少的表，这个值应该设置得大一些。默认值为 1000 行。

7）远程源描述限制

在配置面板的下方还有一个子引擎（subengine）区域。如果计算节点存在多个部署，可以在这一区域选择"添加"按钮添加子引擎，在列表中选择可用的子引擎。当前类型的运算节点是在 FLOWAGENT 子引擎中运行的。

21.2.2 配置数据转换节点

单击管道模型中的第二个运算节点"DataTransorm1"。这个运算节点也是系统内置的一个标准运算节点类型"数据转换（Data Transform）"，它使用 FLOWAGENT 子引擎执行数据转换任务，例如数据筛选、连接（Join）和联合（Union）操作等。

1．输入输出端口

这个运算节点输入参数是"inConfig"，类型也是 string.flowagent.config，和 Flowagent 文件消费器的输出接口是一样的。管道模型中有一条线连接 Flowagent 文件消费器的输出接口到数据转换节点的接入接口，表明数据的传递。

这个运算节点的输出参数有两个，分别是"outConfig"和"outError"。这和 Flowagent 文件消费器的输出接口是一样的。

数据转换节点是一个可扩展的运算节点。选中数据转换节点时，节点的右边还会出现"添加端口"的小按钮。如图 21-5 所示。

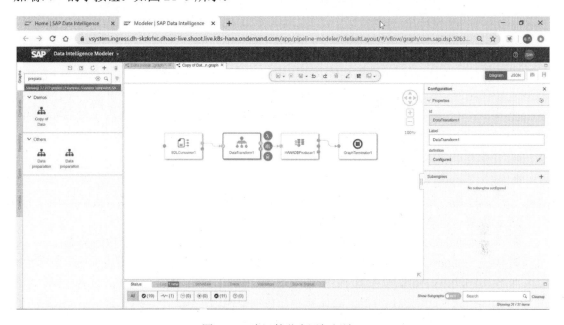

图 21-5　为运算节点添加新端口

对于 JavaScript 运算节点、Python 运算节点、多路复用（multiplexer）运算节点和其他可扩展运算节点，用户可以通过"添加端口"按钮定义更多的输入和输出端口。有些可扩展节点还允许用户定义新的配置参数。

2．配置参数

在主体编辑窗口中选中数据转换节点，并选择在明细窗口查看配置参数如下。

1）ID：由系统自动生成的唯一标识。

2）标签（Label）：这是个可选字段，用户可以输入一个描述。

3）定义（definition）：显示为"已配置"。可以切换到 JSON 视图下，查看运算节点的定义信息。JSON 编辑界面显示如图 21-6 所示。

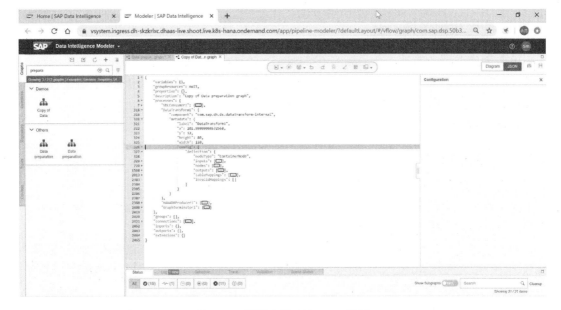

图 21-6 管道建模工具 JSON 视图

JSON 视图下可以按照 JSON 文件的结构收起或展开不同层级的内容。可以看到，在管道模型的处理流程（processes）定义中，包含了图 21-1 中的 5 个运算节点。展开其中的"DataTransform1"节点，可以看到在这个节点的配置（config）项目下，包含了运算节点的定义（definition），定义里包含了以下几个子项目。

- 节点类型（nodeType）：显示节点类型为容器节点。
- 输入（inputs）：数据转换运算节点的输入数据，以数组格式详细描述了输入数据集的字段结构，包括每个字段的技术 ID、名称、数据类型、是否可为空、是否主键、字段长度等。在示例中，数据集输入了 44 个字段。
- 节点（nodes）：说明转换操作，以数组格式描述输入数据集及其字段结构。
- 输出（outputs）：数据转换运算节点的输入数据，以数组格式详细描述了输入数据集的字段结构，包括每个字段的技术 ID、名称、数据类型、是否可为空、是否主键、字段值的表达式、字段长度等。在示例中，数据集输出了 45 个字段。最后一个新增加的字段名称为"C_Added"，表达式为"CURRENT_UTCDATE"，在 JSON 文件中，相应的代码如下：

```
{
    "id": "1d7deddc-6778-11ea-ad97-55926f827579",
    "name": "C_Added",
    "datatype": "DATE",
    "nullable": true,
    "primarykey": false,
    "scale": null,
    "expression": "CURRENT_UTCDATE",
    "length": null
}
```

- 表映射（tableMappings）：包含了两组表的字段之间的映射关系。第一组是"输入"数组中的字段与"节点"中的输入数组字段之间的一一对应关系；第二组是"输出"数组中的字段与"节点"中的输出数组字段之间的一一对应关系。在表达每组数组对应关系时，使用了格式为"源-目标"数据对的数组来表达。
- 无效映射（invalidMappings）：显示无效的字段匹配信息，在本示例中没有无效匹配字段。

21.2.3　配置 FLOWAGENT 表生成器

单击管道模型中的第三个运算节点"HANADBProducer1"，在明细面板中查看配置信息，如图 21-7 所示。

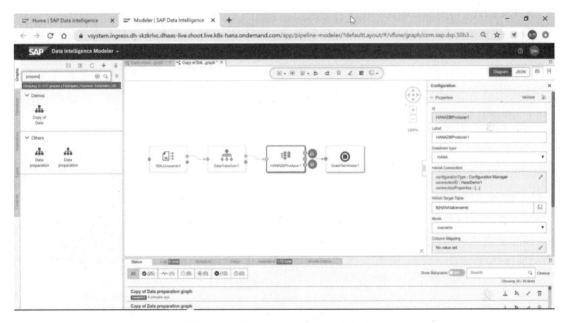

图 21-7　配置 FLOWAGENT 表生成器

FLOWAGENT 表生成器可以将输入的数据写入相应的数据库表。它支持的数据库包括 HANA、SAP IQ 和 SAP Vora 等。

1．输入输出端口

FLOWAGENT 表生成器的输入参数为"inConfig"，类型也是 string.flowagent.config。从上一个运算节点的同类型输出端拉一条连接线到这一输入端口。

FLOWAGENT 表生成器的输出参数有三个：

1）outTableName：字符串类型，表示目标表的完整、合法的名称。

2）outMessage：是一个消息类型的接口，输出具有如下结构的消息对象：
- Body：消息主体，字符串类型，表示目标表的完整、合法的名称。
- Attributes：消息具有以下属性。
  - producer.totalRows：字符串类型，表明写到目标表的数据记录的总行数。

- producer.type：字符串类型，表明生成器的类型。"CSV"表示 Flowagent CSV 生成器，"File"表示 Flowagent 文件生成器，"Table"表示 Flowagent 表生成器。
- producer.subType：字符串类型，表明生成的目标对象的子类型。根据生成器的设置不同，可能的取值有 TABLE, CSV, PARQUET 或者 ORC。
- producer.partition.count：整数类型，表明源数据集的分区数量。数据分区可以将一个大的数据集根据分区条件分成若干小的数据分区。在后续数据处理时，这些数据分区可以顺序处理，也可以并行处理。
- producer.partition.index：整数类型，表明当前正在处理的分区索引号。分区索引号的取值范围从 0 到 producer.partition.count – 1。使用这一参数可以控制后续操作的进程。

● Encoding：字符串类型，表明消息编码。

3）outError：字符串类型，表明运算节点的出错信息。和前面两个运算节点的输入参数是一样的。如果管道模型中有后续的运算节点对接了这个接口，当前运算节点运行的出错信息会通过这个接口传输到下一个运算节点进行后续处理。如果没有后续运算节点对接这个接口，当前运算节点运行出错后，管道模型会停止运行。

2．配置参数

在如图 21-7 所示界面的右边明细面板上查看运算节点的配置参数如下：

1）ID：由系统自动生成的唯一标识。

2）标签（Label）：这是个可选字段，用户可以输入一个描述。

3）数据库类型（Databasetype）：设置生成器运算节点操作的目标数据库类型。下拉列表选项就是运算节点支持的数据库 HANA、SAP IQ 和 SAP Vora。这是可选项，默认值是"Vora"。后续的参数设置会根据数据库类型而有所不同。本示例中使用 HANA 作为目标数据库。

4）HANA 连接（HANAConnection）：必选项，包含指向 HANA 数据库的连接参数。可以单击参数右边的编辑按钮，打开如图 21-8 所示的编辑窗口。

图 21-8　编辑 HANA 连接属性

用户可以在"配置类型（Configuration Type）"中选择"配置管理器"或者"手工配置"。如果选择了"配置管理器"，就在"连接 ID（Connection ID）"下拉列表中选择连接管理器中创建好的一个系统连接。系统连接的具体介绍参见 18.4 节。

5）HANA 目标表（HANA Target Table）：必选项，设置 HANA 数据库的目标表。可以单击参数右边的查看按钮，选择目标数据库中现有的数据库表，也可以按照"<Schema>.<TableName>"的格式手工输入一个合法的数据库表名称。

运算节点的配置属性也可以使用配置替换参数来赋值。配置替换参数的格式为${parameter_name}，其中 parameter_name 是配置替换参数的名称。有两种方法可以为配置替换参数赋值。

- 如果配置替换参数的名称与某个运算节点配置参数的名称匹配，则管道模型运行时配置替换参数的取值为该运算节点的配置参数的值。
- 如果配置替换参数的名称与任何运算节点的配置参数的名称都不匹配，则用户需要在运行管道模型时为其输入一个值。

在本示例中，为了提高输入目标数据库表的灵活性，将这一配置参数的目标表改为配置替换参数${HANAtablename}。

6）写入模式（Mode）：设置写入数据库表的方式。
- Append：将新的内容写入现有数据库表的后面进行扩展。
- Overwrite：如果目标表存在，就先将其彻底删除，并创建一个全新的数据库表。这是默认选项。
- Truncate：将目标表中的数据删除，保留数据库表结构，并写入新数据。

7）列映射（Column Mapping）：设置源数据列如何映射到目标数据列。和数据转换节点的"表映射"配置类似，系统使用格式为"源-目标"数据对的数组来表达数据集之间的列映射关系。如果设置为空，相当于将源数据集镜像到目标数据集。

8）批量大小：用于设置单次提交的数据行的数量。这是可选项，默认为 100。

9）变更数据应用模式：这个设置选项适用于支持数据增量抽取功能的运算节点，例如 ABAP ODP 消费者、云数据集成（CDI）消费者等。这些运算节点提供的增量数据记录中包含了数据行的变更操作信息，比如 Insert（I），Update（U），Delete（D），Before Image（B），Unknown（X），等等。在将这些数据写入目标数据集时，可以配置选择"跟踪变更历史"模式，保留这些数据变更的历史信息；或者选择"应用变更数据"模式，应用数据行中的变更操作信息，直接对目标数据集进行相应操作。

此外，系统会自动判断在数据写入时是否能够启用批量加载模式提供数据加载的性能，这在 SAP IQ 数据库中通常都是可用的。

在管道模型的最后是一个名为"GraphTerminator1"的节点。这个节点用来表明管道模型运行结束。只有一个输入参数，可以接受任何类型的输入信息，收到信息后，系统停止管理模型的运行操作。这个运算节点的执行引擎默认值是"main"，即 Pipeline 引擎。

21.3 动态分配运算资源

为了优化管道模型的运行，可以将管理模型中的运算节点分成不同的分组。每个运算节点分组在不同的 Docker 容器中运行，而 Docker 容器可以分配给不同的集群节点。换言之，同一组中的运算节点总是运行在同一个集群节点。对于不同的运算节点分组，可以设置不同的重启策略、标签和并发数参数。通过使用运算节点分组和标签，可以实现运算资源动态分配。

21.3.1 新建运算节点分组

没有明确定义运算节点分组的管道模型只有一个分组，称为默认组，其中包含管道模型的所有运算节点。用户为管道模型增加分组并进行个性化的配置。在如图 21-7 所示的管道模型编辑界面中，按住〈Shift〉键，并用鼠标点选多个运算节点，在右键菜单中选择"分组"，如图 21-9 所示。

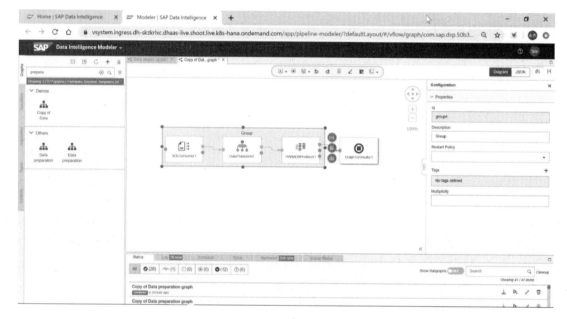

图 21-9　新建运算节点分组

如果某一个运算节点需要进行个性化的配置，也可以创建只包含一个运算节点的分组。

21.3.2 配置运算节点分组

在屏幕右边的明细配置界面中，可以进行分组的详细配置。

1）分组 ID（ID）：由系统自动生成的唯一 ID 号。

2）描述（Description）：为分组输入文字说明。

3）重启策略（Restart Policy）：重启策略设定当分组执行崩溃时集群调度程序的行为方式。在下拉列表中，有两个选项。

- "不重启"：这是默认设置值。当分组执行崩溃时，集群调度程序不会重新启动崩溃的分组。由于分组执行崩溃，系统将管道模型的最终执行状态设为"失败"。
- "重启"：当分组执行崩溃时，集群调度程序会重新启动崩溃的分组。系统会将管道模型的执行状态从"失败"更改为"挂起"，然后再更改为"运行"。

4)标签(Tags):标签用于描述运算节点分组运行时对环境的要求。用户通过右边的"添加"按钮,在随后出现的标签下拉列表中选择需要的标签和相应的版本号。重复这一操作过程,可以添加多个标签。

每个标签表示运算节点分组运行时对运行环境程序包和函数库的要求,并由一对格式为(<resource-id>:<resource-version>)的标签值表示。例如:("python36":""),("opencv":"")和("tornado":"5.0.2")。空的<resource_version>表示包含运算节点分组标签的任何版本的Docker镜像都是满足要求的。

用户可以在运算节点编辑器中查看或编辑运算节点标签。使用鼠标右键单击运算节点并选择"打开运算节点编辑器",并选择"标签"选项卡,如图21-10所示。

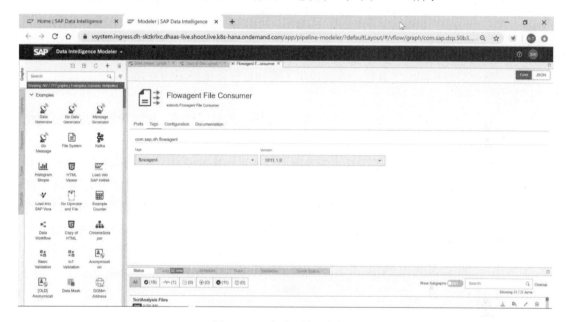

图21-10 查看运算节点标签

系统的Docker镜像也使用相同的标签体系进行描述。系统在运行管道模型时,会根据运算节点分组的标签动态为每个分组选择一个合适的Docker镜像。在搜索满足运算节点分组标签的Dockerfile时,要求Dockerfile具有相同标签并且版本号更加具体。例如,Dockerfile标签("foo":"1.1")或("foo":"1.1.2")可以满足运算节点分组标签("foo":"1.1")的要求,而Dockerfile标签("foo":"1")或者("foo":"")不能满足运算节点分组标签("foo":"1.1")的要求。

如果同时找到多个满足标签要求的Dockerfile,系统将选择标签最少的一个。如果被选定的Dockerfile对应的Docker镜像还未生成,则在管道模型运行时将动态生成Docker镜像。如果系统里所有Dockerfile都不能满足运算节点分组的要求,则在运行管道模型时系统将报告错误消息。在这种情况下解决问题的方法,一是将有问题的分组拆分成较小的分组,以便每个分组都能找到匹配的Dockerfile,二是创建一个新的Dockerfile来满足问题分组的需求。

5）并发数（Multiplicity）：在并发数输入框中指定一个整数值。并发数参数表示在运行管道模型时，运算节点分组运行当前分组的实例数。例如，将并发数设置为 3，意味着系统将运行当前分组的 3 个实例。应用程序使用轮询方式将数据发送给这些实例。

21.4 运行和监控管道模型

到现在为止，我们复制了系统自动生成的数据准备操作的管道模型，并对管道模型的 FLOWAGENT 表生成器的配置进行了修改，在配置中添加了参数。还对模型中不同的节点进行了分组，并对不同运算节点分组进行了配置。接下来，将运行这个模型，监控这个模型运行的各种状态信息，并最终查看这个模型运行的结果。

21.4.1 运行管道模型

在管道模型编辑界面的工具栏，系统提供了多种运行管道模型的方式。

1）运行：立即运行管道模型。

2）运行为：使用指定的名称运行管道模型。在随后的对话框中，需要为本次运行管道模型输入一个名称。

3）计划运行：设置系统按指定时间自动周期性地运行管道模型。系统提供了表单方式和表达式方式用于设置周期性运行的条件。

单击"运行"按钮，直接运行当前管道模型。由于在运算节点 FLOWAGENT 表生成器使用了配置替换参数${HANAtablename}，系统弹出如图 21-11 所示的对话框，要求为配置替换参数赋值。

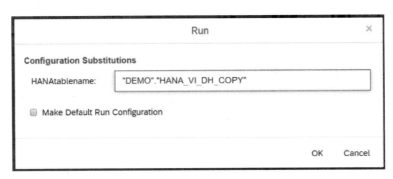

图 21-11 为配置替换参数赋值

在对话框中输入一个合法的 HANA 数据库表名称"DEMO.HANA_VI_DH_COPY"，单击"确定"按钮，系统开始运行管道模型。

21.4.2 监控管道模型运行过程

在管道编辑界面的底部的信息面板中，提供了管理模型运行的详细信息。在"状态"选项卡中，可以看到管道模型的运行状态。单击在"状态"选项卡中管道模型的名称，可以查看管道模型运行的明细信息，如图 21-12 所示。

图 21-12　查看管道模型运行状态

1．管道模型运行名称和状态

在屏幕下方的"状态"选项卡中，显示了每一次管道模型运行的名称和运行状态。常见的管道模型运行状态有：

1）挂起（pending）：模型正在准备执行，处于初始化状态。

2）运行（running）：当前模型正在运行。

3）正在停止（stopping）：当前模型正在停止运行。

4）完成（completed）：当前模型已成功运行结束。

5）失败（dead）：由于当前模型中的节点运行失败，模型运行异常终止。

6）未知（unknown）：出现内部问题，模型状态未知。

2．管道模型运行监控的可用操作

在管道状态栏的右边，显示了管道模型运行过程中的可用操作。

1）查看管道模型界面：有些管道模型运算节点是有界面的，单击这一操作选项可以打开管道模型相应运算节点的操作界面。

2）下载诊断信息：可以将应用程序为管道模型生成的诊断信息下载为一个压缩文档。

3）启动新进程：启动新进程，运行当前管道模型。

4）打开管道模型编辑工具：打开管道模型编辑界面。

5）停止当前模型运行，或者清除模型运行状态信息：根据模型运行状态不同，操作选项也不同。

3．管道模型运行过程详细信息

在主体窗口中，系统显示了有关管道模型运行过程的详细信息，包括以下几个选项卡：

1）"概览（Overview）"选项卡：显示了管道模型运行的概要信息。

2）"分组（Group）"选项卡：显示了管道模型包含的每一个分组运行的 Docker 镜像、容器、主机节点、状态等信息。

3)"进程（Process）"选项卡：显示了每一个运算节点运行的进程状态、使用引擎等信息。进程分为"初始化""正在运行""正在停止""已停止""失败"等几种状态。

4)"指标（Metrics）"选项卡：显示了进程运行过程中使用的内存、CPU、数据量等信息。

5)"进程日志（ProcessLogs）"选项卡：显示进程详细日志。

21.4.3 使用 SAP 数据智能监控器

SAP 数据智能提供了一个独立的监视应用程序，用于监视 SAP 数据智能建模工具中运行管道模型的状态。在如图 21-11 所示的 SAP 数据智能启动界面中，选择"监控器（Monitoring）"，进入 SAP 数据智能监控器界面，如图 21-13 所示。

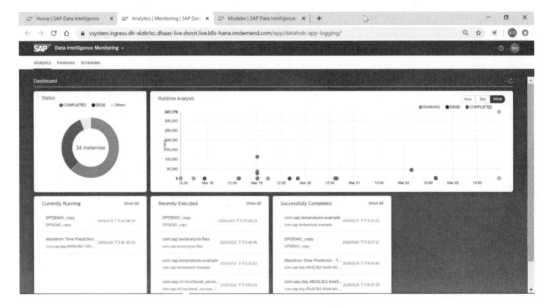

图 21-13　SAP 数据智能监控器界面

SAP 数据智能监控器提供了可视化建模工具中执行摘要和相关图表的功能，还提供了计划管道模型运行的功能。

1．"分析（Analytics）"选项卡

用可视化图表方式展现管道模型运行的状态。页面使用饼图展现管道建模工具中执行的实例数及不同状态实例的分布情况，使用散点图显示了每个运行实例在时间轴和持续时间（秒）轴上的分布。图表中的每个点代表一个管道模型实例，将鼠标停放在点上，可以获取该实例的详细信息。在页面底部提供有关当前正在运行的管道模型实例、最近执行的管道模型实例和成功执行的管道模型实例的信息。

2．"实例（Instances）"选项卡

在主页中选择"实例"选项卡，系统列出了所有管道模型实例的执行状态、管道模型执行名称、管道模型名称、执行时间等信息。单击管道模型实例可以打开"运行详细信息"窗口，其中显示的信息参见如图 21-12 所示界面。

3．"计划（Schedules）"选项卡

提供了查看、编辑管道模型定期执行计划的统一管理功能。

21.4.4　查看示例管道模型的执行结果

在 SAP 数据智能启动面板中打开元数据浏览器，进入连接管理器，查看目标数据库表是否生成。结果如图 21-14 所示。

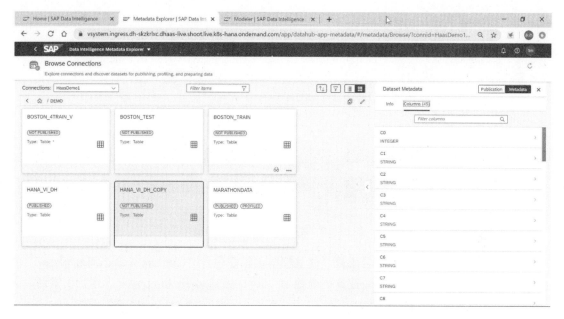

图 21-14　查看管道模型生成的目标表

21.5　了解管道模型更多应用场景

在 SAP 数据智能建模工具导航面板中，管道模型选项卡中有"示例""场景模板""SAP Vora""连接性""SAP 集成""流分析""文本分析""SAP 机器学习核心示例"等十几个类别，数百个示例管理模型。在运算节点选项卡中，有"ABAP""连接性""转换器""数据质量""文件""管理 Hadoop""Spark""SAP HANA""SAP Vora""SAP 集成""SAP 机器学习核心运算节点""机器学习预测分析"等几十个类型，包含了系统提供的几百个标准节点。随着产品功能的不断丰富，这些标准节点还会不断增加。由于篇幅所限，本书能介绍的功能和应用场景非常有限。下面就选择一些管道模型模板和标准节点进行介绍，权当管中窥豹。

21.5.1　使用场景模板快速建模

SAP 数据智能提供了大量的示例管道模型，方便用户参考和使用这些模型快速搭建自己的新模型。本小节以系统提供的场景模板为例，说明这些常用的场景的功能及用法。

在管道编辑工具的向导面板中，打开"图"选项卡，找到"场景模板（Scenario Templates）"分类，显示场景模板分类中的示例管道模型，如图 21-15 所示。

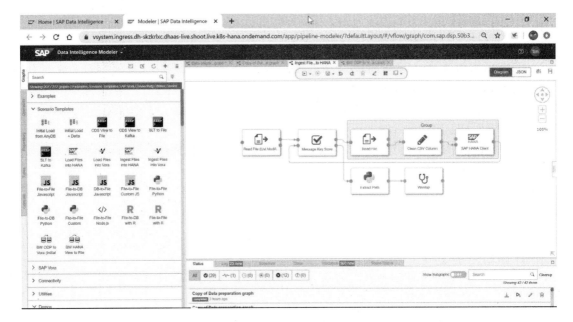

图 21-15　使用管道模型场景模板

根据系统对管道模型的命名规范，这些模型名称都包含"com.sap.scenarioTemplates."的前缀，所以也可以在向导面板的搜索栏里使用"com.sap.scenarioTemplates."作为关键词，对面板中的管道模型进行过滤。

在场景模板分类下包含了 22 个常用的模型。

1）Initial Load from Any DB：从任何数据库初始加载数据，从 Oracle 表中读取数据并将其加载到（云）存储上的文件中。模型使用了分组的"并发数"参数，允许用户指定数据加载时的并发数量。

2）Initial Load Delta：从任何数据库初始加载及增量加载数据，使用 CDC Graph Generator（数据变更图生成器）运算节点实现关系型数据库的复制。CDC Graph Generator 运算节点生成 SQL 脚本，帮助用户捕获源数据库的数据变更。

3）CDS View to File：使用 CDS reader 运算节点从 SAP S/4HANA CDS 视图中提取数据，将数据写入云存储或数据湖。

4）CDS View to Kafka：从 SAP S/4HANA CDS 视图中提取数据，并使用 Kafka producer 运算节点将数据提供给 KAFKA 管道。

5）SLT to File：使用 SLT Connector 运算节点连接到 SAP SLT 服务器读取 ABAP 表数据，并将数据写入（云）存储或数据湖。

6）SLT to Kafka：使用 SLT Connector 运算节点连接到 SAP SLT 服务器读取 ABAP 表数据，并使用 Kafka producer 运算节点将数据提供给 KAFKA 管道。

7）Load File into HANA：使用批量处理方式将产品数据（示例）从 CSV 文件加载到 HANA 数据库表，并使用 Message Key Store 等运算节点确保流程得到执行。

8）Load File into Vora：使用批量处理方式将产品数据（示例）从 CSV 文件加载到 Vora 中，支持基于文件运行 SQL 语句，并使用 Message Key Store 等运算节点确保流程得到执行。

9）Ingest File into HANA：使用流处理方式将产品数据（示例）并行地写入 HANA 数据库表，并使用 Message Key Store 等运算节点确保流程得到执行。参见图 21-15。

10）Ingest File into Vora：使用流处理方式将产品数据（示例）并行地写入 Vora，并使用 Message Key Store 等运算节点确保流程得到执行。

11）File-to-File JavaScript：使用 JavaScript 进行文件数据操作，并将操作后的数据写入另一个文件。

12）File-to-DB JavaScript：使用 JavaScript 进行文件数据操作，并将操作后的数据写入 SAP HANA 数据库表。

13）DB-to-File JavaScript：使用 JavaScript 操作 SAP HANA 数据库表中的数据，并将操作后的数据写入文件。

14）File-to-File Custom JS：使用自定义的 JavaScript 运算节点进行文件数据操作，并将操作后的数据写入另一个文件。

15）File-to-File Python：使用 Python 进行文件数据操作，并将操作后的数据写入另一个文件。

16）File-to-DB Python：使用 Python 进行文件数据管理，并将操作后的数据写入 SAP 数据智能内置的 Vora 数据库。

17）File-to-File Custom：自定义 Python 运算节点使用 Pandas 模组对文件数据进行操作，并将操作后的数据写入另一个文件。

18）File-to-File Node.js：使用 Node.js 进行文件数据操作，并将操作后的数据写入另一个文件。

19）File-to-DB with R：使用 R 进行文件数据操作，并将操作后的数据写入 SAP HANA 数据库表。

20）File-to-File with R：使用 R 进行文件数据操作，并将操作后的数据写入另一个文件。

21）BW ODP to Vora：使用 Data Transfer（数据传输）运算节点将数据从 BW 或者 BW/4HANA 系统中的 ADSO 中以 ODP 方式传输到 Vora 表中。

22）BW HANA View to File：使用 Data Transfer（数据传输）运算节点将数据从 BW 或者 BW/4HANA 系统的 HANA 视图中传输到 CSV 文件中。

21.5.2　如何实现跨系统工作调度

SAP 数据智能建模工具提供了大量预定义的运算节点，方便用户使用这些运算节点快速搭建模型。在管道编辑工具的向导面板中，打开"运算节点"选项卡，运算节点按不同的分类进行显示。其中，有一类运算节点为数据工作流（Data Workflows）运算节点。使用数据工作流运算节点建模的管道模型称为数据工作流。数据工作流中的运算节点通过其输入和输出端口传递信号。这些数据工作流运算节点只能与其他数据工作流运算节点一起使用。

在向导面板中找到"数据工作流（Data Workflows）"分类，显示分类中的运算节点，如图 21-16 所示。

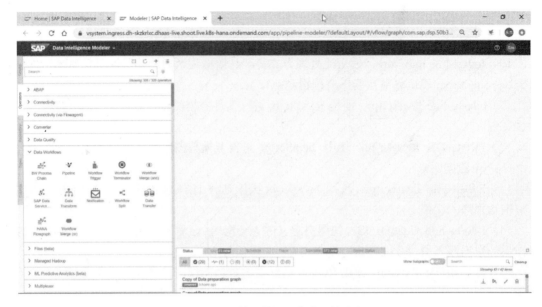

图 21-16 使用数据工作流运算节点

数据工作流运算节点分类中有 12 个运算节点，可以分为以下几类。

1．数据工作流起点和终点

1）Workflow Trigger：数据工作流触发器，发出启动信号触发数据工作流的执行。后续只能连接数据工作流类型的运算节点。

2）Workflow Terminator：数据工作流终止器，终止当前数据工作流的执行。

数据工作流管道模型必须使用数据工作流触发器运算节点向连接的运算节点发送开始执行的信号，使用数据工作流终止器运算节点终止数据工作流。也就是说，对于数据工作流中的其他运算节点，如果它是数据工作流中的第一个或最后一个运算节点，则必须将其连接到工作流触发器或工作流终止器运算节点。

2．数据工作流分支与汇总管理

3）Workflow Split：数据工作流拆分，负责将从上游的数据工作流运算节点传入的信息复制成多份，并传达给下游的数据工作流运算节点。

4）Workflow Merge（and）：数据工作流合并（和），将上游多个数据工作流运算节点的输出合并为"逻辑和"的结果，并输入给下游的数据工作流运算节点。

5）Workflow Merge（or）：工作流合并（或），将上游多个数据工作流运算节点的输出合并为"逻辑或"的结果，并输入给下游的数据工作流运算节点。

3．执行本地或远程系统的数据工作流任务

6）BW Process Chain：执行远程 BW 或者 BW/4HANA 系统中的处理链，并返回"完成"或者"失败"的结果。

7）HANA Flowgraph：执行远程 HANA 系统中的 Flowgraph 流程图，并返回"完成"或者"失败"的结果。

8）Pipeline：执行本地或者远程 SAP 数据智能系统中的管道模型，并返回"完成"或者"失败"的结果。

9）SAP Data Services Job：执行远程 SAP Data Services 系统中的 Data Services 作业，并返回"完成"或者"失败"的结果。

这些数据工作流运算节点都有输入、输出和错误端口。运算节点只有在其输入端口接收到信号时才开始执行。在执行这些运算节点时，系统将根据配置参数在有限的时间内运行相关作业，并返回"完成"或"失败"状态。

如果使用运算节点在远程系统中执行操作，则必须首先使用 SAP 数据智能连接管理模块创建到远程系统的连接。

4．数据传输与转换

10）Data Transform：数据转换运算节点。在 SAP 数据智能管道建模工具中提供了多样化的配置选项和灵活的配置界面，实现各种数据转换的操作。参见 21.2.2 小节的示例。

11）Data Transfer：数据传输运算节点。在 SAP 数据智能管道建模工具中提供了多样化的配置选项和灵活的配置界面，实现数据从数据源系统到目标系统的传输。它支持的数据源系统包括 BW 和 BW/4HANA、HANA、SAP 云数据集成（CDI）等，支持的目标系统有云文件存储和 SAP Vora。示例可以参见 21.5.1 小节中"BW ODP to Vora"和"BW HANA View to File"两个场景模板中的配置。

这些数据工作流运算节点都有输入、输出和错误端口，并返回"完成"或"失败"状态。

5．邮件通知

12）Notification：发送电子邮件通知。运算节点使用 SMTP 协议发送通知邮件。

21.6　本章小结

SAP 数据智能系统建模工具使用图形化的方式进行数据处理流的建模，创建功能丰富的图或者管道模型。管道模型是由数据处理流程中的多个运算节点构成的。SAP 数据智能建模工具提供了大量预定义的运算节点，这些节点提供了开发大数据应用程序需要具备的从各种源系统数据摄取和转换数据的功能。通过对这些运算节点的灵活运用，SAP 数据智能建模工具可以构建各种应用和服务。

SAP 数据智能系统建模工具中对运算节点进行配置，支持使用配置参数，在管道模型运行时给配置参数赋值。建模工具支持对模型中的运算节点进行分组，并为每个分组进行配置，通过指定相应的标签为模型在运行时选择合适的运行容器，实现动态的资源配置。

SAP 数据智能系统提供了对管道模型运行进行监控的工具，可以查看管道模型运行名称和状态，在管道模型运行时进行各种操作，查看管道模型运行的硬件资源使用情况等详细信息。使用 SAP 数据智能监控器，用户还可以查看可视化的模型执行摘要和相关图表，可以对管道模型运行工作进行计划和调度。

第 22 章 机器学习新起点

这不是终章,而是一个全新的起点。

大数据时代的到来,为机器学习注入了全新的生命力。

一方面,大数据时代数据采集、存储和处理能力的快速发展为机器学习技术的发展带来了更好的技术支持,为机器学习模型的开发提供了更全面更真实的素材和更强大的计算能力。另一方面,随着大数据时代各行业对数据分析需求的持续增加,通过机器学习高效地获取知识,已逐渐成为当今机器学习技术发展的主要推动力。

SAP 数据智能的一个重要目标是打造智慧企业,提升企业对大数据的应用能力。大数据时代,机器学习能力正日渐成为企业一种必不可少的核心支持和服务能力。使用机器学习技术加强对大数据的利用和开发是其中一个重要的手段。

22.1 让机器学习模型开发更加高效

在大数据时代,随着数据产生速度的持续加快,数据的体量有了前所未有的增长,而需要分析的新的数据种类也在不断涌现,如文本的理解、文本情感的分析、图像的检索和理解、图形和网络数据的分析等。

面对不断涌现的新的业务场景,数据科学家花费大量的时间和精力进行数据的收集和准备,使用多种工具进行机器学习模型的开发,又往往需要耗费精力进行机器学习模型版本的管理和发布。SAP 数据智能具备了强大的数据集成与管理能力,也有灵活的数据建模功能。如何使用 SAP 数据智能进行高效的机器学习模型开发和利用呢?

22.1.1 如何应对开发机器学习模型的挑战

企业的大数据应用需求不断涌现,数据科学家也成了当下最热门的职业之一。然而,数据科学家在开发机器学习模型时经常面临一些挑战。

1. 开发机器学习模型常见的挑战

1)开发机器学习模型需要的数据分散在多个业务系统。

公司的业务数据与大数据平台之间往往缺少联系。比如,公司的销售数据保存在 ERP 系统中,同时从公司的销售网站收集了客户点击率的数据,在研究浏览公司网站的客户的行为模式时往往会遇到各种困难。除了数据不一致以外,在两个位于不同位置的数据集上运行代码也不容易实现。因此,拥有一个统一的平台,使数据科学家能够无缝跨多个源系统进行工作是非常重要的。

2)使用样本数据做实验研究与使用海量数据进行模型训练存在重复工作量。

数据科学家在做模型试验时往往会使用像 Jupyter Notebook 这样的工具,在少量样本数据的基础上运行一些 Python 或 R 代码。但是当模型试验取得进展,随后在海量数据集上应用相同的代码时，由于海量数据连接到多个数据源、涉及多个业务应用系统，数据也持续发生变化，往往会遇到新的挑战。因此，借助 SAP 数据智能的数据管理功能，便于顺利地从模型的试验阶段过渡到生产阶段。

3）不同工具之间兼容性可能存在问题。

一个大型的数据科学研究项目会涉及不同的人员和多种应用程序的协同问题。数据科学家可能使用不同的工具实现不同的任务。例如，数据准备用一种工具，运行机器学习算法是一种工具，而做数据的可视化是另一种工具。在完成单一的任务时，这些工具都没有问题。但由于这些软件很可能是由不同的公司开发的，它们彼此不兼容。但其中的一些软件发布了新版本，可能会导致原来的设置不能正常工作。作为企业级的应用，不能完全依靠在网上论坛寻求支持。因此，拥有一个单一平台，照顾不同来源软件的兼容性，版本控制和产品支持也是企业选择企业平台方案时必须考虑的。一个成熟平台可以帮助数据科学家灵活地运行开源库并连接到不同的应用程序。

2．机器学习模型全生命周期管理

那么，开发一个机器学习应用场景需要经历哪些步骤呢？让我们来看看机器学习模型的生命周期管理。参见图 22-1。

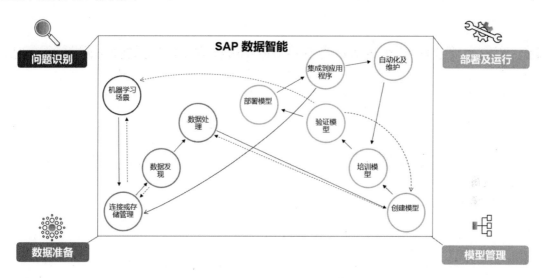

图 22-1　机器学习模型全生命周期管理

首先，数据科学家的第一步是定义他们需要回答的业务问题。要回答这个问题，需要对现有数据有比较全面的了解。但由于企业的数据是分散的，数据科学家需要连接到不同的存储系统查看数据。源系统的数据集一般都必须经过清理或数据加工，才能发现数据之间的关系，定义解决问题所需的方法。比如，数据科学家初步判断也许这是一个分类问题；然后，他们需要运行一些实验，比较不同的算法结果，并找到最好的模型；在模型经过培训，取得满意的结果之后，需要将模型部署到生产环境，并将结果嵌入到业务应用程序中。因此，实现智慧企业应用并不是一个孤立的行动，它应该是一个持续的过程。

SAP 数据智能具有多个组件，使数据科学家能够轻松管理机器学习模型的生命周期。在确定业务问题之前，数据科学家可以使用单一的平台连接各类系统，对数据进行统一管理。数据科学家还可以使用元数据浏览器进行数据发现、编目管理和分析。元数据浏览器可用于提取数据的血缘分析信息，为外部导入的数据定义统一的数据质量和验证规则。元数据浏览器还提供了数据准备组件，可以采用交互方式更改其数据集，从所有更改中最终确定数据加工的操作步骤，并将其应用于全量数据集。当数据科学家对数据有了充分了解后，可以使用机器学习场景管理器来定义和解决业务问题。

22.1.2 机器学习模型场景提供全程支持

SAP 数据智能为支持机器学习模型开发与应用全过程的管理提供了机器学习场景管理器。

机器学习场景管理器是围绕机器学习场景这一概念构建的，旨在提供一个全方位的数据科学应用程序。机器学习场景管理器提供了一个集中的界面，用于组织机器学习模型开发过程中相关的工作对象，执行相关的操作任务。

在 SAP 数据智能启动面板中双击"机器学习场景管理器（ML Scenario Manager）"，进入机器学习场景管理器界面，如图 22-2 所示。

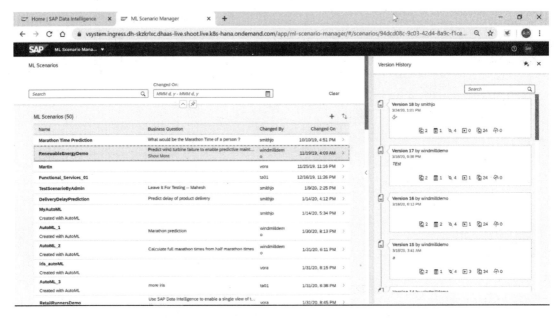

图 22-2　机器学习场景管理器

机器学习场景管理器的界面中列出了系统里的所有机器学习的场景。每一个机器学习场景除了名称以外，还可以详细地描述场景要解决的业务问题。

机器学习场景管理器提供版本控制和管理的功能。在开发机器学习场景的过程中可以对机器学习场景进行多版本管理，还可以从以前的版本创建新的分支。选择列表中的一个场景，在界面右边窗口中，会显示当前机器学习场景的所有历史版本，如图 22-2 所示。

一个机器学习场景由数据集、Jupyter Notebook 和管道模型对象构成。机器学习场景管理器除了对这些构成对象进行管理外，还提供了执行机器学习场景，管理机器学习模型，对模型进行部署应用的管理功能。因此，机器学习场景的每一个版本，都可以看到数据集、Jupyter Notebook、管道模型、场景执行、训练模型、应用部署 6 个小图标。

22.2　从数据集到机器学习模型部署

SAP 数据智能的机器学习场景管理器提供了注册数据集、使用 JupyterLab 进行数据科学实验，使用管道模型训练机器学习模型，对机器学习模型进行应用和部署的开发机器学习模型的全程支持和服务。

在机器学习场景管理器主界面中，可以通过机器学习场景列表右上方的"添加"按钮创建新的机器学习场景，也可以选择现有的场景进行编辑。下面，以"Renewable Energy Demo"场景为例，介绍机器学习场景的配置和修改。

22.2.1　注册数据集

在如图 22-2 所示的界面中，单击要编辑的版本号，进入机器学习场景的编辑界面，如图 22-3 所示。

图 22-3　机器学习场景编辑界面

机器学习场景编辑器的抬头部分显示了当前场景的名称、版本号等信息。在右上角还提供了创建新版本、收藏夹、版本回退、修改场景描述和删除场景等功能按钮。

主体窗口中显示了机器学习场景的数据集（Datasets）、Notebooks、管道模型（Pipelines）、执行（Executions）、机器学习模型（Models）和部署（Deployments）的情况。

在"数据集"区域，列出了当前场景注册的所有数据集。注册用于机器学习场景的数据集除了显示名称和描述外，还有一个由系统自动分配的唯一的技术标识。用户可以将 SAP 数据智能中的数据集注册到列表中，供模型训练和模型推断使用。单击列表右上方的"添加"

按钮，系统弹出"注册数据集（Register Dataset）"对话框，如图22-4所示。

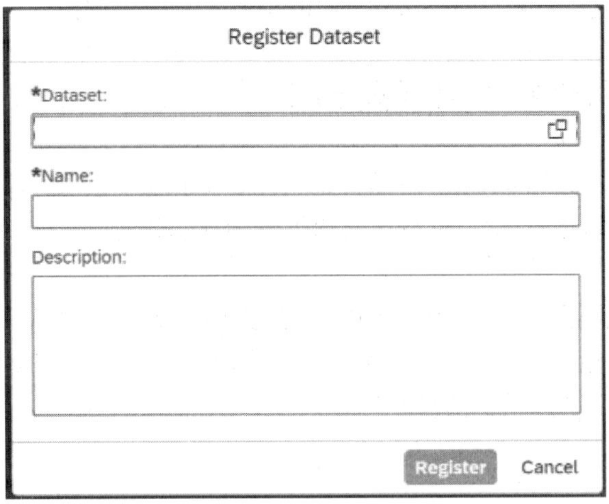

图22-4　注册数据集

在"注册数据集"对话框中，使用输入帮助选择要注册的数据集（Dataset），输入数据集的名称（Name），描述（Description），单击"注册（Register）"按钮完成数据集的注册。

除了使用这种方式完成"注册数据集"操作以外，还可以使用管道模型注册数据集。

22.2.2　使用管道模型注册数据集

在机器学习场景编辑界面中，选择"管道模型"区域，如图22-5所示。

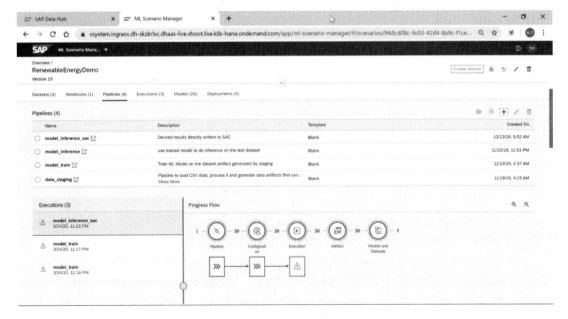

图22-5　编辑管道模型

392

"管道模型"区域列出了当前场景中的所有管道模型,显示了每一个模型的名称(Name)、描述(Description)、模板(Template)和创建时间(Created On)。通过列表右上方的"添加"按钮,可以添加管道模型,系统弹出"创建管道模型(Create Pipeline)"对话框,如图 22-6 所示。

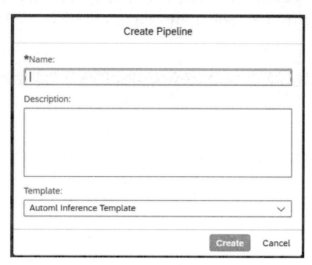

图 22-6 创建管道模型对话框

在对话框中,输入名称(Name)和描述(Description),并从"模板(Template)"下拉列表中选择一个模板。

1)空白模板:从头开始创建管道模型。

2)基本训练管道模型。

3)AutoML 训练模板。

4)AutoML 推断模板。

5)HANA 机器学习训练。

6)HANA 机器学习推断。

7)R 消费器:管道模型使用自定义的 R 运算节点消费机器学习模型。

8)R 生成器:管道模型使用自定义的 R 运算节点生成机器学习模型。

9)Python 消费器:管道模型使用自定义的 Python 运算节点消费机器学习模型。

10)Python 生成器:管道模型使用自定义的 Python 运算节点生成机器学习模型。

11)TensorFlow 训练管道模型:基于 Python 的训练管道模型,训练 TensorFlow 模型并生成 model 工件。

12)TensorFlow 服务管道模型:在线推断管道模型,服务单个 TensorFlow 模型。

13)功能服务文件服务器。

14)功能服务文件客户端。

15)功能服务文本服务器。

16)功能服务文本客户端。

17）功能服务翻译服务器。

18）功能服务翻译客户端。

单击"创建（Create）"按钮，系统打开 SAP 数据智能管道建模工具，基于指定的模板创建管道模型。

管道模型的创建和配置操作在上一章中已经作了比较详细的介绍。下面，跳过创建管道模型的操作，直接打开图 22-5 示例中的"data_staging"管道模型，如图 22-7 所示。

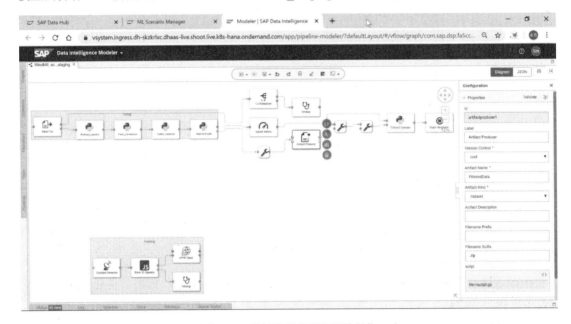

图 22-7　使用管道模型注册数据集

查看管道模型的处理步骤，不难看出，管道模型读取指定文件，对数据进行加工，并使用工件生成器（Artifact Producer）运算节点，完成了注册数据集的操作。

22.2.3　使用 JupyterLab

SAP 数据智能机器学习场景集成了 JupyterLab 环境。JupyterLab 是 Jupyter 主打的最新数据科学生产工具，是一种基于 Web 的集成开发环境，可以使用它编写 Jupyter Notebook、操作终端、编辑 markdown 文本、打开交互模式、查看 csv 文件及图片等。JupyterLab 是一个非常强大的应用程序，它允许数据科学家探索数据集，观察原始数据的统计数据。由此可以训练和部署机器学习模型。用户可以使用内置库和扩展进行各种数据科学实验，包括 SAP HANA Python Client API for Machine Learning 和 Predictive Analytics for OEM 等。

在如图 22-3 所示的机器学习场景编辑界面的 Jupyter Notebook 区域，可以通过右上角的"添加"按钮创建一个 Jupyter Notebook 进行各种数据科学实验，也可以在列表中打开已有的 Jupyter Notebook。此处打开示例场景中的"Data Visualization" Notebook，系统打开 JupyterLab 环境，如图 22-8 所示。

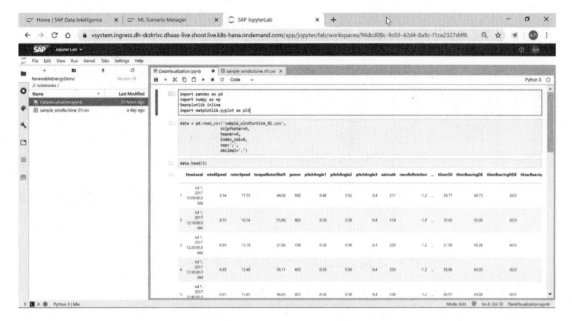

图 22-8　JupyterLab 环境

JupyterLab 左边是一个向导面板，提供了多个选项卡。

（1）文件浏览器：列出了所有的文件。这是用到最多的一个选项卡，用户可以在这里完成 Notebook 的新建、重命名、复制等操作。除此之外，还可以从本地计算机导入 Python 文件。

（2）运行中的终端和内核：显示当前已经打开的终端和 Notebook 使用的内核会话。在用户新建一个 Notebook 时，需要选择使用的内核版本。在打开这个 Notebook 时，系统后台会启动相应的内核会话。当关闭 Notebook 或终端时，底层内核会话将继续运行，以方便其他进程继续使用。为了防止 JupyterLab 实例消耗过多内存，在确保这些会话不再需要时，可以从选项卡中关闭这些会话。

（3）命令：根据主体编辑窗口的对象，提供可用的操作命令。

（4）Notebook 工具：提供 Notebook 单元格（Cell）工具，可以查看和修改当前单元格和 Notebook 的元数据。

（5）选项卡：显示在主体编辑窗口中打开的选项卡，并可进行切换。

（6）内容目录：可以切换显示 Notebook 中的代码单元格、Markdown 单元格和自动编号，方便查看 Notebook 的内容。

（7）数据集和连接浏览器：这是一个 JupyterLab 扩展，可以查看 SAP 数据智能连接管理模块设置好的远程系统和数据编目管理中的数据集。具体操作步骤如下：

1）这个选项卡下提供了"元数据编目"和"系统连接"两个子选项卡，用户可以根据要访问的数据集所在位置进行选择，并找到需要访问的数据集。

2）单击数据集右边的"复制管道模型脚本"按钮，系统将自动生成脚本，将数据从数据源复制到数据湖以供 JupyterLab 使用。

3）将脚本粘贴到 Jupyter Notebook 的相关单元格中，如图 22-9 所示。

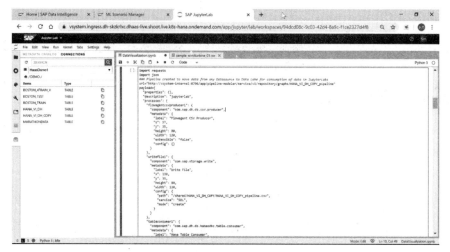

图 22-9　在 JupyterLab 环境中使用 SAP 数据智能的数据集

4）在 Jupyter Notebook 中运行脚本，系统将创建并执行管道模型。

在运行脚本之前，用户可以根据需要修改脚本。用户可以使用 SAP 数据智能管道建模工具监督模型的运行。管道模型在数据湖的 /shared 目录中生成一个新文件夹，系统分配与数据集相同的名称。生成的文件包含来自源系统的数据，Jupyter Notebook 可以通过 HDFS 客户端使用这些数据。

在 JupyterLab 环境的主体窗口中，以不同的选项卡的方式显示了正在编辑中的各种文档。JupyterLab 可以编辑 Jupyter Notebook、控制台、终端、文本文件、Markdown 文件和在线帮助文档等。在 Jupyter Notebook 中，用户可以使用 Python 语言对数据集进行各种数据科学实验。

例如，从图 22-8 中可以看出，示例的 Jupyter Notebook 导入了 pandas、NumPy 等多个库。Pandas 是 Python 语言的一个数据分析包，它可以在运行时灵活地读取、存储和处理数据。Pandas 纳入了大量库和一些标准的数据模型，提供了高效操作大型数据集所需的工具。

又如，使用 Python，可以方便地对数据集中的数据执行绘图操作，查看数据的变动趋势及其相关性，如图 22-10 所示。

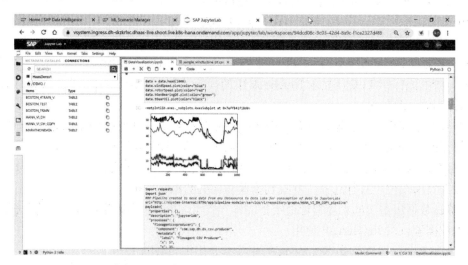

图 22-10　在 JupyterLab 环境中对数据进行绘图

22.2.4 配置机器学习模型训练和推断流程

SAP 数据智能机器学习场景管理器使用管道模型进行机器学习模型训练，得到可用的机器学习模型。同样地，系统也可以使用管道模型将机器学习模型用于模型推断并生成预测结果。正如 22.2.2 小节介绍的，SAP 数据智能机器学习场景管理器提供了大量的机器学习模型训练和模型推断的模板，方便用户创建相应的管道模型。

返回如图 22-5 所示的机器学习场景管理界面，单击示例场景中管道模型列表中的"model_train"，打开这个管道模型，如图 22-11 所示。

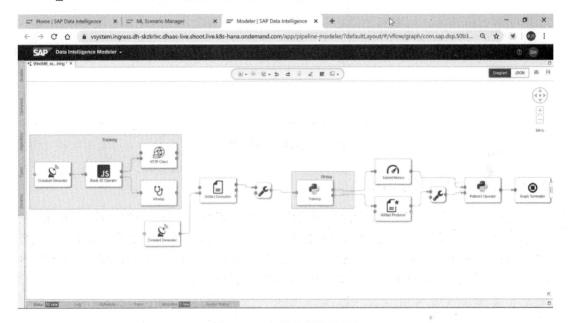

图 22-11 机器学习模型训练

示例中的管道模型使用配置替代参数获取数据集的名称，使用工件消费器（Artifact Consumer）运算节点将数据传输给 Python3 运算节点进行机器学习模型的训练。在 Python3 运算节点中，使用决策树回归器训练数据子集，决策树回归器使用工件生成器（Artifact Producer）运算节点生成机器学习模型，同时使用提交指标（Submit Metrics）运算节点提交机器学习模型的各项评价指标，确保可以在机器学习场景管理器中查看到这些指标。

返回如图 22-5 所示的机器学习场景管理界面，打开示例场景中管道模型列表中的模型推断管道模型"model_inference"，如图 22-12 所示。

示例中的管道模型使用两个配置替代参数，分别获取推断数据集的名称和机器学习模型的名称。同样使用工件消费器运算节点将数据传输给 Python3 运算节点进行机器学习模型推断。同样地，管道模型也使用提交指标运算节点提交机器学习模型的各项评价指标。

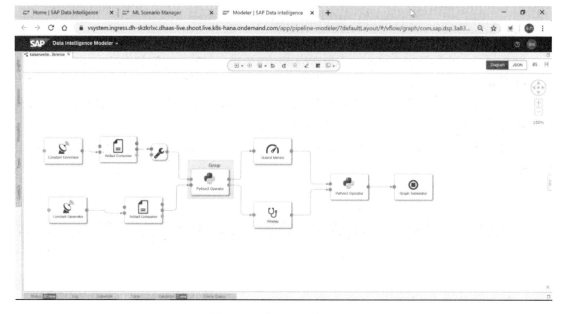

图 22-12　机器学习模型推断

22.2.5　开始训练机器学习模型

在如图 22-5 所示的机器学习场景管理界面中，单击管道模型列表中的"model_train"前的选择框选中这一模型，并单击管道模型列表右上方的"执行"按钮。如果对机器学习场景已做过修改，在执行管道模型前，系统会提示保存新的修改。开始执行管道模型，系统打开"执行管道模型（Execute Pipeline）"向导界面，如图 22-13 所示。

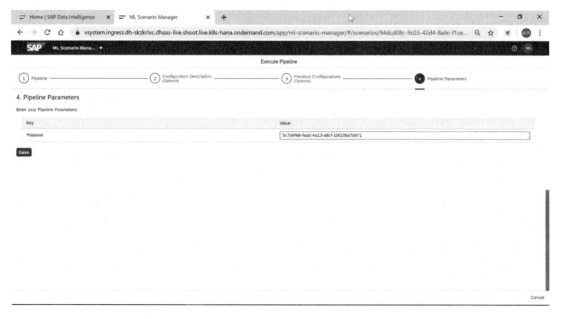

图 22-13　执行管道模型向导

管道模型执行向导提供了以下 4 个步骤。

1）选择一个管道模型（Pipeline）：这个操作已完成，向导中显示了当前管道模型的名称、描述等基本信息。

2）输入配置描述（Configuration Description）：为当前执行管道向导的配置输入一个描述，是可选项。

3）查看上一次配置信息（Previous Configurations）：显示上一次执行管道模型时使用的配置替代参数信息。这也是可选步骤。用户可以从上一次的配置信息中，选择相应的配置替代参数，供本次执行管道模型使用。选择的参数值会显示在步骤 4）中。

4）管道模型参数（Pipeline Parameters）：输入本次执行管道模型使用的配置替代参数。示例中的管道模型需要输入数据集，从机器学习场景管理界面中，复制要使用的注册数据集的唯一技术 ID，作为管道模型的输入参数。

单击"保存"按钮后，系统开始执行管道模型。管道模型执行结束后，系统显示管道模型执行信息如图 22-14 所示。

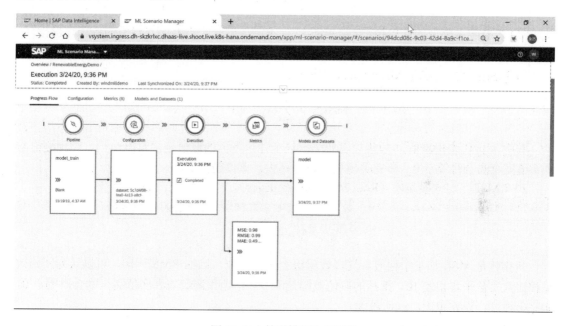

图 22-14　管道模型执行步骤

管道模型执行信息分为以下几个内容。

（1）显示管道模型执行的流程（Progress Flow）：包括选择管道模型（Pipeline），配置模型执行参数（Configuration），执行管道模型（Execution），记录生成的机器学习模型的各项评价指标（Metrics），生成机器学习模型（Models and Datasets）五个步骤，如图 22-14 所示。

（2）执行管道模型使用的配置参数（Configuration）：如图 22-15 所示。

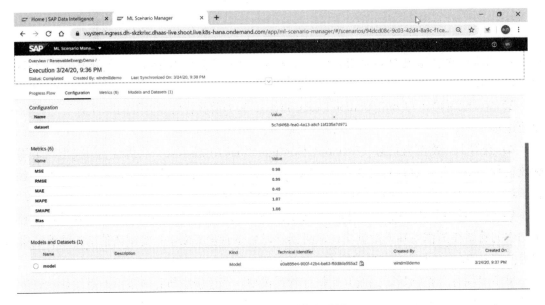

图 22-15　管道模型执行结果

（3）机器学习模型的评价指标（Metrics）：显示培训出来的机器学习模型的各项评价指标，包括：

1）MSE：均方误差（Mean Square Error）。

$$\text{MSE} = \frac{1}{n}\sum_{i=1}^{n}(\hat{y}_i - y_i)^2$$

其中，$\hat{y}_i$ 代表预测值，y_i 代表真实值。这个评价指标的取值范围是[0,+∞)，当预测值与真实值完全吻合时等于 0，即完美模型；误差越大，该值越大。

2）RMSE：均方根误差（Root Mean Square Error）。

$$\text{RMSE} = \sqrt{\frac{1}{n}\sum_{i=1}^{n}(\hat{y}_i - y_i)^2}$$

其实就是 MSE 加了个根号，这样数量级上比较直观，比如 RMSE=10，可以认为回归效果相比真实值平均相差 10。指标的取值范围是[0,+∞)，当预测值与真实值完全吻合时等于 0，即完美模型；误差越大，该值越大。

3）MAE：平均绝对误差（Mean Absolute Error）。

$$\text{MAE} = \frac{1}{n}\sum_{i=1}^{n}|\hat{y}_i - y_i|$$

指标取值范围是[0,+∞)，当预测值与真实值完全吻合时等于 0，即完美模型；误差越大，该值越大。

4）MAPE：平均绝对百分比误差（Mean Absolute Percentage Error）。

$$\text{MAPE} = \frac{100\%}{n}\sum_{i=1}^{n}\left|\frac{\hat{y}_i - y_i}{y_i}\right|$$

指标的取值范围是[0,+∞)，MAPE 为 0%表示完美模型，MAPE 大于 100 %则表示劣质模型。但是，当真实值有数据等于 0 时，存在分母为 0 的问题，该公式不可用。

5）SMAPE：对称平均绝对百分比误差（Symmetric Mean Absolute Percentage Error）。

$$\text{SMAPE} = \frac{100\%}{n}\sum_{i=1}^{n}\frac{|\hat{y}_i - y_i|}{(|\hat{y}_i|+|y_i|)/2}$$

指标的取值范围是[0,+∞)，SMAPE 为 0%表示完美模型，大于 100 %则表示劣质模型。同样也存在分母为 0 的问题。

6）Bias：偏差。高偏差往往意味着模型欠拟合，可以采用加大训练数据集等方式来改善。

（4）机器学习模型和数据集（Models and Datasets）：显示执行管道模型后生成的机器学习模型，系统自动给模型分配了唯一的技术 ID。

22.2.6 使用机器学习模型进行预测

在完成机器学习模型的训练后，可以应用这个模型，对推断数据集进行预测。在机器学习场景管理界面，选择管道模型列表中的"model_inference"，并单击管道模型列表右上方的"执行"按钮。

在模型推断的管道中有两个配置替代参数，分别是使用的机器学习模型和数据集，因此，在系统的"执行管道模型向导"界面，也相应地配置了这两个参数，如图 22-16 所示。

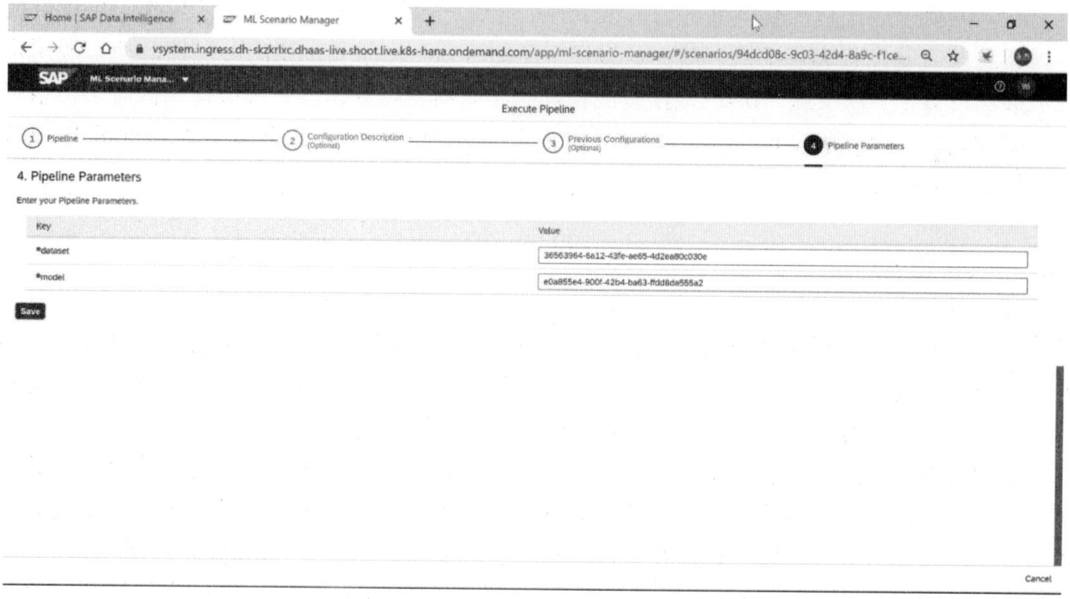

图 22-16　执行模型推断管道的配置参数

在管道模型执行结束后，系统同样显示管道模型执行信息。管道模型的执行步骤如图 22-17 所示。

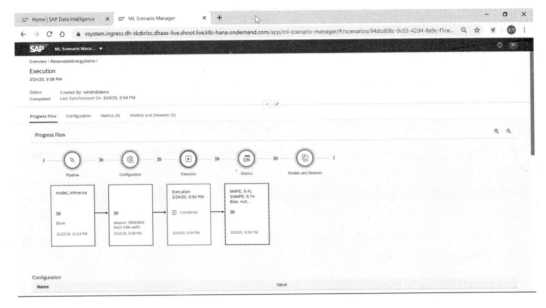

图 22-17　模型推断管道执行步骤

由于模型推断不会产生新的机器学习模型，所以只有选择管道模型、配置模型执行参数、执行管道模型、记录机器学习模型的各项评价指标四个步骤。其他信息与模型训练管道的执行结果类似，不再赘述。

除了机器学习场景管理器以外，SAP 数据智能还提供了自动机器学习（AutoML）功能。机器学习的典型应用包括数据准备、特征选择、模型选择和模型参数优化等步骤。自动机器学习智能地自动化了这些步骤，减少了用户所需的手动工作量和出错的可能性，使一般用户也能够从机器学习中受益。SAP 数据智能还提供了机器学习数据准备模块管理机器学习使用的数据。SAP 数据智能的 Python SDK 用于开发 Python 代码，可以在 Jupyter Notebook 中或者在管道模型的运算节点中运行。

22.3　本章小结

大数据技术的发展，从技术支持和需求扩张两个方面极大地促进了机器学习技术的发展和应用。但当前的机器学习模型开发常常遭遇数据分散在多个业务系统，海量数据实验研究与海量数据模型训练重复工作，多个工具之间兼容性差等问题。

SAP 数据智能系统提供了端到端的机器学习服务。SAP 数据智能具备强大的数据集成、处理和管理能力，机器学习场景中可以直接注册使用 SAP 数据智能中的数据集，方便机器学习过程中的数据采集与管理。SAP 数据智能机器学习场景中还集成了 Jupyter Notebook，可以使用 Jupyter Notebook 进行各科数据科学实验，帮助用户将 Jupyter Notebook 上已运行好的机器学习实验结果部署到生产环境中。机器学习场景通过使用 SAP 数据智能管道建模的能力，为企业数据科学家提供了从数据准备、数据加工、模型训练到模型应用的全流程管理环境。

参 考 文 献

[1] 哈索，努克特. 内存革命：SAP HANA 助力商业未来[M]. 姚念民，李春晖，译. 北京：清华大学出版社，2016.

[2] 刘刚. SAP HANA 平台应用开发[M]. 北京：机械工业出版社，2016.

[3] 陈永杰. SAP 商务智能完全解决方案[M]. 北京：机械工业出版社，2008.

[4] 陈永杰. SAP 战略绩效管理完全解决方案[M]. 北京：机械工业出版社，2010.

[5] 陈永杰. SAP 计划与合并完全解决方案[M]. 北京：机械工业出版社，2012.

[6] WHITE T. Hadoop 权威指南：第 3 版[M]. 华东师范大学数据科学与工程学院，译. 北京：清华大学出版社，2015.

[7] KREPS J. Questioning the Lambda Architecture [OL].（2014-07-02）https://www.oreilly.com/radar/questioning-the-lambda- architecture/

[8] WOOD J B, et al. B4B: How Technology and Big Data Are Reinventing the Customer-Supplier Relationship[M]. Austin:Point B，2013.

[9] SAP HANA 在线帮助文档[OL]. https://help.sap.com.

[10] SAP BW/4HANA 在线帮助文档[OL]. https://help.sap.com.

[11] SAP Data Intelligence 在线帮助文档[OL]. https://help.sap.com.